·小学学科教育研究丛书·

小学数学
教育研究
1949—2019

刘久成
徐建星　著
潘婉茹

甘肃教育出版社

图书在版编目（CIP）数据

小学数学教育研究：1949—2019 / 刘久成，徐建星，潘婉茹著. -- 兰州：甘肃教育出版社，2023.9
（小学学科教育研究丛书 / 潘洪建，刘久成主编）
ISBN 978-7-5423-5665-9

Ⅰ. ①小… Ⅱ. ①刘… ②徐… ③潘… Ⅲ. ①小学数学课—教学研究 Ⅳ. ①G623.502

中国国家版本馆CIP数据核字(2023)第140074号

小学数学教育研究（1949—2019）

刘久成　徐建星　潘婉茹　著

策　　划　薛英昭　孙宝岩
项目负责　谢　璟
责任编辑　刘正东
封面设计　杨　楠

出　版　甘肃教育出版社
社　址　兰州市读者大道568号　730030
电　话　0931-8436489（编辑部）　0931-8773056（发行部）
传　真　0931-8435009
淘宝官方旗舰店　http://shop111038270.taobao.com

发　行　甘肃教育出版社　印　刷　兰州人民印刷厂
开　本　787毫米×1092毫米　1/16　印　张　29.75　插页　3　字数　450千
版　次　2023年9月第1版
印　次　2023年9月第1次印刷
书　号　ISBN 978-7-5423-5665-9　　定　价　98.00元

图书若有破损、缺页可随时与印厂联系:0931-7365634
本书所有内容经作者同意授权,并许可使用
未经同意,不得以任何形式复制转载

总　序

中华人民共和国成立至今,已走过70余年的岁月,风风雨雨,历尽沧桑。为了继往开来,我们有必要对以往的成就作以总结。"前事不忘,后事之师",人们期盼从成长的经验中吸取智慧和力量,迈向自信和成熟。小学教育研究是教育科学研究的一个基本领域,经过70余年的发展,成就斐然,留下了深刻的印记,但也存在一些有待检视的问题。梳理成果,总结经验,讨论问题,能为小学教育持续发展及其研究夯实地基,提供思想资源。

无论是学科教育还是学科教育研究都需要历史的积淀,需要在原有地基上开拓前行,这样方能有所突破,有所创造。根基缺乏,难以行远。该系列研究定位于学术史研究,以区别于一般意义上的对小学学科教育的研究,它侧重对学科教育研究之研究,更关注理论的进步、思想的发展、学术的演进。本系列研究包括小学语文、小学数学、小学科学、小学社会、小学艺术5个科目,涵盖1949—2019年各个科目课程、教材、教学、学习、评价、教师成长等主题,涉及文献包括著作、教材、期刊、辑刊、报纸等,尽可能充分地展示70年来各学科教育研究的成果。各个主题的成果展示的结构一般为三大部分:"研究历程""主要成就""反思与展望"。"研究历程"分阶段介绍阶段背景、主要内容、阶段特征,概貌性描绘不同阶段学科教育研究的基本图景。"主要成就"包括学术观点、成果及其争论,展示不同领域学科教育研究的主要成就。"反思与展望"部分审视各个领域研究存在的问题,诸如研究主题、研究内容、研究方法、研究视角、研究队伍等,总结70年学科教育研究存在的基本问题。基于问题，结合国际学科教育研究的趋势与我国小学教育实际，提出解决问题的对策、方略，展望未来学科教育研究的发展路径与方向。通过70年学科教育研究的历史回顾、成就梳理、问题检讨，力图勾勒70年小学各个学科教育研究的轨迹、脉络与画卷，为未来我国小学学科教育发展与研究提供必要借鉴，为深化、拓展小学学科教育研究尽微薄之力。

该项研究是团队成员持续5年辛勤工作的成果。5年来，由于沉重的课务、繁多的杂务，研究者们常常力不从心，难以投身其中，研究工作时续时断，进展缓慢。同时，由于70年研究资料有限，特别是1980年前的资料十分匮乏，搜寻的困难也影响了研究的进度。感谢扬州大学课程与教学论专业、小学教育专业部分研究生的协助，他们通过当当等图书售卖平台、中国知网、学校图书馆，收集、整理文献资料。感谢扬州大学教育科学学院两届领导持续关注研究进展，督促、指导相关研究工作，为研究工作的顺利展开提供人力、物力、财力支持与协助，并资助丛书的出版。

70年研究需要大量文献的支撑，为了完成该项工作，研究者们不辞辛劳，从各个渠道、多种途径寻找研究资料。在原始资料的基础上爬梳、概括、提炼。5年来，围绕70年学科教育研究系列问题，我们先后召开研讨会、交流会20余次，反复讨论、推敲，数易其稿，真可谓"焚膏油以继晷，恒兀兀以穷年"，力图以简明的语言、浓缩的文字，在有限的篇幅内概要性地展示70年学科教育研究的主要成果，帮助读者鸟瞰70年小学学科教育研究成就，同时，夯实研究地基，为后续研究提供出发的新起点。凡直接或间接引用的专题文献资料，均在文中括号标注。需要提及的是，近年来，部分研究生围绕小学学科教育研究领域相关主题，如课程标准比较、教材研究、教学设计，撰写出一批较高质量的学位论文，丰富了小学学科教育研究成果，为小学学科教育研究注入了新的活力。本系列研究引用了他们的研究成果，由于篇幅的限制，参考文献未能细列，仅仅在正文中括号注明，读者可上中国知网查阅。感谢他们对小学学科教育研究做出的贡献。

由于小学学科教育研究70年之研究工作涉及面广，时间跨度大，研究周期长，尽管我们广泛地搜索研究资料，但可能还是挂一漏万，对研究文献观点的概括及其评价可能不够准确,还望读者批评指正。

丛书出版得到扬州大学出版基金、扬州大学教育科学学院国家一流专业小学教育专业建设经费的资助,特表感谢。

丛书可供高校师范专业本科生、研究生,中小学教师、教研员,学科教育研究人员阅读,亦可作为中小学教师在职培训读物。

《小学学科教育研究丛书》编委会

2023 年 1 月

目　录

前　言 ………………………………………………………………… 1

第一章　小学数学教育研究概述 ………………………………… 1

　第一节　小学数学教育研究的内涵与价值 …………………… 1

　　一、小学数学教育研究的内涵 ……………………………… 2

　　二、小学数学教育研究的价值 ……………………………… 4

　第二节　小学数学教育研究的对象与任务 …………………… 5

　　一、小学数学教育研究的对象 ……………………………… 6

　　二、小学数学教育研究的任务 ……………………………… 9

　第三节　小学数学教育研究的方法 …………………………… 10

　　一、小学数学教育研究方法的分类 ………………………… 10

　　二、小学数学教育研究方法的特点 ………………………… 11

　第四节　小学数学教育研究的发展历史与趋势 ……………… 13

　　一、小学数学教育研究的发展历史 ………………………… 13

　　二、小学数学教育研究的发展趋势 ………………………… 19

　第五节　小学数学教育研究的代表性人物及主要著述 ……… 25

第二章　小学数学课程研究 ……………………………………… 30

第一节 小学数学课程研究历程 ·················· 31

一、新中国成立以来重要的小学数学课程改革 ·········· 31

二、小学数学课程研究的几个阶段 ··············· 35

第二节 小学数学课程研究主要成就 ··············· 40

一、数学及数学课程的意义 ················· 41

二、制约数学课程发展的因素 ················ 49

三、小学数学课程结构研究 ················· 58

四、小学数学课程目标研究 ················· 67

五、小学数学课程内容研究 ················· 84

六、小学数学课程国际比较研究 ··············· 97

第三节 小学数学课程研究反思与展望 ·············· 111

一、小学数学课程研究反思 ················· 111

二、小学数学课程研究展望 ················· 116

第三章 小学数学教材研究 ·················· 118

第一节 小学数学教材研究历程 ················· 118

一、人教社编写出版的小学数学教材 ············· 119

二、小学数学教材研究的几个阶段 ·············· 123

第二节 小学数学教材研究主要成就 ··············· 129

一、小学数学教材的本质与功能 ··············· 129

二、小学数学教材设计的价值取向 ·············· 134

三、小学数学教材编制研究 ················· 136

四、小学数学教材特色研究 ················· 146

五、数学史融入数学教材研究 ················ 170

六、小学数学教材比较研究 ················· 174

七、小学数学教材研究的方法 ················ 185

第三节 小学数学教材研究反思与展望 ·············· 190

一、小学数学教材研究反思 …………………………………………… 191

二、小学数学教材研究展望 …………………………………………… 193

第四章　小学数学教学研究 …………………………………………… 195

第一节　小学数学教学研究历程 …………………………………… 195

一、小学数学教学从模仿苏联到本土构建(1949—1976) ………… 195

二、小学数学教学从恢复发展到创新提升阶段(1977—2000) …… 199

三、小学数学教学开启新世纪的全面探索阶段(2001—2019) …… 200

第二节　小学数学教学研究主要成就 ……………………………… 202

一、小学数学教学原则研究 ………………………………………… 202

二、小学数学教学模式研究 ………………………………………… 214

三、小学数学教学方法研究 ………………………………………… 220

四、小学数学教学过程研究 ………………………………………… 225

五、小学数学教学策略研究 ………………………………………… 237

六、小学数学教学改革实验研究 …………………………………… 246

第三节　小学数学教学研究反思与展望 …………………………… 269

一、小学数学教学研究反思 ………………………………………… 270

二、小学数学教学研究展望 ………………………………………… 272

第五章　小学数学学习研究 …………………………………………… 277

第一节　小学数学学习研究历程 …………………………………… 277

一、小学数学学习双向研究的初步展开阶段(1949—1976) ……… 278

二、小学数学学习系统研究的双向展开阶段(1977—2000) ……… 279

三、小学数学学习新世纪的探索与深化阶段(2001—2019) ……… 282

第二节　小学数学学习研究主要成就 ……………………………… 287

一、小学数概念发展研究 …………………………………………… 287

二、小学数学思维研究 ……………………………………………… 300

三、小学数学能力研究 ……………………………………………… 308

四、小学数学学习策略研究 ………………………………………… 318

五、小学数学应用题学习研究 …………………………………… 334

六、小学数学非智力因素研究 …………………………………… 349

第三节 小学数学学习研究反思与展望 ………………………… 360

一、小学数学学习研究反思 ……………………………………… 361

二、小学数学学习研究展望 ……………………………………… 362

第六章 小学数学教师专业发展研究 ………………………… 365

第一节 小学数学教师专业发展研究历程 …………………… 365

一、小学数学教师教学经验介绍研究阶段(1949—1976) ……… 366

二、小学数学教师专业发展研究起步阶段(1977—2000) ……… 367

三、小学数学教师专业发展研究发展阶段(2001—2019) ……… 369

第二节 小学数学教师专业发展研究主要成就 ……………… 370

一、小学数学教师专业理念与师德研究 ……………………… 371

二、小学数学教师专业知识研究 ……………………………… 374

三、小学数学教师专业能力研究 ……………………………… 380

四、小学数学教师专业发展路径研究 ………………………… 383

第三节 小学数学教师专业发展研究反思与展望 …………… 387

一、小学数学教师专业发展研究反思 ………………………… 387

二、小学数学教师专业发展研究展望 ………………………… 388

第七章 小学数学教育评价研究 …………………………………… 390

第一节 小学数学教育评价研究历程 ………………………… 390

一、小学数学教育评价关注考试和分数的阶段(1949—1976) …… 391

二、小学数学教育评价关注知识和能力的阶段(1977—2000) …… 391

三、小学数学教育评价关注学生素质和核心素养的阶段(2001—2019)

……………………………………………………………………… 393

第二节 小学数学教育评价研究主要成就 …………………… 395

一、小学数学课程评价研究 ………………………………… 396

二、小学数学教材评价研究 ………………………………… 403

三、小学数学教学评价研究 ………………………………… 410

四、小学数学学习评价研究 ………………………………… 417

五、小学数学教师专业发展评价研究 ……………………… 424

第三节　小学数学教育评价研究反思与展望 ……………… 427

一、小学数学教育评价研究反思 …………………………… 427

二、小学数学教育评价研究展望 …………………………… 428

参考文献 ………………………………………………………… 430

前　言

　　我国数学教育源远流长，早在先秦时期就把数学教育作为"六艺"之一，公元 6 世纪我国古算家就已完成了《算经十书》这样的经典数学著作，成为长达近两千年的"算学"教材，隋唐时期创建了世界上第一所数学专科学校，并开设"明算科"，选拔数学人才充当官吏，宋、元时期我国传统数学发展到顶峰，可以说，在 14 世纪以前，我国数学教育长期居于世界前列。然而，元、明之后长期停滞，近代鸦片战争以来，我国数学教育随着清朝政府的政治、经济、文化、教育的衰退而远远落后于世界。不过，在长期的实践中，我国古代形成的数学教育思想，比如，结合社会实际需要的"经世致用"的应用思想，重视算法化、模型化、数值化，培养计算能力的运筹思想，数形结合、虚实相补、有限无限、对立统一的辩证思想等，独具特色。

　　清朝末年，我国小学数学教育仿照日本，于 1902 年颁布的《钦定蒙学堂章程》和《钦定小学堂章程》的课程门目表中，均以"算学"作为课程名称，但未及实施。1904 年颁发的《奏定初等小学堂章程》和《奏定高等小学堂章程》中，将教授科目改为"算术"。新中国成立后仍沿用这一名称，直到 1978 年，大纲（试行草案）规定的教学内容有较大更新，除精选传统的算术内容外，还适当增加了代数、几何初步知识，并适当渗透了一些现代数学思想方法。"算术"这个名称已不能涵盖这些内容，因此，更名为"小学数学"比较恰当。这一做法改变了多少年来小学一直沿用"算术"这一课程名称，具有里程碑意义。

新中国成立以来，基础教育课程进行了八次改革，大致经历了初期的模仿苏联到改革尝试、起伏不定的初步探索时期；改革开放，课程教材重建，加强"双基"，着眼于数学思想和能力培养，实行"一纲多本"，课程内容精简、更新和增加弹性，实施义务教育，提高全民族素质时期；21世纪以来调整和改革课程体系、结构、内容、评价和教学方式，以培养创新精神和实践能力为重点，促进每一个学生的全面发展时期。70年来，小学数学教育研究不断取得新的进展，由20世纪50年代以研究小学数学教学法为主，到80年代中期的小学数学教材教法研究及数学教育学任务的提出和初步酝酿，发展到如今大量数学教育学著作问世和数学教育理论体系的初步建立，数学教学论、数学学习论和数学课程论等作为独立的研究领域，已经成为高校相关专业的学科课程，数学教育的研究领域不断得到新的拓展。

为了厘清新中国成立70年来小学数学教育发展的脉络，揭示小学数学教育特征，总结小学数学教育研究成果，展望新时代背景下我国小学数学教育研究的趋势与努力方向，我们查阅了大量的文献资料，通过筛选、摘录和分类处理，将70年来小学数学教育研究成果划分为六个主要方面，即课程研究、教材研究、教学研究、学习研究、评价研究和教师专业发展研究。每一方面，首先概述其研究历程，接着分专题综述70年来的主要研究成果，呈现不同时期、不同学者的主要观点，并对已有研究进行归纳和评析，最后反思我们走过的历程，并对进一步研究作出展望。

小学数学课程研究包括：数学及数学课程的意义、制约数学课程发展的因素、课程结构研究、课程目标研究、课程内容研究、课程国际比较研究。

小学数学教材研究包括：教材的本质与功能、教材设计的价值取向、教材编制的原则、教材的组织结构、教材的编排方式、教材中的插图、教材的特色、数学史融入数学教材、教材比较研究、教材研究方法。

小学数学教学研究包括：教学原则、教学模式、教学方法、教学过程、教学策略、教学改革实验。

小学数学学习研究包括：数概念发展、数学思维、数学能力、数学学习策略、应用题学习、数学非智力因素。

小学数学教师专业发展研究包括：专业理念与师德、专业知识、专业能力、专业发展路径。

小学数学教育评价研究包括：课程评价、教材评价、教学评价、学习评价、教师专业发展评价。

本书是全国教育科学规划国家一般项目"40 年我国数学教育课堂变革的中国经验研究（1978—2018）"（编号：BHA180134）的阶段性成果，具体分工是：第一、二、三章由刘久成撰写，第四、五章由徐建星撰写，第六、七章由潘婉茹撰写。在编写过程中，我校硕士研究生帮助收集、整理了大量文献资料，同时也得到了扬州大学出版基金的资助，在此一并表示衷心感谢。尽管我们利用多种途径收集相关资料，并进行海量阅读、提炼，但限于时间、水平和经验，难免有所疏漏和不当之处，敬请读者批评指正。

作者

2023 年 6 月

第一章 小学数学教育研究概述

纵观历史，数学的发展与人类社会的进步息息相关，数学的影响已遍及人类活动的所有领域，成为推进人类文明不可或缺的重要因素。早期的数学主要是作为一种实用的技术或工具，应用于人类生活和社会活动。从古希腊开始，数学就与哲学建立了密切联系。近代以来，数学又进入了人文社会科学领域，并且使得人文社会科学呈现出强大的数学化趋势。数学的重要性决定了数学素养是现代社会每一个公民必须具备的基本素养，数学教育具有提高全民素质、培养现代化建设人才不可或缺的重要功能，义务教育阶段数学教育的价值主要在于促进学生数学素养的发展。现行课程标准强调，数学课程要使学生掌握必备的基础知识和基本技能，培养学生的抽象思维和推理能力，培养学生的创新意识和实践能力，促进学生在情感、态度与价值观等方面的发展。要使数学教育适应时代的需要、国家发展的需要和人才培养的要求，就必须不断研究数学教育，探索数学教育规律。

第一节 小学数学教育研究的内涵与价值

教育研究是日常教育系统中的普遍现象，通过小学数学教育研究将有助于教育实践的改善和教师专业水平的提高。小学数学教师应正确理解教育研究的内涵与价值，了解不同类型教育研究的特点，掌握一定的研究方法，保持小学数学教育研究的兴趣和热情。

一、小学数学教育研究的内涵

（一）小学数学教育研究的本质

小学数学教育研究是教育研究的组成部分。它是运用科学的理论和方法，探索人们尚未掌握的小学数学教育的知识和规律，解决小学数学教育中存在问题的一种创造性精神活动。小学数学教育的实际工作者和理论研究者，都要不断地去发现和提出问题、分析和解决问题，不断推进小学数学教育改革，全面提高小学数学教育质量，促进小学数学教育科学理论的发展。

国际数学教育委员会（ICMI）曾于 1994 年 5 月 8 日—11 日在美国华盛顿举行会议，围绕数学教育研究自身清晰界定进行讨论，有学者认为，数学教育研究具有跨学科性。例如，法国乔赛特·阿达（Josette Adda）认为数学教育研究应该属于其所谓的认知科学，是语言学家、心理学家、计算机科学家、神经生物学家、逻辑学家和数学家之间合作交流的结果；美国诺玛·普雷斯梅格（Norma C. Presmeg）建议在数学教育研究中，应该从多角度考察数学教与学这个复杂的现象，认为可以从数学、心理学、社会学、人类学、历史学、语言学和哲学等角度进行观察；也有学者认为数学教育研究与数学学科的关系最为密切。（鲍建生、徐斌艳，2013：129-130）

由于工作对象和环境的不同，人们对于数学教育研究有不同的认识和抱负，解决问题的重点和倾向可能有所不同，概括起来大致有三种类型：一是经验总结型，主要是指中小学数学教师，通过对自身教学工作的深入思考，总结经验教训，在此基础上形成研究体会并与同行交流。二是理论探讨型，主要是指大学教师和数学教育理论工作者在理论层面所作的探索。三是理论与实践结合型，经验有待于理论指导，理论又有待于实践的检验，将理论与实践相结合，可以使其成果更具说服力。理论工作者的优势在于信息来源丰富，数学教育研究的视野较宽，能较好地从宏观上思考和把握数学教育问题。中小学教师对实际情况有清晰的了解，感受深刻，对于理论能否运用于实践有较好的发言权。因此应当提倡实践工作者加强理论学习，理论工作者应经常深入一线，并且提倡两类研究者共同合作，不断积累成果，推动数学教育研究发展。

（二）小学数学教育研究的特点

小学数学教育研究是根据一定的目的，运用科学的方法所进行的教育研究，其特点在于：

1.小学数学教育研究是一种科学研究。科学研究的目的在于探索人类的未知领域和发现新问题、掌握新知识，是一种创造性活动。科学研究的内容是通过运用各种科学研究方法对客观事实和材料进行加工、整理和分析，从感性认识上升到理性认识，并经过验证找出客观事物与过程的发展变化规律，认识和掌握新的科学知识。小学数学教育研究是一种创造性活动，又是运用科学的方法去探索研究数学教育规律的活动，因而是一种科学研究。

2.小学数学教育研究是一种教育科学研究。教育科学研究通过发现教育上的问题，运用正确、系统的方法，以求得科学的结论，解决教育上的问题。小学数学教育研究正是为了解决数学教育方面的问题，以探求结果和规律，并获得解决问题的方法与途径。

3.小学数学教育研究是一种学科教育研究。教育研究是通过对教育现象的解释、预测和控制，以促进一般化原理、原则的发展。（裴娣娜，1995：4）教育研究必然面对不同学科领域，数学教育研究是对数学教育的认识过程，是一种有意识、有目的、有系统，并采用科学的方法去认识数学教育这个客观世界和探索客观真理的活动，是教育研究领域中的数学学科教育研究活动。

美国学者威廉·维尔斯曼在《教育研究方法导论》一书中指出，尽管教育研究的过程多而不同，但都具有以下五个基本特征：研究是经验的，研究应是系统的，研究应是有效的，研究应是可靠的，研究可能有多种形式。（教育科学出版社，1997：3）这些特征是相互联系的，认识它们将有助于我们形成对教育研究的特征、范围和不同研究差异的理解。也有学者认为，小学数学教育研究具有研究过程的主观性、研究目的应用性、研究方法的综合性、

研究效果的滞后性特点。（李光树，2003：524-525）

（三）小学数学教育研究与数学研究、教育科学研究的区别

小学数学教育研究与数学研究在研究对象上不同。数学家研究数学，是为了探索数学的奥秘，不必考虑人的意愿，而小学数学教育研究属于应用性研究，具有很强的实践性，它必须考虑人与社会对数学教育的需要，研究过程中离不开人的意志和价值标准，并十分重视对教育的价值观研究，因此小学数学教育理论相对于数学理论，具有不可避免的主观性。

小学数学教育研究与数学研究在研究方法上不同。数学研究有其自身特征，它一旦在现实原型上建立起某种数学结构，就可以借助逻辑工具作出演绎推理。而数学教育研究除具备本学科特点外，还应具备教育系统主体的复合性和教育实践的复杂性，教育科学虽运用到演绎的方法，但它不是演绎科学，而是社会性和实践性很强的归纳性科学。它的研究方法带有一般经验科学研究方法的性质。（鲁正火等，1998：5）

小学数学教育研究的效果比数学研究的效果具有滞后性和隐蔽性。前者的显现需要一个积累的过程，有深远价值的研究往往不会立竿见影，教育研究是面向未来的，有近期效果但更主要的是长期效果。

小学数学教育研究相对于教育科学研究，一方面要借鉴、消化、吸收教育科学的研究成果，了解教育科学研究的思维方法。教育科学研究的程序中，通常包括选题、查阅文献和初步调查、研究设计、搜集并整理资料、分析研究、撰写调查报告或论文等。另一方面还要考虑数学学科的特殊性和学生学习数学的认识过程，以及数学学科特殊的思想方法，建构自身的学科教育理论体系。那种依照教育科学研究成果去简单推断和理论演绎，或是将教育与数学简单结合的做法，就会流于形式和表面化，难以形成独特的数学教育理论。

二、小学数学教育研究的价值

通过小学数学教育研究，可以改革和发展小学数学教育事业。数学教育改革是一项十分复杂、艰巨的任务，要保证顺利进行，健康发展，巩固成果，

必须以数学教育研究为依据。数学教育改革期待数学教育研究不断涌现有价值的成果。然而，对于数学教育研究，荷兰数学教育家弗雷登塔尔（Hans Freudenthal）在《数学教育再探——在中国的讲学》一书中指出，必须考虑两个问题："研究有什么用？""为谁而研究？"（上海教育出版社，1999：201）德国数学教育家罗夫尔·比勒尔（Rolf Biehler）在其名著《数学教学理论是一门科学》中也指出：数学教育研究是否有用的标志应该是，研究的结果可明确应用于教学实际问题，应该给教学实践带来直接的改进。（上海教育出版社，1998：95）因此，一般认为，小学数学教育研究的价值主要表现在：

小学数学教育研究具有改造和导向功能，能促进小学数学教育的发展与改革的深化。小学数学教育研究有极强的实践性，开展小学数学教育研究，可以有目的、有计划、有重点地总结数学教育改革经验，发现和解决教学中存在的问题，探索儿童身心发展的特点和规律，改进实际教学工作，发展教育教学理论，提高数学教育质量。

小学数学教育研究能为政府或教育行政部门的决策服务。通过小学数学教育研究，能提供新情况、发现新问题、探索新理论、提出新方法，为科学决策提供依据，有利于小学数学教育改革顺利进行、健康发展。

小学数学教育研究可以提高数学教育工作者的科研水平，发挥教师劳动的创造性，促进教师的专业成长。广大教师有丰富的教学实践经验，又具有课堂这个天然实验室，教师的积极参与不仅可以推动数学教育研究的发展，加深数学教师对数学教育规律的认识，也有利于其掌握教育研究方法，促进教师理论水平和教育科研能力的提升，提高解决教育教学实际问题的能力。

第二节　小学数学教育研究的对象与任务

数学教育由来已久，如今，基础教育中的"数学"是一门基础学科，学生从小学到高中大概要受到 12 年的数学教育，大学有数学教育专业，为从事数学教育和数学教育研究培养专门人才，数学教育受到了普遍关注。任何一门学科的确立，都要有自己的研究对象与任务、研究问题与方法，小学数学教育研究也不例外。

一、小学数学教育研究的对象

苏联数学教育家斯托利亚尔在其名著《数学教育学》中阐明，1969 年在法国里昂举行的第一届国际数学教育大会的会议决议中就写道："数学教育学越来越变成具有自己的课题、方法和实验的独立学科。"（人民教育出版社，1984：9）由此可见，此时在国际范围内，"数学教育学"作为一门学科已被提出。

在我国，20 世纪 80 年代初，老一辈数学教育研究专家提出要建立我国的数学教育学。1989 年，曹才翰、蔡金法出版的《数学教育学概论》（江苏教育出版社：1989）被看作是我国第一部数学教育学著作。在这部著作中，作者认为"数学教育学是一门正在创建中的学科"，并且归纳了国外学者关于数学教育研究对象的不同提法。

一是斯托利亚尔在《数学教育学》中提出的"数学教育学是研究数学教学过程的一门科学"。该观点发表在其著作《数学教育学》中，并将教学过程分解为：

（1）教学目的（为什么教？）

（2）教学对象（教谁？）

（3）教学内容（教什么？）

（4）教法（如何教？）（人民教育出版社，1984：8-10）

此书是我国翻译出版的第一部数学教育学著作，主要探讨的是中学数学教材教法，不过其许多观点对我们进行小学数学教育很有启发。比如，"数学教学是'数学活动'（思维活动）的教学而不仅是数学活动的结果——数学知识的教学""数学教育现代化不是要教现代数学而是指数学的现代教学"等等。不过，把数学教育研究局限在研究数学教学过程的一般规律未免太窄了。

二是西德学者鲍斯费德在 1976 年第三届国际数学教育大会上提出的数学

教育研究的"三论"。即以课程、教学、学习作为数学教育研究的三个对象，分别对应课程设计者、教师、学生，进而形成三个研究领域：课程论、教学论、学习论。

三是日本学者横地清在其著作《数学教育学序说》中提出数学教育学研究对象的七个领域。即：（1）关于学习者的数学的认识和实践的研究；（2）关于教授——学习的研究；（3）关于教育内容的确定和教育课程的研究；（4）关于公共教育机关的数学教育的研究；（5）关于数学在社会中的作用的研究；（6）关于数学教育史的研究；（7）关于世界数学教育的研究。显而易见，以上七个方面既涉及前者所说的"三论"，又有所拓展，研究领域比较宽泛。

曹才翰、蔡金法认为，教师、学生和知识是教学过程的三个基本要素，相应地就有教学论、学习论和课程论三个研究领域，将其作为数学教育学的研究对象是有道理的。并且指出："数学教育学是以数学的教学论、课程论和学习论为主要对象的一门实践性很强的综合性科学。"（曹才翰等，1989：6）还提出了建立"中国式"数学教育学需要研究的20个问题，以及研究方法。这20个问题分别是：数学教学目的、数学教育现代化、数学教学过程、数学教学的集体化和个别化、数学教学方法、数学教学的最优化、课程内容的选择与组织的科学化、数学能力、数学思维、数学学习的本质、数学学习过程中的心理活动、数学认知结构、解决问题和创造性、学习迁移、数学学习中培养学生非智力因素、计算机辅助教学、数学教育评价、考试命题科学化、数学思想史的作用、数学教育实验。

上述关于数学教育研究对象的阐述，不仅适合于中学数学教育，也适合于小学数学教育，小学数学教育相应的研究问题，应该结合小学数学课程的实际和小学生的特点。正如弗雷登塔尔所说，数学教育科学必须从研究特定的数学内容的教学理论出发，而绝不是将一般的教育理论用之于特殊的数学领域。事实可能正好相反，正由于数学教育科学的发展，才给一般的教育科学提供了良好的开端。（张奠宙，1998：228）

曹才翰、蔡金法的《数学教育学概论》，是我国数学教育研究的一个重要标志。此后，又有多部数学教育学著作问世。如，张奠宙等著《数学教育学》（江西教育出版社，1991），田万海著《数学教育学》（浙江教育出版社，1993），周学海著《数学教育学概论》（东北师范大学出版社，1996），梁镜清主编《小学数学教育学》（浙江教育出版社，1993），汪绳祖主编《小学数学教育学》（高等教育出版社，1997），金成梁主编《小学数学教材概说》（南京大学出版社，1999）和《小学数学教学概论》（南京大学出版社，2000）等。并且出版了多种小学数学教育研究的专业性期刊，如《小学数学教师》《小学数学教育》《数学教育学报》等。

综观国内数学教育界对数学教育学概念的理解和使用，主要有以下两种观点：一种观点认为，数学教育学是一门课程或包含若干门课程的课程体系；另一种观点认为，数学教育学是数学教育科学体系中的一个学科，是数学教育科学这个学科群的组成部分。吕世虎认为，数学教育学与数学教育科学应是同义语，数学教育学是数学教育科学的简称，而数学教育科学乃是数学教育学的全称。因此，数学教育学应是研究数学教育现象和规律的各门数学教育学科的总称，它是一个包容着数学教学论、数学学习论、数学课程论、数学方法论、数学思维学、数学美学、比较数学教育学、数学教育史、数学思想史等诸多不同数学教育学科的学科群而决不止是一门学科，其体系应依据数学教育的客观规律和内在逻辑来建构。（吕世虎，1997）

一个学科的建立，需要有自己的研究对象、研究课题、研究方法和理论体系。可以说，小学数学教育学系统理论的建立，标志着小学数学教育学作为一门独立学科得到确立。尽管如此，处于建设之中的数学教育学包括小学数学教育学，还面临许多问题。正如德国的罗尔夫·比勒尔（Rolf Biehler）等主编的《数学教学理论是一门科学》的前言中所说："与其他科学（如数学或心理学）相比，数学教学理论的确很年轻。正因为其相当年轻，它的对象、方法论以及评价其理论是否有效的标准等等一系列问题都显得多元化，缺乏统一性。"（上海教育出版社，1998：1-2）因此，数学教育学包括小学数学教育学作为一门科学，还是比较年轻的。

二、小学数学教育研究的任务

小学数学教育研究的目的在于发现和解决小学数学教育中存在的问题，揭示小学数学教育规律，提高小学数学教育研究的理论水平和教师的业务素质。澳大利亚学者埃勒顿和克莱门茨（Nerida F. Ellerton & M. A. Clements）曾指出数学教育研究的问题应该包括：有哪些假设影响中小学数学的现行做法？除了为学生下一阶段数学学习所做的准备工作以外，还有哪些有意义的工作？等等。（鲍建生、徐斌艳，2013：130）我国有学者认为，小学数学教育研究的任务包括：解决教学中的实际问题，总结教学经验，丰富和发展数学学科教学理论，预测数学教学发展趋势。（李光树，2003：525-527）

也有学者认为，小学数学教育研究的任务有以下三方面（鲁正火等，1998：8）：

一是解决数学教育实际工作中亟待解决的问题。数学教育实践中会不断暴露大量的实际问题，特别是一些关键问题，需要通过教育研究，合理有效地加以解决。

二是发现、研究、总结优秀的教育教学经验。当然，研究总结教育经验，不应当只是对教育实践中的现象进行描述，而应当分析、发掘事物的本质，提高到理论概括水平，还应当大力开展创造性的研究和实验，超越旧的框框，发展和创立新的方法和理论。作为反思性实践者的教师，可以在实践中成长为一名研究者，而且有助于数学教育研究知识体系的建构。

三是使现有的数学教育理论得到加深和发展，提出并解决新的理论问题。数学教育研究在理论上仍存在大量空白，且大多是现象的描述和经验水平上的议论，甚至以引证代替论证，以政策代替原理。因而迫切需要研究理论，以理论指导教育教学实践，解决实际教学中存在的问题。

第三节 小学数学教育研究的方法

方法可以看作是任何一个领域中的行为方式，是用来达到某种目的的手段的总和。巴甫洛夫曾说："初期研究的障碍在于缺乏研究法。无怪乎人们常说，科学是随着研究法所获得的成就而前进的。"数学教育研究作为一门独立的学科还比较"年轻"，其研究方法更多的还是从各学科借鉴、移植与结合，还没有真正形成自己独特的研究方法体系。

一、小学数学教育研究方法的分类

进行小学数学教育研究需要掌握一定的研究方法。小学数学教育研究方法很多，如何分类呢？从研究方法的特点出发提出的数学教育研究的基本方法有：历史研究法、理论研究法、调查研究法、实验研究法、案例研究法、比较研究法等。（王林全，2012：76-156）也有学者提出常用的小学数学教育研究方法，如观察法、调查法、实验法、经验总结法、比较研究法、个案研究法等。（李光树，2003：527）这里借鉴了教育科学研究的基本方法，并将其运用于小学数学教育研究领域。

有学者将数学教育研究方法从性质和特点上分为九大类：资料和文献方法、搜集研究材料方法、实验方法、学科方法、比较教育研究方法、数学方法、系统方法、思维方法、论证方法。（鲁正火等，1998：52-253）同时阐述了这些研究方法的特点和功能，以及运用这些研究方法的步骤、途径和要点。

王光明在其新作《数学教育研究与论文写作》（北京师范大学出版社，2019）一书中，探讨了现象学方法、推理推广研究、专题研究、争鸣法、综述研究、评论研究、实验研究、教育调查法、质的研究方法、比较法、个案法等11种方法，这些方法都是数学教育研究的常用方法。袁振国在主译美国威廉·维尔斯曼所著《教育研究方法导论》（教育科学出版社，1997）一书的序言中指出，如果把研究方法分为经学的研究方法和科学的研究方法两大类的话，教育研究中似乎经学的成分多了一些，而科学的成分则显得不足。

数学教育学是一门现代社会科学，理应受到科学研究方法的指导。心理学、脑科学、社会学、人类学、人工智能等对数学教育研究的影响不可低估。数学教育科学研究广泛吸收当代自然科学、社会科学、思维科学方法论方面的成果，能有效提高数学教育研究的科学性。

二、小学数学教育研究方法的特点

关于数学教育研究方法的特点，曹才翰等在《数学教育学概论》中提出当前数学教育研究方法的几个特征，包括：从强调知识的结果转向强调知识的发生发展过程；从发展学生的智力因素转向发展智力又发展学生的非智力因素；从注重吸收教育学、心理学等学科的成果转向注重吸收科学的思维方式；从单一的研究转向综合的研究。并且认为数学教育研究方法发展呈现的四个趋势是：宏观分析与微观分析相结合；动态分析与静态分析相结合；定性分析与定量分析相结合；理论研究与实验研究相结合。（曹才翰等，1989：15-17）

也有学者认为，我国数学教育研究正向现代化、综合化方向发展。在研究方法上呈现出五个趋势（鲁正火等，1998：19-22）：一是数学教育研究正在逐步抛弃旧有的哲学观，寻求自己独有的新的哲学观。数学教育研究已经开始从仿效自然科学的研究，到把自己看成是社会科学、实证科学的研究，数学教育研究的设计正在逐步指向实践和应用问题，数学教育研究既注重宏观的观察分析，又注重微观的精细研究，同时又在动态与静态相结合中，从发展变化中看数学教育现象间的联系，把握它们的实质。二是定量分析和定性分析相结合，互相补充，从不同侧面帮助我们认识研究对象。定性分析是揭示数学教育规律的开始，是定量分析的基础；定量分析是揭示数学教育规律的继续和深入，是定性分析的进一步精确化。定性分析必须借助于定量分析才能趋于技术化、工程化和实用化。当然，片面地、绝对地强调定量分析而否定定性分析的重要性也是不对的，同时采用这两种方法比只采用一种能产生更好的效果。三是新学科在数学教育研究中有广泛的应用。当前，控制论、信息论、系统论、协同论、模糊数学、行为科学、结构广义等新概念、新方法运用于数学教育研究，进一步沟通了自然科学、社会科学、思维科学之间的联系，使数学教育研究向多样化、综合化、系统化方向发展。四是数学教育研究手段现代化。数学教育研究手段包括思维方式、概念和范畴、物质技术手段等。在思维方式上，必须把数学教育研究作为一个系统，综合运用哲学方法、一般科学方法和具体研究方法，来认识问题的复杂性和跨学科性。一门学科的概念、范畴在长期的实践中应有所创新、有所发展，这是一门学科走向成熟的标志。因此，数学教育研究应该在当代科学技术革命和教育实践的基础上，改造或创造具有时代特点的新概念、新范畴。物质技术手段的运用，使人的感觉器官、思维器官得到延续，必然引起数学教育研究中的观察、实验、计算、逻辑推理等手段和方法的深刻变革，使观察、实验结果更加客观准确、真实有效。五是我国的数学教育研究走向世界。随着教育改革的深入发展，加强了我国数学教育界的国际交往，比较教育研究也迅速崛起，立足本国实际，借鉴、吸收国外先进经验，将有助于我国数学教育研究走向世界。

有学者认为，当前数学教育研究方法存在三个转变：

一是研究方法的多元化。定性研究与定量研究相结合，理论研究与实践研究相结合，群体研究与个案研究相结合，硬件研制与软件设计相结合，数学教育研究摆脱了单一的模式，向综合化、多元化发展。

二是调查研究与实验研究相结合。例如，通过观察、访谈和问卷了解学生对数学概念的理解和表达；又如，通过三类数学活动：讨论日常生活情境、研究解决文字问题、参与数学游戏，帮助儿童建构数学概念，理解、掌握和运用加、减、乘、除四则运算方法。这种调查研究和实验研究相结合的方法被越来越多地采用。

三是向传统观念提出挑战。不同国家、地区对数学教育存在一定的传统认识。比如，东亚地区许多学者相信"熟能生巧"，并将其看作是数学学习的信条；而西方许多学者并不认同，他们强调"数学理解"，并对机械性操作练习持反对态度。华东师大李士锜教授对此作了深入研究，他以二元论的观点分析了常规性练习与数学理解之间的关系，认为操作性练习是理解的初始步骤；对象的形成是综合理解的下一步，而且是更重要的一步。这对人们的传统观念作出了合理解释与科学论证。（王林全，2012：63-64）

第四节　小学数学教育研究的发展历史与趋势

新中国成立初期，小学数学教育在巩固和发展老解放区教育成果的同时，接管并改造了旧社会遗留下来的学校教育，建立新的教育体系。由全面学习苏联的小学教育，接受苏联凯洛夫教育思想，使小学数学课程趋于严密化、系统化，到经历"大跃进"和"教育大革命"的运动，全盘否定学习苏联经验，到中央及时纠正急躁、冒进的错误思想，提出"调整、巩固、充实、提高"的八字方针，使得小学数学教育在教材、教法改革方面都取得了新的进展。可惜这一成果未能得到有效巩固。改革开放以来，我国在总结历史经验的同时，受到西方各种先进教育思想的影响，伴随国际教育发展与数学教育发展，我国基础教育研究充满活力，先进的教育思想、教学理论、教学经验融合到我国基础教育的实践当中，我国小学数学教育研究不断迈向新的台阶，逐步形成了具有中国特色的小学数学教育体系。

一、小学数学教育研究的发展历史

新中国成立 70 年来，我国小学数学教育研究不断深入，研究领域不断拓展，理论水平不断提升，小学数学教育学科体系初步建立，形成了许多相对独立的分支研究领域。从学科教育研究领域的拓展来看，大致可以概括为以下三个主要阶段：

（一）研究小学数学教学法阶段（1949—1957）

从新中国成立之初，建立新的学校教育制度开始，到 1958 年"教育大革命"之前。这一阶段数学教育研究侧重在教学论的某些问题，立足于"教"，着眼于知识传授，限于某些具体教学问题中一招一式的教学研究，而对课程论、学习论问题极少涉及。例如，江永芬发表的《我对六年级算术课本上应用题教学的一点体会》（江苏教育，1953·11），沈忠良发表的《我在算术教学中是怎样讲解例题的》（江苏教育，1954·4），缪玉田发表的《在算术教学中复习旧知识、讲授新知识和巩固新知识的例子》（小学教师，1955·11），《数学通报》编辑部综合发表的《解算术四则应用问题的几种方法》（数学通报，1956·11）等。在研究方法上，主要限于实践经验层面的总结，常常就事论事，几乎不采用科学实验的方法和其他理论工具。这一阶段的主要研究力量是数学教学法教师和一线小学数学教师。

（二）研究小学数学教材教法阶段（1958—1988）

50 年代末至"文化大革命"前这段时间，数学教育研究领域有了拓展，对数学教材的研究明显增多。1958 年 6 月 17 日，《教师报》发表社论《改革小学算术教学》，指出："改革小学算术教学，首先应对现行小学算术教材进行改革。"1958 年 8 月，中共中央、国务院发布的《关于教育事业管理权力下放问题的规定》指出，今后教育部的任务之一是"组织编写通用的基本教材、教科书""各地方根据因地制宜、因校制宜的原则，可以对教育部和中央主管部门颁发的各级各类学校指导性教学计划、教学大纲和通用的教材、教科书，领导学校进行修订补充，也可以自编教材和教科书"。随后，在全国范围内相继开展了缩短学制和改革教材的"群众性"教学改革实验。如，北京师范大学研究小组提出了中小学数学教学改革的基本原则：第一，新的中小学数学教学体系必须为社会主义服务，特别是为现代化生产和尖端科学技术服务；第二，新的中小学数学教材必须是有严谨的理论体系的，只不过这个系统和体系要符合社会主义建设服务的要求。华东师范大学数学系中小学数学课程革新研究小组提出的"关于全日制中小学数学课程革新的建议"指出："为了适应我国工农业生产和科学技术事业发展的形势，多快好省地培养建设人才，目前中小学数学内容的革新，不但是十分必要的，而且也是完全可能的。"并编写了全套小学数学课本。1960 年 2 月，在上海举行的中国数学会第二次代表大会，将"彻底改革数学教育体系"列为大会两项主要议程之一，大会认为中小学数学教材内容贫乏、陈旧、孤立、割裂、烦琐、重复，必须彻底改革。（张奠宙，1998：118）各地也纷纷进行缩短学制的试验，进行教材改革研究，编写试验教材。这一阶段的主要研究力量是高等师范院校的教材教法教师和各地教材编写人员。

"文革"结束以后，教学秩序得到恢复，开始了小学数学课程教材的重建，数学教育研究得到快速发展，研究领域不断拓展，包括对数学教育研究的对象、性质、目标、任务以及小学数学与相邻学科关系的研究等。出版的著作或教材有：胡梦玉主编的《小学数学教学法》（北京师范大学出版社，1982），人民教育出版社数学室编写的《中等师范学校课本小学数学基础理论和教法》（人民教育出版社，1984），北京教育学院师范教研室等编写的《小学数学教材教法》（河南教育出版社，1984），江苏中等师范学校教材编写组编写的《中等师范学校课本小学数学教材教法》（江苏教育出版社，1987）等，所论及的内容包括小学数学教学目的、内容、过程、方法以及小学数学教材，江苏编写的《小学数学教材教法》还涉及小学数学学习。这一阶段数学教育研究方法和使用的工具都得到很大扩充，实验方法已被广泛使用，数学教育研究广泛地运用教育学、心理学、逻辑学、思维科学、计算机科学等相关成果，使数学教育成为综合性交叉学科。可以看出，80 年代初面对国际、国内数学教育改革形势，数学教育研究已不囿于数学教材教法的研究，开始关注数学课程和数学学习领域，提出要建立我国数学教育学，进入了我国数学教育学研究的酝酿阶段。

（三）研究小学数学教育学阶段（1989—2019）

80 年代初，随着一些数学教育研究组织的建立，数学教育研究期刊也相应增加，1985 年发展到 42 份，达到历史最高纪录（张奠宙，1998：121），形成了较好的数学教育研究的学术交流平台。1989 年，曹才翰、蔡金法的《数学教育学概论》出版，以及随后的一批数学教育学著作相继问世，数学教育学的研究问题和理论体系得到逐步建立。1991 年，马忠林主编的《数学教育》丛书出版，丛书的序言指出："当前数学教育改革的研究，已深入到理论研究领域。各级研究会及学报、杂志发表了大量很好的研究文章，出版了多种专著，数学教育已初步形成系统化、科学化，能指导数学教学实际的一门科学——数学教育学。"梁镜清出版的《小学数学教育学》（浙江教育出版社，1993），该书绪论中提到，小学数学教育学是以教育学与小学数学学科的融合点作为体系起点的一门层次更高的学科，它的建立不是要取代小学数学教学法或普通教育学，它有自己的理论、规律和方法。

1996 年，广西教育出版社组织全国学科教育理论工作者和实际工作者，由马忠林担任主编，合作编写了大型丛书——《学科现代教育理论书系》，这是对我国学科教育成果的一次总结和检阅。顾明远在该丛书的序言中指出："把教材教法改造为学科教学论是一次理论上的飞跃。应该说，1978—1988 年这门学科的建设是有成效的，不仅培养了众多的研究生和出版了多部著作，而且学科体系基本上建立起来了。"学科教育学不仅要研究学科的教学理论问题，而且要从教育学的基本原理出发，从培养人的高度来讨论学科教育的问题。

2006 年，由张奠宙、宋乃庆共同牵头，经由西南大学向教育部申报的"小学数学教育系列教材"（普通高等教育"十一五"国家级规划教材）获准。该系列教材包括《小学数学教育概论》《小学数学研究》《小学数学教学案例研究》（高等教育出版社，2008、2009、2010）3 本，是第一套由国家规划的小学数学教育教材。该教材立足于新课程改革下小学数学教师专业发展的需要，注重吸收国内外小学数学教育研究成果，注重理论联系实际，注重基于案例分析与阐释理论，有助于加深对小学数学教学内容的理解，增强小学数学教学设计与实施能力。

2009 年以来，针对当时数学教育本科和研究生教育实际需要，全国高师数学教育研究会汇集了国内师范院校一大批数学教育专家学者，陆续出版《数学教育》丛书。2016 年，根据教育硕士培养的需要，决定修订或重新编写出版《"京师"数学教育》丛书。该丛书由曹一鸣、王光明、代钦担任主编，共有 11 册，分别是《数学哲学》《数学教学论》《数学课程导论》《中学数学教学案例研究》《中学数学教育史》《数学教育哲学》《数学教学心理学》《数学教育测量与评价》《数学教育研究与论文写作》《数学方法论选读》《现代数学与中学教学》。该丛书的出版，不仅进一步完善了本科和研究生数学教育课程体系，也更加丰富了我国数学教育学理论成果。

我国数学教育学研究从 20 世纪 80 年代初期的任务提出和初步酝酿，到 80 年代后期数学教育学著作问世和理论体系的初步建立，逐步形成了数学教学、数学学习和数学课程相对独立的研究领域，并在数学教育史、数学教育测量与评价等领域有新的拓展。

关于数学教学的研究。新中国成立直到 20 世纪 80 年代，我国数学教育研究的重心是对数学教学方法的研究。如何提高数学课堂质量，保证"双基"的落实，是广大数学教师研究的主要方向。研究内容主要有两个方面：一是常规教学研究，包括备课、撰写教案、板书设计等；二是教学方法设计，如辽宁省黑山县的"精讲多练"教学法，华东师大沈百英的"三算结合"教学法，华中师大姜乐仁提出的"启发式"教学法，北京朝阳区实验小学马芯兰"加强双基，发展智力"的教学方法，常州师范学校邱学华提出的"尝试教学法"等。这些教学方法改革为形成具有中国特色的数学教育理论奠定了基础。数学教学研究是"常青树"，人们对它的研究一直没有停止过，数学教学研究的成果不断丰富和体系化。

关于数学学习的研究。我国数学学习的研究主要起始于 20 世纪 80 年代，此时人们对学生数学学习方法、学习兴趣、数学思维的研究逐渐增加，数学学习成了数学教育研究的活跃领域。曹才翰、蔡金法著《数学教育学概论》(1989) 提出了数学学习论的基本框架，此后有一批关于数学学习研究的著作、教材出版，如吕传汉著《数学学习方法》(1990)，郑君文、张恩华著《数学学习论》(1991)，李玉琪主编《数学学习论》(1992) 等。郑君文、张恩华在其所著《数学学习论》中指出，这是国内第一本全面论述数学学习的理论著作。书中运用了系统论的观点方法以及现代认知心理学的理论，从数学学习过程、学习者自身因素、环境因素等方面，论述数学学习的一般过程和特殊过程；论述认知因素和非认知因素及家庭、学校、社会对数学学习的影响；并从整体出发，论述数学学习观、数学学习的基本原则和基本方法，从中揭示数学学习的特点和规律。

关于数学课程的研究。20 世纪 80 年代，在国外，尽管已经把课程论作为一个独立的学科，但正如陈侠所说，在我国把课程论作为一门独立的学科，还需要创造一定的条件：这就是要对有关课程的各种事实、现象、概念和原理，作一定程度的系统的研究。（陈侠，1987）以前，数学课程论是作为"教什么"存在于数学教育的著作中，而这些著作主要涉及数学教学问题，因此可以说，以前的数学课程论研究是从属于数学教学论的。然而，由于"课程是实现教育目标的重要手段，课程编写的好坏，决定着教育质量的高低，决定着教育目标能否完满地实现"。（陈侠，1987）因此将数学课程论从数学教学论中独立开来是有必要的。1989 年，曹才翰、蔡金法在《数学教育学概论》中把数学课程独立出来，提出了数学课程的内涵、影响因素、内容的选择和编排等相关问题。此后，丁尔升、唐复苏编写了我国第一本数学课程论著作《中学数学课程导论》（上海教育出版社，1993），张永春编写了《数学课程论》（广西教育出版社，1996）等。

80 年代以来，数学教育的研究力量也在不断壮大，数学教育研究组织相继建立起来。1982 年在郑州成立了"中国教育学会数学教学研究会"，其宗旨是：组织和团结广大会员，配合教育行政部门，积极开展中小学数学教学研究、实验和学术交流活动，为不断提高数学教学质量和促进中小学数学教育现代化服务。1992 年，中国教育学会数学教学研究会在贵州师大举行成立 10 周年纪念活动，会上根据民政部关于社团登记的意见和中国教育学会常务理事会的决定，正式将中国教育学会数学教学研究会所承担的小学数学研究工作与中学数学研究工作分开，分别成立"中国教育学会中学数学教学专业委员会"和"中国教育学会小学数学教学专业委员会"。

1985 年，原全国高师院校中学数学教材教法协作编写组在湖北襄樊举行会议，决定改名成立"中国高教学会高师数学教育研究会"。其宗旨是：团结全国高师院校从事数学教育专业的教师和科研工作者，在马列主义、毛泽东思想指导下，开展本学科的科学研究，推动学术交流，提高本学科的理论水平和教学水平，为创建具有中国特色的数学教育学科体系而努力奋斗。1991年该研究会第四届年会在西安举行，大会期间召开理事会，决定成立"中师工作委员会"和"教育学院工作委员会"，并决定今后将按数学教育学科各个专题进行学术研讨与交流。在我国，直到 20 世纪末，小学教师的培养工作都是由中等师范学校承担的，随着教育事业发展，小学教师培养进入高等教育体系之后，2001 年"中师工作委员会"更名为"小学教师培养工作委员会"。

二、小学数学教育研究的发展趋势

以 Web of Science 核心合集数据库 1999—2018 年收录的 3061 篇数学教育研究领域的 SSCI 文献为研究对象，采用共词分析法，结合 Bicomb2.0 书目共现分析软件生成共词矩阵，通过 Ucinet6.0 软件的 NetDraw 工具绘制高频关键词可视化图谱，分析该领域研究的热点分布；并利用 SPSS 软件的聚类分析和多维尺度分析对研究热点进行主题分类。发现近二十年来国际数学教育研究重点关注了"问题解决"和"问题提出"、教师专业发展理论与实践、聚焦数学素养的学生评价、数学教育与技术以及与中国数学教学经验的国际比较等方面。（徐柱柱等，2018）可以看出，上述这些问题的研究仍保持一定的热度，同时，在数学文化、教育数学等方面引起较大关注。

（一）数学核心素养研究

2016 年 9 月 13 日，中国学生发展核心素养研究成果发布会在北京师范大学举行。这项历时三年的研究成果，对中国学生发展核心素养的内涵、总体框架、具体表现和落实途径等作了详细阐释。研究学生发展核心素养是落实立德树人根本任务的一项重要举措，也是适应世界教育改革发展趋势、提升我国教育国际竞争力的迫切需要。中国学生发展核心素养研究事关新一轮的课标修订、课程建设、学生评价等，因而引起了各方关注，也成为当前基础教育研究的热点。明确核心素养，一方面可通过引领和促进教师的专业发展，改变当前存在的"学科本位"和"知识本位"现象；另一方面可帮助学生明确未来的发展方向，激励学生朝着这一目标不断努力。

新颁布的高中数学课程标准（2017年版）提出了本学科的核心素养，明确了学生学习该学科课程后应形成的正确价值观念、必备品格和关键能力。并且指出：数学核心素养是数学课程目标的集中体现，是具有数学基本特征的思维品质、关键能力以及情感、态度与价值观的综合体现，是在数学学习和应用的过程中逐步形成和发展的。数学学科核心素养包括：数学抽象、逻辑推理、数学建模、数学运算、直观想象、数据分析。这些数学学科核心素养既相对独立，又相互交融，是一个有机的整体。当前，教育部正组织力量对2011年颁布的义务教育课程标准进行修订，小学数学核心素养的研究是其重要内容。

"核心素养"的提出是中国政府与学界试图从顶层设计上解决当前教育难题而提出的一个新的应对措施，以期回应我国教育发展将要面临的挑战。（于丰园等，2018）小学数学核心素养当属其中之一。第六届中国小学数学教育峰会以"聚集数学核心素养"为主题，提出将核心素养置于深化课程改革、落实立德树人目标的基础地位，是下一步课程设计、教材编制、课程开发和实践的依据和目标。（陈敏，2015）社会所需各级各类未来人才的特质形成及个人将来的生活质量应该伴随数学核心素养发展过程中。（蔡金法等，2016）数学核心素养是个体从数学的角度观察事物，并借助数学知识与思想方法解决数学学习或者现实生活情境中相关问题的综合能力，以及个体所持有的数学情感态度、价值观等。（吕世虎等，2017）修订颁布普通高中数学课程标准的经验给小学数学课程教材研制带来启示，一个重要特点是突出数学核心素养，不仅要研制出数学学科的核心素养是什么，还要基于数学核心素养提出教材建议、教学建议和评价建议，制定学生学业质量标准，用数学

学科核心素养统领课程标准的修订。（史宁中，2017A）

（二）数学文化研究

数学是人类文明的主要文化力量，人类文化的发展又极大地促进了数学的进步。让学生感受数学文化，有助于学生认识数学、理解数学。传统意义上的数学教育关注的是向学生传授知识技能，让学生掌握数学概念、规则和思想方法。如今，我们应当推崇文理交融，将数学教育提升到数学文化教育层面，把数学的源流，数学在生产生活中的应用，数学与音乐、美术、建筑、生物等不同学科的联系展现出来，让学生感受到数学有趣、有用，增强学好数学的信心。数学不仅具有抽象化、形式化、逻辑化的特点，是自然科学的典范，而且具有美学维度的精神空间。正如英国著名哲学家罗素所说："数学，不但拥有真理，而且有至高的美。"数学的美是理性的美，让学生感受到数学理性思维的精确、奥妙、完善，这是一种数学文化的力量。数学文化将科学主义与人文主义相融合，不仅让学生获得知识，而且使学生得到优良品质的熏陶，促进学生的品德行为全面发展。有学者对我国数学文化研究进行文献计量分析运用发现：新课程改革以来有关数学文化的研究总体呈现上升趋势；高校研究者是研究的主力军，理论研究与实践者的合作程度较低；研究关注的学段不平衡，义务教育学段关注得不够；研究主题分布失衡，关于数学文化的教材、测评和其与学习的关系等方面的研究不足；非实证研究占主导，实证研究十分缺乏。（裴昌根等，2017）因此，小学数学教育中的数学文化研究应该得到越来越多的关注。

（三）数学教育技术研究

20 世纪 90 年代以来，随着计算机技术和网络技术的日益普及，信息技术正在改变人类社会的工作方式、生活方式、学习方式。数学教育领域中的计算机辅助教学，发展到信息技术与课程整合，从根本上改变了传统的教学结构和教学本质。可以说，信息技术与数学学科课程的整合是未来数学教育改革发展的方向。教育部在 2018 年发布了《教育信息化 2.0 行动计划》，对教育教学提出推进信息技术与课堂教学融合创新的新要求。然而，信息技术与数学教学"深度融合"还面临诸多挑战。尽管各国课程标准或大纲都将现代信息技术引入教学实践方面，并投入了大量的人力和物力，但是实际的效果与人们的预期存在着巨大的落差。（鲍建生等，2013：436）孙彬博等研究表明：（1）信息技术融入数学教学存在时效性，大量丰富的信息技术教学资源难以精准对口师生需求；（2）信息技术作为可有可无的工具，徘徊于数学教学的外围，其使用依然是对传统教学的复制和简化；（3）小规模实验研究环境下取得的教学效果难以在大范围常规教学中推广并获益。（孙彬博等，2019）何克抗教授对实施信息技术与学科课程整合提出了如下意见：（1）要以先进的教育思想、教与学理论（特别是建构主义理论）为指导；（2）要紧紧围绕"新型教学结构"的创建这一核心来进行整合；（3）要注意运用"学教并重"的教学设计理论来进行课程整合的教学设计（使计算机既可作为辅助教学的工具，又可作为促进学生自主学习的认知工具与情感激励工具）；（4）要高度重视各学科的教学资源建设，这是实现课程整合的必要前提；（5）要注意结合各学科的特点，建构易于实现学科课程整合的新型教学模式。（何克抗，2002）

信息技术与数学课程的整合，不是简单地在传统数学课程中添加信息技术的元素，而是需要进行本质性的变化，通常涉及三个方面：形成新型的教学环境，构建新型的教学结构，形成新型的教学方式和学习方式。（曹一鸣等，2018：218）信息技术与数学课程的整合，与传统的数学教育有密切的联系和继承性，又具有一定的独立性和新型数学教育特征，它对于发展学生的个性化、主体性、创造性都具有重要意义。

（四）教育数学研究

张景中院士提出教育数学的新理念，认为教育数学与数学教育不同，但两者有密切的关系。为了诠释教育数学的宗旨，张景中院士提出了"把数学变得容易些"的口号，主张以简单的逻辑结构呈现教材的知识体系。近年来，我国学者对于教育数学的研究不断深入，成立了全国教育数学研究会，建立多个教育数学研究实践基地。研究者认为教育数学是一门将数学的原始形态、学术形态、应用形态转变为教育形态的学科。（张景中，2005：207-210）构建教育数学的知识体系关键是要处理好数学的科学形态与教育形态之间的关系。教育数学的知识体系要遵循教育规律，要对数学成果进行改造或再创造，提炼出适合人们学习的数学知识，建构相应的知识体系。研究者总结了教育数学的五个特征：（1）具有一定的层次，满足基础性特征；（2）注意应用需要，但不以实用性为标准，具有应用性特征；（3）学习者较易接受的数学，具有可接受性特征；（4）充满联系的数学，具有衔接性特征；（5）关注思维训练价值的数学，具有教育性特征。（沈文选，2015：17-19）

（五）学生评价研究

学生评价改革是我国教育改革的关键环节，影响着素质教育的推进及教育公平的实现，是落实立德树人根本任务的关键所在。近年来国家连续出台各种政策推进学生评价改革。例如，2013年，教育部颁布了《关于推进中小学教育质量综合评价改革的意见》（教基二〔2013〕2号），2015年国务院印发《国家义务教育质量监测方案》。学生评价受到国家的高度重视，学术界对此也进行了有价值的探讨。关于学生评价涉及的研究问题包括（杜玲玲等，2016）：（1）对学生的过程性评价。过程性评价是一种在课程实施过程中对学生的学习进行评价的方式。过程性评价应该采取目标与过程并重的价值取向，对学习的动机、效果、过程以及与学习密切相关的非智力因素进行全面评价。过程性评价主张内外结合的、开放的评价方式，主张评价过程与教学过程的交叉和融合、评价主体与客体的互动和整合，这些对于促进教师教学方式和学生学习方式的转变、保证新课改的有效实施非常重要。（2）学生非学业领域的测评。学业质量是学校教育的核心要素，但仅有学业质量是远远不足的，还必须关注学业背后的学习品质，关注社会生活中的品德素养，关注生命成长中的身心发展，关注身心发展中的审美情趣。但非学业领域评价面临一些难题。如：①评价标准，即评价的依据与度量，如何确定品德、身心、兴趣、学业负担等领域在不同年龄段要达到的发展水平；②测量指标，即评价的效度和信度，如何收集能反映"发展标准"的有效数据和证据；③科学判断，即评价的水平与能力，如何依据标准对学生各个领域发展水平作出客观判断，从而得出学生发展的现实水平。（3）完善对学生学业成就的评价。现在的评价理论不断发展，从经典测量理论、概化理论到项目反应理论，诊断性越来越多，模型（rash、两参数、三参数）越来越完善，还能根据孩子学业成绩来评价相关素养，同时还要学习国外先进的教育评价理念、方法和工具，并进行本土化研究，以便对现行的考试评价制度进行改革，通过评价来引导学习。（4）转换对学生的评价方式。对学业质量评价来说，任何单一的评价方式都不可能全面反映学生的发展水平和发展过程，都不可能对学生学习情况作出全面的评价，不可能解决教学过程中发生的所有问题。

此外，评价反馈功能的研究，评价过程监测的研究等也备受关注。学生评价问题日益凸显为制约当前基础教育课程改革发展的瓶颈。因而，研究和探讨学生评价，对于推动当前基础教育改革具有重大的理论和现实意义。

（六）关注在上海举行的第十四届国际数学教育大会的主要议题

代表全球数学教育界最高水平的第十四届国际数学教育大会（ICME-14），原计划于 2020 年 7 月 12—19 日举行，但因新冠疫情推迟到 2021 年 7 月 11—18 日，且采用线上线下混合模式召开。这是 ICME 第三次在亚洲举办，也是首次在中国举办，既是一个让国际同行近距离了解和分享中国数学教育的机会，也是中国数学教育学术界可以有更便利的条件去更深入了解国际学术动态、在交流和学习中进一步完善中国自己的教育学科体系的机会。（李海等，2018）学术会议最能体现有关领域的最新科研成果，是分析研究热点问题的重要依据。通过学术会议的交流，可以预测学科领域的未来发展方向。（邱均平等，2015）华东师范大学特聘教授顾泠沅作为"青浦实验"的开创者，在 ICME-14 上作为大会报告人，这也是继华罗庚在 ICME-4 上作大会报告后，时隔 41 年，再次由中国学者在国际数学教育大会上作大会报告。

ICME-14 设置 62 个专题研究组报告，分别是：分学段、类型的数学教育（11），分学科的数学教育（11），认知、态度、能力与素养（7），数学课堂与教学（包括技术的应用）（9），数学教师教育（8），课程、评价、竞赛

（5），数学教育的人文、社会、政治维度（8），数学教育的理论研究及其他（3）。（陈昊等，2020）从数学按分支、分学段的教学研究到针对各类人群、多元目标的数学教育，从数学教师教育到数学课程与教材的发展，从多文化、多语言环境的数学教育到数学教育的国际合作，从神经科学及数学学习与认知到数学教育研究的方法与方法论，从现代技术在数学教育中的作用到数学教育中的评价与测试，不同领域、主题，不同概念、技术，不同要素、方法，不同视角、观点，都为国内外数学教育工作者提供了交流机会。

ICME 为主办国特设一项学术活动，ICME-14 的特色活动为"中国数学教育特色主题活动"，共有 13 个团队分别报告相应的研究成果，向全世界全面呈现中国中小学数学教育的特色与特点。

第五节　小学数学教育研究的代表性人物及主要著述

新中国成立 70 年来，小学数学教育经历了一些曲折，但也在不断向前发展，小学数学教育的理论研究和实践探索取得了明显成效，涌现了一大批小学数学教育研究专家，他们为我国小学数学教育作出了可贵的贡献。这里将介绍几位代表性的小学数学教育专家及其著述和实验。

（一）俞子夷（1886—1970），祖籍江苏苏州，后迁居浙江，是我国著名教育家、教学法专家。1912 年在江苏第一师范附小任教，开始试行新教学法。1913 年赴欧美考察教育。1918 年至 1926 年在南京高等师范学校任教，并主持附属小学进行各种新教学法的实验研究。1927 年任第三中山大学初等教育处处长。1933 年以后，长期在浙江大学教育系任教。1947 年兼任浙江国民教育实验区主任。1951 年后任浙江省教育厅厅长。

俞子夷毕生从事小学教育的实验和研究，重视小学算术教材教法的探索，是 20 世纪以来中国最早研究小学数学教育的学者，可以称为中国算术教学法的奠基人。其代表性著作有：《小学算术科教学法》（商务印书馆，1929 年1 版、1935 年 3 版），《新小学教材及教学法》（上海儿童书局，1935 年 1版、1947 年 6 版），《复式教学法》（人民教育出版社，1952）等。董远骞、施毓英编的《俞子夷教育论著选》由人民教育出版社1991年出版。本书系统地搜集和整理了俞子夷关于教育和教学问题的论述，选辑其具有代表性和现实意义的论文57篇，基本上反映出俞子夷教学思想的全貌。俞子夷主张笔算与珠算相结合，注重加减基本功的练习，有关珠算著作有《笔算、珠算混合教学法》《民教班珠算教学研究》《初级珠算教材》一册和《高级珠算教材》四册。他编的《新体算术》（1916年）、《社会化算术》（1918年）是中国最早的小学算术课本之一。其中，《新小学教材及教学法》，在理论上受杜威、桑代克、克伯屈以及赫尔巴特和陶行知的影响，并以心理学为依据。该书提出："选择教材，一面顾到社会的需要，一面顾到儿童的心理，这是普遍的原则。"

（二）沈百英（1897—1992），又名沈菊泉，笔名石英、白丁，江苏吴县人，华东师范大学教授，我国近现代教育家。1920年后，先后担任江苏一师附小设计教学法教员、尚公小学校长，在教学过程中总结了很多教学经验，对教学法作了理论上的探索。例如，课堂以学科分配，上课时间以学科性质不同而不同。低年级采用设计教学法，中年级用中心联络法，高年级用道尔顿制。1927年，被聘任为商务印书馆编审，长期从事小学教科书的编写工作。在此期间，还为商务印书馆编撰《教育大辞书》《民众识字课本》等各种类型的教科书及大量教学参考书，为开创国内各科教材编写新体系作出有意义的尝试。1929年，他编写的《设计教学法演讲集》由商务印书馆出版。主持编写过多种儿童读物，其中不少作品被译成捷克斯洛伐克文、朝鲜文，所著4本《幼稚园读物》行销南洋各地。1951年，他教授华东师大《小学教材教法》课程，治学严谨，在教学科研上取得丰硕成果。新中国成立前后，曾在教育刊物上发表论文200多篇。他作风踏实，锐意创新，创设了口算教学数码网格表，主张从小学一年级起利用算盘帮助学生认数和计算，提倡珠算不用口诀，设计珠算指法操，倡导口算、笔算、珠算"三算结合"，融实践性、科学性、趣味性于一体，在国内外引起强烈反响。

（三）胡梦玉（1912—1987），江苏无锡人，北京师范大学教授。曾任国家教委中小学教材审定委员会审查委员，主编高等师范院校教材《小学算术教学法》（1964），该教材由于受苏联凯洛夫和普乔柯的影响，偏重于"教"而对作为学习主体的学生的"学"重视不够。为改变旧算术教学法的缺陷，反映我国优秀教师的实践经验，反映国内外有关教育理论和实践，正式出版了《小学数学教学法》（北京师范大学出版社，1982)，增添了"小学数学教学过程"和"小学数学教学组织"等内容，使得小学数学教学法的研究更加系统。这是我国高等师范小学数学教育的第一部大学教材。

（四）姜乐仁（1923—2019)，湖北天门人，华中师范大学教授。曾任湖北省小学数学教研会会长、华中师范大学启发式教学实验研究中心主任、全国启发式教学实验研究会理事长。主持国家重点科研项目"现代中国启发式教学实验研究""农村中小学数学教育的理论与实践"；出版著作《教育学》《学生学业成绩考查与评定》《启发式教学法浅谈》《启发式教学的原理与实践》等。提出启发式教学既是一种教学论思想，又是一种教学方法和形式；启发式教学要体现"三为主"即学生为主体、教师为主导、教材为教与学的主要依据，"两结合"即面向全体与因材施教相结合、课内为主与课外为辅相结合，"一核心"即以培养与发展学生智能、全面提高学生综合素质为核心；启发式教学模式包括准备、诱发、释疑、转化、应用五个基本要素。

（五）周玉仁（1933—)，北京师范大学教授，主编的《小学数学教学论》（中国人民大学出版社，1999）是我国第一本小学数学教学论教材。在谈到小学数学教材结构体系时指出，近几十年的教改经验，不论教材如何变化，总是增加的多精简的少，如果不在教材结构上下功夫，势必增加学生负担。小学数学教材结构是在综合考虑数学本身的逻辑规律以及小学生认识规律和心理发展水平的前提下，用数学的基本概念、基本规律、基本事实和基本方法联系起来的整体。这个整体不是知识、原则的罗列和拼凑，也不是各部分数学知识的简单求和，而是一个上下贯通、纵横交叉、紧密联系的知识网络。这一观点对于小学数学教材编制具有指导意义。

（六）邱学华（1935—)，江苏常州市人，当过小学教师、中学教师、大学教师、教科所教研人员等。中国当代著名的小学数学教学研究专家。江苏省特级教师，获江苏省有突出贡献中青年专家等称号，享受国务院政府特殊津贴。主要成果有《尝试教学法》（福建教育出版社，1988），《中国小学数学四十年》（河北教育出版社，1989），《小学数学教学研究》（福建教育出版社，1991），《尝试教学理论研究》（接力出版社，1994），《尝试教学论》（教育科学出版社，2005），《邱学华与尝试教育人生》（北京师范大学出版社，2015），《邱学华教育实验研究》（华东师范大学出版社，2018），《邱学华论数学教育》（华东师范大学出版社，2019）等。尝试教学理论的基本观点是"学生能尝试，尝试能成功，成功能创新"，特征是"先试后导、先练后讲"，建立了适应各种不同教学需要的教学模式体系，包括基本模式、灵活模式与整合模式三类。基本模式的教学程序分七步，分别是准备练习、出示尝试题、自学课本、尝试练习、学生讨论、教师讲解、再次尝试。这七步是一个有机整体，反映了学生完整的尝试过程，也是一个有序可控的教学系统。中间五步是主体，第一步是准备阶段，第七步是引申阶段。

（七）张天孝（1937—），浙江省首位功勋教师、特级教师。20 世纪 70 年代，参加了由中国科学研究所心理研究所刘静和、张梅玲负责的一项协作性研究项目，承担了《现代小学数学》全套教材、教辅材料的研究编写工作。他几十年如一日，孜孜不倦、持之以恒地研究小学数学，完成了 5 套教材的编写，出版著作 150 多部，在国际国内学术刊物发表文章 120 余篇。张天孝主编的《学数学长智慧》（浙江大学出版社，2009）共 12 册，紧密配合小学数学各年级的知识点，从学生已有知识出发，围绕一个项目，通过纯数学结构性问题和实际应用性问题的解决，进行数学思维专项训练。《张天孝与新思维数学》（北京师范大学出版社，2016）从"成长历程""教育思想概述""课堂实录""专家评述""社会反响"等几方面全景式反思其教育思想、教育智慧、专业精神和专业人格的形成过程与教学实践过程。目前他仍在带领团队主编义务教育课程标准《新数学读本》。他坚持认为："旧东西也曾经是一种创造，有其合理的地方，轻率地予以全盘否定，我想不会有真正的创新。""你都没有站在前人的肩膀上，你又看得了多远？做得到多好？"

（八）马芯兰（1946—），原北京市朝阳区实验小学校长，特级教师，曾获全国劳动模范等荣誉称号，是全国"五一劳动奖章"获得者，享受国务院特殊津贴。她从事小学数学教学改革与实验，在"以学生发展为本"的理念的指导下，创造了以"开发学生智力、减轻学生负担，提高教学质量"为主要目标的"马芯兰教学法"。主持编写了《小学数学教学与创新能力培养》《北京市小学数学试验教材》等。

1977 年，马芯兰展开了第一轮教学实验。她开始对一年级的数学课进行改革，并着手编撰教材。马芯兰的教学理论在实践中逐渐形成，她大胆地突破了传统教学的条条框框，探索效率和质量相结合的教学方式。她坚信减轻学生负担和提升教学效果并不矛盾。她把现行小学数学教材中的重点、难点、共同点和不同点按照知识的内在联系及规律进行组合，将 540 多个概念归纳成 10 余个一般基本概念及"和、差、倍、分"4 个重点基本概念，将 11 类应用题总结成 4 个基本类型，组合成教学的中心环节，从纵和横两个方面重新调整，并组合成新的知识结构。马芯兰在教学方法改革方面强调：紧抓基础，重视概念的理解和掌握，突出能力培养，遵循学生的认知规律，摆正教师在教学中的位置。她的教学效果显著，为推动小学数学教学改革提供了良好的经验。

第二章　小学数学课程研究

课程是实现教育目的的重要途径，是组织教育教学活动的最主要依据，是集中体现和反映教育思想和教育观念的载体。因此，课程居于教育的核心地位。何为课程？汉语中的"课程"一词，作为一个教育学概念，大概最早见于南宋哲学家、教育家朱熹（1130—1200）的《论学》，如"宽着期限，紧着课程"，又说"小立课程，大做工夫"，意指课业及其进程。这里的"课程"仅仅指学习内容的安排次序和规定，没有涉及教学方面的要求，称作"学程"似乎更准确。到了近代，由于班级授课制、赫尔巴特"五段教学法"的引入，人们开始关注教学的程序和设计。20 世纪 20 年代以后，随着社会的发展，教育制度的变迁，欧美教育思想的渗入，我国一些学者开始关注课程教材教法。1923 年商务印书馆出版了程湘帆著《小学课程概论》，是我国近现代最早的课程论著作；1928 年，广西教育厅编译处出版了王克仁著《课程编制的原则和方法》；另有徐雉著《中国学校课程沿革史》（上海太平洋书店，1929）、朱智贤编《小学课程研究》（商务印书馆，1931）、熊子容著《课程编制原理》（商务印书馆，1934）等。这些著作对小学课程教材的目的和范围、教材的性质和功用、教材内容的选择和组织、教材的编辑，以及对教学方法、作业要项、教学要点、成绩考查、教具使用等进行了论述。这些研究内容应该说涉及了课程论的一些问题，但是内容比较零散、具体，主要在于指导实际操作，与课程论以及数学课程论学科体系的建立尚有很大距离。

第一节　小学数学课程研究历程

新中国成立 70 年来，小学数学课程改革有过一段不平凡的历程，回顾这段历史，有助于我们正确认识当前进行的课程改革，把握前进的方向。

一、新中国成立以来重要的小学数学课程改革

新中国成立以来，经历了八次基础教育课程改革，大体上可分为以下三个主要时期：

（一）新中国成立至"文化大革命"结束，由模仿到改革尝试，起伏不定，曲折变化的初步探索时期。期间可分为五个小的阶段。

第一次课改（1949—1952），新中国成立初期的前三年，采取临时措施，统一课程和教材。新中国成立初期教育的主要任务是改造旧教育、建设新教育，但此时的小学数学课程体系还非常不完善，水平也相对较低，教材选用上采取了一些临时措施。北方采用刘松涛等编著的由华北人民政府审定的老解放区课本，南方采用俞子夷编著的大东书局出版的课本。1951 年规定全国统一使用俞子夷所编的课本作为暂用本。

第二次课改（1952—1957），以苏联教学大纲和教材为蓝本编写大纲和教材。国家经济社会进入比较正常的阶段，制定并实施了第一个"五年计划"。为推进中小学课程教材建设工作，确定参照苏联小学算术教学大纲，根据我国具体情况，适当加以改编，颁发了 1952 年教学大纲，并于 1956 年进行了修改。由于是机械性照搬当时苏联的初等学校算术教学大纲，脱离了当时我国的实际，降低了我国小学算术教学程度。

第三次课改（1957—1961），为适应我国经济发展，培养建设人才，需要进行教材改革试验。这是"大跃进"时期，教育领域开展"教育大革命"，出现了缩短学制和形式多样的教材革新，因课程难度大，教师学生都难以适应。此时，教材改革主要是把初中算术下放到小学，在小学学完全部算术，提高

了小学算术教学程度。此间，北京、上海、江苏、浙江、福建等许多地方也进行了课程教材改革试验。这些地方性试用课本的共同特点是（刘久成，2011：58）：

（1）改革教材体系，在精简过去教材内容的基础上，不同程度地把初中代数、几何的内容下放到小学。

（2）精简了整数及其四则运算教学的循环圈，减少重复。

（3）把珠算合并到小学算术中，使得笔算和珠算相结合。

（4）教材内容强调为政治服务，贯彻理论与实际相结合的精神。

1960年10月，人民教育出版社草拟了《十年制学校数学教材的编辑方案（草稿）》，作为编写全国十年制试点学校试用的数学教材的依据，并于1961年出版了《十年制学校小学课本算术（试用本）》共十册和《珠算》（试用本）一册，供当时五年制试点学校使用。这套教材没有避免"大跃进"的影响，是程度较高的一套教材。

第四次课改（1961—1966），注重基础知识教学和基本能力培养，是我国小学数学课程体系的初步探索。1961年1月，中共八届九中全会以后，中央开始认真调查研究，总结"大跃进"以来的经验教训，提出了"调整、巩固、充实、提高"的八字方针。1961年下半年，人民教育出版社赶编的《十年制学校小学课本算术（试用本）》出版后，根据教育部指示，人民教育出版社立即着手编写十二年制学校算术课本，同时参加起草新的小学算术教学大纲。1963年7月，教育部颁发了《关于实行全日制中小学新教学计划（草案）的通知》。同年，教育部相应地颁发了六年制的《全日制小学算术教学大纲（草案）》，这是新中国成立后教育部颁发的第四个小学算术教学大纲。1963年"大纲"第一次提出了培养"空间观念"的要求，明确提出了培养学生计算能力、初步的逻辑思维能力、空间观念和解答应用题的能力。这个"大纲"是在总结新中国成立以来正反两方面经验教训的基础上制订的，既改变了新中国成立初期由于照搬当时苏联的"大纲"，将四年的教学内容拉长到五年、六年，导致程度的下降，又改变了"大跃进"把程度提得太高、不切合我国当时实际的情况。可以说，这是我国小学数学课程教材体系的一个初步探索。

第五次课改（1966—1976），1966年"文化大革命"开始，刚刚恢复稳定的课程教材遭到前所未有的破坏，否定了系统的基础知识和基本技能的学习，倡导开门办学，片面强调理论联系实际，否定科学原理。其间没有全国统一的教学大纲，实行区域自主，各地相继编写了小学算术试用教材，编写的教材水平差异较大，存在严重的实用主义倾向，忽视知识体系，教学质量明显降低。但一些地区进行的口算、笔算、珠算"三算结合"的改革试验，取得一定成效。

（二）改革开放初期到20世纪末，课程教材重建，加强"双基"训练，实施义务教育，提高全民族素质，实行"一纲多本"，课程内容采取精简、更新和增加弹性的方式设置。期间可分为两个小的阶段。

第六次课改（1976—1986），是指"文革"结束后的课程重建十年。"文革"结束后，拨乱反正，经济建设开始全面恢复，提出"向科学进军"的口号。根据中央指示，教育部决定以十年制为基本学制，制订教学计划。1978年1月18日颁发的《全日制十年制中小学教学计划试行草案》强调，数学课要加强数学基础知识的教学和基本技能的训练，从小学起就要注意反映现代数学，小学和中学都要适当提高程度。在这样的精神指导下，教育部制订了《全日制十年制学校小学数学教学大纲（试行草案）》，并于1978年2月正式公布。同时编写全国通用的小学数学教材，采取了三项具体措施：一是精选传统的算术内容；二是适当增加代数、几何的部分内容；三是适当渗透一些现代数学的思想，如集合、函数、统计思想方法等。由于处理方法恰当，既提高了程度，又切实可行，避免了走国外"新数学运动"的弯路，初步建立了我国小学数学课程体系。

第七次课改（1986—2001），是提高全民族素质，实行"一纲多本"，构建义务教育课程体系阶段。1985年5月中央颁布了《中共中央关于教育体制改革的决定》，1986年4月又颁布《中华人民共和国义务教育法》。为适应义务教育，国家教委先后于1988、1992、2000年颁布了九年义务教育全日制小学数学教学大纲（初审稿、试用版、试用修订版）。第七次课改从思想观念到课程体制，从课程内容到课程类型，诸多方面均有很大变化。实行了多年的"教学计划"改为"课程计划"，课程管理体制首次正式实施审定制，建立"一纲多本"的教材管理制度，把课程分为国家课程和地方课程，允许地方根据实际需要编写地方教材。课程类型上，改变过去单一的学科课程为学科课程和活动课程两大类。根据九年义务教育全日制小学数学教学大纲的要求和"一纲多本"的精神，北京、上海、江苏、浙江、四川、广东、福建等地，陆续出版了适用本地区的义务教育小学数学教科书，河北编写了供农村小学使用的复式教材（称"半套"）。

（三）21 世纪以来的新一轮课程改革，调整和改革课程体系、结构、内容、评价和教学方式等，以培养创新精神和实践能力为重点，促进每一个学生的全面发展。此次改革被称为第八次基础教育课程改革。

2001 年，《基础教育课程改革纲要（试行)》颁布，标志着新一轮基础教育课程改革全面启动。本次课程改革，以促进学生全面发展为根本目的，在课程管理体制、课程理念、课程目标、课程内容、教学方式和评价等方面有所创新，关注学生学习过程中的创新精神和实践能力的培养，发挥评价促进学生学习和教师改进教学的功能，体现了国际视野和中国特色相结合、课程的继承与创新相结合，并将沿用多年的"教学大纲"变为"课程标准"。先后颁发了《全日制义务教育数学课程标准（实验稿)》和《义务教育数学课程标准（2011 年版)》，被称为新中国成立以来的第八次课程改革。2011 年 4 月，教育部组织的《义务教育数学课程标准（修订稿)》审议组指出："2001 年以来，以《全日制义务教育数学课程标准（实验稿)》为标志，我国义务教育数学课程改革取得了实质性进展。新修订的数学课程标准符合数学学科的科学性，基本遵循了学生认知规律和教育教学规律，体现素质教育精神，能注重培养学生的创新精神和实践能力，体现了时代发展对数学学科教育的新要求和科技进步的新内容。"（曹一鸣、梁贯成，2018：51）朱永新认为，21 世纪以来的我国中小学数学教育改革发展的特点，包括：立足"大众数学"理念下的课程目标，以发展性领域目标为导向的课程结构，突出价值性与过程性的课程内容，体现以学生发展为本的数学学习，注重发展性、过程性的学习评价。（朱永新，2016：78-80）

上海市从满足沿海发达地区的要求出发，进行地方性课程和教材改革，1997年上海市教委组织编写了《进入21世纪中小学数学教育行动纲领（讨论稿）》，并于2004年公布了《上海市中小学数学课程标准（试行稿）》，体现"数学为人人"的指导思想，立足于使所有学生获得必备的数学基础，培育学生终身学习的基础。（鲍建生等，2013：58-59）

"教学大纲"到"课程标准"的变化，体现了"育人为本"的教育理念，更加重视学生能力培养和素养的提高。（史宁中，2012：2）"课程标准（2011年版）"的培养目标在"双基"的基础上扩展为"四基"，希望学生在获得小学数学基础知识和基本技能之外，还要感悟数学基本思想方法，积累数学基本活动经验，并且将"教学大纲"对能力的要求从"分析和解决问题的能力"，提升为"发现和提出问题的能力，分析和解决问题的能力"，由重视知识技能的结果性目标，提出结果性目标与过程性目标并重的要求。数学课程同时要体现对学生进行"情感态度"的教育，重视养成学生勇于面对困难、积极向上的生活态度，提高学生学习数学的兴趣和信心，培养学生一丝不苟、独立思考、合作交流的学习习惯等。

二、小学数学课程研究的几个阶段

新中国成立之初，小学数学课程研究还没有形成独立的研究领域，所谓的课程研究仅仅是对教学大纲和教材的探讨。改革开放之后，小学数学课程研究从借鉴一般课程理论成果，发展到对小学数学课程理论的初步探索。如今，随着有关小学数学课程研究的论文、论著的发表，国内外课程研究活动的开展和广泛的学术交流与合作，小学数学课程研究正在不断深化，研究成果非常丰富。可以说，70年来，我国小学数学课程研究，大致经历了从零散的、混合的到初步探索和逐步形成独立学科体系的过程。

从具体的研究历程来看，我国小学数学课程研究大致可以分为三个主要阶段：

第一阶段：课程研究隶属于教材教法之中（新中国成立—20 世纪 80 年代中期）

新中国成立后，我国学习苏联的教育科学。苏联的教育学主要讲四大部分内容：教育基本理论、教学论、德育论、学校管理。有关课程问题存在于教学论当中，内容也仅仅是介绍政府颁布的有关课程（教学）文件（张廷凯，1998A）。我国小学教育的指导性文件，直到 1988 年均采用"教学计划"这样的名称，在 1992 年颁发相应文件时才开始使用"课程计划""课程方案"。教育行政部门颁发的这些教学计划中，主要是规定中小学教育的基本任务、学制、课程设置和教学时间等，没有形成独立的课程研究领域。

从培养小学教师的课程来看，沈百英教授 50 年代在华东师大就担任《小学教材教法》课程的教学。北京师大胡梦玉教授等应教学之需，于 1964 年主编高等师范院校教材《小学算术教学法》，1982 年又正式出版了我国高等师范院校小学数学教育的第一本教材《小学数学教学法》（北京师范大学出版社）。该教材共有 10 章，第 1—4 章为总论部分，介绍了小学教学的目的任务、小学数学教材及其编写原则、小学数学教学过程和小学数学教学方法；第 5—10 章是分论部分，分别讨论了整数和四则运算的教学，小数、分数和百分数的教学，应用题的教学，比和比例的教学，代数初步知识的教学以及几何初步知识的教学。可以看出，前两章主要探讨课程问题，包括课程的目标、内容和教材的编写等。此外，为帮助小学教师进一步掌握教学理论，深刻领会教学大纲精神和教材编写意图，提高驾驭教材的能力，不断改进教学方法，提高教学质量，广东、广西、湖北、湖南、河南五省（区）共同协作编辑出版了《小学教学法》丛书，其中，郭涤尘、王辅湘、陈远俭编著的《数学教学法》（湖南人民出版社，1980），以及 1984 年人民教育出版社出版的中等师范学校数学课本《小学数学基础理论和教法》（第二册），均以讨论教学问题为主，也融合了课程研究的有关内容。其间，各类教育杂志发表的文章，也基本是对教材、教法的探讨。因此，可以说，新中国成立至 20 世纪 80 年代中期的相当长一段时间，我国没有把课程论作为教育学的分支学科来进行研究，在学术体系中把课程主要归为教学内容，作为教学论的一部分，没有形成独立的课程论体系。

第二阶段：借鉴一般课程理论成果，进行小学数学课程论的初步探索（20 世纪 80 年代后期—20 世纪末）

在我国改革开放之初，课程论虽然没有作为独立的分支学科，但课程问题得到了一定的关注。1981 年，人民教育出版社设立课程教材研究室，并创办了全国第一家《课程教材教法》杂志。该刊宗旨是探讨中小学课程教材的编制原理，研究课程、教材、教法的改革途径，刊发包括课程编制的一般理论，教材编写的一般问题，中小学各科课程设置、相互联系和前后衔接的问题，中小学各科教学目标的研究，课程教材改革的研究报告和调查报告，课程教材沿革的参考资料和分析研究，外国课程教材的参考资料和比较研究，国内外课程和教材的书刊评介等方面的论文（张廷凯，1998A）。1983 年教育部批准成立课程教材研究所，与人民教育出版社合署办公，编译出版了英、美、苏、日等国有关课程研究的著作。从 80 年代中期开始，我国教学论研究者开始重视对课程的研究，在教学论著作中探讨了课程问题。比如，杭州大学董远骞、张定璋、裴文敏著《教学论》（浙江教育出版社，1984），北京师大王策三著《教学论稿》（人民教育出版社，1985），东北师大吴杰著《教学论——教学理论的历史发展》（吉林教育出版社，1986）等。这些著作中，探讨了课程的历史发展、课程的本质和结构、课程的内容、课程的设计等。

随着改革开放的深入，特别是 1985 年中共中央发布了《关于教育体制改革的决定》后，课程问题受到越来越多的重视，更加注重课程的理论和方法的研究。1989 年 3 月，陈侠出版了我国第一部《课程论》著作（人民教育出版社，1989），钟启泉出版了《现代课程论》（上海教育出版社，1989）。此后，又陆续出版一些课程论专著。此时人们一般认为，我国课程论研究已经成为教育科学中一个独立的研究领域。与此同时，借鉴课程研究理论的学科课程论研究也在进行。1989年，曹才翰、蔡金法在《数学教育学概论》中提出教学论、学习论和课程论三个研究领域，把数学课程独立出来，提出了数学课程的内涵、影响因素、内容的选择和编排等相关问题。丁尔升、唐复苏出版了《中学数学课程导论》（上海教育出版社，1993)，全书共十一章，分三篇，第一篇概述了数学课程的研究对象、意义和方法，国内外数学课程的演变，课程理论的主要流派和制约课程的主要因素；第二篇阐述了课程编制的基本理论，包括数学课程的类型和编制原则，数学课程的内容选择、结构体系和教材，正确处理课程编制中的几个关系；第三篇重点讨论了数学课程的开发和几个主要国家的数学课程。张永春出版了《数学课程论》（广西教育出版社，1996)，主要探讨了两大方面的问题：一是对数学课程的历时性研究，从数学课程的历史发展中探讨人们对数学教育目的的理解、数学教育内容的确定和组织；二是对数学课程的共时性研究，采用系统论思想观点对数学课程作宏观、中观、微观的结构功能分析，作出了从借鉴一般课程论到独立构建数学课程论研究体系的尝试。

20世纪90年代，还先后出版了多部小学数学教育学教材。如，王权主编的《小学数学教育学》（华东师范大学出版社，1991)，该书按照小学数学教学大纲精神，介绍了小学数学教学的目的、内容，还以学习理论为指导阐述了小学数学教学的一般规律，这对过去的"教材教法"是一次拓广；梁镜清主编的《小学数学教育学》（浙江教育出版社，1993)，该书对数学课程的研究所占篇幅不多，主要讨论了小学数学课程的设置、小学数学教学大纲和小学数学教材；汪绳祖主编的《小学数学教育学》（高等教育出版社，1997)，以及金成梁主编的《小学数学教材概说》（南京大学出版社，1999)，《小学数学教学概论》（南京大学出版社，2000）等。这些书籍主要是作为师范院校小学教育专业教材，其中都有一定的篇幅讨论小学数学课程和教材问题，重点是针对教学大纲中的教学目的、教学内容进行分析和介绍，缺乏对小学数学课程和教材的理论研究。

1992 年，国家教委颁发了《九年义务教育全日制小学、初级中学课程方案（试行）》和《九年义务教育全日制小学、初级中学课程计划（试行）》，并制订了各科教学大纲，使得沿用多年的"教学计划"改为"课程计划"，标志着一贯提倡的教学改革向课程改革转变。总之，这期间数学教育理论研究者和实际工作者，对数学课程进行了一些可贵的探索，形成了较为丰富的成果，但作为学科课程论的独特体系的建立尚在探索之中，已有成果多为借鉴一般课程理论成果，或者说是"数学+课程论"的范式。因此，此时小学数学课程论研究仍处于初步探索阶段。

第三阶段：初步形成小学数学课程理论体系阶段（21 世纪以来）

从国际范围来说，20 世纪 80 年代以后，数学教育研究领域空前活跃，国际交流日益频繁，数学课程理论研究和实践引起了人们的关注。尤其是在世纪之交，许多国家纷纷制定新的课程标准或教学大纲，提出新的课程理念和改革措施。在此背景下，我国启动了新一轮基础教育课程改革，强调义务教育数学课程具有基础性、普及性和发展性，强调数学教育要面向全体学生，适应学生个性发展的需要，使得人人都能获得良好的数学教育，不同的人在数学上得到不同的发展。努力体现时代要求，实现教育思想、课程理念、教学方式、学习方式、评价方式、信息技术等方面的转变。并将多年一直使用的文件名称"教学大纲"改为"课程标准"，课程改革成为教育改革的核心，涌现出大量的课程改革的问题，引发了人们对数学课程理论的进一步研究。

新中国成立后，由于"以俄为师"，开始采用"教学大纲"的文件名称。始于 21 世纪初的课程改革，相应的文件名称改为"课程标准"，这不仅是受到国际范围内课程标准改革运动的影响，而且也反映了我国基础教育管理体制由"高度集中"向"分级办学、分级管理"的转变；教育理念由"知识为本"到"育人为本"的转变；教学目标由"统一要求"到"目标引领、增加弹性"，扩大学校办学自主权的转变；内容方法由"注重结果"到"结果与过程并重"的转变；评价目标与方法由"单一"到"多元"的转变；课程开发由专门机构开发到鼓励地方、学校自主开发的转变。本次课程改革进一步推动了数学课程的理论研究和实践探索，小学数学课程论方面的著作也不断出现。如：綦春霞主编《数学课程论与数学课程教材改革》（北京师范大学出版社，2001），探讨了数学课程的含义和理论基础，分析了新中国成立以来的历次课程改革，阐述了数学课程的目标、内容编排和评价，以及国外数学课程的发展；王林全著《当代中小学数学课程发展》（广东教育出版社，2006），阐述了我国古代、近代特别是现代数学课程的发展，通过中外数学课程的比较，研究解决当前我国数学课程改革的现实问题，探讨了数学课程发展的理论、方法，以及数学课程的开发；刘久成《小学数学课程60年》（江苏大学出版社，2011），回顾小学数学课程发展的历程，总结课程实践与改革的基本经验，揭示课程发展规律，展示新中国成立以来小学数学课程发展的成就与问题，提出改进课程实践的策略、推进学科课程研究的建议，为小学数学课程改革与发展提供历史借镜。

21世纪以来，除出版了大量数学课程论方面的著作，作为培养小学教师的高校也将小学数学课程与教学（论）作为专业必修课程，出版了多种版本的小学数学课程与教学（论）教材。如，杨庆余《小学数学课程与教学》（上海科技教育出版社，2003），金成梁《小学数学课程与教学论》（南京大学出版社，2005），曹一鸣《小学数学课程与教学论》（教育科学出版社，2014），曾小平《小学数学课程与教学论》（人民教育出版社，2015），孔企平《小学数学课程与教学》（华东师范大学出版社，2016）等。此外，各类教育刊物发表的课程改革研究论文不胜枚举，指向小学数学教育和小学数学课程的研究课题也大量涌现，关于小学数学课程的本质、理论基础、课程目标、课程内容、课程设计与实施，以及小学数学课程的国际比较等研究全面展开，初步形成了我国小学数学课程研究的理论体系。

第二节　小学数学课程研究主要成就

20世纪20年代，在美国，课程理论已经作为教育科学中一个独立的研究领域，出版了许多课程论著作。如，博比特（F.Bobbitt）的《课程》（1918）

和《怎样编制课程》（1924），查特斯（W.W.Charters）的《课程编制》（1922），庞锡尔（F.C.Bonser）的《小学课程》（1923）等。1949 年，美国课程论专家泰勒（Ralph W.Tyler）出版的《课程与教学的基本原理》，创造性地综合了博比特、查特斯、杜威等人的课程思想，形成了一个课程开发的主导模式，又称"泰勒原理"。它清晰而完整，被誉为对课程开发原理最完美、最简洁、最清楚的阐述，达到了科学化课程开发理论的最高水平，成了经典的课程开发模式。由于当时我国的中小学课程和教材由学日本转向学欧美，也先后出现了一些有关课程研究的著述。如 1922 年 5 月在《教育杂志》上发表的《关于新学制草案中等教育课程之研究》，论述了编制中学课程的三原则；1923 年商务印书馆出版了程湘帆著《小学课程概论》，是我国近现代最早的课程论著作，以及熊子容著《课程编制原理》（商务印书馆，1934）等。但这些研究和当时的学制改革紧密联系。新中国成立后，受苏联教育理论体系影响，课程论没有作为独立的研究领域。改革开放以来，我国学者又陆续出版了一批课程论专著，课程论研究开始从教学论中分离出来。这里主要梳理 70 年来，我国在小学数学课程研究领域的主要成就。

一、数学及数学课程的意义

（一）数学

数学是什么？既是数学家要回答的问题，又是哲学家要回答的问题，究其原因主要是由于它是数学认识论的一个根本性问题，同时又是数学教育论的一个根本性问题。20 世纪初，围绕数学的哲学基础问题进行的不同探讨，形成了逻辑主义、形式主义和直觉主义三大学派。数学到底是什么？一位美国数学家曾作过一个不完全统计：自古以来"数学"就有 200 多种不同的定义，这些定义反映了人们对数学发展过程中的本质和特征的不同认识。有学者认为，尽管见解多种多样，归纳起来无非两大类：一种是唯心主义的认识；一种是唯物主义的认识。前者认为数学是与人类社会实践无关的先验观念的产物，是人的头脑的产物，甚至认为是上帝创造的"宇宙和谐"；后者认为，

数学是人类在长期社会实践中积累起来的关于客观事物的数量和形状的认识经验的升华。（张永春，1996：15）

100多年前，恩格斯在《反杜林论》中指出："数学是研究现实世界的空间形式和数量关系的科学。"也就是说，数学是对"形"和"数"的研究。这是恩格斯在19世纪中叶科学发展状态下对科学分类作了深入研究之后作出的界定，是一种唯物主义观点。由于科学技术发展，数学科学出现了许多新的分支体系，如今看来，这个定义已经不能概括现代数学科学的全貌了。1964年，苏联出版的《哲学百科全书》认为，数学是一门撇开内容只研究形式和关系的科学。数学的首要和基本对象是数量的和空间的关系及形式。

20世纪以来，由于数学的性质及其应用途径不断发生变化，新的数学领域不断涌现，数学的应用范围不断扩充，加之计算机的发展和应用爆炸性地增长，都要求发展新的数学。因而人们对"数学是什么"的认识发生了很多变化。张维忠在其著作《数学文化与数学课程》（上海教育出版社，1999）中认为："数学对象终究不是物质世界中的真实存在，而是抽象思维的产物，它是一种人为约定的规则系统。"林夏水认为："'演算'概括了数学研究的特点，反映了数学的经验性与演绎性及其辩证关系，我们有理由把它作为对数学本（性）质的概括，说'数学是一门演算的科学'。"（林夏水，2000）

关于数学本质的问题是一个具有时代性、前瞻性、发展性、综合性的数学、哲学核心问题。在数学的任何发展阶段都不可能有固定的、永恒不变的答案，这应该成为数学哲学研究的一条认识论原则。单纯片面地从某个角度去看数学的本质都是有失偏颇的。（黄秦安，2003）有学者认为，就"数学是什么"一般可以分为隐喻性回答和实质性回答两类。（孙宏安，2001）

所谓隐喻性回答指的是用比喻的方式来表达数学是什么。比如，数学是打开科学大门的钥匙，数学是科学的语言，数学是思维的工具，数学是思维的体操，数学是理性的艺术，数学是一种理性精神等。数学的隐喻性回答有助于人们学习数学、理解数学，特别是对于小学生来说，直观形象的表述更有利于学生理解数学的特点和作用。但隐喻性回答毕竟是一种比喻，是文学的手法，不可能从根本上解决数学哲学中长期争论而未果的数学的本质问题。

所谓实质性回答是从揭示数学的本质特征来表达数学是什么。主要有以下几类：

1.形式性说法："数学是一门演绎科学。"这种说法注重于数学知识按形式逻辑编排的表面形式和按演绎体系展开的特点，这种观点的典型代表是数学基础学派中的逻辑主义和形式主义。（王汝发，2002）正如，罗素称数学是"恒同于逻辑"的学科，希尔伯特称数学是"无实在含义的形式游戏"。前者把数学归结为逻辑，后者把数学看作是符号游戏。

2.模式性说法：1939 年，英国著名数学家、哲学家怀特海（A.Whitehead）在《数学与善》中指出："数学的本质特征就是，在对模式化的个体作抽象的过程中对模式进行研究。"荷兰著名数学家、数学教育家弗雷登塔尔在《作为教育任务的数学》一书中指出："数学的特性——它寻求各种思想模式，以供应用者选择使用。"（上海教育出版社，1995：8）并且认为学习数学主要是实行"再创造"，或者说是"数学化"。1988 年，美国著名数学家、美国数学联合会主席斯蒂恩进一步指出："数学是模式的科学。"

我国数学家徐利治认为，"数学是通过模式建构，以模式为直接对象来从事客观实体量性规律性研究的科学"。（徐利治，2000：124）"量性规律性"包括数量关系和空间形式两方面。

3.综合性说法："数学是一门演算的科学。"（林夏水，2000）其中"演"表示演绎，"算"表示计算或算法，"演算"表示演与算这对矛盾的对立统一。为什么用"演算"概括数学的本质？其原因主要有二：一是"演算"反映了数学研究的特点；二是"演"与"算"的对立统一反映了数学性质的辩证性。

4.对象性说法：100 多年前，恩格斯在《反杜林论》中就指出："数学是研究现实世界的空间形式和数量关系的科学。"吴文俊从数学研究的基本概念

"数"和"形"的角度，并且把"数"和"形"作为基本概念不加定义来直接建立体系，提出"数学是研究数和形的科学"。（吴文俊，1998：1）《义务教育数学课程标准（2011年版）》中，对数学采用了类似的定义，即"数学是研究数量关系和空间形式的科学"。这说明数量关系和空间形式并不限于"现实世界"，也包括来自数学自身，是逻辑思维的产物。

5.特点性说法：苏联数学家亚历山大洛夫等著的《数学——它的内容、方法和意义》（科学普及出版社，1958）提出数学有三大特点，即精确性、抽象性和应用的广泛性。美国著名数学教育家M.克莱茵在其主编的《现代世界中的数学》的序言中指出：（1）数学是人类所创造出的最简单的系统科学。比如说，它比物理学、经济学、历史学简单，因为只研究现实的很有限的侧面。（2）数学本质上简单却难以学习。其一数学家用一些对普通人很生僻的词来表达概念，其二是使用符号。（3）数学是抽象的。数学家常常用图像来思考。如教授在给学生讲定理证明时突然中断了，便到黑板角落画几个图，然后擦掉继续讲（上海教育出版社，2004：1）。美国国家研究委员会在《人人关心数学教育的未来》（世界图书出版公司，1993）一书中指出："数学科学是集严密性、逻辑性、精确性和创造力与想象力于一身的一门学科。"也有学者从小学数学教育的角度把数学理解成：数学是美的，其中蕴藏着一种至简至和的智慧；数学是理性的，其中蕴藏着一种至真至通的智慧；数学是自由的，其中蕴藏着一种创造探索的智慧。（陈士文，2014）这种对数学的理解揭示了数学具有的教育特征。

上述对于数学含义的讨论使我们进一步认识到，哲学家和数学家是从数学内部（数学的内容、表现形式、研究过程）和数学外部（数学与社会的关系、数学学科与其他学科的关系、数学与人的发展的关系）两个方面来研究数学的本质特征的，他们所得到的结论都从某一侧面反映了数学的本质特征，为我们全面认识数学的本质特征提供了一些视角。现代的数学概念不断发展，比起原先的数学概念的外延宽泛了许多，可以包含原先概念中不能包含的内容，"空间形式"和"数量关系"也出现了"交融"和"泛化"的变化，它

们之间的界限也出现了模糊甚至消逝的情况。（张永春，1996：17）

（二）课程

1.课程的含义

学校课程不仅把各科教学内容和进程变成整个便于教学的体系，而且是培养什么样的人的一个蓝图，所以它是很重要的。（戴伯韬，1981）关于"课程"，《辞海》上有两个解释：一是"功课的进程"；二是教学科目，可以指一个教学科目，也可以指学校的或一个专业的全部教学科目或一组教学科目。《中国大百科全书·教育卷》认为，"课程是课业及其进程"。《教育大辞典》的解释是"课程是为实现学校教育目标而选择的教育内容的总和"。不同学者对"课程"也存在不同的理解。如有学者认为："课程是指一定的学科有目的有计划的教学进程。这个进程有量、质方面的要求。它也泛指各级各类学校某级学生所应学习的学科总和及其进程和安排。"（吴杰，1986：5）"课程可以理解为为了实现各级学校的教育目标而规定的教学科目及其目的、内容、范围、分量和进程的总和。"（陈侠，1989：13）"课程是按照国家规定的教育方针，根据学生身心发展状况，在一定时期内使学生达到规定的培养目标，完成规定的教育任务所设计的教育内容。"（叶立群，1997：99）认为课程既可指一个学习阶段的全部教育内容，也可以指一门学科的教育内容。后者习惯上也叫"学科"或"科目"。"课程就是课堂教学、课外学习以及自学活动的内容纲要和目标体系，是教学和学生各种学习活动的总体规划及其过程。"（李秉德，2001：149）"课程是在一定学校的培养目标指引下，由具体的育人目标、学习内容及学习活动方式组成的，具有多层组织结构和育人计划性能、育人信息载体性能的，用以指导学校教育教学活动的育人方案，是学校教育活动的一个重要组成部分。"（廖哲勋等，2003：43）这些关于"课程"的不同解释，都存在一定的指向性，主要指向当时特定社会历史条件下课程所出现的问题，有一定的合理性，也存在一定的局限性。

也有学者提出课程含义的三个侧面，即：教育科学中的理论性含义，主要揭示教育内容的确定取决于对教育本质的理解和对教育目的的认识；教育行政中法令性含义，侧重于揭示在一定的社会里教育行政主持者（或其集团）对于教育目的的认定，特别是对教育内容的规定性要求的重大关切；教育实施中的实践意义，从总体上说，教育是一种特殊的社会实践活动过程，课程是这个过程中赖以达到教育目的的手段。（张永春，1996：2-4）

对于课程概念的理解，有学者认为主要有以下三种观点（王鉴，2014：4-5）：一是课程即教材，或者说课程即教学内容，这是大教学论小课程论的观点，主要代表人物是捷克教育家夸美纽斯。二是课程即生活，代表人物是美国教育家杜威，他提出"教育即生活""教育即生长""学校即社会"的著名观点。杜威在《我的教育信条》中提出："学校课程的内容应当注意到从社会生活的最初不自觉的统一体中逐渐分化出来……因此，学校科目相互联系的真正中心，不是科学、不是文学、不是历史、不是地理，而儿童本身的社会生活。"（王承绪等，2001：10）三是课程即经验，泰勒在《课程与教学的基本原理》中指出，教育的基本手段是提供学习经验，学习是通过学生的主动行为而发生的，学生的学习取决于他自己做了些什么，而不是教师做了些什么。（人民教育出版社，1994：49）这种观点强调学生的主动参与，强调学生与外部环境的相互作用。教师的职责是构建适合学生能力与兴趣的各种情境，以便为每个学生提供有意义的经验。

在国外，日本文部省1980年出版的《中等学校指导书·教育课程一般篇》中说："学校编制的教育课程可以说是为了达到教育的目的和目标，使教育内容适应学生的身心发育，在与授课时间相关的条件下综合地组织起来的学校教育计划。"1980年出版的《苏联百科词典》对"课程"的解释是："从科学、技术、艺术、生产活动某一领域选定的知识和技能的系统。"美国学者罗伯特·特立弗的《课程的研究》中说："课程被广义地看作儿童或者成人所接触到的各种经验的总和。从狭义来看，课程一词仅局限于学校提供的经验。"上述解释有的较为宽泛，涉及教育目的、学生的身心发育、教学时间等，有的只涉及课程内容。

美国芝加哥大学生物学家、教育学家施瓦布（Jose J Schwab）在《实践

3：转换成课程》一文中，确立了一种新的课程理念——"实践性课程"。在他看来，课程是由教师、学生、教科书和环境四个要素构成的，要素间持续的相互作用便构成实践性课程的基本内涵。（张华，2000：20）

可以说，时至今日，人们对于什么是"课程"仍未形成统一认识，其含义概括起来大体上有三种说法：一是"学科"说，认为课程有广义、狭义之分，广义指所有学科的总和或学生在教师指导下各种活动的总和，狭义指一门学科；二是"进程"说，认为课程是一定学科有目的有计划的教学进程，不仅包括教学内容、教学时数和顺序安排，还包括规定学生必须具有的知识、能力、品德等的阶段性发展要求；三是"教学内容"说或"总和"说，将列入教学计划的各门学科和它们在教学计划中的地位、开设顺序等总称为课程（包含了教育计划、教学大纲和教材）。

由于课程概念的内涵极为丰富，不同的定义，表明人们对课程有不同的哲学假设和价值取向，故用一个简洁的定义很难作出实质性的概括。据统计，西方关于"课程"一词的定义有119种之多。（綦春霞，2001：1）美国理查德·D.V.斯考特等在《美国教育基础——社会展望》中指出，对课程含义界定的多样性，使得"课程是使用得最普遍的教育学术语，也是个定义最差的术语"。（教育科学出版社，1984：4）因此当前要给"课程"下一个统一定义为时尚早。

2.课程的分类

基于对课程的不同理解，人们可以对课程作出不同的分类。比如，必修课程与选修课程，学科课程与活动课程，分科课程与综合课程，显性课程与隐性课程，国家课程、地方课程与学校课程等。美国教育家古德莱德（I.J.Goodlad）从课程实施的纵向层面分析，提出五种不同类型的课程，具有代表性。

理想课程：是指按照教育科学和心理科学的理论，把学科教学内容加以组织之后的课程，具有较为浓厚的理想化色彩。它是一种理论设计模型，常常是由一些研究机构、学术团体和课程专家提出的课程。如由美国数学教师协会制定的《学校数学课程及评估标准》（1989年）、《学校数学的原则与标准》（2000年）就属于这一类课程。

正式课程：指由教育行政部门签署的课程文件，具有法律效应，地方和学校必须贯彻实施。如"课程计划""课程标准"和相应教材等。

领悟课程：指任课教师对课程文件的理念、目标和具体内容的领会与理解。不同教师对同一课程文件可能有不同的理解。

运作课程：指学校在课堂上实际实施的课程。即教师根据学生的反映在课堂中对教案进行的调整，它反映了教师在课堂上所做的实际工作。

经验课程：指学生实际体验到的课程。即学生经过课程学习获得的经验与体会，既包括学科的认识与体验，也包括校内外的经验活动领域。

上述课程中，正式课程最具权威性，是制订运作课程的依据、指南，是学生获得经验课程的重要资源，教师应当正确理解、领悟其实质。而运作课程是正式课程的具体化，更加贴近学生实际。理想课程在五种课程中具有独特地位，对其余四种课程起着"软性制约"的作用，反映理论研究对教学实践的影响。

（三）小学数学课程

如同"课程"一样，"数学课程"也是人们常用的概念，对它的解释也是见仁见智、含糊不清的，有的宽泛、有的狭窄，更多地将其与学校实施的静态课程联系在一起。概括起来说，"数学课程"的含义主要来自两个方面：一是来自课程论含义的迁移；二是根据数学学科的特点而建立的对"数学课程"的理解。通常表现为将一般课程论意义运用于数学学科而作出的解释。比如，曹才翰等认为，数学课程是按照一定社会的要求、教学目的和培养目标，根据学生身心发展规律，从前人已经获得的数学知识中间，有选择地组织起来的、适合社会需要的、适合教师教学的、经过教学法加工的数学学科体系。（曹才翰等，1989：134-135）把数学课程作为学科体系，主要涉及三个问题，即选什么内容？为什么选这些内容？如何安排内容？

丁尔升等认为，数学课程是达到整个课程要求、实现全面发展的教学目标的一个重要方面，既要考虑智育，也要考虑德育、体育和美育；既要传授知识，也要发展智能；既包括课内，也包括课外……（丁尔升等，1994：2）这里关于数学课程的含义比"教学大纲""教材"的编制和使用要广得多，是对数学课程的一种广义的理解。

数学课程是学校课程的重要组成部分，是结合数学学科的有关内容，对学生进行德、智、体、美教育的过程和经验的总和。数学课程包含目的、内容、方法、评价等程序。广义的数学课程既包含课堂教学，也包含数学课外活动。数学课程既然作为学校课程的重要组成部分，它的发展必然受到一般课程理论的影响；同时，数学课程以具体的数学学科内容为载体，它也必然反映数学学科的基础知识、思想方法及其发展规律。（王林全，2006：13）所谓"数学课程"就是数学学科所构成的课程。如果说课程是一个由教师、学生、教材和环境四因素之间持续的相互作用所构成的有机的"生态系统"，那么，数学课程就是其中的一个"子生态系统"，而学校教育的课程正是各个"子生态系统"所构成的。（杨庆余，2003：34）这里将数学课程看成是学校课程的分支体系，其结构与一般课程论相似，仍然包括课程目标、内容、方法、评价等。

通常人们认为，小学数学课程是学科课程之一。具体说来，它是结合小学数学学科的有关内容，对学生进行德、智、体、美、劳教育的过程和经验的总和。它包含课程的设计、目标、内容、实施和评价等。小学数学课程在基础教育课程体系中具有独特而重要的地位。它开设年限长，占用课时多，几乎与母语教学相同。它与其他课程的学习密切相关，尤其是理科课程，是掌握相关课程和现代科学技术必不可少的工具。不仅如此，小学数学课程对儿童品格形成的影响全面而深刻，一个国家的数学教育水平常被看作是国民素质和国家科技水平的标志。

二、制约数学课程发展的因素

每次课程改革都会受到一些因素的影响，这些因素有来自课程内部的，也有来自课程外部的，当现有课程存在着与之不相适应的问题的时候，就会推动人们去进行课程改革。数学课程的发展所受到的影响因素是多方面的，在不同时期、不同文献中存在不同表述。

（一）数学课程发展的影响因素

1.来自教学计划、教学大纲（课程标准）等相关文件中的表述

正如英国课程社会学家麦克·F.D.杨（Micheal F.D.Young）在《知识与控制——教育社会学新探》中所认为，世界上所有的知识都不可能是价值中立的，而必然带有一定的社会价值取向。课程知识的选择和教科书的编写总是为某种社会目的服务的，确切地说是为社会的"共同利益"或者说是为国家利益服务的。（华东师范大学出版社，2002：78）因此，每一次课程改革，必然反映社会主流意识形态，将国家意志、重要的价值理念贯穿于课程之中。

（1）50年代初的文化教育政策

1952年3月，教育部颁发新中国成立后的第一部《小学暂行规程（草案)》，其中第一条就明确指出：本规程根据中国人民政治协商会议共同纲领文化教育政策及中央人民政府政务院"关于改革学制的决定"制定。并依据新中国第一次全国教育工作会议精神，"以老解放区新教育经验为基础，吸收旧教育有用经验，借助苏联经验，建设新民主主义教育"，颁布了《小学算术教学大纲（草案)》和《小学珠算教学大纲（草案)》。显而易见，当时的文化教育政策，是制约数学课程改革的主要因素。"共同纲领"规定了"中华人民共和国的文化教育为新民主主义的，即民主的、科学的、大众的文化教育。人民政府的文化教育工作，应以提高人民文化水平，培养国家建设人才，肃清封建的、买办的、法西斯的思想，发展为人民服务的思想为主要任务"。因而，"规程"提出的小学教育的宗旨是：根据新民主主义的教育方针和理论与实际一致的教育方法，给儿童以全面的基础教育，使他们成为新民主主义社会热爱祖国和人民的、自觉的、积极的成员。

1955年全国教科文会议上，确定在中小学实施基本生产技术教育，因而，在课程设置上提出，农村小学（包括大、中城市的郊区和小城市的小学）第五、六学年增添农业常识，城市小学在师资和设备条件具备的学校应继续开设手工劳动课，条件不够的，暂不开设。这说明在新中国成立之初，国家的

教育文化政策决定着课程目标和课程内容安排。

(2) 课程教材改革初探时期的教育方针

1957年，毛泽东提出："我们党的教育方针，应该使受教育者在德育、智育、体育几方面都得到发展，成为有社会主义觉悟的有文化的劳动者。"当时对中小学课程教材的看法已不是"要求高、分量重、内容深"，而是存在少慢差费的现象。1958年10月4日，《人民日报》发表社论《根据党的教育方针来改革教材》。社论发表后，很多地方教育部门和学校都开展了编教科书和教学参考书的工作。1961年夏，教育部在总结经验、广泛调研的基础上，根据中央要求制订新的教学计划，开始编写十二年制中小学教材。编写这套教材的指导思想是："力求根据党的教育方针，结合我国教育的优良传统和当前社会主义建设的实际；合理地吸取外国（包括社会主义国家和资本主义国家）的对我有用的东西。希望在中小学教材编写工作中，摸索出一条具体地贯彻执行毛主席教育思想的道路。"（课程教材研究所，2004：255）1963年颁布的《全日制小学暂行工作条例（草案）》中进一步明确提出："全日制小学应该贯彻执行教育为无产阶级的政治服务、教育与生产劳动相结合的方针。"确定小学教育的任务，是为社会主义建设事业培养劳动后备力量和为高一级学校培养合格的新生。

这是全面学习苏联之后，我国进行中小学课程改革的初步探索时期。课程改革根本依据是党的教育方针，按培养社会主义建设事业的后备力量来设计课程方案。1963年的教学计划（草案），对文化课、政治课和生产知识课，对教学、生产劳动和假期，都作了必要的安排，注意加强语文、外语、数学几门主要课程，适当提高程度，注意基础知识的充实和基本训练的加强，适当反映科学技术的新成就。

(3) 改革开放之初的"四化"建设需要

1978年颁发的《全日制小学暂行工作条例（试行草案）》，不仅强调"全日制小学应该贯彻执行教育必须为无产阶级的政治服务，必须同生产劳动相结合的方针"，并且提出要"为提高整个中华民族的科学文化水平，为实现新时期的总任务而奋斗"。这为制定教学计划、教学大纲指明了方向。可以看出，改革开放之初，把贯彻党的教育方针，提高教学质量，培养又红又专的建设人才，以适应建设现代化社会主义强国的需要，作为制定课程计划、设计课程目标和内容的准则。据此，1978年的小学数学教学大纲中提出：小学数学教学要以马克思主义、列宁主义、毛泽东思想为指导，教学内容的阐述要符合唯物论辩证法；要选择学习现代科学技术所必需的数学基础知识作为教学内容，要理论联系实际；要使学生认识掌握数学基础知识的重要意义，为革命学好数学。并把教学内容限定在是学习现代科学技术所必需的、学生能够接受的基础知识。这些基础知识的确定，采取了"精选传统的算术内容；适当增加代数、几何的部分内容；适当渗透一些现代数学思想"等措施。体现了小学数学课程改革要面向未来，重视基础，提高质量。正如张玺恩等认为，确定中小学数学基础知识，主要应考虑三个因素：一是为实现"四化"培养人才的需要，也就是中小学数学教学的培养目标问题；二是数学本身的发展；三是学生的接受能力。并且认为第一个因素是主要的。（张玺恩等，1981）随着生产技术的发展以及数学学科本身的发展，作为小学数学的基础知识不是一成不变的，需要不断更新。

（4）义务教育阶段的课程体系、结构调整

1986年4月《中华人民共和国义务教育法》颁布，国家教委先后印发了《义务教育全日制小学、初级中学教学计划（试行草案）》（1988年）和《九年义务教育全日制小学、初级中学课程计划（试行）》（1992年），并于1988、1992、2000年分别颁布了九年义务教育全日制小学数学教学大纲（初审稿、试用版、试用修订版）。"课程计划"的制定，遵循了教育要面向现代化、面向世界、面向未来的战略思想，贯彻国家的教育方针，坚持教育为社会主义建设服务，实行教育与生产劳动相结合，对学生进行德育、智育、体育、美育和劳动教育，以全面提高义务教育质量。依照上述原则，义务教育阶段的课程设置分为学科课程和活动课程两大部分；以分科课为主，适当设置综合课，对课程体系、课程结构作了重要调整。在确定数学课程内容时，强调为了体现义务教育的性质和任务，适应现代科学技术发展的趋势和社会需要，为了大面积提高教学质量，小学数学要选择日常生活和进一步学习所必需的、学生能够接受的、最基础的数学知识。"课程计划"还强调了要"面向全体学生""注意教学要求和课业负担适当""坚持统一性与灵活性相结合"。由此可见，义务教育课程的设计不仅受制于义务教育的性质和任务，还受到现代科学技术发展、社会需要以及面向全体学生的制约。

（5）21 世纪以来的素质教育课程体系建立

2001 年，根据中央要求，教育部决定大力推进基础教育课程改革，调整和改革基础教育的课程体系、结构、内容，构建符合素质教育要求的新的基础教育课程体系，颁发了《基础教育课程改革纲要（试行）》，以及各科课程标准（实验稿），启动了新一轮课程改革。本次课程改革强调建立新的基础教育课程体系，以"三个面向""三个代表"重要思想为指导，全面贯彻国家教育方针，以提高国民素质为宗旨，以培养创新精神和实践能力为重点，强调课程要促进每个学生身心健康发展，培养良好品德，强调基础教育要满足每个学生终身发展的需要，培养学生终身学习的愿望和能力。这里强调，为了提高国民素质，促进学生发展，需要建立新的基础教育课程体系。

课程改革的具体目标上，强调"六个改变"，即课程观念、课程结构、课程内容、课程实施、课程价值和课程管理的改变，体现时代要求；课程的设计思路上，采取整体设置九年一贯的义务教育课程，小学阶段以综合课程为主，从小学至高中设置综合实践活动并作为必修课程。义务教育数学课程被划分为三个学段，强调数学课程要面向全体学生，适应学生个性发展的需要，使得人人都能获得良好的数学教育，不同的人在数学上得到不同的发展。这种新的课程观，既关注"人人"，又关注"不同的人"，是对学生差异的正视，是对人的主体地位的回归和尊重，体现了"育人为本"的思想。并且指出，数学课程内容的确定"要反映社会的需要、数学的特点，要符合学生的认知规律"，这是制约数学课程内容的三个主要因素。

上海面向新世纪的课程改革方案中提出了三个基本的课程设计理念：以

学生的发展为本，以创新精神和实践能力培养为重点，构建新的学力观。

未来课程设计的总体改革任务重点在以下三个方面：改革过分注重智育和传承知识的偏向，强调课程要促进每个学生身心健康发展，培养良好品德，培养终身学习的愿望和能力；改革课程结构过分强调学科独立性、门类过多和缺乏整合的倾向，加强课程结构的综合性、均衡性与选择性；改革课程内容过分强调学科体系严密性、过分注重经典内容的倾向，加强课程内容与现代社会、科技发展及学生生活之间的联系，体现课程内容的现代化和适应性。

2.来自学者的教育论述

戴伯韬认为，编制学校课程要符合客观规律，应按照教育方针编制（戴伯韬1981）。有学者在谈到制约学校课程的各种因素时提出：政治因素、经济因素是制约课程的根本因素，但如果仅仅停留在这两个根本因素上，那就显得过于抽象而不够具体，过于一般而忽视特殊。因此，除了这两个根本因素以外，还应分析其他因素。这些因素具体分为社会生产的需要、科学技术的进步、教育宗旨的规定、培养目标的要求、哲学思想的影响、社会文化的传统、儿童身心的发展、学校类型和制度几个方面。（陈侠，1989：13）并且认为，应适当采用综合课程设计，减少学科门数，使教材内容更易于接近生活实际；加强劳动技术课教学，建议从小学一年级起就设置劳动技术课。（陈侠，1988）

课程的编制必须考虑两个基本因素：一是作为教学内容的"学问的知识结构、系统、逻辑"；二是不同发展阶段学生的认知方式、结构、过程不同。作为学科内容的知识，确实是以科学、学问为依据引申出来的。但即使这样，照搬"学问逻辑"作为"教学逻辑"来应用，未必妥当。为了使学问的知识逻辑"加工"成"学科构成"的逻辑，就必须考虑儿童的认知发展、心理成长的各个阶段。发展阶段不同，"心智运算"的结构在质上就不相同，于是出现了具备其固有特点的掌握知识的"认知逻辑"。作为学科内容的知识体系，单元体系、学习课题，必须考虑到学生的"认知逻辑"加以编制；同时又不能丧失知识所具有的严密的逻辑性与科学系统性。（钟启泉，1989）王策三将影响课程的因素分为外部和内部两个方面，外部包括知识、社会要求与条件、学生，内部包括

课程的历史传统、教学论特别是课程论观点。（王策三，1985：203-205）

叶立群在谈到课程设计时指出，设计中小学课程至少要认真研究和妥善处理三方面问题：一是培养什么样的人，二是拿什么材料培养，三是学生的接受能力。（叶立群，1997：65）张廷楚认为，我国实施义务教育第一阶段，课程设计基本上是一种社会本位取向，尤其是政治和经济建设方面的要求得到强调，但也附加了内容本位的因素。（张廷楚，2001）实际上，在教学大纲层面的操作，课程设计往往是遵循内容本位。在面向 21 世纪的义务教育课程改革的酝酿和设计中，课程设计的取向发生了一些积极的变化，"以学生发展为本，培养创新精神和实践能力"成为国家和地方共同选择的课程设计理念，形成了一种比较明显的以儿童发展为本的价值取向。

任何时代、任何国家的数学课程都要受到各种因素的影响和制约，这些因素包括：社会生产的需要、科学技术进步的要求、教育发展的要求、数学科学发展的要求、儿童身心发展的要求以及社会的政治、文化、哲学思想的影响。（丁尔升等，1994：63）曹才翰等认为，影响数学课程设置的因素有六个方面：一是社会因素。并且认为，社会因素是影响课程发展的最重要的因素，它包括社会生产的需要、科学技术的发展以及政治经验的因素。二是数学因素。数学的新理论、新思想、新方法，将直接或间接地充实到数学课程中来。三是学生因素。学生的已有知识水平、能力水平、认知特点、认识兴趣等会影响到课程内容和编写。四是教师因素。教师是把课程内容转化为学生个体的知识经验的直接指导者，教师的知识水平、教学水平同样也会影响到数学课程的设置。五是教育理论因素。新的教育理论是课程改革的动力，新的课程理论都含有新的课程实践，每一时期的课程改革都离不开当时教育理论和课程理论的指导。六是课程的历史因素。课程改革有其历史继承性，新的课程总是在原有课程的基础上进行调整、改进，课程改革是一个渐变的过程，任何大起大落的课程改革必将导致失败。（曹才翰等，1989：136-145）上述著述中分别阐述了影响数学课程发展的主要因素，其中社会因素、数学学科因素、学生因素是其共同提出的因素。

目前看来，关于影响课程的因素主张较多、影响较大的还是三因素论，如廖哲勋在分析了多因素论后认为，从课程与有关因素之间的内部联系来分析，课程的产生和发展主要受社会发展的要求、学生成长的需要和知识增长的影响所制约。（廖哲勋等，2003：57）英国学者豪森（G. Howson）等人在《数学课程发展》中也提出："促使课程发展的动力来自各个不同的方面：（1）最大的动力来自社会；（2）动力来自数学本身；（3）动力来自教育本身。此外，当然也有大多数人对改革的渴望和商业等其他方面的力量。"（人民教育出版社，1991：3-4）即，社会、数学以及教育这三者应该是影响数学课程发展的主要因素。被誉为现代课程理论之父的美国学者拉尔夫·泰勒，在《课程与教学的基本原理》中论述教育目标的来源时提出了"对学习者本身的研究""对校外当代生活的研究"和"学科专家对目标的建议"观点。（人民教育出版社，1994：3-25）其"三因素论"对其后的课程设计的影响不言而喻。

（二）数学课程编制的原则

历史地看，课程编制有五大准则：一是系统知识原则，这对于逻辑系统非常严密的学科最为适用；二是历史尚存准则，这既有理智的因素——经过多年应用、多年考验而未遭弃置的教材自有其存在的理由与价值，也有情感的因素——人类有怀旧的倾向，无论道德、学术，总喜引昔证今，总喜追踪古人；三是生活效用准则，它以个人的社会生活为着眼点，认为对人生有用的教材即为好教材；四是兴趣需要准则，它以兴趣需要为着眼点，认为符合学习者兴趣与需要的教材即为好教材；五是社会发展原则，它强调教育应能帮助学习者了解民主社会的真义、个人权利和责任，获得民主的方法，养成在民主社会中履行个人责任的能力。（钟启泉，1989）

1968 年 1 月，联合国教科文组织在莫斯科召开"普通教育课程专家会议"，会议发表了关于课程编制的三条原则（或标准）：一是囊括性原则。主要指要"详尽化"，即要考虑课程计划或教材能在多大程度上满足所设想的内容与目标，使学生在特定类型的知识、智力、兴趣、态度等方面获得发展；也要有"囊括性"，即要考虑该课程是否包含和详尽规定了一定深度与难度的课题与学科内容范围。二是连贯性原则。即从多种观点看该课程所具有的确凿性与精密性的程度。三是可行性原则。该课程能满足特定的教育组织（制度）的需要、要求及资源的程度。

有学者认为，课程设计要克服"被动适应论"，并应坚持以下原则：一是整体优化原则。从宏观上说，整体优化是指课程设计在坚持育人为本的同时，还要理顺人与社会的关系；从微观上说，整体优化是指课程设计应优化课程各部分的组合，形成最佳的课程结构。二是学生主体原则。必须确立学生的主体地位，以紧紧围绕学生的活动为轴心，才能调动学生的积极性和主动性。三是多样化原则。在坚持培养目标、统一标准的基础上，因地制宜，允许不同地区根据实际情况设置地方课程，编制教材；课程类型也要实现多样化，以形成合理的课程结构。四是超前性原则。要走在社会发展的前面，不是简单地为现存社会服务，而要为一个行将出现的未来社会服务。（张天宝，1995）

陈建功在 20 世纪 50 年代提出了支配数学教育的目标、材料和方法的三大原则（陈建功，1952），即：

实用性的原则。数学在日常生活中有其实用价值。不但如此，数学也是物质支配和社会组织的武器之一，对于自然科学、产业技术、社会科学的理解和研究，都是需要数学的。

论理的原则。数学具有特殊的方法和观念，组成有系统的体系。数学不是公式的堆垒，也不是图形的汇集，数学是由推理组成的体系。忽视数学教育论理性的原则，无异于数学教育的自杀。

心理的原则。教材的内容，对于学生宜富于兴趣，枯燥无味的东西决不能充作教材，于是乎有心理的原则。

上述三原则应该综合统一而不应该对立。统一了上述三原则，以调和的精神，选择教材，决定教法，其实践的过程称之为数学教育。

随着社会的进步和科技的发展，对数学课程提出了新的要求。主要表现在：（1）社会进步和科技发展离不开数学，数学在各个方面发挥着巨大的作用。进入 21 世纪以后，计算机日益普及，计算机的使用、软件的研制以及计算机的设计都需要良好的数学素养，很多行业的人员都需要受过足够的数学训练。（2）普通大众的生活、工作离不开数学。数学不仅仅用于某些专门领域，而是已渗透到人们生活的方方面面。（3）数学素养是一种基本的文化素养。数学可以培养人的思维能力，发展人的智力；数学思维不仅有生动活泼的探究过程，也有严谨理性的证明过程；数学学习不仅有利于培养学生的逻辑思维能力，而且在学习数学知识和运用数学知识、思维和方法解决问题的过程中，也有利于培养学生的辩证唯物主义世界观和实事求是、严谨认真、勇于创新等良好个性品质。（王建磐，2009：135-136）

三、小学数学课程结构研究

所谓结构，是指各个组成部分的搭配和排列。课程结构有广义和狭义两层涵义。广义的课程结构是指与人才结构相适应的整体结构，是培养人才的总体规划，它要解决的问题是根据培养目标，设置哪些课程，如何设置这些课程，它们相互间如何结合。广义的课程结构是一个多序列、多层次的整体结构。狭义的课程结构指的是某一具体的课程其内容组成及组成部分的相互关系，又称之为教材结构，它所涉及的是某一课程的教材（课程标准）编制问题。（刘克兰，1996：70）可见，《基础教育课程改革纲要（试行）》中所指的课程结构是广义的课程结构，主要指的是根据学校教育的培养目标，对课程体系的组成要素进行有机组合；而数学课程结构则是指狭义的课程结构，反映了数学学科课程内容的组成及组成部分的相互关系。有学者认为，"课程的内容和结构，直接关系到人才的培养和民族素质的提高"。（白月桥，1996：前言）课程结构蕴含着一定的课程理念和课程设置的价值取向，实质上决定人才的素质与格局。

小学数学课程结构是指按照学生的认知发展规律对数学科学内部各类知识进行组织和编排后形成的结构体系。包括数学课程内容及其选取、编排顺序、呈现方式、课时安排等。它们对学生的学习质量、能力发展、学习方式转变、科学数学观形成等具有重要影响。教师必须读懂数学课程结构对学生发展的影响，在教学实践中体现数学课程结构整体思想，促进学生全面发展（冯国平等，2012）。新中国成立至 20 世纪 90 年代初，我国的课程管理制度属于"一纲一本"，全国共同执行一部教学大纲，统一使用国家通用教材。虽然采取了"一纲多本"或"一标多本"的措施，但总体上关于课程结构的研究，主要还是在政策和实践层面上进行的。有学者认为，新中国成立以来，基础教育课程结构经历了以学科为中心的"苏式"课程结构（1949—1956）、以生产劳动为中心的课程结构（1956—1965）、以政治为中心的课程结构（1966—1976）、以自然科学为中心的课程结构（1977—1991）以及去中心化与综合均衡化的课程结构（1992—至今）五个阶段。（殷世东等，2020）

70 年来，从我国教育部颁发的课程（教学）计划以及课标（大纲）中可以看到，不同时期的小学数学课程在总课程中所占比重有所不同，所需教学课时也不相同。20 世纪 50 年代至 80 年代总体呈现减少趋势，实施义务教育以来大致处于稳定状态。具体情况如下（表 2-1）：

表 2-1　新中国成立以来历次课程计划或教学大纲规定的小学数学课时统计表

年份	学科	年级						合计课时	占上课百分比
		一	二	三	四	五	六		
1950	算术（周）	5	6	6	6	7		1020	8%
	珠算（周）			2	2			136	
1952	算术（学年）	220+36※	258+80※	257+120※	285+90※	184+92※		1104	20%
	珠算（学年）				34+14※	70+34※			
1956	算术（周）	6	6	6	6	5	5	1156	18%
	珠算（周）				1	1		68	
1963	算术（学年）	228	228	228	216	216	210	1326	21%
	珠算（学年）					72	35	107	
1978	数学（学年）	266	266	228	204	204		1168	17%
1986	数学（学年）	192	192	192	192	192	180	1140	13%
1988	数学（学年）	136	170	170	170	170	170	986	11%
1992	数学（周）	4	5	5	5	5	5	1044	12%
2000	数学（周）	4	5	5	5	5	5	1044	12%
2001	数学（周）	3	4	5	5	5	5	972	11%
2011	数学（周）	3	4	5	5	5	5	972	11%

注：※表示课外作业时间。资料来源：①课程教材研究所.20世纪中国中小学课程标准教学大纲汇编·课程（教学）计划卷［M］.人民教育出版社，2001：200-382.②课程教材研究所.20世纪中国中小学课程标准教学大纲汇编·数学卷［M］.人民教育出版社，2001：49-202.③广东省教育研究院.中小学数学课程教材改革与发展研究［M］.广东高等教育出版社，2016：213.

可见，小学数学课程在50年代至60年代初被作为小学课程计划中的主要课程，所占比重较大，大约为20%。80年代初期，"根据'四化'需要，加强小学自然科学常识教育，培养少年儿童从小爱科学、学科学、用科学的志趣"。（课程教材研究所，2001：334）增加了自然课教学课时，同时恢复了地理课、历史课，减少了语文课、数学课的教学课时。80年代中期，提出实施义务教育，提高全民族素质，小学教育必须贯彻德、智、体、美全面发展的方针，小学各门学科均作为基础教育的重要学科，不再使用"主要课程"一说，小学数学的课程比重又有所下降。

数学课程中的知识体系，来自数学科学体系，但作为课程内容需要进行教学法加工，形成数学课程知识的序列及其相互联系的结构。因此，在构建数学课程结构体系时需要考虑三方面因素：一是数学知识结构；二是要经过教学法加工，使课程结构体系符合小学生的认知规律；三是课程教材必须保证促进学生的心理发展。（丁尔升等，1994：123-124）

（一）新中国成立至"文化大革命"前的课程结构

教育部先后颁发了四部教学大纲，小学学制以六年制为主，有过阶段性学制改革。除1958—1961年的"教育革命""教材革新"以外，教学计划中的课程名称统一为"算术"，内容由算术知识和珠算知识两部分组成。各地中小学都是遵循国家统一的教学计划，使用教育部统一教材。教学大纲中规定了每一学期的教学内容，在课程结构上采取的是统一措施。从1956年教学大纲可以看出，大纲规定的各年级课程内容主要有：

整数及其四则运算。分成了六个阶段：（1）10以内的计数和口算加减；（2）20以内的计数和口算四则；（3）100以内的计数和口算四则；（4）1000以内的计数和口算四则及笔算四则；（5）六位以内的计数和四则；（6）多位数（十二位以内）的计数和四则（第七个阶段在初中算术中）。整数教学中，口算的要求很高，学习的时间也比较长，到二年级下学期，认数进入第四个循环圈，即千以内时仍然是口算，到了三年级上学期才开始正式学习笔算。

复名数及其四则。大致分作两个阶段：从一年级上学期开始至三年级下学期止，学习市制计量单位，包括市制、量、衡单位和时间单位的认识、化法、聚法，三年级下学期开始学习公制计量单位。还要学习市制和公制计量单位间的换算，复名数四则只限于两个计量单位，而且数目不是很大。

直观几何知识。要求儿童认识的几何形体主要是正方形、长方形、正方体、长方体，并学会计算几何形体的周长、面积、体积，这些内容集中安排在四年级下学期教学。关于测量，一、二年级要练习测量直线线段的长度，三年级时要连带学习直线的测量和作图，并进行实地测量。

分数、小数和百分率。四年级上学期开始正式学习最简单分数的读法、写法和求已知数的几分之几的应用题。五年级学习最简单的分数、同分母分数和倍数分母分数的加法和减法，由某数的几分之一求某数的应用题。小数和百分率的学习在分数学习之后，但分数、小数和百分率的系统学习主要在初中一年级。

应用题。大纲规定：应以算术课及其课外作业全部时间的一半左右来学习解答应用题。除学习一般应用题外，还有典型应用题。大纲还提出了应用题教学和其他各科的联系，要求"教师可适当地利用历史、地理、自然的材料编成应用题供儿童练习。但这种联系应以儿童在当时所学到的数学知识和计算技能为限，无论如何不应为联系各科而破坏了算术本身的系统性"。这些带有方向性的改进意见，为当时应用题教学和今后的进一步改革奠定了基础。如今看来，联系实际、联系其他学科，与坚持本学科系统的理论知识教学还存在不同的见解。

同时颁布的珠算大纲规定的课程内容是传统的算法，包括加、减、乘、除四种运算。注重珠算在生产、生活中的简单应用，如"斤两歌"的应用等。
（金成梁等，2013：17–18）

1952 年和 1956 年的大纲是在参考苏联小学算术教学大纲，根据我国具体情况，适当加以改编的，其课程结构是"苏式"的课程结构。"学习苏联的教育理论与经验在我国不过几年的时间，应当说对中国教育事业的发展和提高教育质量是起了有益的作用的。苏联的教育理论与经验本身的缺陷，再加上我们学习过程中有生搬硬套的毛病自然也带来了不少问题。"（金一鸣，2000：136）机械地照搬外国经验，脱离了当时我国的实际，不能使五年一贯制小学毕业生受到完全小学所应受到的数学教育，降低了我国小学算术的程度，导致中小学课程难以适应新中国的建设发展和人才培养需要。

1957 年毛泽东提出："我们的教育方针，应该使受教育者在德育、智育、体育几方面都得到发展，成为有社会主义觉悟的有文化的劳动者。"《人民教育》的评论员在《在风雨中提高自己——学习"关于正确处理人民内部矛盾的问题"》一文中指出："能不能很好地向学生进行劳动教育，是当前测验我们有没有社会主义觉悟的一个重要问题。"（人民教育，1957·7）为此，为了培养社会急需的劳动技术人才，在基础教育课程中加强劳动教育，设置了专门的劳动课程，出现了许多学校课程的内容改为生产劳动，越来越多的学校建起了小工厂，基础教育课程结构逐步转向以生产劳动为中心的课程结构。

"文化大革命"开始，人民教育出版社解散，各地自行编写"革命教材"。同时，由于学制缩短，重实用性的生产知识而忽视基础知识，影响了人才培养质量。

（二）改革开放至 20 世纪末的课程结构

"文化大革命"结束以后，各行各业拨乱反正，需要大批的社会主义建设者。在学校教育上，教学必须走上正轨，才能为社会培养大批合格人才。在数学学科中，对生产、科学、技术几乎没有什么用处的一些传统内容被删掉，科学与数学成为学校教育的主要任务，学校课程结构形成了以自然科学为中心的课程结构。（殷世东等，2020）

教育部先后颁发了五部教学大纲，小学学制实行五、六年制并存。1978年大纲（试行草案）首次把小学算术课程拓展为小学数学课程，并将原"小学算术"改名为"小学数学"。

改革开放之初，由于在课程管理上实行"一纲一本"，1978 年、1986 年颁发的两部教学大纲中，教学内容的安排仍沿用"文革"以前的做法，实行按学期设计，在课程教材结构上仍然采取统一措施，因而，关于课程结构的研究论述很少。

1978 年大纲在选择小学数学教学内容时，采取了三项具体措施：一是精选传统的算术内容，二是适当增加代数、几何的部分内容，三是适当渗透一些现代数学的思想。经改革，传统的算术内容约占 95%，新增的内容仅占 5%（李润泉等，2008：59）。教学内容的安排按照儿童的认识规律和数学知识的内在联系，把教学内容适当划分成几个阶段，每个阶段各有重点。例如，整数分成"20 以内""百以内""万以内""多位数"四个阶段安排在低中年级，各阶段的重点是："20 以内"的教学重点是加法表和减法表；"百以内"的教学重点是表内乘除法；"万以内"的教学重点是笔算加减法和乘除数是一位数的乘除法；"多位数"的教学重点是乘除二、三位数的笔算乘除法。小数、分数各划分成两个阶段，先初步认识小数、分数和简单计算，再系统认识小数、分数的意义、性质和应用。这样有利于学生逐步获得正确的数的概念和熟练的计算技巧。应用题也适当划分阶段，一至四年级第一学期用算术方法解答应用题，四年级第二学期开始讲授列方程解应用题，并且训练学生根据应用题的不同特点，选择合理的、简便的解答方法。几何初步知识也是划分成几个阶段，并分散在各个年级的教材中。由于处理方法恰当，既提高了程度，又切实可行，避免了走国外"新数学运动"的弯路。（刘久成，2011：95-98）

为适应经济发展水平不同地区普及义务教育的需要，促进儿童健康成长，切实提高全民族素质，国家教委制定了课程教材发展规划。1992 年 8 月，颁发了《义务教育全日制小学、初级中学课程计划（试行)》，从此"教学计划"改成了"课程计划"。将"教学计划"改为"课程计划"，从某种层面上看，关于中小学课程与教学，从重视教学转向重视课程，重视课程结构与设置。（殷世东等，2020）"课程计划"第一次将小学和初中的课程统一设计，并将中小学的课程设计成由学科类和活动类两部分课程组成。小学学科类课程包括：思想品德、语文、数学、自然、社会、音乐、美术、体育、劳动等9科；活动类课程包括：校内的文化、体育和科技等活动及校外社会实践活动。（课程教材研究所，2001：373）课程主要由国家统一安排，但为了适应城乡经济发展和学生自身发展的不同情况，可由各省、市、自治区，根据本地实际情况和需要，编制地方课程。虽然地方课程所占比重不大，但它改变了我国过去的单一课程结构，使课程更具有弹性和选择性。这是新中国成立以来我国课程管理上的重大调整。同时，建立国家教材审定、审查制度，实行教材审定制和编审分开，开启课程教材"一纲多本"的进程，在统一基本要求的前提下，有领导、有计划地实现教材多样化，以适应不同地区的需要。

有学者在总结 20 世纪 90 年代以前，我国基础教育课程发展所表现出来的特征时指出：（1）课程发展体制以统一模式为主，全国使用统一的课程标准和统一的教材；（2）以学科课程为基础建立课程体系，特别是数学等学科所占比例偏大，课程内容系统；（3）重视学生的基础知识与技能的培养，学生基础知识掌握得比较扎实，常规计算等基本技能比较熟练，对"三大能力"的培养也形成了自己的认识和做法。（王建磐，2009：132）

20 世纪 90 年代以前的数学课程存在的突出问题主要有：（1）忽视数学课程的教育价值，课程设置单一，表现在课程的设置、目标、内容以及评价方式等方面。如课程缺乏选择性；课程目标更多地关注基础知识和基本技能，忽视学生的感悟和思考过程；忽视对数学的科学价值、应用价值和文化价值的揭示；忽视对学生学习兴趣、信心的激发和培育；课程内容缺少与学生的生活经验、社会实际以及与其他学科的联系，没有很好地体现数学的背景和应用，没有很好地体现时代发展和科技进步与数学之间的自然联系，出现"掐头去尾烧中段"的现象；（2）忽视学生创新意识的培养，过分强调数学题目的演练，忽视对数学本质的理解和认识，忽视对数学意义的理解，忽视对数学知识形成过程的体验；（3）课程内容设置偏难、偏深、偏旧，过分注重形式化，脱离学生实际，忽视对学生学习兴趣的关注。（王建磐，2009：133）

教育部于1996年7月—1997年年底，组织专家对当时义务教育课程实施现状进行了调研。来自校长和教师的看法是：在教学中体现最好的是基础知识和基本技能，而学生的动手能力、自主态度和搜集利用信息的能力等体现较少，并且普遍认为教材所选内容偏多、偏难。20世纪90年代，已经开始实行"一纲多本"，采取了一些改革措施，提倡素质教育和创新能力培养，但与社会对基础教育的需求和期盼还存在很大距离。（刘兼等，2003：53-54）

（三）21世纪以来的课程结构

1.课程设置

2001年6月，教育部颁布了《基础教育课程改革纲要（试行）》，以此来替代多年采用的"教学计划"或"课程计划"。同年7月，教育部又颁发了《全日制义务教育数学课程标准（实验稿）》，并于2011年颁发了修订的《义务教育数学课程标准（2011年版)》。本次课程改革整体设置九年一贯的义务教育课程，妥善处理课程的统一性与多样性关系，建立了国家、地方、学校三级课程管理体制。并且将义务教育课程分为四类：学科课程、综合课程、综合实践活动课程以及地方与学校课程。增设的综合实践活动课程是国家规定的必修课，内容主要包括：信息技术教育、研究性学习、社区服务与社会实践以及劳动与技术教育，由地方和学校根据教育部的有关要求自主开发或选用。将校内外教育资源进行整合，开发以育人为本的课程体系。为了实现科学世界与教育、生活世界的统一，让学生适时走出校园，通过亲身实践，发展创新精神与实践能力，综合运用知识解决问题的能力，培养学生的社会责任感。

2."教学大纲"改为"课程标准"

新中国成立以来，教育部颁布的第一个小学数学教学的指导性文件是《小学算术课程暂行标准（草案）》，此后，直至20世纪末此类文件的名称均以"教学大纲"出现。2001年以来，又改用了"课程标准"的名称。应该说，"教学大纲"与"课程标准"在性质与作用上是相同或相近的，都具有小学数学教育的法定功能，是编写小学数学教材、进行小学数学教学以及进行考试和评估教学质量的依据。但"教学大纲"与"课程标准"还是有一些微妙差异的：当一个国家或地方、学区和学校在课程设置与管理上以较为统一的领导、明确的规范和具体的指导为主要取向时，往往会选择"教学大纲"作为文件形式；当在课程设置与管理上倾向于在大的目标和要求上追求一致性，而在具体层面与具体事务上实行分级管理或留有较大空间时，则多会选用"课程标准"作为文件形式。（刘久成，2011：178）

3.学段划分

现行数学课程标准将九年义务教育整体设计，并划分为三个学段，即一至三年级为第一学段，四至六年级为第二学段，七至九年级为第三学段，改变了过去分学期或分学年设计的做法。

学段划分长期存在争议，有学者对此进行了实证研究（刘鹏飞等，2014）。调查表明，小学、初中教师或九年一贯制教师普遍认为，中小学生认知发展和数学学习具有阶段性；学段划分应考虑语文等学科情况，语文课程学段划分和语文学习对数学课程学段划分和数学学习有影响；对于"把义务教育数学课程学段划分为哪种情况更为合理"，小学数学教师中选择最多的是"12—34—56—789"四段。同时认为，中小学数学课程学段划分应考虑不同学制情况，当前的学段划分对于"五四"制学校不太合适。问卷显示，绝大多数教师认为，三年级小学生在认知发展和数学学习等方面都与一、二年级学生有明显的差异，绝大多数教师主张把一、二年级放在一个学段，三年级放在下一个学段；有近70%的教师认为六年级与五年级学生在数学能力上也有着明显差异。学段划分是一个复杂的问题，现行义务教育不同学科的学段划分也不尽相同，如语文、美术、体育课程的学段分为"12—34—56—789"四段，艺术、音乐课程的学段分为"12—3456—789"三段，只有数学课程的学段分为"123—456—789"三段。是否要修改，如何修改，仍然没有统一的意见。

4.课程内容领域

1978年以后，小学数学课程内容一般包括：数与计算、量与计量、比和比例、代数初步知识、几何初步知识、统计初步知识和应用题七个方面。本次课程改革将课程内容进行了整合、调整，划分为四个学习领域，分别是数与代数、图形与几何、统计与概率、综合与实践。将多年来独立设置的"应用题"部分，不再单独设为章节，力图通过融合其他各部分内容，发展学生的创新意识和实践能力，此为课程改革的一个特色。

不过美籍华人学者马立平最近撰文指出：20世纪末中国的小学数学内容结构是"核心学科型"。即以一个自成一统的完整学科贯穿始终，这个完整的学科是"小学算术"。而美国的"NCTM标准"中的小学数学内容结构是"条目并列型"的，即没有一个完整的学科，所有的条目齐头并进，共同从头到尾贯穿小学数学教学。这种"条目并列型"的结构导致了小学数学"内容的不稳定、教学的不连贯、概念的不统一"（马立平，2012）。华人学者的疑虑，应当引起我们的思考。当前中国进行的课程改革，改变了传统的内容结构，以四大学习领域齐头并进的方式设计课程内容会不会重蹈美国的覆辙，一步一步地走向不稳定、不连贯、不统一的境地呢？

四、小学数学课程目标研究

（一）课程目标的内涵研究

在课程与教学论中，课程目标通常被看作是教育目标系列中的一个层次。从宏观到微观，教育目标系列可以分为：教育方针、教育目的、培养目标、课程目标和教学目标，其中教育方针、教育目的、培养目标和课程目标分别由教育法规、教学（课程）计划、教学大纲（课程标准）规定，而教学目标则由教师在教学设计中制定，它包括单元教学目标、课时教学目标。课程目标是在课程设计和开发过程中，课程本身要实现的具体要求。《教育大辞典》中将课程目标表述为：课程本身要实现的具体目标。期望一定教育阶段的学生在发展品德、智力、体质等方面达到的程度。（顾明远，1998：898）也有学者认为，课程目标即学生课程学习应达到的结果及其程度要求，是关于学生学习活动结束之后行为变化的描述。（潘洪建等，2012：75）关于课程目标的含义，虽表述不是太一致，但都认为它是学生经过课程学习应达到的结果和程度要求。数学课程目标的含义通常来自一般课程论中关于课程目标定义的迁移，认为数学课程目标即是学生经过数学课程学习应达到的结果及其程度要求。

课程目标是指导课程设置、编排、实施和评价的准则，也是课程本身性质和理念的具体体现。课程目标直接受教育目的、培养目标的制约，是教育目的、培养目标在一门学科中的具体体现，是教师进行教学设计、开展教学活动的基本依据。

在本次课程改革之前，我国一般并未使用"课程目标"一词，历次颁发的教学大纲中，相应的表述采用的是"教学目的"。在很多文献中，"课程目标""教学目的"或"教学目标"常常也是不加区分地加以混用。

在课程与教学论研究领域，通常认为，"教学目的"是教学领域里为实现教育目的而提出的概括性的、总体的要求，是教学活动预期达到的结果。"教学目标"是指教学活动主体对学习者通过教学后应该表现出来的可见性的、具体的、明确的表述。

教学目标是教学目的的具体化，教学目的是教学的方向目标，具有终极意义；教学目标是教学的达成目标，具有阶段意义，经过一系列教学目标的达成，才能实现最终的教学目的；教学目标只对特定的教学活动起指导作用，可以由教师根据需要加以调整、变更，相对于教学目的而言具有较大的灵活性；教学目标是教学设计活动的出发点和最终归宿。

无论是"教学目的"的提出还是"教学目标"的制定，都必须以课程计划、课程标准为依据，都必须服从于、服务于国家的教育方针、教育目的，都是教学过程的出发点和归宿点，都对落实课程标准、制订教学计划、组织教学内容、明确教学方向、确定教学重点、选择教学方法、安排教学过程等起着重要的导向作用。

（二）课程目标体系结构的研究

在西方的课程组织与设计中，长期以来占支配地位的主张是，把课程目标分为"事实""技能"和"态度"三个领域。现在这种分类虽已不流行,但新的目标分类理论大多都源于此。"事实"是指已被正确认识到的客观事物、现象、关系、属性及规律性的总称;"技能"是个体运用已有的知识经验,通过练习而形成的智慧动作方式和肢体动作方式的复杂系统,指称的是那些能够表现和实行的,例如阅读、写作、书写、表演、语言沟通和批判性思考;"态度"是个体对某一对象所持的评价和行为倾向,指称的是个体对各种刺激来源的倾向和感受,例如喜好、兴趣、需要等。(黄甫全,2003:240)

《教育大辞典》中将课程目标分为四类:认知类,包括知识的基本概念、原理和规律,理解和思维能力;技能类,包括行为、习惯、运动及交际能力;情感类,包括思想、观点和信念,如价值观、审美观等;应用类,包括应用前三类来解决社会和个人生活问题的能力。(顾明远,1998:898)

美国学者布卢姆受行为主义和认知心理学的影响,在20世纪50年代,他领导一个委员会对教育目标进行系统的分类研究后,将教育目标分为认知、情感和动作技能三个领域,每一领域的目标又划分几个不同层次。比如,认知领域目标,由从低级到高级,由简单到复杂共分为知识、领会、运用、分析、综合、评价六个层次。我国从20世纪80年代中期以来,众多研究者在刘佛年、瞿保奎教授等前辈的倡导下,对引进的布卢姆的教育目标分类学进行消化吸收并加以部分改造,涌现了"目标教学"等一批改革实践,为提升我国教育科学研究水平和改进课堂实践起到了积极的作用。

布卢姆把认知目标由低到高分为六级,虽影响较广,但层次多,分类过细,不易掌握。我国有些学者在研究小学数学教学目标时,建议把六级改为五级或四级,如把学习水平定为识记、领会、运用、复杂运用和创见五级。这里的"复杂运用"相当于布卢姆的"分析"与"综合"两个层次的要求;"评价"是在分析综合的基础上提出见解,作出判断,一定程度上意味着学生学习中的创造性,而培养创造能力是数学教学的一项重要任务,因而可把"评价"改为"创见"。最高学习水平可以参照教学大纲中的要求,以及教材习题中的最高难度定出,最低学习水平不一定从第一级开始,因为"知识"水平,仅要

求学生机械地再现或再认，如不需要死记硬背的可以从第二级开始。（刘久成，1995）

关于课程目标分类理论的研究，主要是受泰勒的课程理论和布卢姆的教育目标分类学的影响。结合数学学科进行具体研究比较有影响的是 IEA（国际教育成就评价协会）关于数学课程目标的分类和隶属于 SMSG（学校数学研究小组）的"国家数学能力纵向研究会"的相关研究。《国际教育百科全书》（贵州教育出版社，1990）一书指出，最早关于数学课程目标的分类是 IEA 的三维矩阵图。三个维度分别是：学生行为（包括认识的、情感的和运动的）；数学具体内容（包括算术、几何、代数、统计、概率等）；知识的使用或获得的技能。并且还提出了分布于这三个维度上的十种能力：回忆和复述定义、概念并进行运算的能力；迅速正确地计算和熟练地使用符号的能力；把数据转化为符号的能力；将数据译成符号形式的能力；对一系列推理和论证理解的能力；进行构思论证的能力；将概念应用于数学问题的能力；将概念应用于非数学问题的能力；分析问题的能力和应用运算的能力；进行数学概括的能力。

香港的黄毅英教授将数学课程目标分为三类：实用目的、学科目的、文化目的。实用目的包括：以数学方式解决日常生活中遇到的问题；提供将来大部分职业所需的数学训练；了解数学与其他科目之间的关系及应用情况并为将来升学所需的数学奠定基础。学科目的包括：数字、符号及其他数学对象的运算能力；数字感（包括估量）、符号感、空间感、度量感、统计意识与结构、规律意识；建模与抽象数学问题的能力；推理与逻辑思维；以数学方式表达及传递意念。文化目的包括：以数学方式观察、探究与推敲；认识古今数学在各地文化中的作用以及与其他学科之间的联系；学会欣赏数学的美。（黄毅英，1997：23）

有学者提出，进入 90 年代，素质教育和创新教育成为我们的指导思想，于是"基本态度"也提到议事日程上来，初步形成了基础知识、基本技能、基本能力和基本态度"四个领域"并重的教学目的观。（张奠宙，2006：14）"四基"强调数学教育的社会功能和育人功能并重，是基础性、发展性和创造性相结合，个性与共性相结合，认知与情感相结合，数学知识的心得与道德品质和世界观的形成相结合，数学知识的学习与应用、创新相结合等为特色的数学教育目标体系。

对数学教育目的的认识的变化和发展是数学教育改革与发展的重要问题之一。各主要发达国家近年来关于数学教育目标，基本上都阐述了两个方面的内容。其一是使学生掌握社会生活必备的数学知识与技能；其二是具备良好的数学素质。数学素质应包括：数学意识、解决问题、逻辑推理和信息交流四个部分。面对 21 世纪，我国的数学教育正面临着严重挑战。有关专家认为主要问题是：学生学习负担过重；数学应用意识薄弱；动手能力低；数学创造能力弱；数学教育仍然是"英才教育"模式，而未成为"素质教育"模式。（卢江，1998）数学教育改革必须在现有的数学教育成果的基础上，以未来社会对人才素质的要求为依据，重新认识数学教育的目的和内容，探讨如何开发学生的潜能、发展学生的能力。

数学教育作为实现学校培养目标的途径之一，应该使学生在以下诸方面得到应有的、充分的、和谐的发展：数学知识，包括基本事实、基本概念、基本命题、数学思想和方法、数学史实；数学技能，包括运算技能、操作技能和估算、识图、思维技能；数学能力，包括抽象概括能力、构造能力、系统化能力、想象能力；数学意识，包括数学化意识、化归意识、推理意识、符号意识；数学观，包括对作为科学的数学的认识、对数学历史的认识、对数学与逻辑的认识、对数学与社会的认识、对数学与个人的认识；个性品质，包括自信心、兴趣、积极性、独立性、创造性、顽强性、责任心、勤奋精神、学习习惯；思想品德，包括爱国主义思想、实事求是、行为规范、价值观。（杨骞等，1995）

长期以来，我国基础教育界重视和突出"基础知识和基本技能"，可以说，新中国成立初期的 50 年代，采取的是"双基"课程与教学模式，课程目标的重点在于发展"双基"。到了 60 年代初，在重视"双基"的同时开始注重培养学生的数学能力，并提出了数学的三大能力，即计算能力、逻辑思维能力和空间观念，直至 80 年代（除"文革"时期），可以说我国小学数学课程与教学均注重"三基"，即基础知识、基本技能和基本能力。80 年代后期，开始实施义务教育，重视儿童个性的形成和发展。在 1992 年教育部颁发的《九年义务教育全日制小学、初级中学课程计划（草案）》的培养目标中，明确提出要培养学生"良好品德和个性品质"，因而，我国基础教育的课程目标形成了"三基一个性"的目标体系。

2001 年，教育部印发了《基础教育课程改革纲要（试行）》，启动了新一轮基础教育课程改革，改革的具体目标是：改变课程过于注重知识传授的倾向，强调形成积极主动的学习态度，使获得基础知识与基本技能的过程同时成为学会学习和形成正确价值观的过程。形成了"知识与技能""过程与方法""情感态度与价值观"三维目标。

知识与技能：即每门学科的基本知识和基本技能。

过程与方法：即让学生了解学科知识形成的过程，亲历探究知识的过程；学会发现问题、思考问题、解决问题的方法，学会学习，形成创新精神和实践能力等。

情感态度与价值观：即让学生形成积极的学习态度、健康向上的人生态度，具有科学精神和正确的世界观、人生观、价值观，成为有社会责任感和使命感的社会公民等。

依据上述三维目标的总体构架，现行数学课程标准，在总目标下，从横向和纵向两个方面规定了学段目标和领域目标，即：

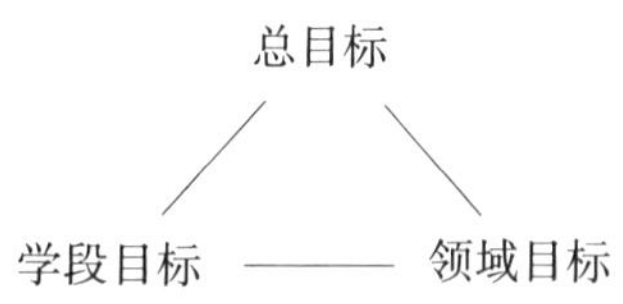

总目标

学段目标 ——— 领域目标

总目标是义务教育阶段学生应达到的要求，是对学生数学素养的整体描述；每个学段目标体现了不同学段层次上的要求；领域目标是总目标、学段目标在各个领域内容上的具体表现。（王建磐，2009：137）具体从"知识技能""数学思考""问题解决""情感态度"四个领域展开。

数学课程目标结构体系的研究，更多的是在实践层面展开的。有研究者认为课程目标有层次性，纵向上可分为：总目标、学段目标、学年目标、学期目标、单元目标、课时目标。也有教师提出课程目标的制定，要面向全体，切合实际；要有层次性；要注意序列性、阶段性；要明确化、具体化；要可行可测。这显然已将课程目标等同于教学目标。

（三）不同时期的小学数学课程目标研究

新中国成立 70 年来，我国基础教育先后进行了八次课程改革，教育部（教育委员会）先后颁发了十一部小学数学教学大纲（课程标准）。每一次课程改革都是在一定的社会、政治、经济、文化背景下进行的，小学数学课程的目标、结构和内容也会进行相应的调整。现将不同时期的小学数学课程目标（教学目的）列表如下（表 2-2）：

表 2-2 新中国成立以来小学数学课程目标（教学目的）

大纲(或标准)名称	颁发时间	课程目标(教学目的)
《小学算术课程暂行标准(草案)》	1950 年 7 月	·增进儿童关于新社会日常生活中数量的正确观念和常识。 ·指导儿童具有正确和敏捷的计算技术和能力。 ·训练儿童善于运用思考、推理、分析、综合和钻研问题的方法和习惯。 ·培养儿童爱国主义思想，并加强爱科学、爱护公共财物等国民公德。
《小学算术教学大纲(草案)》和《小学珠算教学大纲(草案)》	1952 年 12 月	·保证儿童自觉地和巩固地掌握算术知识和直观几何知识，并使他们获得实际运用这些知识的技能。 ·培养和发展儿童的逻辑思维，使他们理解数量和数量间的相依关系，并能作出正确的判断。
《小学算术教学大纲(修订草案)》	1956 年 12 月	·使儿童能够自觉地、正确地和迅速地进行整数运算，能够运用已经获得的知识、技能和技巧去解答算术应用题和解决日常生活中简单的计算问题。 ·算术教学必须有助于儿童智慧的发展和道德品质的培养，以促进全面发展的教育任务的实现。 ·应该做到使数和量成为儿童认识周围现实的工具。

续表

《全日制小学算术教学大纲(草案)》	1963 年 5 月	·使学生牢固地掌握算术和珠算的基础知识。 ·培养学生正确地、迅速地进行四则计算的能力和正确地解答应用题的能力。 ·具有初步的逻辑推理的能力和空间观念，以适应他们毕业后参加生产劳动和进一步学习的需要。
《全日制十年制学校小学数学教学大纲(试行草案)》	1978 年 2 月	·使学生理解和掌握数量关系和空间形式的最基础的知识。 ·能够正确地、迅速地进行整数、小数和分数的四则运算，初步了解现代数学中的某些最简单的思想，具有初步的逻辑思维能力和空间观念，并能够运用所学的知识解决日常生活和生产中的简单的实际问题。 ·结合教学内容对学生进行思想政治教育。
《全日制小学数学教学大纲》	1986 年 12 月	·使学生理解和掌握数量关系和几何图形的最基础的知识。 ·能够正确地、迅速地进行整数、小数和分数的四则计算，具有初步的逻辑思维能力和空间观念，并能运用所学的知识解决日常生活和生产中的简单的实际问题。 ·结合教学内容对学生进行思想品德教育。
《九年义务教育全日制小学数学教学大纲(初审稿)》	1988 年 11 月	·使学生理解、掌握数量关系和几何图形的最基础的知识。 ·使学生具有进行整数、小数、分数四则计算的能力，培养初步的逻辑思维能力和空间观念，能够运用所学的知识解决简单的实际问题。 ·使学生受到思想品德教育。
《九年义务教育全日制小学数学教学大纲(试用)》	1992 年 6 月	
《九年义务教育全日制小学数学教学大纲(试用修订版)》	2000 年 3 月	·使学生理解、掌握数量关系和几何图形的最基础的知识。 ·使学生具有进行整数、小数、分数四则计算的能力，培养初步的思维能力和空间观念，能够探索和解决简单的实际问题。 ·使学生具有学习数学的兴趣，树立学好数学的信心，受到思想品德教育。
《全日制义务教育数学课程标准（实验稿)》	2001 年 7 月	·获得适应未来社会生活和进一步发展所必需的重要数学知识(包括数学事实、数学活动经验)以及基本的数学思想方法和必要的应用技能。 ·初步学会运用数学的思维方式去观察、分析现实社会，去解决日常生活中和其他学科中的问题，增强应用数学的意识。 ·体会数学与自然及人类社会的密切联系，了解数学的价值，增进对数学的理解和学好数学的信心。 ·具有初步的创新精神和实践能力，在情感态度和一般能力方面都能得到充分发展。

续表

		通过义务教育阶段的数学学习,学生能:
《义务教育数学课程标准(2011 年版)》	2011 年 12 月	·获得适应社会生活和进一步发展所必需的数学基础知识、基本技能、基本思想、基本活动经验。 ·体会数学知识之间、数学与其他学科之间、数学与生活之间的联系,运用数学的思维方式进行思考,增强发现和提出问题的能力、分析和解决问题的能力。 ·了解数学的价值,提高学习数学的兴趣,增强学好数学的信心,养成良好的学习习惯,具有初步的创新意识和实事求是的科学态度。

资料来源：①课程教材研究所.20 世纪中国中小学课程标准教学大纲汇编·数学卷［M］.人民教育出版社，2001:49-179.②中华人民共和国教育部.全日制义务教育数学课程标准（实验稿）［S］.北京：北京师范大学出版社，2001：6.③中华人民共和国教育部.义务教育数学课程标准（2011 年版）［S］.北京：北京师范大学出版社，2012：8.

小学数学课程目标（教学目的）是对经过小学数学教学学生应达到的结果及其程度要求作出的规定，它反映了社会的需求和科技的发展，是教育方针、培养目标、教育理念和思想的具体体现，并为课程内容的确定和安排、教材的编制、教学方法的运用等提供了依据。70 年来，小学数学课程目标随着社会对人才培养要求的变化而不断发展变化。

1."文革"以前的课程目标分析

1949 年 12 月，新中国召开第一次全国教育工作会议，会议讨论和研究了接受旧教育和发展新中国教育的一系列问题。会议提出："以老解放区新教育经验为基础，吸收旧教育有用经验，借助苏联经验，建设新民主主义教育。"1950 年 7 月，教育部根据第一次全国教育工作会议精神颁布了《小学算术课程暂行标准（草案)》。这是新中国成立后的第一个小学数学课程标准。课程目标包括知识、能力（计算能力、逻辑思维能力）和思想品德教育三大方面，和新中国成立前相比，知识方面的目标变化不大，培养计算能力、逻辑思维能力的目标更为明确，特别是第一次明确提出，在算术教学中，对儿童进行国民公德教育。这反映了教育观念从"学科教育"到"人的教育"的

转变，体现了新的教育方针。（金成梁等，2013：16）

在改造旧教育的同时，国家采取了学习和模仿苏联教育经验的课程政策，接受苏联凯洛夫教育思想，使小学数学课程趋于严密化、系统化。1952年，教育部颁布了《小学算术教学大纲（草案）》《小学珠算教学大纲（草案）》，并于1956年修订了《小学算术教学大纲（修订草案）》，同时，推行全国统一的课程教材。1952年大纲中简明具体地规定了算术教学的任务，并根据这些任务规定了教材的内容和范围。其中第一点是关于知识教育的任务，第二点是关于儿童思维、智慧的发展。同时提出自觉的纪律性、工作的准确性和明确性，以及善于钻研创造、克服困难等，都是新中国建设人才所必须具备的品质。（曹飞羽等，1953）课程目标中的基础知识主要指算术、直观几何和珠算的知识，强调知识的掌握和运用，提出掌握基础知识和基本技能（双基）以及"培养和发展儿童的逻辑思维"的要求，注重培养学生"解答算术应用题和解决日常生活中简单计算问题的能力"，体现了我国数学"双基"教学体系初步构建阶段的一些主要特征。（汤雪峰，2019）有学者认为，1956年大纲的小学算术教学有三方面的任务：第一是教养的任务，是使儿童获得一定的算术知识、技能和技巧；第二是教育的任务，是发展儿童的智慧和培养儿童的共产主义道德品质；第三是实用的任务，是使儿童能够运用所学得的算术知识技能认识周围现实和解决日常生活中简单的计算问题。（宋淑持，1957）但知识、能力和思想品德教育的目标提得不够全面、具体，实际的教学要求和程度也比较低。

1963年大纲只提出"掌握算术和珠算的基础知识"，在培养能力中，提出了培养计算能力、逻辑推理能力、解答应用题能力，并且第一次提出了培养"空间观念"的要求，形成了数学的三大基本能力。初中算术也已经完全下放到小学。但它忽视了数学学科的教育性，没有提出思想品德教育的要求，提出的"解答应用题能力和逻辑推理能力"也不够完整。（金成梁等，2013：22）

2."文革"以后至90年代末的"大纲"时期的目标分析

1976年"文革"结束，教学秩序得到了迅速恢复，我国基础教育进入了一个新的发展时期，开始了中国特色社会主义教育体系的初步探索。1978 年，教育部颁发了《全日制十年制学校小学数学教学大纲（试行草案）》，在知识目标中，第一次提出在理解的基础上掌握基础知识，代数初步知识首次下放到小学，此时小学数学基础知识主要包括：算术知识、代数初步知识和几何初步知识，课程名称也由"小学算术"改为"小学数学"。在能力目标中，明确地将"逻辑推理能力"改为"逻辑思维能力"，将"解答应用题的能力"改为"解决简单的实际问题的能力"，第一次提出"初步了解现代数学中的某些最简单的思想"。大纲具有里程碑意义，其中知识、能力和思想教育三方面的目标提得比较全面，符合国际数学教育改革潮流。（刘久成，2011A）1986年《全日制小学数学教学大纲》提出的课程目标与 1978 年大纲基本相同，但提法更为确切。如把"空间形式"改为"几何图形"，把"思想政治教育"改为"思想品德教育"，删去了"初步了解现代数学中的某些最简单的思想"，这更符合小学生的实际，有利于减轻学生过重的学习负担，便于执行。

1986 年 4 月《中华人民共和国义务教育法》公布，国家以法律的形式确立了 20 世纪 90 年代在全国普及九年义务教育的目标。根据《中华人民共和国义务教育法》，在 1986 年大纲基础上，经多次修订不断完善而成的三部义务教育大纲（初审稿、试用、试用修订版）的结构与教学目标大致相同。基础知识、基本能力与 1986 年以来的提法基本一致，只是四则计算的要求有所下降，不再笼统地提"正确、迅速"的要求，而是分层次提出要求："对于其中一些基本的计算，要达到一定的熟练程度，逐步做到计算方法合理、灵活。"并且对知识、技能教学要求的行为用语的含义作了解释，以利于学业水平的评价和教学质量的评估。曹侠认为，把培养能力、进行思想品德教育与掌握基础知识提到了同等重要的地位，使教学目的更为完整全面，更能体现小学的培养目标。这反映出教育观念的转变和教育改革的成果，指出了传授基础知识，培养能力，发展智力和思想品德教育的统一性。（曹侠，1988）

2000 年大纲（试用修订版）的教学目的中还将"逻辑思维能力"改为"思维能力"，改变了过去强调演绎推理而弱化合情推理的状况，增加了"使学生具有学习数学的兴趣，树立学好数学的信心"，这说明"培养兴趣"和"树立信心"不只是教学方法的问题，而且已经上升到课程目标的高度。

从教学大纲的制订和修订来看，这一时期我国小学数学课程目标呈现出以下特点：明确"知识、能力和思想教育"三个方面的教学目标，提出以数学"双基"为核心展开教学，提出"数学为大众"的新观点。（朱永新，2016：72-73）

香港大学梁贯成教授认为，我国中小学数学课程目标有下列特点：一是强调实用性目的，如"基础知识和基本技能"是适应日常生活、参加生产和进一步学习的基础，"解决简单的实际问题"等；二是强调学科的目的，如培养运算能力、发展思维能力和空间观念、培养数学创新能力；三是强调积极的学习态度，如培养学生良好的个性品质和初步的辩证唯物主义观点。但课程目标中相对忽视过程能力和文化目的，如忽视"交流、建立、联系、表达"等过程能力，忽视"数字感、符号感、度量感"等数学意识，忽视"欣赏数学美及力量""数学史及数学文化"的价值等文化目的。（梁贯成等，1990）

3.21 世纪以来"课标"时期的目标分析

2001 年国家启动了第八次基础教育课程改革，同年 7 月，教育部颁发了《全日制义务教育数学课程标准（实验稿）》，经 10 年实践探索，修订颁布了《义务教育数学课程标准（2011 年版）》，首次将小学数学课程目标分为总目标和学段目标，并且按知识技能、数学思考、问题解决和情感态度四方面进行阐述。以前的课程目标中，知识目标是第一位的，启迪思维、问题解决、情感态度等方面往往被看作是知识学习过程中的"副产品"，现行课程标准把四项目标并列在一起，作为一个整体，显示了其"育人为本"的价值取向，表明以传授系统的数学知识为基本目标的学科体系为本的数学课程体系，将让位于以促进学生发展为本的数学课程体系。朱永新等认为：义务教育阶段数学课程应从现行大纲中以获取数学知识、技能和能力为首要目标，转变为首先关注每一个学生的情感、态度、价值观和一般能力为首要目标。（朱永新，2016：78）

马云鹏等认为，21 世纪以来的课程改革，吸收了国内外数学课程改革的经验，反映了数学课程改革的最新成果，课程目标体现了以下特征：（1）把促进学生全面发展放在首位。课程目标提出，不仅要让学生获得基础知识、基本技能、基本思想和基本活动经验（四基），还要发展学生发现和提出问题的能力，分析和解决问题的能力（四能），形成积极的情感态度。（2）设立过程目标。使用"经历""体验""探索"等行为动词进行表述，在要求学生掌握知识技能的同时，强调获取知识技能的过程同样是课程目标，学生的数学活动经验反映了学生对数学的真实理解，形成于学生的自我数学活动过程之中，伴随着学习数学的过程而发展，所以数学活动过程也成为实现目标的重要途径。（3）注重数学思考、问题解决和情感态度等多方面的发展。数学思考是数学思维方式的运用，问题解决是数学能力的核心，问题解决的过程促进了学生应用意识、实践能力、创新精神的发展，情感态度目标涉及学生数学学习的好奇心、求知欲、自信心、不怕困难的意志、对数学价值的认识、实事求是的态度、质疑与独立思考的习惯等丰富内涵。（4）使学生获得必需的数学知识、技能与思想方法。具有扎实的数学基础知识和基本技能是中国数学教育的优秀传统，也是中国数学教育工作者引以为荣的重要方面。数学课程改革不能简单地削弱"双基"，关键问题是在新时代背景下如何理解"双基"，对于数的计算，有了计算器，没有必要再花过多的时间和精力熟练地掌握大数目的笔算，但估算技能、适当选择算法的能力、运算结果的解释能力等就变得更为重要了。（王建磐，2009：138-140）

2014 年 3 月 30 日，教育部印发《关于全面深化课程改革落实立德树人根本任务的意见》，该文件提出，研究制定学生发展核心素养体系和学业质量标准，各级各类学校要从实际情况和学生特点出发，把核心素养和学业质量要求落实到各学科教学中。2016 年 9 月 13 日，《中国学生发展核心素养》总体框架正式发布，学生发展核心素养，主要指学生应具备的、能够适应终身发展和社会发展需要的必备品格和关键能力。关于小学数学学科核心素养，马云鹏认为，可以把"数感、符号意识、空间观念、几何直观、数据分析观念、运算能力、推理能力、模型思想、应用意识、创新意识"作为义务教育阶段的数学核心素养。（马云鹏，2015）王永春认为，如果从数学学科角度这样界定义务教育阶段数学核心素养是恰当的。但是，如果每个学科都从自己学科内部角度界定本学科核心素养，那么就可能出现各学科核心素养的并集小于学生发展核心素养的情况。各学科在制定本学科的核心素养时，应该站在中国学生发展核心素养的高境界思考问题，即每个学科应该承担更多的公共责任和义务。并进一步指出小学数学核心素养是在理解数学核心概念、掌握和运用数学规律和关系的基础上形成的，具有可持续学习数学和交流、表达、解决现实世界实际问题的思想和能力。包括数学认知、数学思想、个人发展三个维度。（王永春，2016）

（四）小学数学课程目标的演进研究

1.关于课程目标结构：知识技能→知识技能，数学能力→知识技能，智力能力，个性品质→知识技能，数学思考，解决问题，情感态度。结构的变化，反映了小学数学教育越来越重视人的整体素质发展。

新中国成立初期，我国小学数学教育主要学习苏联，教学大纲也是由苏联大纲翻译过来，其课程目标突出基础知识和基本技能的学习，同时指出了培养和发展儿童逻辑思维的要求；20世纪60年代初，经过"大跃进"后的精雕细刻，小学数学教育不仅注重知识和技能的学习，还明确提出了培养学生的能力要求；"文化大革命"后，经拨乱反正，开始了我国小学数学课程的恢复与重建，提出了掌握知识和技能、培养数学能力、发展智力，以及个性发展和思想品德教育的要求。进入21世纪，我国进行的第八次课程改革，把小学数学教学定位于促进学生的全面、可持续发展，课程目标更加完整，包括知识与技能、数学思考、解决问题和情感与态度四方面。也就是说，我国70年的小学数学教育的目标结构，大体上经过了：知识技能→知识技能，数学能力→知识技能，智力能力，个性品质→知识技能，数学思考，解决问题，情感态度这样一个发展变化过程。目标维度的增加，内涵与结构的变化，反映了小学数学教育越来越重视人的整体素质发展。（刘久成，2011A）与此同时，人们对各维度本身的认识也在发生变化，维度的增加不能简单地理解成是在做"加法"，而是社会发展对小学数学教育提出了新的要求。比如"知识技能"由"双基"发展为"四基"，不仅强调重视"双基"的传统，而且要与时俱进，反映重视创新人才的培养和人的全面素质提高。课程目标各维度的内涵越来越丰富、合理，人们对各维度之间关系的认识也越来越全面、科学。

2.关于知识技能要求：从算术、珠算—数与计算、量与计量、比和比例、代数初步知识、几何初步知识、统计初步知识和应用题—数与代数、图形与几何、统计与概率、综合与实践，课程内容不断更新、拓展，体现时代要求。

新中国成立初期，由于生产力水平的现状和工农业生产的需要，强调小学数学教学为工农业生产培养合格的劳动者，因而大纲提出"增进日常生活中数量的正确观念和常识""指导儿童具有正确和敏捷的计算技术"，可见此时的"知识技能"主要是算术知识与运算技能。在学习苏联、结合我国自身实践的过程中，我们进一步明确了小学数学的基础知识，主要是算术知识、珠算知识，以及几何形体、记账和统计图表的初步知识。1978年以后，大纲提出"使学生理解和掌握数量关系和空间形式（几何图形）的最基础的知识"，具体地说，包括数与计算、量与计量、比和比例、代数初步知识、几何初步知识、统计初步知识和应用题。"代数初步知识"加入小学数学，使得中小学中"算术"与"代数"泾渭分明的格局被打破。这一做法，"既遵循了从算术到代数的由浅入深的认识规律，重演了历史进程，又因势利导、由高到低地大大缩短了人们的认识历程，应视为我国小学数学具有重要意义的一次大改革"（周玉仁，2010）。教学内容的更新，使得我国小学数学教学的面貌发生了重大变化，体现了"教育要面向现代化，面向世界，面向未来"的精神和实施义务教育、提高全民族素质的要求。新课程改革，在总结历次教育改革经验的基础上，对教学内容进行了重新设计，提出掌握数与代数、图形与几何、统计与概率的基础知识和基本技能，还将"知识与技能"扩展为"基础知识、基本技能、基本思想、基本活动经验"，从而使得小学数学教学更加切合学生实际，体现时代要求。基础知识课程目标的演变轨迹表现为，一是由局限于算术和珠算，偏重于"数"，发展为"数"与"形"两方面结合，并明确规定在"最基础"的范围内；二是由只提程度和结果，发展为兼顾教法、学法和教学过程，如在"理解"基础上"掌握"，"经历……过程"。也就是说不仅要求学生能算、会用，还要求使学生懂算理、会思考。进一步的发展趋势，将要求让学生在获得数学知识、运用数学知识的过程中学会合作、学会探究，生成学生所需要的数学知识，以适应未来终身教育社会中个体发展的需要。（刘久成，2011A）

3.关于基本能力培养：从计算能力、逻辑思维能力—计算能力、逻辑思维能力、解答应用题的能力—计算能力、思维能力、空间观念、解决简单实际问题能力—发现和提出问题的能力、分析和解决问题的能力，朝着培养学生创新精神和实践能力的方向发展。

纵观小学数学能力的培养，不同时期人们存在不同的理解。1950年大纲中提出培养儿童的计算能力和训练儿童的逻辑思维，并且突出以计算为中心；1952年和1956年的大纲除强调培养儿童的计算能力、逻辑思维，还提出了解答应用题的能力，这反映了当时的小学数学教学贯彻学以致用、理论联系实际的思想；1963年大纲首次提出培养儿童的"空间观念"，使得小学数学能力包括计算能力、逻辑推理能力、空间观念，以及解答应用题的能力；1978年以后提出的数学能力大体上仍为这四个方面，只是在提法上稍作修改，要求培养儿童的计算能力、逻辑思维能力（思维能力）、空间观念和解决简单实际问题的能力。（金成梁等，2013：44）四个方面的能力只有计算能力有比较具体的要求，对于培养逻辑思维能力和发展空间观念，很长一段时期内没有明确的具体规定，这在一定程度上影响了培养措施的落实。直到义务教育大纲颁布才比较明确地阐述了两种能力的内涵，并规定了培养要求。

从逻辑推理能力→逻辑思维能力→思维能力，内涵发生了明显变化。数学思维不仅包含逻辑思维（抽象思维），还包含非逻辑思维（形象思维、直觉思维）。数学逻辑思维是以数学概念、判断、推理为基本形式，以比较、分析、综合、抽象、概括、演绎为主要方法，并能用词语或符号加以逻辑地表达的思维方式，培养学生的逻辑思维能力自然是数学教学的重要任务。但是，创新能力、实践能力的培养有赖于观察、类比、联想、猜想、直觉和灵感等思维方法，因此，数学的形象思维、直觉思维仍然是不可忽视的重要方面。

从解答应用题的能力→解决简单实际问题的能力变化，表明了教学理念的改变。我国50年代就非常重视应用题的教学，1956年大纲还提出"应当用算术课和算术课外作业总时间的一半左右来解答应用题"。20世纪80年代以后，应用题的教学大幅度简化，特别是引入列方程解应用题，使得一些逆思考解答应用题的难度大大降低。随着西方国家将"问题解决"作为数学教学改革的行动纲领，我国应用题教学的弊端也更加凸显，新课程将应用题融于数与代数、图形与几何、统计与概率、综合与实践四个学习领域之中，作为各领域解决相应的实际问题的有机组成部分而呈现，使学生感悟到数学各部分知识之间的联系、数学与其他学科之间的关系。这使得我国近百年来小学数学中应用题作为一个独立单元的课程体系被彻底打破，进而提出"增强发现和提出问题的能力、分析和解决问题的能力"，并将数学思考（抽象思维，形象思维，合情推理，演绎推理，空间观念，统计观念等）和问题解决（建模能力，实践能力，合作交流能力，评价与反思意识等）作为新课程的能力培养目标（金成梁，2002）。"解决实际问题"相对于过去的"解答应用题"，首先要完成从纷乱的实际问题中获取有用的信息，抽象成数学问题，然后再通过分析数量关系，用数学方法求得答案。这样，"解决实际问题"比过去"解答应用题"增加了第一个环节，使学生更能感受到数学与生活的联系，体会到数学的价值，增强数学的应用意识。总体来看，能力培养目标将朝着有利于培养学生终身学习的愿望和能力，以及培养学生创新精神和实践能力的方向发展。

4.关于情感态度教育：从国民公德—思想政治（品德）—情感态度，目标更加完整，更加切合小学生实际，体现了发展素质、健全人格的时代要求。

1950年大纲提出"培养儿童爱国主义思想，并加强爱科学、爱护公共财物等的国民公德"，反映了教育观念从"学科教育"到"人的教育"的转变，体现了新中国的教育方针。随后，学习苏联，进行我国小学数学教育的探索，直至20世纪60年代初，在总目标中虽未能明确提出思想品德教育的要求，但在一些具体建议中提出了"培养儿童对劳动有自觉的态度""自觉的纪律性"，以及"善于钻研创造、克服困难、有始有终等意志和性格"。可以说，这一时期总体上比较注重数学教学的学科性，而对数学教学的教育性有所忽略。1978年至20世纪末，历次大纲修订都将思想政治（品德）教育纳入课程目标，形成了知识、能力和思想品德教育三维目标，提出"结合教学内容对学生进行思想政治（品德）教育"。思想品德教育的内容包括：学习目的教育、爱祖国爱社会主义爱科学的教育、辩证唯物主义观点的启蒙教育和良好学习习惯的教育。"结合教学内容"表明了思想品德教育是在学科教学前提下进行的，反映了以数学学科为中心的倾向，思想品德教育实际上成了知识教学和能力培养的"副产品"。21世纪的素质教育是以促进学生全面、可持续发展为本的教育。"以学生发展为本的课程，是注重全体学生全面发展与个性差异相统一的课程，这就要求把课程改革建立在脑科学研究、心理学研究和教育学研究的基础之上，把学生的发展作为课程开发的着眼点和目标。"（吕达，2000）

因此，课程改革要从关注学科内容转变到建立学生动态发展的机制上，关注人的生命的整体发展，关注每一个学生的个性、道德情感、态度、兴趣、动机和需要。为此，新世纪的小学数学课程提出了"情感态度"目标，要求学生"对数学有好奇心与求知欲""锻炼克服困难的意志，建立自信心""养成认真勤奋、独立思考、合作交流、反思质疑等学习习惯""形成坚持真理、修正错误、严谨求实的科学态度"等。这是基于实施素质教育、培养合格公民需要而提出的。上述"情感态度"的目标比较完整，既切合学生实际，又符合时代要求，体现了发展素质、健全人格的教育思想。

五、小学数学课程内容研究

（一）数学课程内容的选择原则

1.教学大纲（课程标准）中的规定

数学课程内容是根据课程计划中规定的小学教育的性质、任务和培养目标以及数学学科设置的基本要求，根据教学大纲（课程标准）规定的课程目标进行选择的。比如：

1963年"大纲"提出："必须选择算术中的基础知识，并且注意这些基础知识在生产劳动和科学技术上的应用。此外还必须注意与中等学校的有关学科衔接，注意反映我国算术教学上的优良传统。"

1978年"大纲"提出："为了使学生在小学切实打好数学基础，小学数学教学内容应该是学习现代科学技术所必需的、学生能够接受的基础知识。"确定这些基础知识具体采取"精选、增加、渗透"的做法。

1992年"大纲"提出："根据九年义务教育的性质和任务，适应现代科学技术发展的趋势和社会需要，为了大面积提高教学质量，小学数学要选择日常生活和进一步学习所必需的、学生能够接受的、最基础的数学知识作为教学内容。"同时为增强课程弹性，提出"适当安排一些选学内容"。

2011年"课标"提出："课程内容要反映社会的需要、数学的特点，要符合学生的认知规律。它不仅包括数学的结果，也包括数学结果的形成过程和蕴含的数学思想方法。课程内容的选择要贴近学生的实际，有利于学生体验与理解、思考与探索。课程内容的组织要重视过程，处理好过程与结果的关系；要重视直观，处理好直观与抽象的关系；要重视直接经验，处理好直接经验与间接经验的关系。课程内容的呈现应注意层次性和多样性。"

上述要求明确了课程内容的选择范围、重点、注意点，特别强调了选择课程内容应注意社会需要、数学特点和学生的认知规律。

2.有关著述中的表述

关于课程内容的选择，有不少学者进行了研究，提出了一些主张，这对于不同时期的课程改革，特别是课程内容的确定，提供了有价值的参考。

60年代初，为了克服"少、慢、差、费"现象，《人民教育》发文指出，为了把我国建设成为一个具有现代工业、现代农业、现代科学文化的伟大的社会主义国家，必须提高我国的科学技术水平。数学是学习科学技术必须掌握的最基本的工具之一，提高了中小学数学程度，就给学生进一步学习较高深的科学技术提供了有利条件。因此，为了把我国建设成为一个社会主义强国，提高中小学数学程度是十分必要的。（辛力，1963）在这样的要求下，中学几何、代数的一些内容下放到小学，改变了因照搬苏联大纲而造成的程度偏低的状况。

曹才翰等认为，在选择内容时，首先要考虑的是社会对数学的需要，其次要考虑中小学的数学教育目标，再次要考虑学生的心理特征，最后还要考虑教师的素质和教学条件。并且，应当遵循以下几个原则：基础性原则、可接受原则、灵活性和统一性相结合的原则、衔接性原则。（曹才翰等，1989：164-167）上述原则分工不同，但又是互相联系的。在具体选取教学内容时，应把上述几项要求结合起来考虑。丁尔升等认为，数学课程内容的选定，要充分保证数学教育目的的实现和数学教育目标的达成。内容的选定，应从最需要、最基础、可接受出发，亦即要遵循需要和可能相结合的原则。（丁尔升等，1994：113）这与1992年大纲中关于课程内容确定的原则是一致的。

有学者认为，内容的选择应遵循基础性标准、时代性与社会作用标准、发展性标准、后继作用标准、适度性标准。（陆书环等，2004：31）也有学者在开发和重组小学数学课程内容时提出三项基本原则（李光树，2015）：(1) 开放性与规范性相统一的原则。一要注意广泛选用现实生活中与所教数学知识有联系并且学生熟悉的素材，用它们作为载体去呈现所教数学知识；二要选择和提炼的小学数学课程内容必须符合国家义务教育数学课程标准的规定。(2) 趣味性与科学性相统一的原则。一要以生动形象的形式呈现小学数学课程内容；二要确保小学数学课程内容的科学性。(3) 思考性与可接受性相统一的原则。一是所选素材和由这些素材组成的数学问题要能引起学生的深思，要有助于学生对所学数学知识本质的理解；二是避免加重学生学习负担，导致学生的数学学习形成更大障碍。

周玉仁提出："小学数学改革的宗旨是必须选择现代科学技术发展和学生进一步学习所必须的数学基础知识作为基本内容。具体包括：精简传统的算术的内容，适当增加估算、统计等有实用价值的内容，在小学高年级引进计算器（机）的使用，切实加强空间观念的培养。""小学数学大部分内容是数与计算、繁杂的四则混合运算，这在现代数学和人类文明生活中只起着微不足道的作用，可仍被视为小学数学的重要内容。再则，占相当比重的应用题，不少是脱离学生生活实际、题材虚构并按题类选材的，这些人为编造的'应用'题，正是使部分学生望而生畏的最难学的内容。而对现实生活中有广泛应用的统计、数据处理、估算等知识却很不重视。"（周玉仁，1997）课程教材的改革宜采用循序渐进的形式，逐步删减普遍认为是过时、无用的内容，增加反映时代需要、符合数学教育发展趋势的内容。在教材的结构和编排上，尽量符合学生学习数学知识的认识规律，让学生通过主动学习获得知识，注意使能力的培养落到实处。（卢江，1998）数学教学内容应尽可能满足日常生活和就业的需要，数学内容应根据其他学科的需要调整，数学教学内容应根据后继课程的需要而调整，数学教学内容应提高欣赏性，数学教学内容应有助于培养学生数学的思维。（温忠麟，1999）有学者在研究新中国成立以来小学统计知识课程内容时认为，随着人才培养目标的变化和数学科学的发展，小学统计知识课程内容相应地作出了三次调整。"文革"以前十七年，统计图表与记账知识并举；"文革"以后至20世纪末，注重统计知识、技能和统计思想方法的教学；21世纪初，加强数据分析观念的培养。（刘久成，2011B）

著名数学教育家弗雷登塔尔在《作为教育任务的数学》中指出："许多人必须学数学，其中少数人才会应用一些相对复杂的数学，即使从不用数学的人也应当学数学，因为他们需要数学作为人类生存的一个方面。"并且强调"无法否认数学在社会中扮演的角色"。（上海教育出版社，1995：67-71）因此，数学课程内容的改革必须随着时代而变化，应该受到社会条件的约束和限制，并且这些内容对于学生进一步学习数学是必不可少的，对于能力培养是具有重大价值的，对于学习其他学科是必需的，对于生活实践是有价值的。同时，应当尊重传统、加强实践、注重应用、适度弹性。

（二）不同时期课程内容的确定

数学课程内容是依据数学课程目标确定的，任何的数学课程目标又必须通过数学课程内容的教学来实现。70 年来，历次教学大纲（课程标准）在阐述课程目标及相应教学要求的基础上，提出了应选择的课程内容。

1.新中国成立初期，学习模仿苏联，小学数学课程的程度较低。1952 年大纲以苏联教学大纲为蓝本，课程内容主要由算术和珠算两部分组成。具体包括：整数及其四则运算，复名数及其四则，直观几何知识，分数、小数和百分率，简单统计图表和农业社的简单簿记以及应用题等。没有代数初步知识，进入初中还要学习算术。小学数学课程内容具有以下几个特点（张莘中，1953）：教学任务的规定，完全是符合 1951 年政务院关于改革学制的决定中所规定的中小学校的性质的；教学内容，力求贯彻马克思列宁主义和毛泽东思想，以保证教学的培养性，发展学生辩证唯物主义的思想，培养他们爱祖国、爱人民、爱劳动、爱科学、爱护公共财物等高贵的道德品质；知识范围和分量的规定是相当严格的，每个科目的教学大纲的知识内容，都必须固定，不能任意增减改变；教学的系统性是比较完整的；大纲（草案）充分注意到各个学科独立的和完整的系统性及各个学科间界限的划定，同时也注意到各科教学上的紧密联系。

1952 年大纲中对于应用题的教学，作了明确的规定和详细的说明，规定应以算术课（包括课外作业）全部时间的一半左右来教学生解答应用题。大纲指出，儿童学习解答应用题的意义在于：（1）帮助儿童清楚地了解四则算法及其应用，使儿童获得分析解答实际问题的技能；（2）使儿童理解生活中常见事物的数量间的相依关系；（3）发展儿童的数学的逻辑思维；（4）激发儿童的爱国主义情感。曹飞羽等认为，1952 年的大纲非常重视口算的技能和熟练技巧的训练。规定在一年级和二年级只用口算，从第三学年起，由于复杂的计算的需要，开始学习笔算，但口算仍不放弃，"凡可以归入百以内的数目的算法，都可利用口算"。大纲中特别指出应使儿童对每种量度单位获得具体的概念和经验——不仅知道一公尺有多长或一斤是多重，而且要练习用眼睛估计物体的长度，用肌肉感觉估计物体的重量，对于面积和容积的实地测量也都有具体的规定。这种在教学中贯彻理论与实际联系的原则，在新

中国文化教育政策中早已明文规定了。（曹飞羽等，1953）

2.改革尝试，初中数学下放小学。1958 年 6 月 17 日，针对改革小学算术课程内容，《教师报》社论提出："现行小学算术教材内容，完全有必要增多和加深。""只要经过一二年的准备和过渡，就可能把现行初中数学教材的算术部分全部移到小学去教。"对小学数学中的"少、慢、差、费"现象进行了批判，在教学内容选择、教材体系安排等方面进行了较大改进，完成了初中算术下放小学的过渡。算术包括整数、分数、小数，还有百分法、比例，以及常用的计量单位、简单几何形体的初步知识、简单的统计图表，比现行课本，增加了用辗转相除法求最大公约数、循环小数化分数、棱柱棱锥的体积计算、较复杂的应用题等内容。珠算包括整数、小数的四则计算和记账的初步知识各个部分的要求，特别是计算能力和解答应用题能力方面的要求，比现行课本有所提高。（辛力，1963）依据 1963 年教学大纲，编写的六年制小学算术课本，由于"文化大革命"的爆发，只发行了前四册。从大纲内容来看，当时苏联用五年半学完算术，东德中小学十二年制，前六年学完算术的主要内容，日本中小学十二年制，前六年学完算术。（姜乐仁，1984）和国外相比，当时我国确定的小学数学课程内容以及程度是恰当的。

3.采取"精选、增加、渗透"的方针，重建小学数学课程。这是一次重要的课程改革，课程名称由原来的"小学算术"改为"小学数学"。课程内容采取了精选传统的算术内容，如删减过繁的四则计算、繁难的应用题、繁杂复名数化聚等，加强基础知识学习和基本技能训练，着眼于发展学生智力，培养学生能力；适当增加代数、几何初步知识，如用字母表示数、简易方程、列方程解应用题、轴对称、等腰三角形、三角形内角和、扇形等，其中根据大纲要求首次将代数初步知识引入小学数学；适当渗透集合、函数、统计等一些现代数学思想方法。经调整，传统的算术内容约占 95%，新增的内容仅占 5%。（李润泉等，2008：59）处理方法恰当，既提高了程度，又切实可行。

4.实行"一纲多本"，构建"程度不变，难度下降，增加弹性"的九年义务教育数学课程体系。1988 年 5 月，国家教委在召开的九年义务教育教材编写工作会议上决定编写不同学制、不同地区、不同层次使用的教材。据此，全国组织编写了"八套半"义务教育小学数学教材。课程内容的调整采取了相应的措施，包括：（1）删去繁分数、珠算乘法（只学加减法）、立体组合图形求积、市制计量单位等；（2）精简大数目的计算，降低应用题的难度；（3）增加弹性，把部分内容规定为选学内容，如乘除计算的简单估算、循环节、三角形内角和、扇形面积计算、球的初步认识；（4）增加了部分内容，如测量、拼摆、画图等实际操作，数据的收集和分类整理，简易方程扩展到 $ax\pm b=c$ 与 $ax\pm bx=c$ 等；（5）增加了实践活动和其他实际操作的内容，以加强对学生实践能力和创新能力的培养。（人教社数学室小学组，1992）

针对 1992 年义务教育大纲，人们就小学数学课程内容选择优化仍存在一些争议。如，"数与计算"折中地处理了"强调多教珠算"和"是否设置计算机知识教学"的问题。从大纲制定者意向看，对"口算、珠算、笔算"三算结合教改成果与主张作了弹性处理。一是没有增加珠算教学内容的分量，相反只教加减法，删去了乘除法。大纲没有果断地引进西方已经开始的小学计算机课程，但从强调降低算术四则计算技能教学要求来看，为引进计算机课程做了舆论和课时准备。二是应用题课程内容问题，对此我国课程工作者有独到的认识。理由有二：其一是任何知识的学习都有一个较高的"应用"层次，从我国应用题效果看，应用题的算术解法是小学数学教学中最能发展儿童逻辑思维的部分。其二是从课程学的"分科好还是综合好"基本问题看，应用题实质是小学理科的综合课程，儿童从这里吸收了广泛的生产生活知识。争论的问题之一是，小学数学应用题中典型应用题的教学体系应如何改革，应保留什么。三是量的计量方面，大纲舍弃了市制单位，但也存在"亩""斤"是否保留的争议。（宫建，1993）

5.改变课程内容结构体系，按四大领域设计课程内容。2001 年以来，强调注重实践、加强应用，注重创新型人才培养，改革小学数学课程内容，并将其设计为"数与代数""图形与几何""统计与概率""综合与实践"四个学习领域。（1）数与代数方面：增加了负数的认识、探索规律、计算器的运用、估算，删去珠算，降低了运算步骤和大数目运算的要求，鼓励算法多样化。（2）图形与几何方面：增加认识平移、旋转、对称和图形与位置的内容，增加了估计、测量不规则图形的内容，削减了单纯的周长、面积和体积的计算。（3）统计与概率方面：首次将概率知识下放到小学，强调统计学习的过程性，强化实际意义的理解，淡化单纯统计量的计算及统计概念的严格定义。（4）综合与实践方面：包括"实践活动"和"综合应用"，不再把"应用题"单独设为章节，而是将其作为实际问题融合到其他各部分内容之中。（刘久成，2011：183-187）

有学者认为，这样处理，使课程内容更能反映近年来数学课程的改革发展，同时使课程内容更具灵活性，使教材编者在教材设计和教师教学过程中有更多的选择与设计的空间。具体来说，有以下特征（王建磐，2009：140-144）：（1）从整体上对课程内容进行了调整。在总结多年来课程改革经验教训的基础上，相应地加强和削弱了各学段与各领域的内容，小学阶段主要增加和加强的内容有：可能性、确定位置、平移与旋转、中位数、众数、大数的认识、负数的认识等，提倡数学运算多样化，准许适度使用计算器，加强了估算。（2）"数与代数"领域丰富了学习内容，重视数感和估算。包括：向学生提供现实的、有趣的、富有挑战性的数学学习内容，这些内容成为学生主动地从事观察、实验、猜测、验证、推理与交流等数学活动的基本素材；明确基本运算技能的要求，对口算、笔算的速度作出了规定；重视大数和估计、估算等内容，发展学生的数感；鼓励运算方法的多样化；引入计算器，利用计算器解决实际问题和探索规律。（3）"图形与几何"领域拓展了学习内容，降低了几何证明的难度。比如，新增了"图形与变换""图形与位置"内容，把重点放在发展学生的空间观念、几何直观和推理能力培养上。（4）"统计与概率"领域强调数据处理能力和与现实的联系。让学生投入数据的处理过程中，强调经历统计过程是首要目标；通过选择现实情境中的数据，使学生理解概念、原理和实际意义；提高运用统计与概率的方法进行决策和解决实际问题的能力；淡化脱离实际的统计量的计算和统计图表的绘制。（5）"综合与实践"领域强调综合与实践能力的培养，体现数学知识的实践性、综合性和联系性。

数学课程中"人为规定"的内容，具有较强的主观性，其中蕴含着丰富的思想。可以概括为确定性、统一性、继承性和多元化。在数学课程中挖掘这样的思想性内容，并融入学生的数学学习活动中，让学生经历对人为规定内容的发明与解释活动，一方面能够丰富数学课程的人文性，同时有益于数学学习中的深入思考。（郜舒竹，2018）

（三）课程内容现代化研究

1.数学课程内容现代化内涵

课程内容的现代化是指课程内容应当适应现代生产发展和现代社会生活的需要。在历次课程改革中，数学课程内容的现代化必然受到关注，成为人们讨论的重要话题。然而对于数学课程内容的现代化，人们存在着不同的认识。

有研究者认为，数学课程内容的现代化包括如下内容：首先，应该确定当代社会每一个公民所必须具备的是哪些数学知识，把它们作为所有学生都要学习的基本要求；其次，是在统一基本要求的基础上实行课程教材的多样化，使学生和教师有更多的自主选择权，至于如何确定好基本要求和多样化，对我国来说，除借鉴国外经验外，更需要自己进行认真艰苦的探索。（张孝达，1999）数学课程内容的现代化不仅要有数学家参加，还要有自然、社会和人文学科的各方面学者专家参加，也要有数学教育工作者，特别是一线教师的参加，共同进行研究。

张玺恩提出更新中小学数学教材内容，面向现代化，强调基础知识和基本技能教学，着力培养能力，特别是在培养学生的创造性方面要下狠功夫，使学生在获取知识的基础上具有追求新知识和探索新知识的精神，为学生获得更多和更有用的知识开拓更多的途径，以适应社会的发展和培养建设人才的需要。传统数学中符合现代需要的基础知识和基本技能不仅不能削弱而且必须加强，一些陈旧和用处不大的内容应该删除，一些在现代科学技术中普遍应用的数学知识应该增加到中小学数学教材中去，一些现代数学思想方法，应该在学生可能接受的范围内结合实例在中小学数学教材中渗透，从而加深学生对基础知识的理解，拓广学生应用数学知识解决实际问题的途径。（张玺恩，1994）

曹才翰等将数学课程内容现代化的不同理解归纳成五种（曹才翰等，1989：188–191）：

一是认为，加进一些新内容就是现代化，也就是说把数学课程现代化理解成讲授现代数学内容。

二是认为，数学教学落后于现代数学科学，与其说在于内容，倒不如说在于思想基础和内容的逻辑结构；与其说教现代数学，倒不如说是数学的现代教学。这是苏联教育家斯托利亚尔的观点，这不仅是把现代数学渗透到传统数学里去，而且是用现代数学思想和方法去改造传统数学。

三是关于数学教学要强调：理解比记忆更重要，语言和词汇都要比较谨慎地给出。如果把数学统一了就非常容易学，鼓励学生进行实验、发现和一般化，要明确算理，容许学生有更多的自由从而适应个别差异，要更多地注意数学史，练习是很重要的。这些虽为教学问题，但与课程内容密不可分。

四是荷兰数学教育家弗雷登尔提出的"人人都要学的数学"，这并不是说教给所有人同样的数学，而是指在数学学习中，不同的人可以达到不同的水平。

五是把数学视为一种必要的、现代人所必须具有的文化素养。

这些关于数学课程内容现代化的认识，不仅体现了时代特征，也体现了社会对人才培养的需求、学生的接受能力和数学科学的发展。数学课程发展的不同阶段，都存在内容的现代化问题。但是，我国数学课程发展过程中，对于什么是现代化的问题认识不够清晰，往往把现代化等同于增加现代数学的内容。数学内容现代化与学生的接受能力和课程实施环境之间的矛盾是制约不同时期数学课程内容现代化的重要因素。（吕世虎，2007）

1978 年 7 月 29 日，数学大师吴文俊在《光明日报》发文《关于教材的一点看法》，谈到课程内容时提出：为了提高整个中华民族的科学文化水平，加速实现四个现代化的步伐，必须大幅度提高基础教育的质量。因此，不弃旧无以纳新，为了安排较新较高级的内容，某些陈旧的内容必须有所压缩，甚至从原来教材中淘汰出去，这也是无可非议的事。另一方面也应注意必要的相对稳定性。科学发展日新月异，数学的创造也层出不穷。但教材毕竟与科学的创新不同，如果一味求新，而那些新的内容是不是经得起时间的考验，往往很难预测。改得不好，会造成灾难。我们只能将已经历过较长时间的考验，并肯定有广泛应用前途的内容纳入新教材，而不能凭主观意愿冒失从事，违背最起码的认识规律。课程改革是渐进的过程，这些观点对于革新课程内容和现代课程内容编制者来说是中肯之言。

2.两次较大的课程内容现代化改革

课程内容现代化是我国数学课程内容改革的一条主线，不同时期有不同的认识和做法。在我国 70 年小学数学教育过程中，有两次较大的课程内容现代化改革。

第一次，起始于 1958 年的"教育大革命"时期。1958 年 5 月，中共八大二次会议召开，会后全国迅速掀起"大跃进"热潮，全面否定了学习苏联的经验。当时认为，中小学数学课程内容存在"少、慢、差、费"的现象，内容陈旧落后、重复烦琐、脱离政治、脱离生产、脱离中国实际。1958 年 8 月，中共中央和国务院发布《关于教育事业管理权力下放问题的规定》，指出"各地方根据因地制宜、因校制宜的原则，可以对教育部和中央主管部门颁发的各级各类学校指导性教学计划、教学大纲和通用的教材、教科书，领导学校进行修订、补充，也可以自编教材和教科书"。同年 9 月，教育部发出通知：今后各地可以自编教材，教育部不再颁发教学用书表。随后，在全国范围内相继开展了缩短学制和改革教材的"群众性"教学改革实验。比如：

北京师范大学研究小组在《数学通报》1960 年第 4 期撰文，提出的中小学数学教学改革的基本原则是：第一，新的中、小学数学教学体系必须为社会主义服务，特别是为现代化生产和尖端科学技术服务；第二，新的中、小学数学教材必须有严谨的理论体系，只不过这个系统和体系要符合社会主义建设服务的要求。

华东师范大学研究小组提出"关于全日制中小学数学课程革新的建议"，要求课程内容要"适应我国工农业生产和科学技术事业发展的形势，多快好省地培养建设人才"。

各地进行的课程教材改革，在精简过去教材内容的基础上，不同程度地把初中代数、几何的内容下放到小学，打破了中学数学与小学算术之间的界限，提高了小学算术教学的程度，精简了整数教材中的循环圈，减少了循环重复。（邱学华，1989：32）课程内容强调为政治服务，注重理论与实际相结合。但在国家层面，没有制定教学大纲。这次的课程改革起伏较大，教师、学生一时难以适应，未能经得住实践的检验。

第二次，改革开放初期的课程改革。1977年8月8日，邓小平同志主持召开科学和教育工作座谈会，会上指出："关键是教材，教材要反映出现代科学文化的先进水平，同时要符合我国的实际情况。"1978年大纲提出："小学数学教学内容应该是学习现代科学技术所必需的、学生能够接受的基础知识。"在安排小学数学课程内容时，采取了三项具体措施：精选传统的算术内容，适当增加代数、几何的部分内容，适当渗透一些现代数学的思想。这些措施，既提高了小学数学课程内容的程度，又切实可行。

（四）课程内容难度的研究

课程难度是预期教育结果从简单到复杂、从低级到高级的质与量在时间上统一的动态进程。（黄甫全，1994）黄甫全认为，课程是一个非常特殊的灰色系统，学生发展的动态水平是课程难度的根本标准。因此他以0—11岁年龄段的脑电平均频率、最低频率和最高频率数据作为从小学一年级到高中毕业年级（7—18岁）学生心理发展水平的映射量，建立了中小学课程难度灰色动态模型，该模型包括均值指标、低值指标和高值指标三个部分。（黄甫全，1995）

也有学者从静态刻画课程难度，将课程难度具体表现为课程内容在广度、深度和进度上的时空分布。课程广度是指课程内容涉及的范围和领域的广泛程度，可以用知识点的数量来量化；课程深度是指课程内容所需的思维深度，可以用课程目标要求的不同程度来量化；课程实施时间进度也是影响课程难度的因素，可以用课时来量化。因此，课程难度常常表现为课程内容难度。不少研究者主张把课程内容难度看作是课程广度、课程深度、课程实施时间的函数，通过建立数学模型来刻画课程内容难度与课程广度、课程深度、实施时间三者之间的关系。

史宁中和孔凡哲认为课程深度、课程广度和课程时间是影响课程难度的基本要素，因此他们建立的课程难度模型表示为：

$$N=\alpha\frac{S}{T}+(1-\alpha)\frac{G}{T}$$

其中，N 为课程难度，S 为课程深度，G 为课程广度，T 为课程时间。S/T 表示单位时间的课程深度，又称为"可比深度"；G/T 表示单位时间的课程广度，又称为"可比广度"；α（$0<\alpha<1$）为加权系数，可以反映出课程对于"可比深度"或者"可比广度"的侧重程度。因此，课程难度系数 N 实际上就是可比深度 S/T 和可比广度 G/T 的加权平均值（孔凡哲等，2006）。

鲍建生提出了数学课程综合难度模型，该模型是通过"探究""背景""运算""推理"和"知识含量"这五个难度因素对数学习题进行分析的，这里每个因素又可以进一步划分为如下表所示的不同水平（表2-3）。

表 2-3　五个难度因素水平的划分

探究	背景	运算	推理	知识含量
识记	无实际背景	无运算	无推理	单个知识点
理解	个人生活	数值计算	简单推理	两个知识点
探究	公共常识	简单符号运算	复杂推理	三个以上知识点
	科学情境	复杂符号运算		

在此基础上利用下面的公式计算出一组数学习题在每个难度因素上的加权平均值：

$$d_i = \frac{\sum_j n_{ij} d_{ij}}{n} \left(\sum_j n_{ij}=n;\ i=1,2,3,4,5;\ j=1,2\cdots \right)$$

其中，d_i（i=1，2，3，4，5）依次表示在"探究""背景""运算""推理"和"知识含量"上的量化值，d_{ij} 表示第 i 个难度因素的第 j 个水平的权重（依水平分别取 1，2，3…），n_{ij} 表示属于第 i 个难度因素的第 j 个水平的题目的个数，n 表示该组题目的总数。（鲍建生，2002）

最后依据这组习题在各难度因素上的量化指标绘制出难度分布的雷达图，并由此考查其综合难度水平与特征。

西南大学"中小学理科教材国际比较研究"（小学数学）课题组在鲍建生和史宁中等人的研究基础上，将小学数学教材难度模型表述为：

$N=0.2C_1+0.5C_2+0.3E$

$C_2=0.5C_{21}+0.5C_{22}$

$E=0.6E_1+0.4E_2$

其中，C_1 表示内容广度，C_2 表示内容深度，E 表示习题难度，C_{21} 是内容的呈现方式，C_{22} 是内容的认知要求，E_1 是习题水平，E_2 是习题背景。（蔡庆有等，2013）

从上述关于难度模型的研究来看，黄甫全和史宁中等人的难度模型刻画的都是课程难度，鲍建生建立的难度模型适合于刻画例题、习题难度，而西南大学课题组的难度模型可以用于对教材难度的研究。

六、小学数学课程国际比较研究

（一）国际比较研究概况

数学的普遍地位及其重要性、国际数学课程的相似性以及数学研究与国家经济实力发展之间假设的联系，不仅引起了人们对数学教育国际比较的兴趣，而且，数学教育已成为国际比较研究的一个核心领域。数学教育的国际比较可以增进国际教育了解，促进国际文化交流，探索未来国际数学教育的发展趋势，吸取外国数学教育的经验和教训，为本国数学教育改革所借鉴。回顾新中国 70 年来我国小学数学教育的国际比较，大致经历了以下几个阶段：

1.新中国成立至"文革"结束时期的少量介绍

1976 年以前，数学课程的国际比较并未引起我国数学教育工作者的关注，只有极少有关外国课程教材方面的介绍，以及运用外国教育理论在我国小学数学教育中的实践。如：

中央教育部翻译室译《苏联初等学校算术教学大纲——俄罗斯苏维埃联邦社会主义共和国教育部审定（一九五〇年版）》（人民教育，1952·5）。龚维瑶发表的《程序教学简介》（心理科学通讯，1965·2），介绍了程序教学的特点、主要模式、编写程序教材的步骤等。茅于燕等发表的《小学算术分数部分程序教学的实践研究》（心理科学通讯，1965·3），提出用自编的小学算术分数部分的程序教材，在小学五年级进行教学实验，为探索程序教学的有效因素及其限制性积累经验。方至发表的《介绍四种外国中小学数学课本》，介绍了俄罗斯苏维埃联邦社会主义共和国教育部教育出版社出版的小学算术（普乔柯编）、八年制学校算术（含夫琴柯编）、几何（尼基丁编）、代数（巴尔苏科夫编）等。德意志民主共和国国立柏林人民和知识出版社出版的德意志民主共和国十二年制学校数学课本（马德尔等编）。法国 Classiqnes Hachette 出版社出版的小学算术（瓦索尔编）、中学数学课本（马雅尔主编）。日本学校图书株式会社出版的小学算术（迁正次等编），日本教育出版株式会社出版的初中和高中数学课本（河口商次等编）。以上各书中译本均由人民教育出版社出版（人民教育，1964·9）。

2.改革开放之后至 20 世纪 90 年代的初步探索

改革开放之后，国际交流增多，外国数学教育研究开始引起人们的重视。但 20 世纪 80 年代主要是对外国数学教育改革情况的简单介绍，涉及的国家也比较少，主要是英国、苏联、美国、日本等发达国家。如基俊对战后至 70 年代美、日、苏等国中小学数学课程改革进行了介绍。（基俊，1979）认为从 50 年代后期开始，美国首先对数学课程进行了改革，到 60 年代达到了高潮，史称"新数运动"。美国进行"新数运动"的原因有三：一是在战前，美国的教育长期受杜威实用主义教育思想的影响，战后一段时间仍然受到实用主义教育流派"新教育流派"的影响，中小学数学学科基础知识不受重视，教材堆砌一些实用材料，不讲理论，没有系统性，因而造成各级学校数学知识水平低下，落后于苏联和西欧。二是战后科学技术有了飞速的发展，但是中小学数学教学内容长期以来没有明显的改变，同现代科学技术的发展严重不相适应，这就引起了一些科学家的注意，他们发起了改革运动。三是美国垄断资产阶级越来越认识到改革数学教学内容对培养科技人才，发展科学技术，增强国防和经济实力的重要性，因而大力支持改革。特别是，美国为了保持军事优势和尖端科学技术的领先地位，组织大批科学家，对数学教学内容进行了大规模的改革。

20 世纪 60 年代，日本学习美国，对中小学数学教学大纲进行了修订。1965 年 6 月和 1968 年 4 月，日本文部大臣先后向中央教学计划审议会提出了《关于小学、初中的教学计划的改善》和《关于高中教学计划的改善》的咨询报告。文部省根据这一咨询报告，先后提出与公布了 1968 年、1969 年和 1970 年新的数学教学计划、教学大纲。根据这些教学大纲编写的数学教材，以数学的基本概念为核心，反映了现代数学的发展成果，其高深程度甚至超过了美国教材。

苏联密切注视美国的改革，并从 1964 年起进行了改革。这次苏联中小学数学改革的特点是：一至三年级的初等数学的基本核心仍然是算术，但新加了等式、不等式、方程式概念问题，学习解答最简单的方程式和不等式，培养学生掌握"变数""函数""图形"等概念；四、五年级数学课包含算术、代数和几何的因素；六至八年级集中学习全部代数知识，从六年级起就开始学习系统的几何课程；九至十年级的教学大纲增加了《数学归纳法、组合论的原则》《无限序列和极限》和《三角函数及其曲线图和导数》等课题。

70 年代以来，对"新数运动"的批评意见越来越多。美、日、苏等国采取了纠正措施。首先，精选教学内容，力图既保证内容的现代化，又适应学生的接受能力。其次，采取分化性措施，实行教材的双轨制。例如，美国就有人建议编两种教材，实行两套平行的教学大纲，给百分之四十有能力学"新数学"的学生编新数学教材，另给百分之六十没有能力跟上的学生编程度较低的数学教材。最后，开展各种实验，企图闯出一条途径，使数学在"高难度"上，继续"高难度"进行。目前，世界各国对改革中小学数学课教学内容有各种不同的主张，但是对实现教学内容的现代化和注重基础理论知识这两点是比较一致的。

此外，张孝达发表的《日本中小学数学教材修订前后》（张孝达，1981）探讨了日本这次修订数学教学内容的原因，它同教科书内容的关系以及学校具体实施情况。曹飞羽发表的《英国中小学数学教育的改革》（曹飞羽，1987）介绍了其1986年参加在伦敦举行的第二届中英数学教育讨论会以及参观、访问所了解到的有关英国中小学数学教育的改革情况。王正旭发表的《苏联小学的数学教育改革情况》（王正旭，1987）介绍了苏联普通学校的学制改革、课程设置、教学内容、教材编写等数学教育改革情况。

20世纪90年代，数学教育研究范围逐步扩大，数学教育国际比较快速发展。关注的领域增多，不仅是外国数学课程的介绍，还有课程、教材的评析，课程差异的比较等，研究内容更加深入。

曹侠、李润泉将我国"义务教育大纲（初审稿）"中所确定的教学目的，同我国台湾"课程标准"和日本"指导要领"中所确定的教育目标比较。认为尽管提法有所不同，共同之处都强调使学生理解和掌握最基础的数学知识和技能，重视培养能力、发展智力和运用所学的数学知识和方法去解决一些简单的实际问题。不同的是我国台湾在教育目标中强调"从日常生活经验中，获得有关数学知识"，养成从数学的观点考虑日常事务进而解决日常生活中有关的问题。日本则强调使学生"明白（对日常事务）进行数学处理的好处""培养学生自觉地把数学用于日常生活的态度"，在这方面比我们"义务教育大纲"突出。我们的大纲则更重视学科的教育性，通过数学教学使学生"受到思想品德教育"。教学内容方面，在总体结构上，"义务教育大纲"按照我国的习惯以知识块的形式分为七大部分，而我国台湾的"课程标准"则分为五大领域：（1）数与量；（2）实测与计算；（3）图形与空间；（4）统计与图表；（5）集合与关系。日本"指导要领"将教学内容分为四大领域：

（1）数与计算；（2）量与测量；（3）图形；（4）数量关系。在广度和深度上，四种教学大纲的教学内容和范围大体一致，但其广度、深度却有区别。总的看来，"课程标准"和"指导要领"规定的教学内容相较"义务教育大纲"和现行"大纲（初审稿）"面广而不难，至于深度则有的较深，有的较浅，不能一概而论。在内容编排上，日本"指导要领"整数部分四个循环，小数部分三个循环，分数部分四个循环。我国台湾"课程标准"与日本"指导要领"大体相同，唯一不同的是在六年级学完整数、小数、分数以后又引入负数的初步概念。（曹侠，1992）

刘兼分析比较了美国、英国、法国、德国、瑞典、日本和苏联七国的有关资料认为，当今主要发达国家关于中小学数学课程目标反映了以下特点：（1）重视问题解决是各国课程标准的一个显著特点。（2）增加具有广泛应用性的数学内容，从学生的现实中发展数学，增强实践环节是各国课程标准的共同特点。（3）数学提供了一种有力的、简洁的和准确的交流信息的手段，因此，强调数学交流是各国课程发展的新趋势。（4）强调数学对发展人的一般能力的价值，淡化纯数学意义上的能力结构。（5）大多数国家倾向于，通过解决实际问题使学生在掌握所要求的数学内容的同时，形成那些对人的素质有促进作用的基本的思想方法，如实验、猜测、模型化、合情推理、系统分析等。（6）培养学生的自信心是数学教育的重要目标之一。关于数学教学内容：（1）拓宽知识面，使学生尽早体会数学的全貌。（2）注重现代数学思想方法的渗透。（3）重视在应用数学解决问题的过程中，使学生学习数学、理解数学。（4）加强几何直观，特别是三维空间图形的认识，降低传统欧氏几何的地位，特别是欧氏几何对演绎推理的作用，用现代数学思想处理几何问题。（5）较早引入计算器、计算机，发挥现代技术手段在探索数学、解决问题中的作用。（刘兼，1997）由此提出用大众数学的思想改造传统的数学教育理论与实践体系。

《韩国基础数学教育课程改革历程》（陆书环，1998）一文，作者分析、探讨了自20世纪50年代至90年代，韩国基础数学教育课程进行的六次重大改革，认为韩国基础数学教育课程的每次改革都将数学教育适应社会发展作为第一需要，将实现人才全面培养作为最终目的。綦春霞发表的《阿拉伯国家数学教育的概况》（綦春霞，1999），介绍了阿拉伯国家80年代以前和80年代以后的数学教育情况，认为阿拉伯国家数学课程内容不会发生较大的调整，课程将更强调数学的应用、数学的民族性，为使阿拉伯国家的数学课程更加统一和协调，将举办越来越多的地区性数学活动。

此外，还有《英国数学课程中的问题解决及其思考》（齐建华，课程·教材·教法，1995·8），《数学课程发展的新思路——ICME8课程思想评介》（王林全，课程·教材·教法，1997·3），《国外数学课程中的问题解决及其思考》（张维忠，外国中小学教育，1997·10），《德国小学数学课程中学习游戏的分析》（徐斌艳，外国教育资料，1999·6）等等。研究的领域和涉及的国家都有所增加。

3.21世纪以来的逐步繁荣

进入21世纪，数学教育国际比较已成为数学教育研究的重要课题，成为现代数学教育改革与发展的重要推动力与特征之一，出版了大量的数学教育国际比较研究成果。代表性著作有：陈昌平的《数学教育比较与研究》（华东师范大学出版社，2000），主要分两篇，即发达国家的中小学数学教学和国内外数学教学比较与研究。孙晓天的《数学课程发展的国际视野》（高等教育出版社，2003），围绕美国、英国、俄罗斯、日本、德国、新加坡等国家及我国香港、台湾地区的数学课程标准、教材的特点和数学教学等方面作概述并进行分析和评价，介绍了国际数学课程改革的最新发展等。曹一鸣主编的《十三国数学课程标准评介（小学、初中卷)》（北京师范大学出版社，2012），选取了欧、亚、美、非、大洋洲的13个国家的现行数学课程标准进行研究，主要介绍各国课程标准中的内容标准，同时还评述了各国数学课程改革的背景、标准产生的背景、制定与实施的过程等，是了解国际数学课程标准的参考书和工具书。王林全的《数学教育发展的国际视野》（暨南大学出版社，2017），汇集了作者在国内外研究数学课程与教学改革成果的心得和体会，介绍全世界十多个国家与地区的数学课程发展情况，评述了 12 位获得国际数学教育大奖的数学教育学者及其对国际数学教育的重大贡献。曹一鸣主编的《中小学数学课程国际比较研究》丛书（上海教育出版社，2016），是国内第一套较为系统的数学课程领域国际比较研究丛书，对国内数学课程改革、国际数学课程比较研究、数学课程理论学科发展等都起到推进作用。刘久成、徐建星的《中外小学数学课程标准比较研究》（甘肃教育出版社，2017），分析比较了中国与美国、英国、俄罗斯、澳大利亚、荷兰、日本等多国小学数学课程标准文本的形成和起源，课程的目标、内容、实施和评价，数学课程标准比较的共同点可为我国数学教育改革提供发展的定向与导引，不同点可为课标的编制、修订与实施提供多元化的参考。

近年来，国际数学课程与教学改革持续向前推进，数学教育研究呈现出新的趋势。孔企平等以近十年国际数学教育权威期刊文献主题的内容分析为基础，发现以下四个重要的研究趋势。第一，从"问题解决"到"问题提出"的研究，问题提出的教育内涵和价值受到重视；第二，PCK（学科教学知识）的研究指向教师专业发展，逐步从理论走向了数学课堂；第三，以 PISA（国际学生评估项目）、TIMSS（国际数学与科学趋势研究项目）等国际学生评价项目为核心的评价聚焦于学生数学素养；第四，开展国际数学教育的比较研究，中美数学教育比较成为研究热点，中国的数学教育经验开始走向国际舞台。（孔企平，2015）

赵京波、曹一鸣通过对 2000—2018 年 CSSCI 来源期刊（含扩展版）检索研究，可以看出，数学教育比较的发文量呈增长趋势，特别是在 2012—2016 年达到顶峰，这也是课程标准修订的关键时期，说明在课程标准的修订期间人们比较关注国际课程发展情况。其中《数学教育学报》发文量最大，《外国中小学教育》和《课程·教材·教法》排在第二、三位。研究过程中形成了几个优势团队，如北京师范大学曹一鸣教授团队、东北师范大学史宁中教授团队、华东师范大学王建磐教授团队等，这些研究团队的研究内容不尽相同，表现出了很强的专业方向和专业水平。（赵京波等，2020）

数与运算是中小学数学课程中数与代数部分的基础内容，历来受到国内外数学教育家们的关注。选择澳大利亚、中国、英国、新加坡、美国、南非共六个国家作为代表，围绕"数与运算"内容的主题选择、主题连续情况、主题分布情况以及逻辑结构进行国际比较研究，得出我国数与运算内容设置的基本特征：我国知识主题最早开始年级、最晚结束年级比起其他五国平均水平整体偏前；我国知识主题设置时间段比较集中；我国在知识单元分布上与其他五国相比有着明显差异。（严虹，2017）

康玩媛等选取中国、美国、英国、澳大利亚、芬兰和新加坡六国最新的小学和初中数学课程标准作为研究对象，采用教育目标分类和编码统计分析的研究方法，从认知要求的视角审视各国数学课程标准。研究结果发现，各国中小学数学课程标准中的认知要求呈现以下特征：程序性操作和识记类低水平认知要求明显多于数学推理、问题解决和联系类高水平认知要求；我国义务教育数学课程标准十分重视数学推理，较为重视问题解决；我国义务教育数学课程标准中关于表达、联系和问题解决类的认知要求均少于其他五国。（康玩媛，2016）

通过对中、美、澳、英、日小学数学课程内容的比较，结合我国小学数学教育的传统与现实，刘久成认为小学数学课程内容要凸显算术知识在小学数学中的主干地位、注重应用数学解决问题、重视代数思维的早期渗透、恰当把握数学课程内容的广度和深度。（刘久成，2016）

新加坡小学数学课程颇具特色，孔企平认为有五个基本特点：以解决数学问题为课程的中心；形成五个要素相融合的课程框架，即围绕着解决数学问题的过程有五个紧密相关的基本要素：概念、技能、过程、态度和元认知；构建差别化的课程体系，关注学生在学习能力上的差异，更好地发挥不同学生的学习潜能；连续性评价、阶段性评价两种评价方式并重；强调信息技术的重要性，应用信息技术，并不仅仅是教学手段的改善，更重要的是学习方式和质量的改善。从这些特点中我们可以看到东方和西方文化在新加坡小学数学课程改革过程中的对话与交融。新加坡小学数学课程改革有其特有的社会经济文化背景，以解决问题为中心的小学数学课程改革，体现了新加坡教育改革的基本理念，也反映了新加坡社会变革的基本趋势。（孔企平，2006）

回顾近百年来我国数学教育的发展历程，先是效仿日本，接着模仿欧美，再全盘照搬苏联，至20世纪50年代末开始中国特色的数学教育体系探索，直到当下我国数学教育理念、教法、教材等国际输出，形成了一定的具有鲜明中国特色的数学学与教的理论与实践。从我国数学教育的输入、构建到输出，数学教育国际比较对我国数学教育的改革与发展产生了重要影响。

（二）主要国家数学课程研究

1.美国数学课程研究

美国数学教育一直处于摇摆多变的改革之中，20世纪60年代的"新数运动"，70年代的"回到基础运动"，80年代的"问题解决"，90年代的"课程标准运动"，以及2006年的"课程焦点"，都在不同程度上对世界其他国家的数学课程改革产生了重大的影响，反映了美国数学课程改革是在曲折中发展，回归基础是目前美国数学课程的发展趋势。（白改平等，2008）

1989年，美国国家研究委员会（NRC）发表了《休戚与共——关于数学教育失败向全国所作的报告》，文件提出了数学课程必须做出重大的改革。国家数学教师协会（National Council of Teacher of Mathematics，简称NCTM）作为美国数学教育改革的倡导者，先后建立了教学、教师、考核三个方面的标准。

2000年又提出了《学校数学教育的原则和标准》（简称《NCTM2000》），将先前的三个标准合而为一，受到了国际数学教育界的广泛关注。《NCTM2000》按四个学段分十个部分展开：（1）前五部分是内容标准：分别是数与运算、代数、几何、度量、数据处理与概率，从小学一直贯穿到高中。对四个学段的相应内容及其要求都有十分详细的规定。（2）后五部分是过程标准：分别是问题解决、推理与证明、数学交流、数学知识间的联系、数学表示。对四个学段应使学生达到的标准都作了详细规定。

《NCTM2000》强调小学新几何课程表现出四个特点：内容呈现生活化，

表现在生活中几何概念，通过游戏建立几何观念；几何体系多元化，同时体现了拓扑几何、欧氏几何、坐标几何和变换几何四种体系；逻辑依据现代性，自始至终将最新的心理学研究成果作为逻辑依据；渗透问题深刻性，小学新几何课程在看似通俗、简单的课程内容中，渗透着深刻的数学思想，暗含了数学史上颇为有名的数学问题，只是这些问题在提法上作了修改，看不出数学难题的痕迹，而这种加工正好使学生在不经意的练习中，体会或感悟到数学问题的深刻和丰富。（高向斌，2008）

2010 年 6 月 2 日，全美州长协会最佳实践中心和州首席教育官员理事会共同颁布了美国首部《州共同核心课程标准》。它由两份文件组成：《共同核心数学标准》和《共同核心英语语言艺术与历史/社会、科学、技术学科中的读写标准》。也就是说，《州共同核心课程标准》包含数学和英语两个学科，并且面向 K–12 年级所有学生。《共同核心数学标准》（CCSSM）包含引言、数学过程标准、数学内容标准、术语表和咨询样本五个部分。其中主体部分是数学过程标准和数学内容标准。

CCSSM 宣称借鉴了先进国家的数学教育经验，包括中国香港地区、韩国、新加坡，强调解决美国数学不够连贯、不够聚焦的问题，强调解决美国数学"宽而浅"的问题。正如美国数学教育家、克莱因终身成就奖获得者基尔帕特里克在接受访问时指出，CCSSM 的基本特点是：与大学、就业的期望相一致；条理清晰、易于理解、前后连贯；严谨的内容，并通过高层次的技能应用知识；建立在各州现有标准的经验和优势之上；受到高水平成就国家的启发，为所有学生在全球化社会经济做好成功的准备；是以事实为依据的。（柳笛，2010）

美国从 1989 年到 2000 年，NCTM 学校数学标准的不断修正，从 1997 年以来的"数学战争"到 2006《课程焦点》的发布，再到 2010 年《共同核心数学标准》的制定，反映了美国对数学教育的重视，以及在吸收合理观点的过程中，进一步发展数学课程标准的决心。

2.日本数学课程研究

日本和我国同属东亚地区，文化背景和教育传统有不少相似之处，然而近几十年来日本数学教育的改革更多地学习和借鉴了西方的改革思想和经验，并有机地融入自己的传统中。1958 年，日本的课程改革提出要充实基础学力，重视科学技术教育，贯彻爱国主义教育和道德教育；1977 年的课程改革强调学校教育要以人为本，创造充实的学校生活等；1989 年修订于 1992 年实施的《中小学数学学习指导要领》（以下简称《要领》），提出改善学生学习的基本方向是重点精选教学内容，培养学生的创造能力、思维能力、判断能力和表达能力。

1998 年日本文部科学省公布《要领》，并定于小学从 2002 年开始实施。把小学数学的教学内容归纳为四个领域，即：数和计算，量和测定，图形以及数量关系。具有以下几个特点：提倡个性化的课程设计；精简了必修的教学内容，开展选择性、多样性的数学学习，安排多种可供选择的数学活动，以增加课程的弹性，适合不同学生的需要；强调在宽松、愉快的气氛中打好数学知识基础；开展综合学习（又称课题学习）活动，让学生综合运用数学以及其他学科的知识来解决某个研究课题。

2008 年日本文部科学省又颁布了修订的中小学《要领》，其中小学将在 2011 年全面实施。基本理念仍然是突出了培养学生的"生存能力"，即让学生确实掌握基础知识和基本技能，面对不断发展的社会，拥有自己发现问题、分析问题和解决问题的素质和能力；严于律己，与他人和睦相处，关怀他人且具有感恩之心的丰富的人性；具有强健的体魄和健康的身体。在内容及课时上作了调整，特别是针对推行"宽松教育"政策，删减内容及课时以来，面对 "学力下降"的反映，作出了一种实事求是的积极的应对措施。《要领》将小学数学的学习内容分为四个领域：数与计算、量与测量、图形、数量关系。除了以上四个内容领域外，增设了一个新的学习领域——"数学活动"。并将"数学活动"与其他四个领域并列，在各个年级的学习内容中提出了明确要求。（金成梁等，2013：60）

2017 年日本文部科学省公布了新修订的幼儿园、小学和初中《学习指导要领》，并于 2018 年 4 月起陆续在全国推广使用。本次修订的基本思想是：

依据教育基本法和学校教育法，充分发挥过去日本学校教育实践积累的经验，更加扎实地培养学生开拓未来社会的素质和能力；在维持重视知识技能学习和思考力、判断力、表达力培养的现行学习指导要领的框架和教育内容的基础上，进一步提高学生对知识理解的质量，培养扎实的学力；充实道德教育，重视体验活动，充实体育和健康指导，培养学生丰富的心灵和健康的体魄。在课程目标和内容中，明确培养"素质和能力"，并按三个支柱进行整理：生活和工作所需的知识技能的学习，应对未知状况的思考力、判断力、表达力的培养，将所学知识技能运用到今后的人生和社会中的"向学力和人性"的养成。在学习方式上，强调"主体性学习""对话性学习""深度学习"。（李淑文等，2018）

新修订的《要领》将小学数学课程内容由原来的数和计算、量和测量、图形、数量关系四个部分，分成五个领域，即数与计算、图形、测量、变化与关系、数据的活用，并将原来的"算数活动"改为"数学活动"，与这五个领域并列。其中"测量"是小学一至三年级的学习内容，"变化与关系"是四至六年级的学习内容。总体来看，日本新修订的小学数学《要领》，明确了数学素质和能力构成的三个支柱，并将其融入课程内容，为有效培养学生的素质和能力指明了方向、提供了参考。将原来的"数量关系"重新梳理划分为"变化与关系""数据的活用"两个领域，增加了统计的内容。"算数活动"改为"数学活动"，强化了小学、初中和高中的连贯性。人们普遍认为，此次修订是二战以来"最大规模"的一次修订，反映了日本新时期教育理念和教育理论的最新发展和变化。

3.俄罗斯数学课程研究

俄罗斯的数学和数学教育有深厚的基础和特色，受到广泛关注。1952年我国的中小学数学教学大纲是参照苏联的大纲制订的，教材也是根据俄文版教材编译的，苏联数学教育对我国新中国成立初期的数学教育影响甚巨。

1958年苏联通过了《关于巩固学校与生活的联系，以及继续发展苏联国民教育体系》的决定。1959年苏联立法确定中小学实施十一年学制，其中八年为义务教育。到 1976 年，全苏联基本实现了普及八年义务教育。

20 世纪 70 年代后，受西方数学教育改革朝向现代化发展的影响，按照适度现代化的做法，苏联科学院和教育科学院在数学家柯尔莫戈洛夫的带领下，重建了中小学数学教育的内容。80 年代数学教育出现了比较明显的危机，学生对数学的兴趣下降，数学水平降低（据统计，30%~40% 的教学材料不能被大多数学生掌握，超过 50% 的学生没有达到国家标准），逻辑推理水平和整个数学文化水平下降。（朱文芳，2006）

1991 年苏联解体，同年俄教育部在《转换时期共和国教育的安定和发展计划》中提出改革教育内容的决议，号召通过中小学课程改革，扩大学生选择教学内容的自由度，增强教学内容的基础性、客观性、全面性和非意识形态性，使学生更加了解世界和社会，了解自己的民族和其他民族的语言、历史和文化，以加深相互间的了解。

1992 年颁布的《俄罗斯联邦教育法》规定实施九年全民义务教育，教育的主导方针是：在保持文化、教育的联邦完整统一的同时，最大限度地扩大地区和教育机关的自主权，以保证教育的自由化和多样化，保护民族和地区的文化传统。同年，国家出版发行了多套中小学数学教科书。对于数学教学，教师有了很大的自由空间和自主性。到 1997 年，教育的整个体系分散了管理权。

1998 年普通教育的教学计划中，数学教育领域的内容为：算术，代数和几何，概率论和数理统计初步，数学分析入门。而且在一至九年级的所有科目中，数学所占的周学时数（五或四学时）最多。教育部颁布的《中小学数学教育标准》中数学教育的目的是：掌握具体的在实际生活中与学习其他邻近学科和继续教育必需的数学知识；发展学生的智力，以及利用数学活动的特性，形成学生从事社会实践活动所必需的思维能力；建构数学思想和方法的观念，以及数学化地认识与描述现实的方法；建立数学作为一般文化的一部分的观念，理解数学对于社会进步的意义。

事实上，俄罗斯 90 年代以后数学教育改革的基础是 1988 年召开的全苏教育工作会议上提出的中小学改革的十项基本原则：教育民主化、教育多元化、教育的地方性、教育的民族性、教育的开放性、教育人性化、教育的人文化、教育的差异性与灵活性、教育发展的活动特征、教育的连续性。其中，前五项原则是指教育的外部社会条件，后五项是针对教育的内部，即指学校内部的生活条件。（朱文芳，2006）

2004年3月5日俄罗斯教育部颁布了新的《国家普通教育标准》，规定学制是十一年制，其中一至九年级为义务教育阶段。这是继承与发展的产物，既有统一要求又有开放的空间，既有明确的内容标准又有明确的评价标准。标准具有以下特征（朱文芳，2008）：

（1）《国家数学教育标准》是继承与发展的产物，俄罗斯积极吸收数学教育改革的国际经验，仍旧包含数学教学的目的，详细列出了要学习的数学知识。同时，教育部还颁布了一系列数学教学大纲。

（2）《国家数学教育标准》既具有统一要求又具有开放性。虽然俄罗斯教育部在颁布《国家数学教育标准》的同时，还颁布了一系列数学教学大纲，但与过去不同的是，这些新数学教学大纲被称为《示范性数学教学大纲》，全国性和地方性的不同类型学校的教育模式可以完全不受《示范性数学教学大纲》的影响，可自己编制或使用其他的数学教学大纲。

（3）《国家数学教育标准》具有明确的内容标准与评价标准。《国家数学教育标准》详细列出了"数学教学大纲规定必学的最少内容"，这是对数学课程内容的具体要求，是明确的内容标准。同时，《国家数学教育标准》还对学生的数学学习，通过"①知道/理解；②会；③将所学的知识技能应用于实践活动和日常生活中"三个方面，详细列出了要达到的评价标准。

俄罗斯小学阶段是一至四年级，其国家数学教育标准中包含三部分内容：

一是普通教育阶段的小学数学应力求达到的教学目的：（1）发展学生的形象思维和逻辑思维、想象力，形成顺利地解决教学中的和实际中的问题以及后续教育所必需的数学技能和习惯；（2）掌握基础数学知识，形成关于数学的初步概念；（3）培养对数学的兴趣，力求将数学知识应用到日常生活中。

二是数学教学大纲规定必学的最少内容。

三是对培养毕业生水平的要求。

俄罗斯小学数学课程改革具有以下特点：（1）俄罗斯小学数学教学目的简明清晰。根据俄罗斯小学数学教育标准，可以概括为发展思维、掌握知识、培养兴趣三个方面。（2）从俄罗斯普通小学数学教学大纲规定必学的最少内容上看，仅包括传统的算术和简单的几何内容。（3）从对小学毕业生的数学教学要求上看，重视应用。（4）课程、教材管理由集权改为分权，启动教材竞争。（5）从"高速度、高难度教学""牢固掌握知识""培养顽强意志"的教育理念，改变为"以学生为中心"。（金成梁等，2013：48-50）

第三节　小学数学课程研究反思与展望

新中国成立后，我国学习苏联的教育科学，当时苏联的师范院校中的教育学只包括教育基本理论、教学论、德育论、学校管理，课程论被置于教学论之中，内容也仅仅是介绍政府颁布的有关课程文件，如教学计划、教学大纲和教科书。（张廷凯，1998A）因此，新中国成立以后的相当长一段时间没有把课程论作为教育学的分支学科来研究。改革开放以来，课程问题的系统研究逐步展开，形成一大批研究成果，对于指导我国基础教育课程改革实践发挥了重要作用，但同时又促使我们作出进一步思考。

一、小学数学课程研究反思

（一）课程论和教学论关系的研究促进了数学课程论的发展

20世纪80年代，随着课程理论的发展，我国的课程论研究成了教育学研究的一个新兴领域。起初，无论是在一般课程论领域，还是在学科课程论领域，都出现了许多争议，对这些争议和问题的探讨，使得我国课程论的学科发展充满了生机。比如，关于课程论和教学论的关系研究，有不同的主张，有的认为课程论包含教学论，有的认为教学论包含课程论。陈侠认为，课程论和教学论各有不同的研究对象和范围，就没有必要把课程论包含在教学论之中，否则会束缚这门学科的发展。（陈侠，1987）施良方认为，随着课程理论的发展及科学发展的分化，课程理论与教学理论分开来已成不可遏制之势。（施良方，1996：258）事实上，承认教学论和课程论在研究领域上有一定的交叉是正常的，课程论和教学论任何一个学科在研究上的突破，往往影响和带动另一学科的研究和发展，这是教育学研究内部良性互动的表现。（张廷凯，1998B）经过长期的讨论和争议，课程论与教学论的学科地位渐趋明朗，形成了课程论与教学论并列的、相互联系的分支学科。在此过程中，数学课程论作为独立的分支学科也随之逐渐形成。80年代以来，关于数学课程论研究的问题复杂多样，包括数学课程的本质、数学课程的影响因素、数学课程的结构、数学课程设计中各种关系的处理、数学课程的目标、数学课程的内容、数学课程的国际比较等，形成较为丰富的研究成果。总体来看，这些研究仍以一般课程论在数学课程中的应用和实践居多，数学课程自身的特点、数学课程理论的科学体系的研究仍有所欠缺。

（二）探索影响数学课程建构的多元化、多层次制约因素是重要的研究课题

70年来，对制约我国数学课程发展的因素，学者从理论层面进行了不同的概括，首要因素仍然是社会、政治因素，过多地关注行政指导。也正因此，虽然历史上曾经出现"教育大革命"时期的教材多样化，以及现行的"一标多本"，但总体上我国小学数学课程还是属于"整齐划一"的状态。统一的教学计划、教学大纲（课程标准），一方面保证了国家意志的贯彻执行和基本的教育质量；另一方面统一要求下对于课程的多样化、特色化又会产生阻碍，难以适应我国不同地区发展现状的需求。影响课程发展因素的理论研究，系统性不强，实践工作者参与少，存在着理论与实际脱节的现象。总结我国数学课程研制的历史与发展过程，探索影响未来数学课程建构的多元化、多层次的制约因素，是数学课程论研究的重要课题。

（三）小学数学目标体系的构建要根据数学学科的特征进行探讨

我国的数学课程目标取决于教育方针、培养目标以及数学和科学的发展，长期以来都是由教学大纲（课程标准）所规定的。目标的表述比较原则、抽

象，不够具体，没有形成清晰的目标序列，缺乏可操作性。同时，关于课程目标理论研究主要是借鉴国外的成果。比如，借鉴泰勒的课程理论和布卢姆的教育目标分类学理论，对目标的设计主要从认知、情感和动作技能领域制定课程目标。关于课程目标的研究，不仅要参照一般课程理论的成果，更要根据数学学科的特征进行探讨，需要研究的问题包括：数学课程目标的层次问题。如何从宏观、中观、微观三个不同的层面来研究课程目标。数学学科的特殊性问题。对于小学生来说，应该掌握哪些课程内容，应该达到什么样的程度，没有结合具体学科内容的目标是空洞的，不具有可操作性。数学课程目标的评价问题。目标是否合适，有没有达到，达成度如何，需要有与之相应的评价工具。小学数学目标体系的构建，需要在实践中不断探索，在理论上不断完善。

提倡"为多数人提供很少的数学"，还是"为少数人提供很多的数学"，这种双重使命被逐渐转变为单一目标，即为所有学生提供重要的、共同的核心数学。正如现行课程标准指出的"人人都能获得良好的数学教育，不同的人在数学上得到不同的发展"。由于知识经济和信息社会对劳动者提出了更高的文化素养的要求，数学素养是现代社会每一个公民应该具备的基本素养，并且应该看到，数学在培养人的思维能力和创新能力方面发挥着不可替代的作用，让大多数甚至所有学生都能学好数学，对能力强的学生还要用数学去激励他们，使其掌握更多、更好的数学，应当成为数学课程追求的目标。

（四）关注小学数学课程内容的现代化和课程内容组织建构中的"过程性"

纵观 70 年的小学数学课程内容，由于我国基础教育课程长期处于统一状态，缺乏课程内容的选择性，因而相关的理论研究缺乏。关于课程内容的确定，作为基本的数学知识相对保持稳定，传统的算术内容一直是小学数学课程内容的主干，并随时间推移而逐步精简，课程内容的现代化受到关注，联系学生的生活实际得到加强。第八次课改之前，所形成的七个方面的课程内容分别是：数与计算、量与计量、比和比例、几何初步知识、代数初步知识、统计初步知识和应用题。这是一种学科偏向的课程内容体系。现行课程将其调整为数与代数、图形与几何、统计与概率、综合与实践四个领域，并且强调过程与结果并重。这样的处理是否科学、合理，仍然是值得研究的问题。美国 2010 年公布的《州共同核心数学标准》将课程标准分为"过程标准"和"内容标准"，"内容标准"中包含多个领域，每个年级的课程内容涉及其中的多个领域，"度量与数据"贯穿小学各个年级；2017 年 3 月，日本文部科学省公布了新修订的幼儿园、小学和初中《学习指导要领》，将小学数学课程内容由原来的数和计算、量和测量、图形、数量关系四个部分，分成五个领域，即数与计算、图形、测量、变化与关系、数据的活用，并将原来的"算数活动"改为"数学活动"，与这五个领域并列。（李淑文等，2018）由此可以看出，美国、日本在设计小学数学课程时都强化了测量、数据、变化与关系方面的课程内容。

数学课程内容的设计，必须回答"学什么"的基本问题，是强调"结果"呢？还是强调"知识从何而来？"也就是"过程"。过去比较注重"结果"的获得，2011 年版义务教育课程标准强调"课程内容的组织要重视过程，处理好过程与结果的关系"。因此，课程改革时，除了要决定选择哪些内容对学生是必需的，还要决定选择哪些过程能更好地提高学生的素质。数学过程应包括比较、分类、排序、抽象、符号化、一般化等等，它们可以用"数学化"来加以概括。（丁尔升等，1994：268）正如弗雷登塔尔在《作为教育任务的数学》中所说：毫无疑问学生也应该学习数学化，当然从最低的层次开始，也就是先对非数学内容进行数学化，以保证数学的应用性，同时还应该进到下一个层次，即至少能对数学内容进行局部的组织，至于究竟应该进行到何等程度，这个问题还有待于讨论。（上海教育出版社，1995：123）因此，有必要重视发展学生的"数学化"能力，加强课程内容组织建构中的"过程性"。课程内容的结构体系，除了受到教育政策、制度的影响，还会受到教育理论尤其是数学教育理论的影响，由于数学教育中的相关理论还不够成熟，有关数学课程结构理论的研究相对比较缺乏，对数学课程结构的含义、内容、影响因素、研究方法、设计和评价等，有必要进一步加强研究。

（五）在国际比较中正确认识数学课程难度并进行合理设计

我国小学数学课程的比较研究起步较晚，改革开放之前，虽有一些中外课程比较的成果，但都比较零散、不系统。改革开放之后，国际交流增多，但也是从译介国外的大纲、教材为主，逐步走向关注不同国家、地区的数学课程的特点、差异，以及背后的社会政治、经济文化和教育政策等因素，进而从中获得启示和借鉴。比较涉及的国家、地区不断增多，比较的内容也越来越细致，比较的方法、角度也更加丰富多样，小学数学课程的国际比较研究成为当代数学教育改革与发展的重要推动力与特征之一。

控制课程的容量和难度，有效减轻学生的课业负担，一直是课程设计中必须面对的问题。几乎每次课程改革都把减轻学生过重的学习负担作为课程改革的一项任务，但实际效果并不明显，甚至有越减越重的现象。本次课改在标准（实验稿）的基础上，经修订颁发的标准（2011 年版），在课程的容量和难度上进行了一些修改，删减了一些内容，如概率部分；有一些内容的学习要求也有所降低，如将"理解"修改为"了解"，"掌握"修改为"理解"等；课程的难度略有降低。对于加强学科以及学科内部之间的衔接与配合，也进行了认真梳理，避免了交叉重复，以及衔接不畅、缺乏知识的连贯性。寻求学生的合理课业负担，课程难度的控制是重要因素。然而，课程难度的界定并非易事，它不仅涉及课程内容本身的静态难度，还涉及学习该课程的对象，即学习者智能发展状况和教师的课程实施。已有的难度研究基本都避开了学习者本身和课程实施的因素，集中于对课程静态难度的讨论，并且出现了几种不同的刻画难度水平的量化模型，这给进一步研究提供了可参照的范式。西南大学"中小学理科教材国际比较研究（小学数学）"课题组针对俄罗斯、美国、澳大利亚、德国、中国、新加坡、韩国、日本、法国、英国十国的小学数学教材难度研究报告显示，我国小学数学教材难度在十国中处于中等。（袁振国等，2016：8）这也合理解释了我国小学生课业负担过重并非课程难度造成。合适的难度是培养学生思维不可或缺的要素，也是提高学生数学素养不可忽视的途径，更是实现学生成就动机不可替代的标准。（张天孝等，2015）数学课程是需要有合适的难度的，否则创新型人才的培养将是一种空想。

二、小学数学课程研究展望

小学数学课程的进一步研究，不仅需要关注上述研究存在的不足，也需要进一步拓展研究领域，提出多样化的方法，丰富课程理论，科学构建小学数学课程论体系。对于课程理论的学科体系建构，有学者提出本土化问题，认为应从当地的文化根源上去思考、去创造属于本地文化的课程理论，这才是其生成发展之道。（靳玉乐等，2009）应以我国的文化传统和课程实践为基础，吸收国外先进理论的有益成分，借鉴国外的研究方法，创造具有中国特色的数学课程理论体系；同时要面向未来，根据人的认知发展特点，对未来课程进行总体把握，预测和设计未来小学数学课程体系。

新时期的小学数学课程改革，强调"以学生发展为本，培养创新精神和实践能力"，强调以核心素养为导向。在课程设计上，改变注重智育和传承知识的偏向，强调促进学生身心健康，培养良好品德和终身学习的愿望和能力；改变课程结构过分强调学科独立，提倡课程的综合性、均衡性和选择性；改变强调课程内容过分注重学科体系的严密性和形式化，加强数学与现代社会、科学发展、儿童生活之间的联系，促进学生数学核心素养的落实。

关于小学数学课程的国际比较，在关注发达国家的同时，也应关注欠发达国家，包括一些非洲国家等。这些国家卓有成效的教育改革经验、教育的民族化等措施和问题应当引起我们的关注。在研究的内容上，对于不同国家、地区形成课程差异背后的丰富的、多层次的、复杂的因素，应有更深层次的挖掘、探索。在研究方法上，有学者运用定量、定性结合的方法对课程难度进行了探索，这是一种可借鉴的研究思路。能否将类似的方法运用于除课程难度以外的其他领域？能否创造新的方法，或建立科学合理的模型和框架，对不同类型的课程、课程的不同要素等作出比较研究呢？

当前的比较研究主要局限于以"文本"为特征的静态研究，实际上对课程的动态研究也非常必要。比如，走进数学课堂的现象观察，与课程制定者、实施者、评论者的对话，对课程所在地的历史文化、民族特色、教育背景等的调研和实地感受。关于课程难度的研究不管是定性描述还是利用数字模型进行定量分析，其系统性尚不够完备。影响课程难度的因素极为复杂，有主次之分、层次之分，存在不同的权重，怎样科学合理地考察小学数学课程难度，并将其运用到课程设计中，有待进一步努力。尤其是不能轻易地将当前小学生学习负担过重简单归结为是课程教材过难、过深，而要找准原因，对症下药，不可盲目降低课程难度和要求。国际数学课程比较的目的之一，是要把研究成果运用于我们的小学数学课程改革，立足本土实际，借鉴先进经验，取其所长，补己之短，最大限度地发挥研究成果对于我国数学课程改革的借鉴作用。

第三章 小学数学教材研究

教材有广义和狭义之分。这里是指根据教学大纲（或课程标准）编写的、系统地反映学科内容的教学用书，又称教科书或课本。它是课程的核心教学材料，为教学活动的开展提供了基本线索和学习资源，是教与学的基本依据。2012年5月23日，刘立德在《中华读书报》撰文《陆费逵与"教科书革命"》，文章写我国近代教育家陆费逵在《中华书局宣言书》中提出"教科书革命"的口号时说："国立根本，在乎教育；教育根本，实在教科书。"在我国，中小学教材是几亿师生的精读文本，对读者的影响极为深远。可以说，没有哪种文本那样旗帜鲜明地以改造人的内心世界为己任，如此当仁不让地以影响人的未来发展为标准；没有哪种文本如此有目的、有计划、有系统地形塑青少年一代。一定程度上说，中小学数学教材反映了国家的基础教育水平，有什么样的教材，就会有什么样的年轻一代，就会有什么样的国家和未来。新中国成立70年来，小学数学教材建设得到了长足发展，小学数学教材研究成果丰硕。

第一节 小学数学教材研究历程

新中国成立以前，我国出版过一些有关小学教材的研究著作，如孙钰《小学教材研究》（北平文化学社，1932），朱羽新《小学教材研究》（上海世界书局，1932），吴研茵、吴增荞《小学教材研究》（商务印书馆，1933），吴宗望《小学教材研究》（上海开明书店，1934），俞子夷《新小学教材研究》（上海儿童书局，1935），赵廷为《教材及教学法通论》（商务印书馆，1944），俞子夷、朱晟旸《新小学教材和教学法》（上海儿童书局，1947）等。

新中国成立以来，小学数学教材建设在曲折中求发展，国家和地方先后编写出版的小学数学教材包括通用教材、地方教材、实验教材、乡土教材等难以精确统计。人民教育出版社是全国唯一长期致力于研究、编写、出版全国中小学教材的专门机构，在回顾总结小学数学教材研究历程时，有必要了解人教社编写出版的小学数学教材。

一、人教社编写出版的小学数学教材

人民教育出版社自1950年12月成立以来，先后编写出版的通用小学数学教材有如下十二套（表3-1）。

表3-1　人民教育出版社编写出版的小学数学教材一览

课改次序	教材套次	出版时间	人教版教材名称
第一次课改 （1949—1952）			新中国成立之初,全国没有统一的小学算术课本,1950年7月,教育部决定临时选用俞子夷和刘松涛分别主编的两套算术课本
第二次课改 （1952—1957）	1	1952—1955	《五年一贯制小学算术试用课本》,后改编为《初小算术课本》(八册)和《高小算术课本》(四册)
第三次课改 （1957—1961）	2	1959—1961	《初小算术(暂用本)》(八册)和《高小算术(暂用本)》(四册)
	3	1960—1961	《十年制学校小学课本算术》(试用本)和《珠算》(试用本)
第四次课改 （1961—1966）	4	1963—1965	十二年制学校《小学算术》(十二册)和《珠算暂用本》(一册)
第五次课改 （1966—1976）			"文革"期间,各地自编教材,人民教育出版社没有编写出版相应的小学数学教材
第六次课改 （1976—1986）	5	1978—1981	《全日制十年制学校小学课本数学》(试用本)
	6	1981—1985	《五年制小学课本数学》和《六年制小学课本数学》

续表

	7	1986—1990	《小学实验课本数学》
第七次课改 (1986—2001)	8	1990—1995	五、六年制《义务教育小学教科书数学》(实验本)
	9	1992—1998	五、六年制《义务教育小学教科书数学》(试用本)
	10	2000—2005	五、六年制《义务教育小学教科书数学》(试用修订本)
第八次课改 (2001—)	11	2001—2006	六年制《义务教育课程标准实验教科书数学》
	12	2012—2014	六年制《义务教育教科书 数学》

资料来源：①李润泉等.中小学数学教材五十年［M］.北京：人民教育出版社，2008；②刘久成.小学教学课程60年［M］.镇江：江苏大学出版社，2011；③教育部基础教育教材审定工作办公室.义务教育课程标准实验教科书概览［M］.北京:人民教育出版社，2006。

70年的小学数学教材改革，经历了"以俄为师"到"大跃进"后的精雕细琢，从改革开放初期教学内容的"精选、增加、渗透"到20世纪90年代实施义务教育采取"一纲多本"，以及新一轮以促进学生全面发展为特征的课程教材改革，大体上可分为以下三个主要时期：

第一个时期：新中国成立至"文化大革命"，由模仿苏联教材的程度偏低，到"大跃进"后的精雕细琢，以算术知识技能为中心，进行小学数学教材的初步探索。此间，人民教育出版社编写出版的小学数学教材共有四套。

第一套教材 依据1952年教学大纲编写，并且大纲和教材分别以苏联的大纲和教材为蓝本。1953年教育部决定改五年制为六年制，把《五年一贯制小学算术试用课本》改编为《初小算术课本》（八册）和《高小算术课本》（四册）。增加了一些几何初步知识、百分数、简单统计图表和农业社简单簿记。这套教材的思想性、科学性和文字显著优于新中国成立初期的暂用本。教材编排比较严密，系统性较强。但整套教材受苏联教材的影响较大，结合中国实际不够，且六年的教材内容只相当于苏联小学四年的内容，程度较低，影响了小学毕业生的数学水平。

第二套教材 在1958年"大跃进"背景下编写的。这套"暂用本"教材结束了长期以来初中教一年算术的做法，用六年时间学完全部算术内容，提高了小学毕业生的数学水平。教材的编写形式由原来的例题、习题混合编排改为例题、习题分开编排，有利于教师教学。教材把笔算算理、算法概括成运算法则，有利于学生掌握规律，指导计算。

第三套教材 1960年下半年，在吸取新中国成立以来编写教材的经验教训，根据适当缩短学制、适当提高程度，不改变课程体系的原则下，小学用五年时间学完四二制小学的算术内容，编写出版了《十年制学校小学课本 算术》（试用本）和《珠算》（试用本）。教材根据参加生产劳动和进一步学习的需要，简化市制计量单位，删去繁难的应用题，增加循环小数、比例，把整数划分为二十以内、百以内、万以内和万以上四个阶段，每一阶段各有重点。提早教学几何初步知识，概念和法则注意从实际引入，突出重点，抓住关键，解决难点，重视总结规律，以利于举一反三。

第四套教材 依据1963年大纲编写的十二年制学校《小学算术》（十二册），以及《珠算（暂用本)》（一册），1963年秋季在全国使用，直到1966年。这套教材加强了数学知识的系统性和严密性，把过去删减不当的内容重新编入了课本。教材确定了以四则计算为中心、其他内容配合四则计算进行安排的教材体系，重视基础知识教学和基本技能的训练。但没有适当下放代数初步知识，实行算术和代数相结合，四则计算和应用题过于繁难。遗憾的是这套课本只出版发行了初级小学算术的前四册便停止了。

"文革"期间，第四套教材遭到否定，各地自编教材，片面强调联系实际，突出政治性和实用性，打乱了知识系统，削弱了知识基础。但"文革"后期开展的"三算结合"的教材改革引起了广泛关注，并取得一定实效。

第二个时期：改革开放初期到20世纪末，适合现代化要求，采取"精选、增加、渗透"措施，重视"双基"，着眼于数学思想与能力，实行"一纲多本"，提高全民族素质，进行小学数学教材的再探索。此间，人民教育出版社编写出版的小学数学教材共有六套。

第五、六套教材 依据1978年大纲编写的通用教材。先行出版了《全日制十年制学校小学课本数学》（试用本），1981年起修订出版了《五年制小学课本数学》和《六年制小学课本数学》。这两套教材对传统的算术内容，代数和几何初步知识，以及现代数学思想方法等采取了"精选、增加、渗透"的六字方针，适当更新了教学内容。

第七套教材 编写于1986年。在国家教委着手制订九年制学校义务教育数学教学大纲，并决定采取"一纲多本"的方针的背景下，在广泛调查研究、总结经验和认真实验的基础上，课程教材研究所编写了五年制《小学实验课本数学》。全套教材是为实施义务教育所作的教材改革尝试，教学内容的安排和教材的结构比较合理，有利于学生掌握知识、发展智力、培养能力。但实践中也有一些教师反映，内容、分量偏多，要求偏高。

第八、九、十套教材 分别根据国家教育部门1988年、1992年、2000年颁发的义务教育全日制小学数学教学大纲编写，经过实验、修订，先后出版了"实验本""试用本"和"试用修订本"。编写的指导思想是以"面向现代化、面向世界、面向未来"为指针，以唯物辩证法为基本指导思想，以现代教学论和心理学为依据，正确处理需要与可能、数学学科特点与儿童认知特点、教与学、掌握知识与发展能力、智育与德育、共同要求与因材施教、提高教学质量与减轻学生负担等方面的关系；注意精选教学内容，建立合理的教材结构，在分量和要求上具有一定的弹性。

在此期间，北京、上海、浙江等地根据"一纲多本"的精神，也陆续出版了适合不同需要的义务教育教科书，全国共有"八套半"。"六三制"有六套，"五四制"有两套，河北省适合农村小学的教材称为"半套"，以供全国不同地区、不同条件的学校使用。

第三个时期：21世纪以来的新一轮课程改革，调整和改革教材内容、体系结构，凸显教材的过程性、情境性、探索性和一定的弹性，强调"四基"，发展"四能"，促进学生的创新精神和实践能力发展。此间，人民教育出版社编写出版的小学数学教材共有两套。

第十一、十二套教材 依据课程标准（实验稿）的要求，先后有多家出版社出版了《义务教育课程标准实验教科书》（小学数学），经全国中小学教材审定委员会审查通过试用，其中，人教社出版了一套。新一轮基础教育教材改革的指导思想是：基础教育以提高学生素质为宗旨；减轻学生课业负担，促进学生全面发展；加强基础知识和基本能力教育，重视思想品德教育，讲求思想性、科学性与趣味性，最大限度地体现时代精神；教材开发体现多样性、先进性；教材要体现开放的特点，有利于学生的学习方式由单一性转变为多样性；增强数学知识与现实生活的联系，及时反映科学技术的新成果。

经历了十年的课程改革实践，根据修订后的《义务教育数学课程标准（2011年版）》，各版本实验教科书进行修订和完善，人教社修订出版了六年制《义务教育教科书数学》。其特点主要体现在以下方面：更新内容素材，突出以改革创新为核心的时代精神，努力体现社会主义核心价值体系；突出基本数学思想在知识发生、发展和应用过程中的作用，引导学生初步感受数学思想方法的意义和价值；努力呈现发现和提出问题、分析和解决问题的完整过程，帮助学生不断积累数学活动经验；关注不同领域的核心概念，引导学生逐步建立对数学知识和方法的深层次理解；适当调整教材容量和难度，努力体现小学数学课程的基础性、普及性和发展性。（金成梁等，2013：74-75)

2001年以来，经全国中小学教材审定委员会审查通过的义务教育教科书还有北京师范大学出版社、江苏教育出版社、西南师范大学出版社、河北教育出版社、青岛出版社等出版的小学数学教材。

二、小学数学教材研究的几个阶段

70年来，小学数学教材研究从分散的、潜在的、一般性描述的研究，逐步走向拓展研究领域，进行显性的、系统的研究；研究方法也从定性研究走向建立研究的基本框架，采用定性、定量相结合方法进行研究；研究人员逐步增加，不仅有教材编制者和使用者，还有众多的大学教师、理论工作者和硕士、博士研究生；教材研究的著作、文章和硕博论文大幅度增加。教材研究日益受到重视，呈现全面升温的态势，形成了教材研究的热潮。回顾70年小学数学教材研究的历程，大致可以分为以下三个阶段。

第一阶段：浅层次教材研究（新中国成立—20世纪80年代中期）。

此间，除了"大跃进"时期的"教育事业管理权下放"、革新中小学教材、鼓励各地自编教材，"文革"期间实行"干部、教师、学生"三结合编写教材，以及少数教材实验以外，我国采取的教材管理体制是"国定制"，即由国家统一规定、统一编写、统一颁布使用，全国执行一个教学计划、一部教学大纲，使用一套教材。在这样的情况下，出于教学实践的需要，对教材的研究重点在于"吃透教材"，包括理解教材的编写意图，领会教材的编排体系和特点，把握教材的重点、难点，挖掘教材中渗透的思想方法和德育因素，以及结合教材内容如何促进学生掌握知识技能、发展智力能力等，基本上采用定性描述的方法，常常表现为研究者对教材的理解和思考。此间，也出版过少量著作，如辛安亭的《教材编写琐记》（陕西人民出版社，1981）；周士林、李嘉瑶出版的《教材建设浅论》（北京航空学院出版社，1986）。正如李嘉瑶所说，"应该承认，当前我们对它的研究还很不深入，很不充分，也很不系统，还处在从'潜'到'显'的过渡过程之中"（李嘉瑶，1989：7）。教材研究者主要是一线教师和教材编写者，从研究的理论深度和研究方法的运用来说，对教材的研究是浅层次的、分散的，缺乏系统性。

第二阶段：教材研究的初步探索（20世纪80年代后期—20世纪末）。

1985年1月，国家教委颁发《全国中小学教材审定委员会工作条例（试行）》，并于1986年9月成立了全国中小学教材审定委员会和各科教材审查委员会，确定了新时期教材编审制度，改革现行的教材编审合一的制度。何东昌在《在全国中小学教材审定委员会成立大会上的讲话》中指出：改革现行教材编审制度，把编、审分开，再吸取外国的一些基本经验，在统一基本要求、统一审定前提下，逐步实现教材的多种风格（人民教育增刊，1987·1）。教材的编写与选用实行竞争原则，建立了"一纲多本"的符合国际普遍趋势的全新的教材管理体制。同时把课程分为国家课程和地方课程，给地方课程赋予一定的权利，允许地方根据实际需要编写地方教材。（田慧生，2015）此后，根据九年义务教育全日制小学数学教学大纲的要求和"一纲多本"的精神，于80年代末、90年代初，全国组织编写了"八套半"义务教育数学教材。即：人教社编写的面向全国大多数地区的"六三制"和"五四制"教材共两套，北师大编写的"五四制"教材一套，广东省教育厅、福建省教委、海南省教委以及华南师范大学组编写的"沿海版""六三制"教材一套，四川省教委和西南师范大学组编写的"内地版""六三制"教材一套，河北编写的一套适应农村小学复式班的教材（俗称"半套"），东北师范大学等八所高师院校出版社协作委员会编写的"六三制"教材（该套教材由于种种原因未能出齐）。此外，国家教委还委托上海编写了一套适应发达城市地区的"六三制"教材，委托浙江编写了一套面向发达农村地区的"六三制"教材（暂不审查）。（课程教材研究所，2000：12）河北编写的复式教材没有初中部分，故算作"半套"。从1988年国家教育委员会发布的《九年制义务教育教材编写方案》可知，编写"八套半"实验教材的初衷为："根据我国地域辽阔，人口众多，经济文化发展不平衡的国情""在统一基本要求，统一审定的前提下，逐步实现教科书的多样化，以适应各类地区、各类学校的需要。"

民族中小学教材作为民族教育的基本建设，得到了迅速发展。根据我国少数民族分布与居住的特点并有效地使用有限的人力和物力，国家在实践中确定了有关省、市、自治区之间横向联合，合作编译出版民族教材的体制。1990年，全国已有内蒙古、新、桂、藏、青、甘、川、滇、辽、吉等10个省、自治区成立了民族文字教材编译出版机构。视听教材也是教材建设的组成部分，我国从1978年开始进行视听教材的建设，截至1992年8月，国家教委共审核了176部试用视听教材。（曾天山，1997：221-222）

1992年9月，国家教委成立基础教育课程教材中心，强化了中小学教材的研究工作。一些学者以课题的形式开展教材改革与实验研究，取得一定成效，为教材研究和建设作出了探索。此外，课程教材研究所、中央教科所，各省市自治区教科所、教研室，高师院校均开展教材研究。国内一些重要的教育类杂志，如《课程·教材·教法》《中国教育学刊》《数学教育学报》等都成了教材研究的阵地和传播媒体。1990年以后，教材研究的专题会议也逐渐增多，如1990年，课程教材研究所与国家教委中小学教材办公室、中国教育国际交流协会联合在上海举办"课程发展与社会进步国际研讨会"；1990年5月，国家教委中小学教材办公室在南京召开"全国乡土教材建设经验交流会"；1993年6月，浙江、香港、台湾义务教育课程研讨会在杭州召开，探讨交流义务教育课程教材的研究发展和实施情况；1994年3月，上海市中小学课程教材改革委员会和国家教委基础教育司"中小学课程改革研究与实验"课题组在上海举办"课程教材改革与21世纪人才培养"国际研讨会；1994年7月，人教社与课程教材研究所在吉林召开"全国基础教育课程教材"研讨会，等等。

"一纲多本"的教材制度、民族教材发展以及视听教材建设等为教材理论研究提供了丰富的实践源泉和良好机遇，教材研究逐步由"潜在"到"显在"，从"混杂"到"独立"。（曾天山，1997：2）出版了一些教材研究的理论成果，如李嘉瑶等著《教材学概要》（西北工业大学出版社，1989），是我国第一本教材学著作。该书概述了我国教材史，以及教材的属性、分类、结构和管理。此外，还有田慧生、曾天山著《中小学课程教材发展与实验》（四川教育出版社，1995），曾天山著《教材论》（江西教育出版社，1997），叶立群著《课程教材改革探索》（人民教育出版社，1997）等。研究成果的数量明显增多，教材研究范围明显扩大，除教材文本研究外，教材的本质、功能、评价、结构、制度等研究逐渐增多。

客观来说，以上研究成果在广度、深度上仍存在不足，在课程、教材、教法的结合水平上，在教材设计、实践、评价的科学水平上，在教材研究的理论、方法、手段的建构上，教材研究者仍然面临许多未知领域，有大量工作要做，教材研究尚处于初步探索阶段。

第三阶段：21世纪以来，形成教材研究的热潮。

中国地域广阔，经济发展不平衡，特殊的国情决定了不同区域文化发展的地域特色显著，教材编写在以课程标准作为根本依据的前提下，可以呈现不同风格和特色的多样化局面。2001年，新一轮基础教育课程改革的启动与《基础教育课程改革纲要（试行）》的颁布，推动了教材发展的进程，教材审定制推进与教材多样化进程，使得教材研究成了人们关注的热点。

教材评价是中小学课程与教材建设的重要内容，直接影响课程与教材的实施效果。近二十年来，教材的评价受到广泛关注。为保证评价的有效性，有学者提出必须遵循公开性、公正性、客观性、有效性四个原则，还需要有较完善的评价内容、过程、方法以及评价的标准和工具。（高凌飚，2002）教材评价研究形成了较为丰富的研究成果，如丁朝蓬的《教材评价的本质、标准及过程》（课程·教材·教法，2000·9），高凌飚的《教材分析评估的模型和层次》（课程·教材·教法，2001·3），石鸥、石玉的《论教科书的基本特征》（教育研究，2012·4），孔凡哲、张恰的《教科书研究方法与质量保障研究》（东北师范大学出版社，2015）等。

在国际交流与竞争中，为了推动本国教材改革与发展，教材比较成了教材研究的热点领域。研究者相继对本国不同版本的数学教材进行比较研究，同时也对不同国家的数学教材进行比较研究，在教材编制背景、管理制度、内容选择、编排体系、难易程度等方面形成了大量的比较研究成果。例如，鲍建生的《中英两国初中数学期望课程综合难度的比较》（全球教育展望，2002·9），史宁中等的《课程难度模型：我国义务教育几何课程难度的对比》（东北师大学报（哲学社会科学版），2005·6），蔡庆有等的《中日韩小学数学教材内容的对比研究》（课程·教材·教法，2014·7），蒲淑萍等的《21世纪小学数学教材的国际发展趋势研究——基于对10个国家12套小学教材的分析》（教育研究，2017·5）等。并且有影响较大的研究课题，如袁振国领衔的全国教育科学"十二五"规划2012年度国家重点课题"中小学理科教材国际比较研究"，以及西南大学承担的"中小学理科教材国际比较研究（小学数学）"课题，针对俄罗斯、美国、澳大利亚、德国、中国、新加坡、韩国、日本、法国、英国十国的小学数学教材难度研究报告显示，我国小学数学教材难度在十国中处于中等。

首都师范大学石殴教授牵头的每年开展的教科书研究论坛非常活跃，影响力较大，并且教科书讨论议题的深度、广度越来越丰富和深化，如从刚开始中国大陆教科书、港澳台教科书到国际教科书的比较研究；从教科书的一般问题的研究到各学科教科书的研究；研究视角从单一学科到多学科的研究；从纸质、电子教科书到互联网+、传统文化、核心素养到教科书学的理论体系的建构等。在第五届教科书国际学术研讨会上，金志远在《当代中国教科书研究思潮探析》一文中曾指出，当代教科书研究的社会影响力、话语权不断增强，一些代表人物和研究团队，通过召开学术论坛、写文章、发表演讲的形式，积极介入教育和教科书热点问题的讨论；教科书研究成果传播上表现为多媒体性，如书刊、报纸、大学讲坛等，同时充分利用互联网、微信、手机短信等新技术手段，扩大传播渠道和范围；传播的信息载体多样化，不仅有传统的文字，还有集声音、图像和文字为一体的多媒体手段。（教科书研究高峰论坛论文集，2017：136-148）

全国教育科学研究成果奖、吴玉章人文社科奖中也出现了教科书研究成果；全国教育科学规划课题立项，重要杂志《课程·教材·教法》《中国教育学刊》《数学教育学报》等都明显增加了教科书研究的分量；2019年10月18—21日，在北京师范大学成功召开首届"京师数学新课程教学与评价会议暨北京师范大学数学科学学院课程教材研究中心成立大会"，来自全国高校、教育行政机构、教育出版社、中小学校、教研机构等共计七百余名代表参加了会议。高校与科研机构投入了更多力量进行教材研究，有力地促进了新时代数学课程教材建设，提升了数学教材研究的理论水平，助推了中国特色先进水平数学教育发展。可以说，如今我国教育学术界迎来了教科书研究的热潮。

国际数学教材研究与发展会议（ICMT）作为国际数学教材研究领域的重要会议，继首届会议（ICMT-1）于2014年在英国南安普敦成功举办，第二届会议（ICMT-2）于2017年在巴西里约热内卢成功举办，及第三届会议（ICMT-3）于2019年在德国帕德博恩成功举办后，第四届国际数学教材研究与发展会议（ICMT-4）于2022年11月14日至17日在中国北京举行，由北京师范大学主办。

21世纪以来，教科书研究日益受到人们的关注和青睐。据吕世虎等对中小学数学教科书研究发文量的统计，2009—2017 年的发文量从47篇增长到337篇，在这9年期间，除了2016年出现短暂回落外，其余年份发文量一直保持较快的增长势头。通过对近二十年我国中小学数学教科书研究文献分析，发现中小学数学教科书研究呈现出三个特点：第一，中小学数学教科书研究以高等院校为主要研究基地，以教育类期刊为主要发文载体，由高校教师、硕博士研究生等为主要研究群体，在核心作者引领下，形成了特色鲜明的研究成果；第二，中小学数学教科书研究以人教版、苏教版和北师大版为主要研究对象，运用内容分析和比较研究等方法，研究涉及的学段主要是小学，初高中次之；第三，数学教科书研究的核心主题是数学教科书编写研究、文本研究、使用研究和历史研究，其中文本研究是主体。（吕世虎等，2019）

第二节　小学数学教材主要研究成就

长期以来，教材一直被默认为"教育研究的成品"，即教材作为学科专家和教育专家合作的产物，从构思编撰到付梓发行，俨然是"教育科学"指导下所生产的，教材研究被认为对学术研究只具有衍生性而非原创性的贡献（张倩等，2016）。这在一定程度上导致教材研究的学科化被弱化了，导致教材研究难以像其他教育现象一样，成为一种"科学"。（张文等，2018）伴随课程教材改革，特别是21世纪以后的基础教育课程改革，以及大量国外教育理论与方法的涌入，冲击、拓宽了我国课程与教材的理论研究与实践探索，引发人们对于教材的本质、功能与价值的审视与定位，"一纲多本"的教材制度使得教材编制与评价研究成为必然。

一、小学数学教材的本质与功能

（一）教材的含义

教材的含义及其本质是教材理论研究的一个基本问题，也是教材基础性理论研究不断拓宽研究领域的前提条件。然而，人们对这一基本问题的看法却存在许多分歧。

有学者认为，教材即传授知识技能的事实，它是位于教育者与被教育者之间的中介媒介。（范锜，1973：184）教材是教学过程的一个要素，最普遍的广义说法是，教材包括了教师的教授行为中所利用的一切素材和手段。在此意义上，教材是"教授及学习的材料"，是师生之间的媒介。（钟启泉，1980：329）教材是学校教学过程中，教师和学生使用的知识信息材料。教科书是教材的一种，它通常是使用量最大、最广泛，内容最基本、最成熟的印刷出版物。（周士林，1985）教材是根据一定学科任务，编选和组织具有一定深度和范围的知识技能的体系。（张念宏，1988：299）教材是人们按照一定教育目标，遵循相应的教学规律而组织起来并发展着的科学理论和技术的知识系统。这种知识系统具有相互间的整体关联性，教材内容的系统规定性及科学正确性，结构的渐进性，实践基础的综合性，成长过程的反复性以及表述方式的易懂性。（李嘉瑶，1989：30）教材是由一定育人目标、学习内容和学习活动方式分门别类组成的可供学生阅读、视听和借以操作的材料，既是教师进行操作的材料，又是学生认识世界的媒体。（廖哲勋，1991：197）教材的编写是课程编制的第三个层次，是根据学校课程方案和学科课程标准的要求，编选和组织的课程的内容。（李秉德，1991：185）

《中国大百科全书·教育卷》关于教材的解释：一是根据一定学科的任务，编选和组织具有一定范围和深度的知识和技能的体系，一般以教科书的形式来具体反映；二是教师指导学生学习的一切教学材料，包括教科书、讲义、讲授提纲、参考书刊、辅导材料以及教学辅助材料。其中教科书、讲义和教授提纲是教材整体中的主体部分。（中国大百科全书出版社，1985：144-145）教科书是教师和学生学习学科知识的主要材料。（王策三，1985：215）《简明教育词典》认为，教科书是根据课程标准和教学法要求编制的、系统反映学科内容、专供教师和学生使用的教学用书。（广东高等教育出版社，1992：110）《中国百科大辞典》指出，教科书又称"课本"，是根据教

学大纲和教学法的要求及不同年龄学生的认识特征而编写的教学用书。（中国大百科全书出版社，2005：37）

关于数学教科书的界定，通常都是依据"教科书"的含义而稍加改造。比如，根据数学课程标准、教学法要求以及不同年龄学生认知特点所编写的，反映数学学科内容的，经相关教育部门许可的，供教师与学生使用的教学用书。（李健，2019）

以上各种定义从不同的侧面揭示了教材的特性，具体来看，有从学校教育的角度，有从社会教育的角度，有从文本的角度，有从包含文本在内的其他媒体的角度，有从课程论的角度，有从教学论的角度提出的。有学者从课程论研究的视角提出关于教科书本质的代表性观点有：材料说、材料—知识技能体系说、媒介说、课程说、工具说、手段说。（陈月茹，2009：25-26）可以看到，把教材看作是"教学用书""教学材料"的说法是比较普遍的。

同时我们看到，教材可以从广义和狭义两个角度来理解。从广义来说，教材是指教师指导学生学习的一切教学材料，包括师生共用的教科书、练习册，以及供教师用的教学指导书、参考书、教学挂图、音像教材、辅助教学软件等教学材料。从狭义来说，教材是指教科书，亦称课本。教科书与教材的关系，可以理解成教科书是教材的组成部分，是课程目标和课程内容的主要呈现形式，也是师生在教学活动中的主要凭借。（孔凡哲，2008：38）将教材直接理解为教科书或课本，是本书论述时所持有的观点。由于不同文献中的处理不尽相同，所以，有些情况下我们需要联系前后文的表述来理解某些学者的意图。随着教育改革的深入和新课程的推广实施，教材或教科书研究成了热门话题。

（二）教材的特征

叶立群认为，教材有三大特点：第一，有特定的目的。教材是为完成各级各类学校的任务，达到各级各类学术培养目标的主要工具。第二，有必须遵照的规定。编撰教材必须遵照学制、办学模式、教学计划、教学大纲的规定。第三，有特定的读者对象。中小学教材是为不同年龄段的儿童、少年、青年而编撰的。（叶立群，1997：60）对于现代意义上的教科书，石鸥教授认为，必须满足三个条件：第一，产生了现代学制，根据学制，依学年学期而编写出版；第二，有与之配套的教授书（教授法、教学法）或教学参考书，教授书内容要包括分课教学建议，每课有教学时间建议；第三，依据教学计划规定的学科分门别类地编写和出版。（石鸥，2007）曾天山认为，教材是一种综合社会实践的产物，它是为一定的教学目标服务的，是一定的教学目标下知识结构的具体化；教材是连接学科内容和学生教学认识活动形式的联合体；教材是以整体的科学知识系统的形式而存在的；教材体系终究是人工设计创作的系统，而不是人类经验本身；教材系统是一个发展着的相对稳定的系统。（曾天山，1997：13–14）孙智昌认为，教科书的本质是教学活动文本，树立"教学活动文本"的教科书本质观有助于树立学生主体性的观念、转变师生教学方式和提高教学质量。（孙智昌，2013）吴小鸥立足于清末以来中国百年教科书的发展，提出教科书的本质特性乃是文化标准的确立。（吴小鸥，2012）李新等坚守教育学视角，认为教学性才是教科书的根本属性，包括可教性、易学性、增效性、合宜性等基本特质。（李新等，2016）

教科书是学校教育发展到近现代以后的产物，经过多年的发展，应该说，对于教科书的本质特征的认识已形成许多基本共识。但对于教科书本质特征的探讨，不会停止，也不会取得绝对一致。

（三）教材的功能

从教育任务来看，小学数学教材的作用主要表现在：教材是实现小学数学教学目标的重要途径，教材是教师进行教学的主要资源，教材是检查教学质量和教学进度的基本依据，教材是促进学生提高数学素养的重要基础。（金成梁等，2013：66）《义务教育数学课程标准（2011年版）》在"教材编写建议"中指出：数学教材为学生的数学学习活动提供了学习主题、基本线索和知识结构，是实现数学课程目标、实施数学教学的重要资源。

从教育学角度来看，曹周天在第六届教科书国际学术研讨会上发表的《教科书研究主题的盘点与展望》论文中指出，教科书不仅能够使课程标准中的课程目标、课程内容转化为可供教师和学生理解与操作的具体文本，而且其内容和编排体例也反映了一定时期社会对教育的影响和教材编制设计者的课程理念和教学理念，它不仅是知识的载体，是贯彻课程标准（教学大纲）的媒介，也是传递课程理念，选择和表达课程内容的工具，同时还是教学活动最基本的手段。（教科书研究高峰论坛论文集，2018：139-146）

从教材与其他相关事物的关系来看，李嘉瑶认为，对教师而言，教材是教学的主要依据；对学生而言，教材是学生系统地、高效地、有秩序地获取知识的主要工具，也是培养其思想道德水平和思维能力的重要工具，并且还是进一步获取知识和提高自身思维能力的基础；对教学计划而言，教材是教学计划的具体保证，是教学计划的"物化形态"；对教学评估而言，教材是教学质量评估的重要组成部分，是课程评估的具体内涵，具体反映了学什么及用什么来测评该课程的教学质量；对学校的基础建设而言，是办学的三项（师资、教材、实验设备）基础建设之一。（李嘉瑶，1989：22-23）

曾天山认为，教科书集中体现社会规范文化与国家的政策，便于实现国家的教育目标；统一全国教育教学的标准是评价考核教育教学效果的主要依据，是充当教师教学的指南及规范教师课堂教学的依据；教科书是学生掌握知识的基本源泉。（曾天山，1998）

钟启泉认为，立足于现代课程观的教科书的作用包含两种基本观点，即注重文化授受的观点和注重文化创造的观点，它强调学习者问题意识的形成，关注主体学习态度、能力以及对话、合作、表达等社会态度及能力的形成。（钟启泉，2003：377-380）

教材不是供传授的经典，不是供掌握的目的，不是供记忆的知识仓库，而是供教学使用的材料。面对新课程标准，教师和学生不是"材料员"而是"建筑师"，他们是材料的主人，更是新材料和新教学智慧创生的主体。超越知识观的教材功能观，强调在知识的吸收过程中，态度、才能和本领的形成实际上比知识本身更重要。超越知识观的教材功能观，希望教材本身成为学生学习活动的材料，因为新课程标准只能在活动中实现而无法在授受与掌握中实现。超越知识观的教材功能观，希望教材呈现的知识只是辅助性的，如果对教材的理解还仅限于"教科书不同于一般书籍，它是为一定年级的学生掌握某一门学科的基本知识而编写的书籍""教科书是教师和学生学习学科知识的主要材料"，则可能依然把教材功能局限在掌握层面，达不到新标准。（杨启亮，2002）

有学者认为，把教材边缘化和误读教材是导致课堂教学质量低下和教学改革乱象的根本原因。（余文森，2016）对于教材的功能虽有不同的表述，但人们却很少存在异议。然而教材易带有编写者的偏见、滞后性，容易忽视地方的特殊需要和易窒息学生的好奇心、创造性。（王婷，2000）这对于教材的编写者和使用者都会带来必要的启示。

二、小学数学教材设计的价值取向

俞子夷是新中国成立前后研究小学数学教学的著名教育家，自编过多种小学算术教材，他认为教学内容必须少而精。他说："我们教算术时，叫学生做的题目，往往不加选择，只要是可以算的，就拉来叫学生算。这是混杂计算，不是有用的计算。""往昔算术教材中有沿用至今，而实际社会已不适用者。此种教材，自当节简。"（董远骞等。1991：87）他主张选择算术教材内容要有一个科学的标准，指出："我们所谓有用，要从两方面看：一面是学生在学的当时，就觉得是有用的；一面是全体国民个个人有用的，不是少数人，或某种特殊职业，或某种特殊阶级里的人有用。有许多方面，恐怕要用科学的方法研究，经实验、调查后才能确定。"（董远骞等，1991：103）他的这些教材观，至今还是有借鉴意义的。

张奠宙在20世纪90年代曾提出数学教材的编写有以下十个问题需要作出回答：自下而上还是自上而下，分科还是综合，螺旋式还是直线式，形式演绎体系要不要坚持，过程式还是结论式，选修与必修，学生用书与教师用书，民族性特色，趣味性问题，计算器的使用。（张奠宙，1990）这些问题涉及教材设计的指导思想和编写风格，如果没有明确的决策，教材改革的特色就不会鲜明，效果也会受影响。

　　教师、学生、教材和教学活动是课堂生活的基本要素。任丹凤认为，新教材设计要突出三重对话功能，即新教材要求编者与教师对话，新教材要求教师与学生对话，新教材要求学生与学生对话。新教材要求与现代教学技术整合。（任丹凤，2004）可见，新教材不再过分追求学科本身的完备性和知识的覆盖面，而是把学生的发展和引导学生学会学习作为根本理念，把教材的中心价值转移到学生怎样使用教材上，赋予了教材更多的价值和意义。教科书作为教学认识最重要的客体，无论是设计还是应用，它的主要目的是培养学生全面发展，而这一功能的实现，是以教科书主体相关性为前提的。然而，反观现实实践领域，从国外到国内，从整个国家课程的教科书到某一学科的教科书，以及具体学科教科书在价值取向、分量把握、内容选择、解释和结构体系等方面，尽管已取得了重要成果，但仍旧存在着缺乏主体相关性的严重问题。（孙智昌，2011：3）

　　教科书既没有必要展示完整的教学过程，也没有必要面面俱到地体现新课标的全部内涵，只需要为师生走进新课程提供必要的条件和工具。教科书的编写应努力改变过于注重教科书自身的独立性和完备性的倾向，突破教学设计的程序化，让师生在宽松的条件下去探索、去思考、去创造。（陈晓东，2009）

　　曾天山认为，教材的设计主要有五种类型：一是知识中心式。强调知识的系统性和逻辑性，包括学科浓缩型、学科结构型、多科知识综合型。二是范例式。即以基础的、本质的、有代表性的内容为范例编制的教材。三是经验中心式。即以人类生活中的衣、食、住、行等为基本材料，直接培养学生的社会生活能力，其思想基础是实用主义。四是社会中心式。它以社会需求和社会问题为核心，目的在于增进学生适应社会和解决社会问题的能力。五是人本中心式。它以发展学生的天赋才能，以适应学生的个别差异为原则，但易忽视学科知识的系统性，其思想基础是人本主义（曾天山，1997：84-85）。可见，这些不同类型的教材设计，带有不同的价值取向，互相之间不无矛盾对立之处。

美国著名课程论专家拉尔夫·泰勒（Ralph Tyler）认为，教材内容的选择要合乎以下五个原则：（1）为了达成某一目标而提供给学生的教科书，要使它有练习该目标所蕴涵的内容和行为；（2）要使学生从实践该教科书所蕴含的行为中获得满足感；（3）提供给学生的教科书应该是学生能力范围所及的；（4）许多教科书可达成相同的教育目标，只要学习经验符合有效学习的标准，便有助于达成所希望的目标，因此不必为达成课程目标而限定学习经验；（5）同一个学习经验通常会产生数种结果。（欧用生，1984：173）这些原则强调了在选择教材内容时要注重课程目标、学生的兴趣和能力，以及学习经验、材料的多样化选择。

教材内容的选择，需要综合各方面因素，既要注重学生的身心发展需要，又不能忽视社会政治、经济、文化发展的需要；既要注重社会主流意识形态，又要防止脱离数学学科的特点。有学者提出小学数学教材设计必须确立三个原则：第一，小学数学学科不是一门单纯的科学学科，而是一个以教育任务为目标的数学教育体系；第二，构建这一体系的关键是要以辩证的观点正确处理数学学科立场和学生立场，这两者不是对立的，而是相互依存的，突出学科本质和核心思想就是突出学科对于学生的教育价值；第三，要突出立德树人的导向作用，从德育性、发展性和科学性三个维度构建小学数学教材体系。（孔企平，2019）

三、小学数学教材编制研究

70年来，数学教科书编写呈现出借鉴与初创—尝试与初探—破坏与停滞—恢复与校正—深化与发展—拓展与创新的发展路程。这一曲折发展路程，形成了具有中国特色的规范化小学数学教科书体系。其编写特点与演进规律表现为：在理念上，逐渐重视以学生发展为中心；在体例上，由注重单一学科知识转向多学科知识；在内容上，逐渐重视数学与现实生活的联系；在形式上，逐渐注重灵活多样性。（肖清清，2019）关于教材编制的研究，有比较丰富的成果，概括起来主要有以下几个方面。

（一）教材编制的原则

有学者指出，教材编写要立足于学生的学，而不只是立足于教；教材编写不应只是阐述学科的学习内容，而且要体现掌握内容所必须的认识活动的形式；教材内容与呈现的方式，对激发动机、培养兴趣等均有重要作用。（金之星，1985）

20世纪90年代，姜乐仁提出：数学教材要有利于教师的教，学生的学，家长的辅导，教材采用"三因素融合体教材结构"，即融数学知识，儿童认识规律，教法、学法基本原理于一体的教材结构体系，并遵循保证"两基"，培养智能；教法、学法寓于教材之中；例题、习题系列化、有层次；统一要求，适当提高，具有弹性；课内为主，课外为辅，课内外结合，相互促进；综合功能，一本多用等六条基本原则编写教材。（姜乐仁，1996）

新课程改革对教科书编制提出了新的要求，张廷凯认为教科书设计应遵循六个基本原则：重新建构开放的现代的教学内容，面向学生生活、面向社会进步、面向科技发展，使教科书体现出鲜明的时代感；更新教科书的基础，根据现代社会对公民和人才素质的新要求，在注重基础知识和基本技能的同时，着力培养学生具有基本的能力和基本的情感、态度、价值观，提高学生的综合素质；探索学科结构体系的创新和教科书组织方式的优化，突破学科体系的限制，构建更适合学生身心特点的教科书结构体系；强调统整的设计思想和设计模式，切实增强教科书的整体性，注重学科内的综合和学科间的整合，突出和体现知识的创新过程和发展过程，及前人对知识的探究过程；强调以学生发展为本，突出改善学生的学习，引导学生积极参与教学活动过程，在学习活动的设计上提倡主动的、建构的、体验的、发现的学习方式，使学生真正成为学习的主体，从而为终身学习打好基础；关注教师的教学，促进教师专业化成长，提倡主体性教学、探究性教学、合作式教学、交互式教学，引导教师形成开放的、创新的有个性化特色和风格的教学方法、策略和思想。这六个原则的落实是为保证教科书具有适应新课程需要的品质所必需的。（张廷凯，2010）

有学者认为，中小学数学教材编写应遵循下列六项基本原则：具有先进的教育理念，着眼学生的终身发展；展示数学的内在本质，对不同年级的学生既有统一的思想，又有不同的要求；应用学习心理学成果，不是说学生"喜欢"就一定好，关键在于教材是否有利于促进学生主动学习；集中优秀的教学经验；选择精、典、新、思的素材（精：仔细斟酌、千锤百炼；典：典型性、代表性；新：新颖性，反映最新成果；思：思维性，启发思考）；吸收国内外教材精华。（李善良，2007）刘朝晖认为小学数学教材编排应遵循以下原则：（1）基础性。小学数学教材选取的应是数学学科中最基础的知识。（2）趣味性。小学生的思维是形象、生动的，而数学内容高度抽象，逻辑严密，小学生的情绪情感和学习积极性在很大程度上依赖兴趣，这就需要我们在编排小学数学教材时，尤其是在编中低年级的数学教材时要加强趣味性，使他们感到学习的乐趣。（3）应用性。教材内容要紧密联系实际，要由学生身边的现实生活问题引入，反映日常生活中的问题和数量关系，要增加应用性的材料，重视介绍知识的应用。（4）教育性。小学数学教育是对学生进行全面发展教育的主要途径之一，它不仅仅是传授数学知识和培养数学能力，更重要的是为培养人服务的。（5）结构性。强调知识的结构性是现代教学的主要发展趋势之一，小学数学教材的编排应该更加重视和强调结构性问题，突出基本概念和基本原理的中心地位，将其作为教材的基本结构。（刘朝晖，2000）

2001年9月进入全国基础教育课程改革实验区的新教材，编写理念上体现了以下方面：教材是引导学生认知发展、学习生活、人格建构的一种范例；教材的编写倡导多元化的学习方式；改变教材内容"难、繁、偏、旧"的现状，实现教材内容的现代化、生活化、适应性；教材具有整合性，要加强学科之间、科学精神和人文精神的渗透和整合；教材的编写要有利于师生互动；教材编写要富有弹性，为学生的发展留出空间；教材应充分运用现代信息技术，克服"书本中心"的倾向；在继承中发展，在发展中创新，展现出教材编写的科学精神和实事求是的态度。（谢华均，2003）

建立科学合理的教材体系，应着眼于学生的全面发展，既要符合数学学科本身的特点，又要符合学生的心理特征和认知规律。编写的小学数学教材应具有思想性、系统性、层次性、应用性、可读性。1978年7月29日，数学家吴文俊在《光明日报》发表的《关于教材的一点看法》一文中谈到编写中小学数学教材时，一方面应有弃旧纳新的准备，另一方面也应注意必要的相对稳定性。科学发展，日新月异，数学的创新也层出不穷。但教材毕竟与科学的创新不同。如果一味求新，而那些新的内容是不是经得起时间的考验，往往很难预测。改得不好，会造成灾难。我们只能将已经历过较长时间的考验，并肯定有广泛应用前途的内容纳入新教材，而不能凭主观冒失行事，违背最起码的认识规律。有学者认为，未来小学数学教科书呈现以下发展趋势：教科书应深层融入"以学生为本"的编写理念；注重学生的生活经验，加强数学与现实生活的联系性；注重数学学科与其他学科的整合性；注重呈现形式的多样化。（肖清清，2019）

（二）教材的组织结构

1.教材组织结构的含义

教材组织是指按照一定的理论体系选取和安排某一门科目的教学内容。（顾明远，1998：783）教材的组织就是把知识和技能排列成便于教学的"序"，有人称之为系统，有人称之为体系。（叶立群，1997：62–63）

教材的基本结构是教材内容各要素、各成分之间合乎规律的组织形式。教材的各要素主要包括知识要素、技能要素以及必要的思想教育要素和一些审美、心理要素等。各成分是指教材的目标、内容和各学科学习活动方式。（廖哲勋，1991：213–217）教材是由术语、事实、概念、原理和步骤五要素组成的，它们共同担当起培养学生知识与技能，情感、态度与价值观的职能。（陈月茹，2009：35）传统观念认为，教材的结构是树状的，即教学单元的安排符合"知识树"的规律，这种观点只关注了知识的排列方式，很难把技能和情感目标融合到"知识树"上去。建构主义主张将教材结构设计成网状，课程标准是网的经线，学生的身心发展水平和学习体验是纬线，并且这种网状结构是动态的、开放的，好的教材结构能确保教材功能的实现。

小学数学教材的组织单位是"课"和"单元"。它由在逻辑上相对独立又较为完整的具体课题组成。"课"是教材组织的最小单位。教师一般都是以"课"为单位准备并进行教学的。教材中的"单元"是指在知识系统和逻辑关系上相对较为完整，在知识、技能、思维训练、能力培养或应用上相对独立的部分。每册教材由若干个大单元组成，每个大单元教材又由若干个小单元组成，每个小单元教材由若干"课"组成，每课通常包括一个或几个知识点，或一些"练习"。（金成梁等，2013：65-66）

2.教材组织结构的类型与要求

教材组织结构通常有三种类型，即：（1）教材的逻辑组织。按照知识内在的逻辑顺序组织教材。（2）教材的心理组织。按照一定年龄阶段学生的心理发展特点和认识规律组织教材。（3）折衷式教材组织。在组织教材时既遵循学科的逻辑体系，也顾及学生的心理发展顺序，因在实践中难免有所侧重，也被视为一种弹性组织方式。20世纪以前多采用教材的逻辑式组织，20世纪以后趋向于折衷式教材组织。（顾明远，1998：792）

张玺恩等认为学科体系不同于科学体系，教材内容确定之后，教材体系的安排应该主要考虑便于教、便于学。作为中小学教材的数学，除了要注意数学本身的系统性外，更重要的是必须考虑到学生的年龄特征和接受能力，在内容安排上遵循由浅入深、由易到难、循序渐进的原则，并允许有适当的循环。（张玺恩，等1981）

苏鸿认为，传统的教材知识结构主要包括以下几种：第一种认为教材的知识结构是指目录、课文、习题等表层结构；第二种观点侧重教材中的知识编排结构，只看到了教材结构中的知识要素；第三种观点指向由知识技能系统、学科能力系统、一般心理能力系统等构成的复杂结构。（苏鸿，2003）这主要是从认知的角度来讨论学科知识呈现的问题，以学科知识体系作为基本线索，重点反映学科知识的逻辑联系。在进行教材结构的设计时需要注意教材内容、教材程序和教材形态的有机构成。教材内容处于教材结构的最深层次，对教材内容的不同理解，必然会导致教材程序设计和教材形态设计的差异。教材程序是指教材内容纵向编排的体系，它反映了教材内容的逻辑顺序与学生心理发展顺序相互制约的关系。教材的形态是在学生学习活动制约下教材内容和教材程序所呈现的多种多样的表现形式。经过优化设计的教材形态，能够使教材内容和教材程序所具有的育人功能得到最大限度的发挥。因此，深入研究教材的形态结构对于充分发挥教材的育人功能具有十分重要的意义。（苏鸿，2003）

有学者提出应采取教学逻辑体系编写中小学教材，以实现学科知识体系与学生健康成长和可教学性三者之间的博弈与共存、和谐与差异。而所谓"教学逻辑"是对学科逻辑和心理逻辑的概括，它内含并彰显着学科逻辑与心理逻辑的优势，同时还削减了二者因为矛盾对立而暴露出的缺点。（杜尚荣等，2014）

教科书结构是教科书研究的一个重要方面。数学教科书的结构分为显性结构和隐性结构。显性结构是指导言、目录、正文、习题（包括复习题）、注释、插图、阅读材料（数学活动）、部分中英文词汇索引等部分；隐性结构主要分为数学知识结构、数学学习结构和数学教学结构。数学教科书的知识结构、学习结构和教学结构对应数学知识的学术形态、学习形态和教学形态。对教科书的隐性三维结构分析能更好地促进教师理解数学、理解学生、理解教学，有助于教师对数学教科书的二次开发，在更大程度上发挥其功能。（吴立宝等，2017）

科学地建构教材知识结构是教材编制者必须解决好的问题。孔企平建议：第一，构建小学数学教材知识结构时，首先要突出学科的核心思想，形成教材知识的顶层设计；要理清学科教材知识体系的发展主线，设计知识内容的整体结构。第二，通过"削枝强干"凸显教材知识体系最基本和最重要的知识与技能，体现学科的独特价值，形成核心知识体系；适当精简学科必修内容，减轻学生的学业负担。第三，在数学知识呈现时，要切实加强内容板块和具体知识之间的联系和综合，解决学科知识碎片化的问题，形成结构化的知识体系。（孔企平，2019）

（三）教材的编排方式

1.教材编排方式的基本类型

在教材内容选定之后，如何进行恰当排列与组合，这就涉及教材的编排

方式。概括起来，有直线式、圆周式、螺旋式、过渡式几种方式。（曾天山，1997：85-86）

直线式：是指对教材内容采取环环紧扣、直线推进、不再重复的排列方式，基本依照学科的科学体系编排。其优点在于节省时间，教学效率高，适合于难度较小的学科内容。但不利于学生记忆，不符合学生的认知规律。

圆周式：是指随着学生年龄增长和理解程度的加深而逐步扩大教材的广度，在深度上并无特殊要求。优点在于便于复习，但用时多，学习效率低。

螺旋式：是指针对学科特点与学生认知特点，按照繁简、深浅、难易的不同程度，使一种教材的基本概念和基本原理分层次地重复出现、逐步扩展、螺旋上升的排列方式。它取直线式和圆周式之长，避其所短，为当前小学数学教材编写所采用。螺旋式是布鲁纳在20世纪60年代提出来的。他认为，自然科学、数学的基本观念和文学的基本课题，要掌握它们并有效地加以运用，都不能只靠学习就达到目的，而必须通过反复学习，通过在越来越复杂的形式中加以运用，不断地加深理解，进而逐渐掌握。

过渡式：是指跨入新学段和升入高年级的学生为学好新知识、掌握新方法而适当提前安排有关奠基内容的编排方式。它是美国教育心理学家奥苏伯尔创制的。20世纪90年代我国人教版小学数学教材有所体现，采取每单元的开始安排"准备题"，为学习新内容进行铺垫。

也有学者认为，教材的编排是决定一个年级中某门学科的教学内容将按照怎样的次序组成，或这门学科内容在几个年级中的排列次序。其方式可以概括为直线式、螺旋式、分支平行式（把内容分为若干个平行的单元，针对这些平行单元分别采用相应的教学方法，逐一开展教学活动）、综合式（上述几个方式的综合）。

2.教材编排方式的设计

小学数学教科书的编制要从教师和学生两个角度进行探索，李星云提出：为了利于引教，教材呈现方式应创设适宜的情境，为教师的教学提供"脚手架"等；为了利于导学，教材呈现方式应积极调用学生已有的知识背景、尊重学生的个体差异等。（李星云，2006）孙卫红在对小学数学教科书中的"数学文化"进行编写设计和实验调查时认为，主要有显性和隐性两种呈现方式。显性是指在专题内容"数学文化"中直接体现，而同时教材本身内容实际上就隐含着数学文化的传播。（孙卫红，2004）

李卓选取某版《义务教育课程标准实验教科书·小学数学》，以统计与概率为研究对象。研究发现：单元名称均为统计，不能体现螺旋上升过程中知识点的变化；不同螺旋之间内容存在重复，应坚持差异性原则，循环之间必须有质的区别，而不是简单的重复；不同螺旋之间的素材有较多相似或重复。（李卓2012）

显而易见，直线式、螺旋式是小学数学教材编排的两种主要方式。50年代小学数学教材中有些内容领域采取的是直线式编排。如，人民教育出版社1956年10月出版的《高级小学课本算术（第二册)》第四单元"几何初步知识"，就包含以下九个小单元：

·直线

·角

·长方形和正方形

·面积单位

·长方形和正方形面积的计算

·地积单位、平方公里

·长方体和正方体

·体积和容积的单位

·长方体和正方体体积、容积的计算

上述内容集中了从"线"到"面"，再到"体"的图形认识和测量方面的内容，小学阶段的几何初步知识基本上被安排在一个单元，采用了直线式编排方式。80年代以来的小学教材主要采用了螺旋式编排方式，遵循"由浅入深、由易到难、循序渐进、螺旋上升"的原则。

本次课程改革强调"数学应用"。从狭义的角度来说，"数学应用"包含于"问题解决"之中。有学者认为在编写过程中，要特别注意以下问题：
（1）"数学应用"所涉及的问题覆盖面要广，形式要多样。既要有封闭性问题，也要有开放性问题；既要有常规性问题，也要有探索性问题；既要有实际问题，也要有纯数学问题；既要有简单问题，也要有综合的问题；既要有经典问题，也要有紧跟时代的问题。（2）"数学应用"的编写要体现问题解决的一般过程。（3）"数学应用"的编写要体现解决策略的多样化。（4）"数学应用"的编写要注重提高学生提出问题的能力。（5）"数学应用"的编写要着眼于数学思维品质与数学精神的全面提高。（丁国忠，2008）亦有研究者关注教科书的话语呈现方式并提出呈现策略（高永红，2003），还有研究者分析了教科书内容的基本构成，在此基础上提出了提升教科书品质的策略（张廷凯，2010），等等。

改革开放以来，教科书编制研究围绕教科书的设计、编写、内容等诸多命题展开，取得了重大突破。有学者认为，教材编写应克服"难、繁、偏、旧"的弊病，实现教材内容的现代化、生活化和适应性；注意教材的整合性；增强教材的弹性，给学生的发展留有一定空间；教材建设要充分运用现代信息技术；教材编写要突出创新。（谢华均等，2003）在中小学学科教科书研究方面，历史学科的教科书研究侧重历史史实，语文学科的教科书研究重选文与价值取向，数学学科的教科书研究集中于国内外的内容比较。这些研究有效推动了教科书编制进一步科学化、制度化，并助力教科书研究使之更加深入。

（四）教材中的插图

1.插图的类型

小学数学教材中的插图是指在教材中起辅助解释、说明或装饰、欣赏作用的图画。其中一些插图在数学教材中处于核心位置，起到体现教材内容主题或主线的特殊作用，通常称为"主题图"。插图大致可以区分为五级：一级指装饰性插图，包括情境图、栏目图、活动图；二级指表征性和组织性插图，包括数学信息图、图表数据图、操作步骤图；三级指解释性插图，包括解说图、提示图；四级指知识性插图，包括以插图的形式呈现知识（如概念等）；五级指思想性插图，包括抽象的思想、几何直观的思想等。（马云鹏，2016：101）

就"主题图"而言，有学者认为是指借以一定的主场景为背景来呈现数学教学内容的画面。其类型主要有：（1）直接呈现数量关系的主题图；（2）问题情景类主题图；（3）动手操作类主题图；（4）观察类主题图；（5）综合型主题图。（胡明进等，2009）

2.插图的作用

教科书编制者必须考虑占教科书空间越来越多的插图带给学习的实质性变化有哪些，这些变化是否都朝向积极的方向。美国学者莱维、伦茨（Levie W H、Lentz R.）在《Effects of text illustration：A Review of Research》的研究表明，插图性教科书与纯文字性教科书相比，使用效果前者优于后者（Education communication and technology journal，1982·4）。我国学者利用眼动仪对学生阅读插图课文的特点进行研究，发现插图对课文的阅读理解具有明显的促进作用。（陶云等，2003）

近年来，世界各国对教材中插图的形式、内容及其在教学中的作用进行了大量研究和实践，结果证明，教科书插图在丰富教科书内涵、提高教科书质量、增强教育效果方面发挥了重要作用。（曾天山，1999）

新课程教材中设计了较多的主题图，对教师教学的作用表现在：（1）主题图丰富了教师的教学资源；（2）主题图有助于教师导课；（3）主题图能够使教师教学方法多样化。主题图对学生学习的作用表现在：（1）主题图能够激发学生的学习兴趣；（2）主题图贴近生活，能让学生很好地融入实践；（3）主题图渗透了思想品德教育；（4）主题图渗透了数学思维方式；（5）主题图有助于学生综合能力的培养。（胡明进，2009）依据主题图，可充分挖掘学生身边的资源，可创设学生学习数学的问题情境，可提供学生独立探究的机会，可创造学生交流合作的时机，可安排学生实践操作的活动。（叶杰军，2005）

主题图是小学数学教科书的重要组成部分。吴立宝等认为，主题图主要承担着引入数学新知、展示教学主线、引领学生学习、联系现实生活、领悟数学思想、渗透思想教育等功能。在小学数学教科书中，每一幅主题图的功能并非单一的，而是承载着两种或者两种以上的功能。教师若能真正理解好小学数学教科书主题图的功能，就能进一步增强对教科书的开发能力，更好地促进学生"四基"的掌握、"四能"的提高，落实学生发展核心素养。（吴立宝等，2017）

国外研究发现，中小学师生评价教科书时普遍存在一种"拇指效应"，意指他们在初次接触新课本时，往往经过粗略翻阅即对其产生或好或坏的第一印象。相关研究还表明，纯文字性教科书和纯插图性教科书的阅读效果都不太好，并且两者之间没有显著性差异，而图文结合的课文阅读效果最好。（陈月茹，2009：183）插图的使用可以加强文本的结构，促进学生对文本背景的理解，但不宜追求外观的华丽、过多的数量和篇幅，否则会分散学生的注意力，使得学生的关注点不是在数学关系上，而在图表的外观上。（刘久成等，2015）

四、小学数学教材特色研究

（一）新中国成立至"文革"结束时期的教材

1.模仿苏联时期的教材特色

新中国成立后的第一套全国通用小学数学教材是按1952年《小学算术教学大纲（草案)》精神编写的，是以苏联的课本为蓝本加以改编的。具有以下特点：（1）初步形成了一个较为系统的教材体系，体现了数学知识严密的逻辑性，为培养和发展儿童的逻辑思维能力提供了必要的条件；（2）加强了口算教学，但口算、笔算教学未能有机结合，低年级口算要求过高；（3）加强应用题教学，重视发展儿童的逻辑思维能力，但教学要求偏高；（4）体例完全模仿苏联教材，采用习题汇编的形式，对教学缺乏指导性提示和阐述。（王权，1996：297-300）

1953年9月9日霍得元在《光明日报》发文《小学五年一贯制试用课本算

术第一册的特点和教学中应注意的问题》指出，1952年版课本有六个特点：

第一个特点是教材的组织排列特别严密，系统性很强。这首先表现在教学阶段的划分上。我们过去的算术课本，多半是把1到9划作一个教学阶段，把10到19或者10到99划作另一个教学阶段。这个划分是和我们通常数数的习惯不符合的，也违反了数的组成法则的十进制度，所以给教学造成许多困难。其次教材的系统性还表现在教材前后的联系上。这个课本新旧教材之间的联系很密切，例如教儿童认识七，是先教六，再教七，并且把六加一、七减一的算式结合起来。这样不仅让儿童在已经认识六的基础上认识了七，并且对六的认识也提高了一步。第三表现在各个习题的联系上。在教学的时候，不仅仅要求儿童按次序演算习题，而且要让他们把邻近的习题拿来比较，让儿童认识它们之间的关系。

第二个特点是习题的分量比较多。要让学生掌握正确而迅速的计算技能，必须给他们充分的练习机会。试用课本，学习了苏联课本的精神，比过去的旧课本增加了很多习题。至于学习笔算的草式在一、二年级是完全不必要的。熟练的口算技巧在算术教学当中占着很重要的地位，因为它在日常生活当中应用很广，省去了笔算的麻烦。在教学的时候，对口算必须十分重视，不能把它当作笔算的附属品，也不能因为它能完成比较多的习题就特别强调它。

第三个特点是应用题比较多，它的出现也比较早。苏联小学算术教学大纲中规定：在算术课本上的应用题以外，教师们还可以根据当时当地的实际情况，照顾儿童的接受能力，选择一些富有教育意义的具体材料编成应用题来补充。

第四个特点是复习旧课的材料特别多。在每次学过一部分新课以后，课本上都有一部分专门的复习题，而这些复习题几乎包括了前边所学过的全部教材内容。除了专门的复习材料以外，在新课里也包括了对旧课的复习，不但把学到的旧课巩固住了，而且也把新旧教材融合在一起了。

第五个特点是很早就出现了复合习题。这样的习题在过去旧课本的三四册里很少看到，但是在这个课本里学习了一和二的加减法以后，就出现了连加、连减和加减复合的习题。

第六个特点是教材的选择和编排特别注意从具体到抽象的原则。这个课本各部分的教材，无论是学习认数或者学习计算，都是先从图画开始，其次是运用圆点、方块、小棒等简单图形，最后才是数字和算式。

由于这套试用教材是把讲授题和作业题连接在一起的，一般来说，每一段新教材的开始的几个题都可以作为讲授题，但这些题不是单纯的举例的性质，常常是表示讲授和理解新教材的前奏。人民教育出版社发文认为，讲授题应该选定多少，也不是固定不变的，常依本班学生的接受能力以及教材的难易程度而定。在一段新教材的中间遇有新类型题目也应预先选定一两个题作为讲授题，遇有较难的题目，估计学生不能独立做时，也可以让学生在教师的帮助下来做，或经教师在班上加以讲解分析后，再让学生回家独立地做。总的来说，课本中很难严格划分哪些是讲授题，哪些是作业题。重要的在于教师应按照上述的原则灵活掌握。（人民教育出版社，1953）

模仿苏联教材，使得新中国成立初期我国小学数学教材的系统性有所增强，重视口算、笔算和应用题的教学，注重基础知识和基本技能的训练，但教材的结构体系和编排方式不够合理，讲授题和作业题连接在一起不便于教学。

2．"大跃进"及初步探索时期的教材特色

1959年，在"教育大革命"的形势下，人民教育出版社出版了《初小算术（暂用本）》八册和《高小算术（暂用本）》四册，是新中国成立后经过自己的教学改革和实践研究编写出来的，它摆脱了苏联教材的束缚，是解放思想的产物。这套教材主要有以下特点（刘久成，2011：47）：

（1）将初中算术的全部内容下放到小学，结束了新中国成立以来初中一直还要学习算术的历史，提高了小学算术的教学程度。

（2）改进了教材的编写体例，将原教材中例题和习题混编的形式，改变成例题和习题分开的编写形式，分为准备题、例题、习题、复习题等几个部分。这样编排有利于教师掌握教材、组织教学，也便于学生使用课本。

（3）整数教学划分为20以内、100以内、多位数和整数四个循环圈，但认数的范围很不平衡。初小第五册中，多位数的认识由三位数一下子扩展到了九位数，儿童很难形成明确的数概念。小数和分数的内容仍采取直线式编排方式。

（4）以四则计算为主线，其他各部分内容配合出现。教材把笔算算理、算法概括成运算法则，有利于学生掌握规律，指导计算。

（5）一些局部的内容仍然与1956年的大纲相同，如市制和公制计量单位，复名数四则计算，乘法九九表采用"大九九"等。

这套小学算术暂用本改版次数较多，一直用到1966年"文化大革命"开始才停止使用。这虽然是为尽快解决初中算术的基本内容下放问题而采取的临时性措施，结果却成了我国小学算术教材改革的重要转折点。它在一定程度上反映了编者探索编写具有我国特色的小学算术教材、进行算术教材改革的曲折过程，也为我国建设、编写小学算术教材提供了一些值得研究和借鉴的资料。（课程教材研究所，2010：49）

1958年，中共中央和国务院发布《关于教育事业管理权下放问题的规定》，指出"各地方根据因地制宜、因校制宜的原则，可以对教育部和中央主管部门颁发的各级各类学校指导性教学计划、教学大纲和通用的教材、教科书，领导学校进行修订补充，也可以自编教材和教科书"。（课程教材研究所，2004：26）为此，北京、上海、江苏、浙江、福建等许多地方进行了课程教材改革试验。

北京师范大学数学系中小学数学教学改革研究小组认为，当时的中小学数学教材中存在着如下问题：教材内容极端贫乏，陈旧落后，远远落后于社会主义建设的实际需要；算术中大量时间浪费在解四则难题上；内容孤立割裂，烦琐重复，不仅浪费时间，而且增加学生学习上的困难，妨碍学生辩证思维发展。提出：新的中小学数学教学体系必须为社会主义服务，特别是为现代化生产和尖端科学技术服务；新的中小学数学教材必须是有严谨的理论体系的，只不过这个系统和体系要符合为社会主义建设服务的要求。我们不主张用什么学什么，不主张忽视系统的基础理论的学习，我们主张学透、学好、学活完整

的、系统的理论基础知识。（北京师范大学数学系中小学数学教学改革研究小组，1960）

华东师范大学数学系中小学数学课程革新研究小组提出："为了适应我国工农业生产和科学技术事业发展的形势，多快好省地培养建设人才，目前中小学数学内容的革新，不但是十分必要的，而且也是完全可能的。"（邱学华，1989：28）并编出了全套课本，这套课本具有以下特点（刘久成，2011：57-58）：

（1）整数教学划分为20以内、100以内和100以外三个循环圈，并且20以内、100以内两个循环圈的教学集中在一年级上学期内完成，三年级上学期完成了全部整数及其四则计算的教学。

（2）代数知识的学习从一年级开始，并贯穿整个小学阶段。一年级出现了解形如$a+x=b$的方程；二年级会求代数式的值；三年级引进负数、系数和同类项合并；四年级教学有理数；五年级进行整式、分式的加减乘除运算，以及基本代数公式的运用和因式分解。

（3）几何初步知识的教学，强调根据实际需要，注重测量和计算。

（4）珠算编入小学数学课本，安排在二年级下学期和三年级上学期学习，只要求学会珠算加法、减法、乘法，不学除法。并且把算盘作为计算工具，使珠算和笔算相结合。这一做法对以后的小学数学教学改革，特别是"三算结合"的教学产生了一定的影响。

1961年和1963年人教社出版的两套课本，是在总结了新中国成立后正反两方面经验教训的基础上编写的，体现了我国小学数学教材改革初步探索的成果。新编1963版小学算术课本的教学要求是：使学生牢固地掌握算术的基础知识，培养学生的计算、推理能力和解答应用问题的能力，做到公式熟，运算正确和迅速，书写格式符合规定，并且能够正确地解答应用问题。其次，还要求学生掌握量的计量知识以及简单几何形体的初步知识，能画一些最简单的图和进行一些最简单的测量。于民指出，在知识内容上：

（1）整数、小数、分数以及百分法、比例方面。补充或者加强了四则运算定律和运算性质，数的整除的几个性质，最大公约数的求法（包括辗转相除法），循环小数（包括循环小数化分数），百分法的应用以及复比例等；提高了笔算和口算的要求，加强了这方面的训练。笔算要求能够正确而迅速地计算数值比较大、步数比较多的复杂的计算，特别是四则混合运算，要求能够口算百以内的两位数加减两位数，用一位数乘除两位数，以及用两位数除两位数等，并且要求在计算时能够用口算的尽量用口算。

（2）应用题方面，为了更好地培养学生的分析推理能力和解答应用题的能力，新课本加强了一步计算的应用题，使学生能够清楚地理解什么样的应用题需要用什么方法算。其次，加强了用一般推理方法解答的复合应用题，在计算步数上，以三、四、五步为主，并且有少量的更复杂一些的应用题。再次，加深了分数四则应用题，加强了百分法应用题，增加了复比例应用题。新课本还注意到各种应用题的综合练习，注意启发学生的独立思考。

（3）量的计量方面，新课本特别要求学生熟记常用的计量单位名称和相邻单位之间的进率，加强常用计量单位之间的化聚和换算（包括将来在物理中经常用到的每秒多少米合每小时多少公里等等的换算）。

（4）几何形体的初步知识方面，新课本增加了棱柱和棱锥的认识以及有关的计算（用直观的方法来讲）。

在教材体系上：

（1）根据多年来的教学实践，结合我国读数、记数的特点，新课本在小学一至四年级讲的整数四则计算，又分为"二十以内""百以内""万以内""亿以内"四个段落来教学。小数的计算法则基本上和整数相同，为了满足一部分初小毕业生立即参加生产劳动的需要，在初小阶段的最后一个学期，讲一些简单的小数四则计算，然后在高小阶段讲完分数以后，再在这个基础上予以概括、补充和提高。

（2）笔算和口算之间有密切的联系。有一些口算可以为学习笔算做准备，而另外一些口算，学过笔算以后再学更容易掌握。在计算时，笔算和口算也往往结合着运用。

（3）小学生的分析推理能力和解答应用题的能力，必须逐步培养。所以应用题的教学，应当按照数量关系的繁简，解法的难易，计算步数的多少，以及各种应用题之间的内在联系，配合计算分散出现。

（4）量的计量一向是教学中的难点之一。新课本以讲公制为主，先分散讲，到了适当段落，再加以系统整理。为了便于学生接受，新课本先讲常用的市制单位（市尺、市寸、市斤、市两），再讲公制。

（5）小学生的空间观念宜于逐步发展。培养小学生的空间观念比较困难，因此在新课本里，简单几何形体的知识也是分散讲的，并且在初小阶段只讲长方形、正方形的认识和它们的周长、面积（包括地积）的计算，其余内容都在高小阶段讲。

在编写新课本时还特别注意以下两点：（1）注意结合实际说明概念、性质、法则、公式，注意从演算的方法步骤提炼成条文，并着重指出怎样运用这些概念、性质、法则、公式以及方法、步骤进行计算和解题。（2）注意有计划地加强例题习题的配备，通过例题习题使学生获得熟练的计算能力和解题能力。同时，还注意到高小和初小的差别，以适应学生的年龄特征和接受水平。（于民，1963）

刘福林等结合小学数学教科书的发展历史，从宏观的数学知识体系的构建到微观的整数、分数、小数、计算及应用题的编排等方面进行系统梳理发现，1963年十二年制学校小学算术课本的特点主要体现在五个方面（刘福林等，2018）：

一是重视双基，提高程度。具体表现在：充实课程内容，加强知识的系统性，知识点达到了276个，是所有大纲（标准）中知识点最多的；加强基础知识的掌握和基本技能的训练，63版教科书有计划地加强了例题和习题的配备，全套书共编排了866个例题，安排的习题则达到14647题，从近百年来的小学数学教科书对比来看，本套教科书的例题和习题量都是最大的。

二是建立了较为科学的整数知识编排体系。63版教科书对整数内容的编排，很好地结合了我国认数、读数和计算的传统及教学实际，合理地进行了知识段落的划分，体系设计较以往教科书更为科学。这一编排思路，也深深地影响了后来的小学数学教科书的编写。

三是合理设计了分数和小数的编排层次。63版教科书把分数、小数各划分为两段：初级小学先学习分数、小数的初步认识和简单的小数四则运算，高级小学再比较系统地学习分数、小数。在具体编排上，根据小数和分数的关系，先初步认识分数再认识小数，这样编排的好处是便于学生利用分数来理解小数的意义。考虑到小数的应用比分数广泛，小数的计算法则基本也和整数相同，所以在初步认识小数后，就立即安排了相应的小数简单四则运算，而分数的四则运算则放在了高小阶段。这种编排方式也深刻地影响了以后教科书的编写。

四是正确处理了口算和笔算的关系。63版教科书关注了口算和笔算之间的这种关系，认为在计算的时候，口算和笔算往往是结合着用的，有一些口算可以为学习笔算做准备，而另外一些口算，在学习笔算之后讲授则容易掌握。因此，在编排上就注意把二者结合起来，突出以口算为基础，笔算为重点，按学生学习的难易程度，有时先学口算，再学笔算；有时则先学笔算，再学口算。这样，使口算和笔算相互促进，逐步提高要求，逐步熟练。

五是加强了培养学生解答应用题的能力。63版教科书注重结合学生的认知特点和相应年级的知识内容，从应用题数量关系的繁简、解法的难易、计算步数、解答方式等几个方面对每个年级的内容作了整体设计。在解题过程中，63版教科书突出了对学生进行分析推理能力的训练，突出回顾、反思的过程。

1963版教科书是"照搬"与"革新"，是在小学数学教材初步探索的基础上编写的，在我国小学数学教材建设史上具有重要价值和意义。虽然1963版教科书命运多舛，仅仅正式出版了前四册，但它深刻影响了后来小学数学教材的研发。

3."三算结合"的教材特色

小学算术一直就有口算与笔算关系的研究，人们逐步认识到口算与笔算教材不能孤立地自成体系，而应该根据两者的特点和相互关系结合起来编排。

珠算是我国首创并长期使用的一种计算方式。1959年，江西宜春县宜春镇完小首先提出口算、笔算、珠算"三算结合"，认为口算、笔算、珠算在算理和算法上是紧密联系的，平时必须重视三者的综合练习和运用。（宜春县宜春镇完小中心算术教研组，1959）

上海市崇明区是"三算"结合教学的发源地。从60年代末起，一批有志于教育研究的教师开始了"三算"结合教学实验，采取先试点再推广的方法，在全市逐步推开。他们通过实践表明，揭示"三算"的内在联系符合儿童的认知规律，有助于学生理解抽象的数学概念，掌握运算方法，培养分析问题和解决问题的能力。珠算的特点有三：一是它有五升十进的特点。教材编排，至少要编成五升一步、十进一步、分开两步走。二是在算盘上做加减，拨珠靠梁是加，拨珠离梁是减。三是珠算计算既不需要列式，也不需要写出符号，其速度之快，比笔算至少有五倍之差。（沈百英，1984）

70年代初期，在全国范围开展的"三算结合"教学改革实验有力地推动了这方面的研究。"三算结合"中的算盘有着极其重要地位，它既是算具，又是教具、学具，能帮助学生形成数的概念、数位概念和理解计算方法，促进计算能力的提高。

从1974年开始，浙江省中小学教材编写组编写"三算结合"的小学数学试用教材。其基本原则：一是坚持无产阶级政治挂帅，把转变学生的思想放在首位。二是坚持开门办学，理论联系实际，培养学生分析问题和解决问题的能力。在此基础上，有条件的学校可以让学生学一点简单的代数式和简易方程，使数学教学更好地为三大革命运动服务。三是运用辩证唯物主义观点，正确处理和安排教材体系。新教材按照辩证唯物主义观点，正确处理口、笔、珠，整、小、分，数、式、形之间的关系。新教材在整、小数阶段采取口、笔、珠三算结合，以便取长补短，互相促进。同时注意到三算各自的特点，使它们有机地结合起来。（浙江省中小学教材编写组，1976）

比如，小学数学第五册重点是多位数除法。多位数除法，无论是珠算还是笔算，都是四则计算中比较难的一种运算。三算结合如果处理得当，利用三算之间的内在联系，会使难转化为易。教学时必须认真分析多位数除法的困难所在和学生的认识规律，发挥口、笔、珠的各自长处，使三算互相促进，更好地结合起来。多位数除法中的三算结合，不是三算并教，也不是三算凑合，而是要研究怎样结合才能起到相互促进的作用。（浙江省中小学教材编写组小学数学组，1977）

浙江省临安县在三算结合教学中，改革旧的教学体系，注意了以下两点：(1) 起步慢一点，重点要突出，基础的内容要有反复巩固的练习机会。(2) 充分发挥珠算直观形象的工具作用，以珠促口，以珠促笔。（临安县文教局、杭州大学教育系，1976）

1983年4月，在杭州成立了全国性"三算结合教学研究会"，举行了第一次全国性的经验交流会和研讨会，随后每年召开一次。该研究会主要研究口算、笔算、珠算三算的有机结合、教学方法的改革、儿童智力的开发和培养、大面积提高教学质量等问题。（邱学华，1989：89-90）

随着计算机（器）逐步普及，算盘作为计算工具的使命逐渐完成。正如关肇直所说，为了使数学教材适应形势发展的需要，首先必须精简教材中旧的内容。今后一段时间内，在我国广大地区，特别是在农村，算盘还是重要的计算工具。但在数学教学中我们应当看得更远一些，不宜把"三算结合"作为小学数学教学改革的方向来提倡。对数表、计算尺今后也将逐步被小型计算机代替。另外还要增加、渗透现代数学的内容，如概率统计、微积分、集合的概念等。（关肇直，1977）

80年代以后，作为"三算"中的珠算逐步淡出人们的视线。珠算起源于我国，是我国劳动人民使用了上千年的计算工具，作为我国的传统文化在小学数学教育中仍然具有一定教育价值。

（二）改革开放至20世纪末教材特色

1.改革开放初期的小学数学教材

全日制十年制学校小学数学课本是由教育部组织力量，从1977年9月开始编写，于1978年陆续出版。小学学制五年。编写课本的指导思想是：加强基础知识教学，注意能力培养，在小学给学生切切实实打好数学基础，以适应我国社会主义四个现代化培养人才的需要。据人教社几位编辑李润泉、夏有霖、曹飞羽发文介绍，编写这套教材时间紧迫，主要有以下特点（李润泉等，1980）：

（1）加强基础知识教学

传统的算术内容中仍然是学习现代科学技术所必需的基础知识和基本技能，如整数、小数、分数的四则运算，百分数、比例的概念和应用。常见的几何形体的知识和有关的计算等，都选入了新编教材，并且采取了切实的措施，力求使学生学得扎实。这些内容同1963年用的六年制教材和五年制教材相比，基本内容和基础知识都没有削弱。对传统算术内容中过繁的四则计算、繁难的应用题、繁杂的复名数化聚和复名数四则计算等，进行了删减。一般应用题1963年的教材以四、五步计算的为多，新教材以三、四步计算的为重点；典型应用题比1963年的教材少讲了和倍、差倍、和差应用题，以及行程问题中的追及问题。这样处理以后，节约出来的时间可以用来加强基础知识的教学，至于计量单位和复名数计算，逐步采用国际单位制，因此，这套教材中有关计量单位的内容，主要讲公制。

珠算，在这套教材中要求学生学好加减法，学会乘数是一、两位数的乘法，同1963年教材比较，少讲了乘数是三、四位数的珠算乘法，珠算除法以及记账的初步知识。

这套课本讲了一些代数知识，主要是简易方程。几何知识也增加了一点，如三角形内角和、轴对称、扇形面积等。新增加的这些内容，教学时间约用20个课时，约占教材内容的百分之二。

至于渗透一些集合、函数、统计等数学思想，主要是从加强基础知识教学来考虑的。这样，既不增加负担，又可以加深对基础知识的理解，还有利于培养学生的思维能力，为进一步学习中学数学打下一些基础。所有渗透的内容都不作为教学要求，也不列为考试内容，不增加学生的负担。

（2）注意培养学生的计算能力、逻辑思维能力和初步的空间观念

新大纲和课本在培养学生的计算能力方面，吸取了1963年大纲和课本中

比较好的做法，并且有所改进。为了培养学生在算题时能够合理地、灵活地运用各种计算方法，教材中还编入了一些比较常用的简便算法。在讲计算法则时，注意由特殊到一般，再由一般到特殊，既注意法则的统一性，又注意灵活运用法则。

逻辑思维能力的培养，是小学数学教学的一项重要任务。教材中在讲授基础知识、进行基本训练的同时，注意逐步培养学生的逻辑思维能力，又注意不离开数学基础知识和基本训练来谈发展学生的逻辑思维，不搞偏题、怪题，不搞纯智力测验性的题目。具体做法：第一，教材内容的叙述力图有启发性，注意引导学生思维，而不代替学生思维。第二，应用题的教学对于培养学生分析问题、解决问题的能力，训练学生肯于动脑筋、想问题，训练思维的灵活性，训练学生运用知识解决实际问题的能力具有重要作用。在这套教材中，应用题是按照数量关系的难易和步数的多少来编排的，把重点放在分析数量关系上。应用题教学一般不分类型，是为了防止学生按类型背结语、套公式，用死记硬背的方法解答应用题。第三，练习题注意有启发性，在编排上既要便于学生牢固地掌握所学的内容，又要能够充分调动学生学习的积极性，去动脑筋想问题。每个练习中的题目，前一部分侧重于练习例题中所讲的内容，后一部分侧重于混合练习和适当增加一些难度的题目，给学生留有思维的余地。同时随着学生年级的升高，给学生留的余地也适当增大。当然，这种余地应该是在注意发展学生思维的前提下，他们经过努力能够达到的。此外，课本中还编入了少量思考题，这是为了适应水平高一些的学生的需要，培养学生肯于钻研的精神和综合运用知识的能力。思考题不要求每个学生都会做，也不作为考试内容。

教材中还注意发展学生的空间观念。这套教材从一年级认数开始，就注意用正方形、三角形、圆形等实物和图形作为直观教具，使学生初步认识这些图形。以后在讲一些常见的简单几何图形的基础知识和求周长、面积、体积时，都注意通过观察、制作和测量等实践活动，使学生掌握长度单位的实际长度，面积单位、体积单位的实际大小，引导学生抽象出几何形体的特征，找出形体之间的相同点和不同点。

人教社还为单设珠算课的学校编写了一本《小学珠算课本》，比现行小学数学课本中的珠算内容多，即将加法、减法、乘法、除法都讲全了。因此，采用本书教学，可以把小学数学课本里的珠算内容略去不教。本书中，加、减法仍采用口诀，乘法采用"隔位乘"，除法采用"商除法"，目的都是为了便于小学生学习和掌握。"隔位乘"和"商除法"在定位上正好是一致的。（夏有霖，1984）

课程教材研究所刘淑玉在《小学数学教材改革的回顾与探讨》一文中也指出，该套教材在教学内容上，同以往教材相比，作了一些删减和增加；在编排上，注意加强知识的内在联系，按照儿童的认知规律合理安排教学内容；在加强基础知识教学的同时，培养学生能力，开发学生智力。（刘淑玉，1985）

王权在谈到该套教材增加、渗透内容的技术处理时指出：从现代数学的观点出发，运用图、表等直观手段来表述、概括、处理一些传统的算术知识，从而孕伏了集合、对应、函数和统计的现代数学思想；充分发挥代数知识的概括作用，改革分数应用题和比例应用题教学，缓解和克服了教学上的一些难点。（王权，1996：412-417）

针对当时中小学数学教材改革，张玺恩等提出了几个需要深入研究的问题：（1）关于基础知识问题。应该考虑三个因素：一是为实现"四化"培养人才的需要，也就是中小学数学教学的培养目标问题；二是数学本身的发展；三是学生的接受能力。（2）关于教材编排体系问题。学科体系不完全等同于科学体系，教材内容确定之后，教材体系的安排应该主要考虑便于教、便于学，当然也要注意本门学科的科学系统性。（3）关于能力培养问题。能力的培养离不开基础知识，只有使学生牢固地学好数学基础知识，才能更好地进行能力的培养；反过来，学生有了较强的能力，可以使学生学习知识理解得更快，掌握得更好，二者是相辅相成的。（张玺恩等，1981）

为了适应当前小学学制五年、六年并存的需要，人教社在五年制小学数学课本的基础上，改编了六年制小学数学课本。人教社编辑陈宏伯发文介绍了这套课本的特点（陈宏伯，1984）：

（1）教学内容和编排体系与五年制小学数学课本基本相同，程度上没有提高。有利于整个小学数学与中学数学的衔接。

（2）根据六年制小学的特点，把五年制课本的内容比较合理地安排在六年里学习，使每册课本既有重点，分量又比较均匀。为此，在教学内容的编排上作了一些小的调整。主要是把五年制小学数学课本中前三年讲的整数四则运算和应用题安排在前四年学习，把计量知识、四则运算的关系和运算定律等比较难学的内容适当向后移。

（3）注意教材的通用性，在安排教学内容时注意留有余地。由于我国地区之间、城乡之间教育事业发展很不平衡，教学水平很不一样，新编六年制小学数学课本是作为基本教材供各地选用的。安排教学内容留有余地，每册课本一般只安排96课时左右的教学内容。这样，既可以减轻学生课内的负担，又便于一些学校开展多种多样的课外活动。

（4）在编写六年制小学数学课本时，注意保持五年制小学数学课本的优点。注意吸收各地教师的经验，加强新旧知识之间的内部联系，使学生较好地掌握所学的内容。在习题的配备上，注意加强复习和综合练习，增加一些让学生实际操作和联系实际的习题。

有学者研究六年制小学数学课本，指出了该教材存在的一些疏失。如：角的边没有长短之分；避免把零度角误当成锐角；垂线、线段、垂线的长、线段长、距离、高、对称轴等有关概念在表述上比较混乱；小数的大小比较"法则"不够严密；整数0不容忽视；长方体概念前后不一等问题。（张受觉等，1987）这有助于提高数学教材的严密性和科学性。

2.义务教育阶段"一纲多本"的教材改革

1986年9月，国家教委成立了新中国成立以来第一个权威性的中小学教材审定机构——全国中小学教材审定委员会，明确提出"教材要一纲多本""教材要多元化""教材要编审分离"，决定组织编写不同类型、不同层次、不同风格的中小学教材。1988年，国家教委颁布《九年制义务教育教材编写规划方案》，把教科书多样化付诸具体实践。在国家教委统筹协调下，教科书发展史上具有重要意义的"八套半"教材正式启动。"八套半"教材开启了国家层面的教材从"一纲一本"到"一纲多本"的多样化探索之路。尽管因复杂原因导致"八套半"教材中的部分教材过早地结束了自己的使命，但这是一次政府主导下的、自上而下的对教科书多样化的积极尝试，是一场遗憾的但意义深远的教科书多样化的破冰之举，在我国教科书建设史上留下了绚丽的一页。（石鸥等，2018）

第一，关于人教版义务教育小学数学教材

人教社根据1988年大纲（初审稿）着手编写义务教育教材，从1990年至1995年先后出版了五、六年制全日制义务教育小学数学教科书（实验本）。1992年，依据大纲（试用），人教社对实验教科书进行修订，编写出版了五、六年制全日制义务教育小学数学教科书（试用本）。试用课本在编写的指导思想、内容选择、编排体系和教材特点方面都继承了实验课本的优点和成功经验。所不同的是，考虑到在全国要逐步普及义务教育的实际情况，教材中适当精减了教学内容，降低了对全体学生共同的基本要求。（李润泉等，2008：107）

这两套教材均包括教科书、学生练习册、学生操作学具等，构成一套教材系列。从1990年秋季开始，在全国20多个省、市、区进行试用。1992年，根据九年义务教育课程计划和新的小学数学教学大纲精神，新教材在内容结构和编排方法上进行了调整和改革。1992年5月，国家教委中小学教材审定委员会小学数学学科审查委员会审查意见认为：教材内容和要求能够适应义务教育的需要；教材在处理传授知识与发展智能的关系上，有一定的突破；注意联系实际，加强思想品德教育；教材的版式设计合理，插图功能明显，系列不重复，色彩柔和。（人民教育出版社数学室小学组，1992）

张玺恩在介绍人教版义务教育小学数学教材时指出，这套教材为系列教材，包括教科书、课堂练习（仅一、二年级有，三年级以后，练习题全部包含在教科书中）、学生学具卡片、教师教学用书、教学挂图、教学投影片和学生课外读物等。教材还在适应少年儿童生理、心理特点，体现教学方法，处理好传授知识与发展智能的关系方面也下了一番功夫。具体表现在以下几个方面：（1）加强直观教学和实际操作活动。（2）突出基本概念和基本规律。（3）重视启发思考，注意教给学生思考的方法。（4）重视运用迁移规律，培养学生学习能力。（5）练习题分成不同的层次，逐步提高要求，体现训练过程和因材施教。（6）重视系统整理，加强知识的内化联系。（7）编写形式多样，生动活泼，可读性强。（张玺恩，1993）

马云鹏认为，这套义务教育小学数学教材有以下几个特点：（1）教材内容更加科学合理。适当降低大数目的笔算和较复杂的混合运算的要求；删去珠算乘法、市制计量单位和一些比较复杂的应用题；适当增加简易方程的内容；适当充实几何初步知识；进一步渗透数学思想和数学方法。（2）编排体系和编写方法进行一些调整。调整了整数教学内容的阶段划分，将现行教材的四个阶段，改为"20以内""百以内""万以内""亿以内""亿以上"五个阶段；教材对口算和笔算的编排顺序作了一些调整；教材从一年级起就将几何初步知识分散在各册教材之中；按照应用题的数量关系和难易程度，有计划地分组出现；在编写上加强了直观与操作；重视和加强基本概念与基本规律的教学，使学生深入理解算理，达到举一反三的目的；在习题的安排上注意层次性。（3）重视结合数学特点对学生进行思想教育。（4）单独编写与教科书配套的练习册。（5）各种辅助材料配套。（马云鹏，1993）

在谈到人教版九年义务教育小学数学教材改革成果时，卢江认为，教材改革体现了以下几个方面（卢江，1998）：

关于教学目的。一是采取科学有效的措施，加强数学基础知识教学。二是努力创造各种机会，循序渐进地将数学能力（计算能力、思维能力、空间观念和解决实际问题能力）的培养落到实处。三是思想品德教育自然地渗透于教学过程之中。

关于教学内容。一是数与计算。重视数概念的教学，重视形成数的意识；重视加强口算和估算；笔算重视算理的教学。二是加强几何初步知识。包括：

注意几何知识与认数、计算、量的计量的配合，适当分散安排；加强了动手操作；注意从实际中抽象出几何概念和几何图形，强调对几何概念和几何图形的理解，培养学生的空间观念；适当渗透了一些几何变换的思想；重视几何知识应用，适当增加了联系实际的题目。三是加强统计初步知识的教学。改变了原通用教材直到最后一册才出现统计知识的做法，把统计初步知识提前并适当分散教学，同时加强统计思想的教学，培养学生用统计的思想方法分析思考问题的习惯。四是改革应用题的教学。在步数上限制只有三步，在内容选取上限制"典型应用题"，尽量选取与实际相联系的题目，增加探索性题目，注意与计算、几何初步知识、统计初步知识贯穿在一起。

第二，关于各地编写的小学数学实验教材

在"一纲多本"的教材管理体制下，一度出现教材建设的繁荣景象，教材改革实验如火如荼。比如：

上海的《小学数学试用教材》是本市自编的实验性、地方性课本，这套教材以现行的通用教材为基础，吸取近几年广大教师在加强基础，培养能力，发展智力，大面积提高教学质量方面所进行的教学改革的经验，并且结合上海地区小学生的实际情况，考虑到九年制义务教育的需要与可能，从教学内容和编排体系上作了一定的更新与调整，力求有利于教师的教和学生的学。在教材处理上作了以下几方面改革尝试：一是知识范围适当加广不加深，使大多数教师和学生都能够适应；二是教学内容的处理，重视打好知识与能力的基础；三是教材编排体系按照学生认知能力，采取多种方式。（顾汝佐等，1987）

北京师范大学教育系与北京景山学校合编的供五年制城镇小学试用的小学数学实验课本，由北京师范大学出版社正式出版。这套教材从1978年开始使用，在总结9年实验经验的基础上，又对该教材进行了第二次较大的修改。教材编写的指导思想是"加强'双基'，突出数学能力的培养"。教材内容的选择：精简和更新传统小学算术内容；充实代数初步知识和实验几何的内容；渗透最简单的集合知识。教材的体系：建立一个以数的概念和计算为主，量的测定和关系以及图形的认识和作图为辅的综合体系。教材的结构：综合考虑数学自身的逻辑系统和学生认识规律，把数学的基本概念、规律、事实和方法结成一个多层次、多方向的联系紧密的整体。（周玉仁，1988）

"现代小学数学"实验，是中国科学院心理研究所"101课题组"研究员刘静和领导的一项小学数学教学实验，又是一个探索儿童数学认知发展的科研课题。《现代小学数学》教材的特点（张梅玲，1988）：

（1）整套教材贯穿着以"1"为基础标准揭示数和数学中部分和整体关系这一主线。

（2）揭示数学知识内在的辩证因素，以启发小学生的辩证思维。

（3）强调教材结构的网络化，强调新旧知识之间的共同因素，以体现知识结构和认知结构之间相辅相成的辩证关系。

（4）在传授知识的同时，注意培养学生学习数学的兴趣，训练他们的思考方法。

课程教材研究所小学数学实验组从实施九年制义务教育的实际需要出发，提出小学数学教材改革实验的设想。（课程教材研究所小学数学实验组，1987）

（1）进一步调整教学内容。在现行五年制小学数学教材的基础上，继续采取"精选、增加和渗透"的办法进一步调整小学数学的教学内容。笔算可以适当降低要求，市制的内容可以全部删去。节省出来的时间，可以适当加强口算，增加一点在实际中有用的最简单的估算和为进一步学习初中的内容打基础的几何图形的知识。同时在渗透和孕伏方面进行一些改进，为以后学习新的内容做一些准备。这样有减、有增，有降低、有加强来适应新的需要，就不会加重学生的负担。

（2）建立更加合理的教材结构。第一，突出基本概念、基本原理和基本规律，在知识的生长点上下功夫，促进学习的迁移，便于学生以简驭繁、举一反三地掌握规律性知识。20以内的进位加法的编排按照9加几、8加几……的顺序排列，突出"凑十"的计算方法；退位减法按照减9、减8……的顺序排列，突出用加算减的计算规律。第二，加强各部分内容之间纵、横两方面的联系。在纵的方面，加强如整数、小数、分数、百分数、比和比例之间的联系，各种几何形体之间的联系，应用题之间的联系等。在横的方面，加强如数形之间的联系等。第三，适合儿童的接受能力，克服现行教材中存在的落后于儿童的智力发展和超越儿童接受能力的缺点。第四，遵循儿童的认知规律来阐述教材。实验教材中充分重视学生的操作活动，并给学生留有思考余地，便于学生结合操作，及时进行抽象概括。

（3）采取有力措施，切实加强能力培养。在计算能力方面，口算不只是笔算的基础，在日常生活和进一步学习中，有较大的用途，要适当加强；大的数目的笔算适当降低要求；注意培养估算和使用计算工具的能力。对于口算和数目不大的笔算，要求不仅正确、迅速，还要合理、灵活。在思维能力方面，特别要加强思维品质的培养。注意加强空间观念的培养。

（4）既要有统一要求又要因材施教，克服教学上"一刀切"的现象。教材中有些内容对不同的学生可以有不同的要求；教材中的练习题可以有低、中、高三档。随着学生学习成绩的变化，做题的档次也要随着调整；要加强新旧教材内容之间的内在联系，加强新旧教学内容的对比练习和混合练习；教学时，对落后生要多加帮助，又要充分发挥优等生的学习余力。可以多让优等生回答一些要求较高的题，补充或纠正中等生和落后生回答问题中的不足或错误。

（5）教材要生动活泼，适合儿童特点，提高教材的趣味性。

（6）教材要体现教法，又要便于教师根据具体情况灵活选择教学方法，提高教学效率。

全套教材为实施义务教育所作的探索，基本符合我国现阶段社会和科技发展的需要，同时也符合国际数学教育改革的总体趋势。但从实践使用来看，有些内容分量偏多、要求偏高，有些题目作为共同要求偏难，版式、插图还不够生动活泼。

（三）21世纪以来新一轮课改各版本教材研究

我国幅员辽阔，各地经济建设和社会发展不平衡，任何一套教材都难以全面适应复杂的国情。2001年6月教育部颁发的《基础教育课程改革纲要（试行)》提出"实行国家基本要求指导下的教材多样化政策"。在"一标多本"的教材制度下，2001年以来，经国家审查通过的《义务教育课程标准实验教科书（数学)》（一至六年级）主要有六种。具体如下（表3-2)：

表3-2 经审查通过的《义务教育课程标准实验教科书（数学)》一览

出版社	简称	册	主编
人民教育出版社	人教版	第1—12册	卢江、杨刚
北京师范大学出版社	北师大版	第1—12册	刘坚、孔企平
江苏教育出版社	苏教版	第1—12册	孙丽谷、王林
西南师范大学出版社	西师大版	第1—12册	宋乃庆
河北教育出版社	冀教版	第1—12册	赵杏梅
青岛出版社	青岛版	第1—12册	展涛

对上述六种《义务教育课程标准实验教科书（数学)》的审查意见（节录）分别是（教育部基础教育教材审定工作办公室，2006：82-96)：

人教版：（1）较好地处理了继承传统与发展创新之间的关系，努力体现教材的基础性、丰富性和发展性，积极探索与时代发展相适应的数学教学新思想和新方法；（2）较好地处理了新理念与具体实施之间的关系，教材的整体结构注意不同内容的交错安排，符合学生的学习特点，教材的呈现形式注意体现学生学习和主体性；（3）注重反映数学知识的形成过程，积极为学生的数学学习提供生动活泼、主动求知的材料与环境，在教材的创新、实用等方面都进行了比较有成效的尝试。

北师大版：（1）十分注重数学与现实的联系，注重从学生的经验出发，设计了贴近学生生活的情境，挖掘了不少富有时代气息的问题，拓宽了学生的学习视野，有利于激发学生学习数学的兴趣。（2）依照由浅入深、循序渐进、螺旋上升的原则编排。在内容的安排上，采用逐步拓展、渐进深化的方式，注重知识之间的互相联系与综合。（3）以数学活动为线索安排内容，对重要的数学内容按照"问题情境—建立模型—解释与应用"的叙述方式编排，促进学生自主地参与、探究和交流。在使学生形成良好数学思维习惯、提高解决问题的能力、增进学好数学的信心等方面都进行了有益的尝试。

苏教版：（1）选取的题材有趣，较贴近学生的生活，且呈现方式多样，能激发学生的学习兴趣，促进学生自主建构；（2）通过"想一想""试一试""想想做做""找规律""思考题"等栏目鼓励学生自主探索，合作交流，经过学生的观察、操作、猜测、推理、发现，逐步培养学生的创新意识和实践能力；（3）"你知道吗?"栏目生动有趣，能帮助学生了解数学知识的产生、发展过程以及它们的应用，了解数学的价值。

西师大版：（1）内容题材丰富。多选用直观形象、生动有趣的内容，贴近学生生活，形象地呈现学习材料，有利于促进学生对数学的认识和理解。（2）以多样化的形式揭示数学知识的形成和发展过程，注重数学知识的应用，注重引导学生通过观察、操作、实验等方法，开展自主学习、合作交流，有助于学生主动探索数学问题，获得知识，培养能力。同时，注重城乡题材的全面展现，具有比较广泛的适用性。（3）设置的"课堂活动"栏目为学生提供了动脑、动口等自主探索的机会，"数学文化"等栏目促进了学生对数学的认识和理解，渗透了数学的文化内涵。

冀教版：（1）教材的选取有一定的时代感，也比较贴近儿童生活实际，有利于激发学生的学习兴趣；（2）关注学习过程，重视学生在教学活动中的亲身探索与实践，一些实践活动的编排有助于培养学生综合运用已学的知识来解决实际问题的能力；（3）"自主小天地""身边的数学"等栏目，较为新颖，富有童趣，符合儿童的心理特点。

青岛版：（1）能把丰富的情景与具体的数学知识内容有机地结合起来，从情景出发，通过"问题串"引导学生自主探索、合作交流，以致自己发现问题和提出问题，在解决问题的过程中，理解知识，提高能力；（2）设置了"我学会了吗?""丰收园"等一系列栏目，提供了学生之间、师生之间数学交流的渠道，还通过介绍数学史料等内容进行人文精神熏陶，有利于实现数学课程的情感、态度和价值观等方面的培养目标；（3）内容兼有地域特点和时代气息，选材范围比较广泛，比较注意该年龄段学生的心理和学习特点。

经试用，依据《义务教育数学课程标准（2011年版）》上述六种版本的小学数学教材都进行了修订，出版了相应的《义务教育教科书（数学）》（一至六年级）。这些教科书凝聚了基础教育课程改革专家学者、教研人员、一线教师的理性思考和实践智慧，反映了多年来教材研究的成果。六套教材均于2013年经国家基础教育课程教材专家工作委员会审查通过。

广东省"中小学数学课程教材改革与发展研究"课题组对其中五种版本教材中的特色板块进行了分析研究，认为都能依据学生的年龄特征、心理特点和认知规律，按由易到难、循序渐进、螺旋上升的原则进行编排。体现了强调以活动为载体，重视数学思维训练，知识编排呈螺旋上升，关注学生情感发展等特点。各版本的特色板块如下（西师大版为作者所加）（表3-3）：

表3-3　各版本教材中特色板块名称及分布情况

版本	特色板块	年级分布
人教版	数学广角	一至六年级
北师大版	数学好玩	一至六年级
苏教版	解决问题的策略	三至六年级
西师大版	数学文化(你知道吗？)	一至六年级
青岛版	聪明小屋	一至六年级
冀教版	探索乐园	一至六年级

（广东省教育研究院，中小学数学课程教材改革与发展研究课题组，2016：238-245）

现行教材的内容较第八次课改以前的教材作了较大幅度的增添和删减；在内容编排上遵循了由浅入深，循序渐进，螺旋上升的原则，体现了"基础性、普及性和发展性"的课程性质；在素材选择、编排体例上努力体现最新课程理念，改变过去"例题—结论—练习"的编写模式，采取"问题情境—建立模型—解释、应用与拓展"的编写模式，既凸显教材内容与现实生活的联系，又利于学生逐步掌握基本的数学知识和方法，形成良好的数学思维习惯和应用意识，为教师的"教"和学生的"学"注入了新的内涵。（金成梁等，2013：76）

新课标教材的共同特色主要体现在以下方面。（1）追求以学生为本的理念，以实现学生的全面发展为根本目标和中心任务，重视学生的主体地位和个体差异。选取内容编排较合理，体现了科学性、人文性、文化性与时代性，总体内容编排能紧密联系学生生活实际，以真实生活为背景，注重激发学生兴趣且尊重学生个性差异。（2）不仅重视知识的呈现，也重视知识发生过程的呈现。教材中设计了大量实验和活动，让学生在教师的引导下，通过体验、探究积累知识，提高能力，获得技能和技巧，有利于学生综合素质的培养。（3）注重多样化和开放性。鼓励学生自主思考，形成对问题的不同看法，并激发学生主动交流，使他们在交流中相互启发，碰撞出新的思想火花，给学生和教师更多自由发展的空间，既能拓展学生的思维，又能提高学生的交流技巧。（魏运华等，2011）

人教社李海东认为，21世纪我国各版本数学教材有如下共同特点：（1）重视数学知识与实际问题的联系，反映数学的实际背景与应用；（2）重视数学知识的形成过程，加强教材的启发性和探究性；（3）改进教材的呈现方式，提高学生学习数学的兴趣；（4）介绍有关数学背景知识，体现数学文化的价值；（5）注重信息技术与数学课程的整合，提高教与学的效益。（曹一鸣、梁贯成，2018：157）

宋乃庆等认为新课标颁布后，不少版本教材均展现了一些易教利学的优势：（1）题材丰富多样，紧密联系学生的生活实际；（2）呈现形式图文并茂，利于激发学生兴趣；（3）注重转变学生的学习方式，引导经历数学知识的"再创造"；（4）注重知识的形成过程，强调数学知识的应用等。就西南师大版小学数学教材而言，体现了下列特色：（1）课堂活动：注重游戏、操作、对话交流与探究；（2）素材选取：重视农村，关注西部；（3）数学文化：内容丰富而系统，呈现方式新颖；（4）综合与实践：操作性强，注重活动；（5）概念和法则呈现：注意"淡化形式，注重实质"拓展。（宋乃庆等，2014）针对修订的人教版数学教材，主编卢江认为，调整了教材结构，使内容的编排更符合认知规律；加大渗透数学思想方法力度，为学生积累数学活动经验提供更多的机会；设置过程性评价板块，为学生提供自我反思与评价的机会。（卢江，2014）

有学者运用内容分析法，对人教版、西师版和苏教版三个版本小学数学教材中的例题编写特点进行研究，发现三个版本教材的例题编写具有强调生活情境设置、图文并茂、注重关键之处的点拨、倡导合作学习等共性特点；三个版本例题编写虽有各自特点，但独特风格并不明显。为此，建议在小学数学教材例题编写中，凸显教材的特色与个性，加强联系其他学科情境，适当增加含"提出问题"提示语的例题比重等。（宋运明等，2014）

不过，对现行教材仍存在一些不同看法。比如：（1）教材理论研究有待进一步加强。缺乏先进的科学理论和系统的科学方法，教材流于表面化、经验化。（2）教材编写的特色趋于同化，各个版本教材编写风格、编写形式、编写方法等方面缺少个性，缺少地方特色、民族特色。（3）题材欠广泛。几套教材的城市化倾向明显，同一素材在教材中多处出现，如租车、公园、街道等。（4）部分实践活动内容缺乏可操作性。"综合与实践"作为一个新的领域受到了编者的重视，但有些内容由于城乡差别、设施不具备等原因，只能是看图说话或看图提问。（5）教材体系结构发生改变，由"学科结构型"向"并列项目型"转变，算术这个核心学科似有动摇。

郑毓信认为，小学数学新课程教材与以往教材相比，应当说明显地表现出了一种新的编写风格。首先，新教材特别强调与现实生活的联系，即普遍采取了"问题情境—建立模型—解释、应用与拓展"这样一种基本的编写模式；其次，新教材"致力于改变小学生的数学学习方式"，即努力倡导"探索、合作、交流的新型学习方式"；新教材在计算方法多样化与估算的普遍提倡，努力培养学生提出问题的能力等方面，也明显地表现出了新的导向。值得研究的是：如何给教师的创造性劳动提供更为充分的空间？如何进一步增强教材编写工作的科学性？如何真正实现教材的多元化并切实防止教材编写工作中的低水平重复？立足教学实践与深入的理论研究是不断提高教材编写质量的重要途径与必要保证（郑毓信，2006）。

五、数学史融入数学教材研究

数学史就其本质来说是人类数学思想的发展史，而让学生感悟数学思想是数学教育的任务之一。由此，数学史融入数学教材理所应当。有学者认为，数学史已经进入数学课程，在数学教材中，数学史内容逐渐增加；教学中越来越多的教师在教学设计中使用数学史。（鲍建生等，2013：137）

（一）数学史融入数学教材的意义

数学史是研究数学概念、数学方法和数学思想的起源与发展，及其与社会政治、经济和一般文化的联系。（李文林，2011：2）数学史不仅包含数学自身的发展、演变历程，也包含对其他学科发展的影响与关系。从数学史的纵向看，能伴随时间轴审视数学的前后发展变化；从数学史的横向看，能从以数学为中心的学科轴上看到自然科学、社会科学的发展。广泛的数学史素材丰富了小学数学教材内容，图文并茂的数学故事或数学材料增强了小学数学教材的可读性和趣味性，有助于小学生初步感受数学的发展史，有助于拓展小学生的数学知识面，有助于培养小学生良好的数学情感与态度，进一步激发小学生学习数学的兴趣和主动性。（陈朝东等，2013）张尧庭在关于数学教育现代化时指出：如何用数学的概念、数学的语言去反映、描述实际问题，是应用数学工具必须迈出的一步。数学教学远离源泉的现象是普遍的，这不仅对教学的效果带来不良的影响，而且对人素质的培养产生严重缺陷。（严士健，1994：105）

（二）数学史融入数学教育研究的主要工作

1972年，第二届国际数学教育大会上，成立了数学史与数学教学关系国际研究小组（简称HPM），40多年来，研究工作主要涉及几个方面：关于"为何"和"如何"的探讨；教育取向的数学史研究；数学理解的历史相似性实

证研究；数学史融入数学教学的实践；HPM与数学教师专业发展；数学史融入数学教材的研究等。（汪晓勤，2017：5）

2002年张奠宙在《数学教学》杂志上创办"数学史与数学教育"栏目，2005年，第一届全国数学史与数学教育学术研讨会在西北大学召开，HPM开始受到国内学术界普遍关注，但系统论述的著作不多。代表性著作有：2014年，代钦教授的《数学教育与数学文化》（内蒙古教育出版社），该书共分六编：第一编中国传统数学教育智慧的创造性转化；第二编中国近现代数学教育变迁；第三编名家数学教育思想精髓；第四编数学教育教学之思考；第五编数学教育名家访谈；第六编数学文化。正如张奠宙教授所说，该书的内容反映了我国数学教育史、中外数学教育交流史、数学文化史的发展经纬以及这些领域的研究视角、研究方法等方面的一些变革。该书在内容的甄别、观点的提出、文献的诠释、视野的开阔、手段的选择等方面有自己的独到之处。2017年，汪晓勤教授的《HPM：数学史与数学教育》（科学出版社），全书共分九章：第一章追溯了HPM的历史源流，考察了西方学者对"为什么要将数学史融入数学教学"所作的讨论，系统地阐明了HPM的学术价值和对数学教学的现实意义；第二至五章立足于"教学取向的数学知识"理论，挖掘数学史素材，通过丰富多彩的数学史实例，说明数学史在改善数学教学质量和提升教师"教学取向的数学知识"方面所扮演的角色；第六章是数学史融入教材的研究，探讨了数学教科书中的数学史内容的分析方法，并将研究对象扩展至历史上的教科书；第七章介绍了HPM的理论基础——发生原理的实证研究；第八章通过具体案例，探讨数学史融入数学教学的具体方法，展示HPM教学设计、实施和评价的过程；最后第九章探讨HPM在促进教师专业发展方面的有效性。上述著作对数学史融入数学教育带来了启示和广阔的思考空间。

（三）数学史在小学数学教材中的呈现

当前，数学教材中运用数学史还存在一些误区。例如，数学史多讲中国的，少讲外国的；中国数学史主要讲某项中国成就比外国早多少年；中国数学史的例子集中在祖冲之关于圆周率的计算上；数学史知识当作"阅读材料"，不入正文等。张奠宙教授提出，数学史教育一是要注意爱国主义与国际意识的统一，不能搞狭隘的爱国主义、沙文主义、关门主义。数学是全人类的共同财富，在科学发现上应该彼此借鉴，互相学习，共同提高，不能以己之长，说人之短，借以提高自己的信心。相反要实行"拿来主义"，把外国的一切优秀文化，包括数学成就都充分尊重，吸收过来，"洋为中用"。二是数学史成就不能只认迟早，不可用比别人早多少年作为衡量数学成就的标准。三要全面认识中国数学史，加强中国数学史研究，高师院校中应开设数学史课程。四是以发展人类文化的观点讲解数学史。（张奠宙等，2003：149–153）

关于小学数学教材中数学史内容的设计，杨豫晖等认为，要增加"学习内容引出数学史"和"数学史引出学习内容"两种设计模式，并在不同学段采用不同设计模式；体现出"文字为主""图片为主""连环画""视频光盘"等呈现方式。（杨豫晖等，2007）

教材中渗透数学史的方式众多，有学者认为，主要体现在两大方面：一方面，数学的传承性与融合性，前者体现时间维度，后者体现空间维度；另一方面，数学的应用性，即对其他学科的发展与社会生活的影响等。具体可分为四类：其一，遵从数学史的发生、发展规律，按照时间维度进行渗透；其二，按照数学发展进程中不同国家或地区的卓越贡献进行渗透；其三，从数学与其他学科之间的紧密关系进行渗透；其四，从数学对社会生活的影响方面进行渗透。（陈朝东等，2013）

汪晓勤认为，数学史融入数学教材已成为HPM的重要课题，国内的研究主要有四类：（1）对如何将数学史融入教科书作理论探讨；（2）对现行教科书中的数学史内容、呈现方式等进行统计分析；（3）对不同教科书中数学史内容进行比较研究；（4）就教师和学生对教科书中的数学史的看法、运用现状进行调查研究。汪晓勤还就数学史与数学知识的关联程度，将数学教科书运用数学史的方式分成五类，如下表（表3–4）（汪晓勤，2017：321）：

第三章　小学数学教材研究 | 173

表3-4　数学教科书运用数学史的五种方式

类别	呈现内容	功能
点缀式	插图,如数学家画像,古代数学著作的书影,反映数学主题的绘画、摄影作品等	以图辅文,图文相配;装饰、美化、人性化
附加式	数学史文字阅读材料,包括数学家生平、数学概念、符号、思想的起源、历史上的数学问题、思想方法等	追溯历史起源,提供辅助材料,补充历史知识
复制式	直接采自历史的数学问题、问题解法、定理证法等,或作为教科书开篇的学科历史溯源	提供数学问题,再现数学思想,促进数学学习
顺应式	改编自历史上数学问题的习题,或根据历史材料而编制的数学问题,或源于数学史但经过简化的思想方法	提供数学问题,增加探究机会,激发学习兴趣
重构式	借鉴或重构知识的发生、发展历史,以发生方法来引入的数学概念,或借鉴了历史以符合现代学生认知的方式来编排的知识	把握认知基础,激发学习动机,促进知识理解

　　数学教科书中数学史的呈现方式也可以分为显性和隐性两种方式。可以直接看出的数学史内容属于显性数学史,不能直接看出来但源于或借鉴数学史的内容属于隐性数学史。上述点缀式、附加式、复制式可以看作显性数学史的运用方式,而顺应式、重构式可以看作隐性数学史的运用方式。

　　朱哲等认为,中小学数学课程的改革应注重与数学史的关联。在数学课程中,一方面要展示古代数学的思想方法;另一方面应通过数学史让学生体验数学的文化价值。数学史可以以数学课本、数学读本、选修课程和专题研究等形式呈现在数学课程中,以此来推动数学课程的改革。尤其是通过过程重演、成果综述和问题拓展等形式进行的专题研究,可以培养学生的创新意识和创造能力。(朱哲等,2004)

　　通过对我国小学数学教科书中数学史料的分析,刘令等认为,从数学文化的角度理解数学,从数学文化史的角度理解数学史料,在现行小学数学教科书中不仅体现得很不够,而且还存在简单化倾向等问题,即对数学史料的理解单一、对数学史料内容的选择单一、对数学史料的编排单一等。对此,我们认为，应从文化史的角度来理解数学史料，从古今中外数学文化史中依据多种主题选择史料内容，以螺旋上升形式来编排所选择的主题史料内容。（刘令等，2008）

运用数学史进行数学教学是国际数学教育界共同关心的问题，1998年国际数学教育委员会在法国马赛组织了一次"数学史与数学教育"的专题研讨会，会议提出数学教学要充分反映数学的文化底蕴，从课程内容、概念形成、证明方法、习题配置等各个方面，全方位地使数学史融入、丰富和促进数学教学。数学文化观点下的数学史，不仅是数学成果的展示，而且要把握各民族文化发展的历史进程，看到世界各国的科学技术是如何各自发展，又是如何彼此融合、互相促进，最后形成今天这样国际通用的数学体系。

六、小学数学教材比较研究

教材比较是基于教材研究，在科学理论指导下，采用适当的研究方法描述教材的现象，比较不同版本教材在不同维度的特点，探究它们之间的相似性和差异性，为分析、评价和改进教材提供理论支撑。比较研究主要有两大类：不同教育体制影响下的中外小学数学教材的比较和国内不同版本小学数学教材的比较。中外比较的意义在于了解别国的小学数学教材情况，吸取其在小学数学教材编写方面的先进经验，进而改善我国小学数学教材的编写状况。

（一）外国小学数学教材研究

20世纪70年代，苏联的数学教育强调教学内容现代化，使数学教学内容符合现代科学、技术、文化的水准。周玉仁分析了苏联一至五年级数学教材（1977年版）认为，教材内容有三个方面：算术内容，即包括整数、分数、小数、百分数、比和比例、有理数；代数初步；几何初步。（周玉仁等，1980）其中仍以算术内容为主，代数及几何初步在一至三年级属于"渗透"，四至五年级则安排较为系统。并具有下列几方面特点：一是在保证学生掌握算术知识及提高计算能力的前提下，较早地引入代数概念和思想，并使它尽可能包括在系统的算术知识中，以有助于更好地掌握数概念、基本运算及数量关系。二是几何在大纲中占有很重要的地位。低年级教材中，这部分知识总是尽可能同数与算术运算联系起来，四、五年级教材中，几何逐渐自成体系，数形联系也显得并不紧密，并且算术和代数同几何的内容往往交替出现，一般讲三四节算术和代数就有一两节几何。三是注意引进集合等现代数学思想。四是教材编排：（1）概念早期孕伏，由浅入深，螺旋上升，以使学生对概念的认识有个反复深化的过程；（2）将有联系的概念、计算、应用题编排时尽量靠近，使学生通过比较对照，认识数学事实的异同，掌握知识体系，改变了苏联教材50年代"单打一"的办法；（3）全套教材进度先慢后快，内容广中求深，注意从各方面打好基础。显而易见，苏联小学数学教材改革的思想和内容改革，对于改革开放初期的我国小学数学教学内容的确定有一定的借鉴意义。

分析美国小学数学教材的特点，杨泽恒等认为有如下几方面：（1）十分重视数学知识的实际应用，特别是在实际生活中的应用。（2）注重数学教学的开放性。相对而言，我国的小学数学教学往往过分强调精确和严密，忽视了给学生留下开放的想象空间。（3）注重数学与其他学科的联系。美国小学数学教材的每一个单元都包含阅读材料，这些材料大都涉及数学与其他学科的联系。（4）重视估算。美国小学数学教材介绍四舍五入、首尾估算、利用相容数估算商等基本数学方法。（5）重视数据的收集处理及应用。（6）重视计算机的应用。（杨泽恒等，2001）

有学者在具体研究美国加州小学数学教材时发现（王维花，2014）：

在编写体例上，（1）重视数学教材的评价功能。加州版数学教材在编写体例上始终将形成性评价与总结性评价相结合。（2）重视数学课程标准的指导作用。加州版数学教材每册书的开头都会介绍加州数学课程内容标准的本年级部分，且每节新课的内容旁边都有课程标准的原文作为学习指示（一、二年级除外）。（3）重视问题解决与实践能力。加州版数学教材在每章内容中都设计了问题解决策略、问题解决调查以及动手活动部分。（4）重视年级之间的内容衔接。加州版数学教材在每册书的分章内容之前安排了上一年级知识回顾，分章内容之后安排了下一年级知识预习。（5）注重为学生积累学习资源。（6）重视数学游戏的作用。

在特色栏目上，加州版教材有：智慧启动（Start Smart）、问题解决策略（Problem-Solving Strategy）、游戏时间（Game Time）、家庭数学（Math at Home）、资料档案（Data File）。

在插图风格上，加州版教材的插图类型有：主题图、情境图、示意图、实景图、统计图表和标识图六种。以实景图、主题图居多；对于人物形象的设计均采用真实的小学生形象，区别于人教版卡通的人物形象，使得学习过程更加贴近实际；从插图的数量上看，加州版教材的插图比例远大于人教版教材，内容丰富且紧凑。

德国小学数学教材也具有一定特色。培养目标上，注重开发儿童的智力、培养儿童的能力，包括观察能力、逻辑思维能力、社会能力、创造性能力和解决实际问题能力的培养。内容选择上，力求"少""精""活"。编排形式上，尽量适合儿童的心理。同时，德国教材比较突出的方面还有：重视口算、笔算、估算的结合，突出估算和口算地位，重视建立在直观基础上的几何经验知识的教学，把几何知识的教学提高到一个较高的高度；重视知识的复习和巩固，并在复习和巩固中加深、加宽。（胡兴强，1993）

日本新编小学数学教材《算数》根据新的小学算数学习指导要领精简了教学内容。在内容编排上，各领域内容齐头并进、相互融合，各部分内容由易到难、分散安排。在教材编写上，重视通过操作、实验等活动抽象概括出数学知识，重视启发学生思考，重视问题解决，内容编写尽量符合学生的认知特点。（李淑文，2004）

新加坡的小学数学教材具有鲜明的特色。如，模型化方法的使用，螺旋式上升的内容编排方式，注重数学活动，注重信息技术和数学课程的整合。这些特色对中国小学数学课程教学研究有重要的启示：重视培养学生的数学问题解决能力；保持传统优势，发展"双基"教学；重视数学活动的开展。（张文宇等，2011）也有学者认为，新加坡小学数学教材的主要特色表现在：

（1）充裕的数学教学时间使教材多采用小坡度螺旋编排；（2）详尽的课程计划与严格的审核制度促使教材合理安排教学内容和教学时间；（3）完整的教材配套措施保证教师能"守住"教学的基本要求。启示我们：（1）重视小学数学教材的"本土化"建设，正确处理继承与创新的关系；（2）细化课程标准，在重视教材审核制度的基础上关注教材配套资源的审核和规范。（沈丹丹等，2010）

韩国小学数学课程与我国义务教育阶段小学数学课程具有很大的相似性，但中韩小学数学教科书在编写体例、呈现方式等诸多方面存在较大差异。韩国小学数学教科书通常采用的基本体例是，由"在实际生活中认识""活动""约定""解题的方法""熟记""趣味游戏""问题解决""生活应用"等模块多次反复拼排而成，以活动的形式加以呈现，注重教科书的"学材"特征以及生活化和应用性。（孔凡哲等，2008）

不同国家的小学数学教材都具有一定的特色，有共性的一面，也存在明显差异。在进行我国小学数学教材改革时，我们有照搬别国的教训，但学习、借鉴先进经验是我们应抱有的态度。

（二）中外小学数学教材比较

1.教材编写特色比较

有学者通过对美国、英国、法国、德国、俄罗斯、澳大利亚、韩国、日本、新加坡9个国家的12套小学数学教科书进行比较研究发现，这些国家的小学数学教科书在编写理念上普遍重视数学的基础知识和基本技能的掌握，突出创新精神和实践能力的培养；在编写方式上普遍以螺旋式为编排方式，以数学活动为编写形式，以直观形象为呈现方式，淡化形式化表述，突出数学与生活的联系。（邝孔秀等，2016）

比较分析美国EM教材、新加坡PM教材和中国人教版教材教师用书发现，三个版本教材在指导思想上存有共性：都强调"具体→抽象"这种认知方式；都期望以螺旋式上升的编排加深学生对知识的理解；都注重采取多种表达方式促进学生的认知发展。同时，由于各个国家的教育与文化背景不同，三个版本教材在指导思想上又各有特点：EM教材更注重让学生体验发现和探索知识的过程，在努力增强学生学习兴趣的基础上注重对学生认知能力的培养；人教版教材非常重视知识自身内在的逻辑联系，强调学生对基础知识、基本技能的掌握，并且擅长利用知识的迁移，以知识内部的逻辑联系引导学生掌握新知识；PM教材要求学生具有坚实并且深厚的数学基础，又希望培养学生解决问题的能力。（吴琼等，2013）

中国的人教版、北师大版和美国芝加哥大学数学项目教材中问题提出的编写有较大差异。主要表现在：问题提出数量方面，美国问题提出的编写多于中国，但百分比却低于中国；问题提出的类型方面，中国注重从已有情境中提出问题，而美国注重学生提出符合给定运算的问题；问题提出所处知识领域方面，三个版本教材的分布差异较大，但中国和美国在"数与代数"领域的编写比例都比较高，除北师大教材外，其他两个版本在综合领域的编写比例都较低；含特定要求的问题提出方面，美国教材中问题提出的编写含有更多的限定语。中国教材中问题提出的编写可以关注以下几个方面：合理增加教材中问题提出的比例，均衡各类型问题提出的分布，适当调整各知识领域问题提出的设置，对问题提出加以适当引导。（胡典顺等，2016）

以上海、日本一至五年级的教材为研究对象，对数与计算、量与计量、几何初步知识等六部分教学内容的编排特点和编写特点进行分析，曹培英认为，在编排方式上两套教材大体按适当分段、螺旋上升的教材整体结构编排。在编写方式上，上海教科书是学科特点、理性认识和练习效率，而日本教科书是学生特点、感性认识和练习兴趣，两者具有互补性。（曹培英，2000）

美国、日本、德国等发达国家小学数学教材建设存在哪些共性特点，张天孝等对此分析认为，重视问题解决、数学应用、倡导现代技术的应用等是其共性特征。由此结合我国教材建设的现状，提出构建主题化设计和开放性学习模式，增强现代技术的工具性和应用性等小学数学教材建设的建议。（张天孝等，2005）

通过中、俄、美三种教材几何情境创设的比较研究，有学者发现：（1）在课程背景方面，三种教材都比较关注"情境创设"对学生几何学习所发挥的重要作用；在教材结构方面，虽然三种教材都是以学科知识的逻辑顺序来构建教材体系，但俄罗斯教材和美国教材还是会不同程度地考虑把学生生活或者社会生活中的某些情境提炼为一个主题，将其置于单元的标题；在教材内容方面，其他两国教材在四至六年级都选择了部分拓扑方面的知识，而我国教材未有体现；在"测量"部分，我国教材与美国教材安排的内容较多；在教材内容的呈现方式上，三种教材在其具体的栏目设置中都有对情境创设的关注和体现。（2）虽然三种教材都比较关注"科学类情境"的创设，但在运用此类情境培养学生空间观念方面不尽相同，俄罗斯教材表现最为突出。（3）在结合现实生活创设情境方面，我国教材主要围绕"学生个人类情境"和"教育类情境"进行素材的选取，在"公共类情境"的创设方面素材选取相对较少，而在此方面表现突出的仍然是俄罗斯教材。（4）情境在各部分知识的分布都与其内容量呈正相关。在这一点上，我国教材和俄罗斯教材的表现无明显不同。（李雅琪，2009）

2.教材难度比较

运用数学教材难度模型，对澳大利亚Nelson小学数学教材和我国人教版的小学数学教材进行难度比较，二者都选择四年级的数学教材。研究发现：在内容广度上，澳教材明显高于我国教材；在内容深度上我国教材高于澳教材；在习题难度上，我国教材低于澳教材。结果表明：中、澳两国小学数学教材总体难度相当，但澳教材在各维度上难度较均衡，中国教材难度在各维度上有一定的波动；澳小学数学教材内容宽而不浅，中国小学数学教材在内容深度上难度较高。（王宽明，2015）

从教材的内容广度、内容深度、习题难度比较研究我国人教版与澳大利亚"新路标数学"小学四年级数学教材的难易度，发现：（1）内容广度上，人教版知识点个数比"新路标数学"知识点个数少，前者更侧重数与代数领域且着重计算；（2）在教材内容深度方面，人教版相对更加偏重知识的掌握层次；（3）在教材习题的安排方面，人教版教材中习题题量小得多，以

模仿与迁移为主，而"新路标数学"教材中的习题多得多，大多是模仿型任务，类似于一本习题集。（李忠如，2018）

徐亚等选择中国、新加坡、日本的教科书为比较对象，从认知复杂程度的比较入手，对三套教科书中分数问题认知复杂程度的广度、深度进行对比研究，认为新加坡教科书的认知复杂程度更高，中日教科书的认知复杂程度差异相对较小。（徐亚等，2015）

通过构建小学数学教科书习题分析体系，对我国和法国各一套有代表性的小学数学教科书的四年级全部习题进行定量分析，发现法国小学数学教科书的习题认知水平比我国的高，两国小学数学教科书的习题背景水平比较接近，我国小学数学教科书需要增加"迁移""探究"层次的习题，减少"模仿"层次的习题，同时适当增加"生活背景"和"科学背景"类的习题。（邝孔秀等，2015）

袁振国教授领衔的"中小学理科教材难度国际比较研究"，集中了6所师范大学的13个团队，2011年开始，从广度、深度着手，综合判断教材的难度，其成果陆续由教育科学出版社出版。选取了俄罗斯、美国、澳大利亚、德国、中国、新加坡、韩国、日本、法国、英国等十国有一定代表性的教材进行研究，从总体上看，我国理科教材难度处于世界中等水平，但广度、深度和不同知识主题的难度上表现出不同特征。其中，小学数学教材难度比较适中，初高中数学教材偏难；小学数学教材内容略少，初高中数学教材内容偏多；小学、初中数学教材习题偏难，高中数学教材习题偏易。既然我国理科教材难度在世界上处于中等水平，那为什么我国中小学生的负担会特别重呢？调查发现，原因主要是课外加码和教育不得法，并且，我国理科教学的实际难度远远高出教材的平均难度，大概高出50%~100%。（袁振国，2016：8）

（三）港台及内地小学数学教材比较

1. 港台与内地小学数学教材比较

选取人教版和台湾康轩版为研究对象，对海峡两岸小学数学教材的分数内容例题的整体结构和编写特征进行比较。研究结果表明：（1）两套教材在例题的整体结构方面差别不大；（2）在例题的编写特征方面，两套教材在例题的情境类型、表征形式、有无点拨及点拨类型、启发方法、解题方法的多样化、回答方式等6个方面均存在一定差异。可以得到如下启发：例题应为学生提供更多反思的机会，应更加重视分数的图象表征形式，应更关注儿童对分数概念的理解。（张文宇等，2015）康轩版小学数学教科书具有鲜明的特色，如学生教科书配套资源完整，内容取材融合数学史料，多样化的栏目设置兼顾教师和学生的需要。这些特色对中国小学数学课程教学研究有重要的启示：应以数学连接统整数学课程，数学史与数学课程相融合，重视小学数学教科书配套辅助产品的开发。（张文宇等，2014）

教材的编排方式一定程度上影响教师的教学和学生的学习。基于此，以分数除法这一计算教学中的难点为切入点，分别从横向和纵向两个维度对大陆（苏教版）和台湾（康轩版）教材中分数除法的编排进行比较。通过比较发现：在整体结构上，康轩版教材的例题数量多于苏教版；苏教版练习的数量是康轩版的两倍多；康轩版涉及的知识点更多，且内容难度大，但例题间难度的坡度比苏教版小。在具体内容的组织上，苏教版通过个案联系、引导猜想等过程，即通过不完全归纳得到计算法则；康轩版则从多例呈现、算法引导、发现规律等过程得到计算法则，其例题结构完整，算法前后统一。由此，小学数学教材的编写和教学实践须合理地把握教材中例题间的难度，有意识地关注教材内容所涉的数学知识的本质和境脉，凸显数学概念的深层次理解。（张平等，2018）

对香港版与西师版小学数学教材知识表征的比较研究表明：（1）教材知识表征形式方面，两版教材都是以文字表征为主，但香港版教材比西师版教材更加注重图像表征。（2）教材知识表征多元性方面，香港版教材比西师版教材更加注重多元性。（3）教材知识表征关联性方面，两版教材都比较注重知识表征形式的关联性，并都以并列关系和承接关系为主，但香港版教材并列关系所占比例大，而西师版教材承接关系所占比例大。（4）教师对教材知识表征使用情况方面，内地教师和香港教师对教材知识表征进行完全使用的情况较多，香港教师在对教材知识表征进行改编使用的部分比内地教师多，在对教材知识表征的创新使用方面相对比内地教师少。（张静，2019）

有研究者运用内容分析法，将定性与定量相结合，从教材的内容体系、例题设计、习题安排、综合难度等方面对苏教版、沪教版、香港版三版教材中"分数的认识""时间认识""垂直与平行""分数加减法""圆的认识"分别进行了比较研究，发现：

关于"分数的认识"。苏教版的内容划分注重层次性，例题表达富有趣味性，习题难度最大且重视分数的实际应用；沪教版知识点脉络清晰，例题呈现较为完整，但栏目设置单一，习题设置较少且难度水平较低；香港版注重学习总结，例题设计活泼，倾向于使用活动主题，习题分布合理，但在内容划分上过于简略。（张译文，2019）

关于"时间认识"。苏、沪版内容设置相对集中，香港版教材较为分散；三版教材体例栏目各有所长，香港版教材更具特色；香港版教材内容广度、课程深度、整体难度最大，具有参照性；苏、港版教材例题封闭性题目数量多，缺少探究意识；三个版本习题背景有待优化，科学背景普遍较少。（管玉，2019）

关于"垂直与平行"。苏、沪两版教材的内容编排偏向于螺旋式，而香港版教材偏向于直线式；三版教材的栏目设置各具特色；内容的广度和深度上，最高的是沪教版，最低的是苏教版；例题设计方面，三版教材在处理知识点的方式、表述方式和交流引导的方式上均存在一定的差异；习题安排上，苏教版的习题数量最多，沪教版的习题类型最丰富，香港版的习题难度最小。（吴双，2019）

关于"分数加减法"。香港版教材内容衔接性强，栏目设置具有个性化；香港版教材内容广度和内容深度均高于苏教版和沪教版；苏教版教材例题习题难度高于沪教版和香港版；三版教材例题习题背景单一，开放性不强；香港版教材内容整体难度最大。（沈秋，2019）

关于"圆的认识"。三版教材内容分布相对集中，香港版跨度较大；苏教版和香港版教材体例栏目设置多样化，沪教版较为单一；香港版的内容广度最大，而沪教版内容最深；三版教材的例题都注重生活与操作情境，图文并茂；香港版例题题型最为丰富，且具有开放性和问题导向；苏教版与香港版的习题富有层次感，其中苏教版习题难度最大。（张爽，2019）

2.内地不同版本小学数学教材比较

教材中的问题提出可以分为五类：改编型，原问题有完整的条件和问题，要求在对原有问题改编的基础上提出新的问题。追问型，原问题有完整的条件和问题。运算给定型，原问题没有完整的条件和问题，要求按照给定运算或运算步骤编写一个相应的数学问题。补充条件与问题型，原问题没有完整的条件，在相关条件的基础上，要求补充条件、提出问题并解答。补充问题型，原问题已有完整的条件，在相关条件的基础上，要求提出问题并解答。

通过比较人民教育出版社1994年版和2004年版两个版本的小学数学教材，有学者认为：2004年版中问题提出的百分比高于1994年版；上述五类的分布显著不同；两个版本教材中的问题提出在不同教学环节的分布有显著的差异；两个版本教材中的问题提出在不同内容领域的分布也有显著的差异；2004年版比1994年版包括了更多以图表的形式给出的问题情境。在新课程改革的背景下，对于问题提出在小学数学教材中的设置，应有相应的跟进。（胡典顺等，2015）

人民教育出版社1981年陆续出版的《五年制小学课本·数学》、1992年陆续出版的《义务教育六年制小学数学教科书》和2012年陆续出版的《义务教育教科书·数学》可作为改革开放以来不同时期的教科书代表。刘久成通过构建量化模型，以教材的内容广度、内容深度、习题难度来刻画教材的静态难度，认为40年来，三套教材所含知识点数有所增加，内容也有所变化，但内容深度变化不大，总体比较平稳；三套教材的习题难度比较接近，但在不同类型上的表现不同；40年来人教版"简易方程"教材的综合难度上升了7.93%。（刘久成，2019）以现行人教版与苏教版教材中"圆柱和圆锥"为研究对象，从形式与内容两个方面，对比研究教材呈现方式的异同。形式方面分为内容呈现顺序、图片的呈现、言语的呈现；内容方面分为概念、规则和问题解决的呈现。（左姗姗，2017）上述比较研究的框架和方法，能比较客观地反映教材的不同风格特点，值得借鉴。

"式与方程"是小学数学中非常重要的内容之一。通过对现行苏教版和人教版两个版本小学数学教科书的比较，发现两者在提前渗透代数思想、直观教学渗透方程思想、经历过程培养符号意识等方面相同；在内容编排、呈现顺序方面有差异。建议增添、调整"式与方程"的编排内容和顺序。（彭国庆等，2019）

人教版与苏教版小学数学教材是依据教育部2011年颁布的数学课程标准编写的，沪教版小学数学教材是依据上海市教育委员会2004年单独颁布的上海课程标准编写的。研究者选择这三版教材中的五个知识主题"小数的认识""简易方程""角""三角形""长方体和正方体"，从教材编排体系、内容选择与呈现方式、例题设置与习题难度等方面，运用难度模型进行文本分析和比较研究，从而发现其特色与差异。

关于"小数的认识"。三版教材在编排体系上都采用了由简到繁、由易到难的方式，结合生活情境，以学生的活动经验作为概念掌握的基础；苏教版和人教版都将小数的认识分两段分布在两个学段中，而沪教版集中安排在一个单元中；三个版本教材的概念呈现方式大多数是直观描述和归纳这两种类型，基本没有演绎的概念呈现方式。苏教版的推理水平和知识综合水平较高于其他两个版本；人教版知识呈现的逻辑性较强、难度较大，沪教版趣味性略胜一筹。（刘铭，2018）

关于"简易方程"。人教版教材内容设置较为集中，而沪教版教材较为分散；苏教版和人教版教材内容、体例、栏目安排具有多样化，沪教版较单一；三版教材开放性题目较少，多以封闭题为主，缺少探究问题；沪教版教材例题习题的难度与苏教版和人教版具有差异性。（余芳，2018）

关于"角"。三个版本教材都分在两个学段分散学习。苏教版教材内容深度居中，版面活泼有趣，呈现方式多样，倾向于使用活动角，强调学生动手操作和实际应用，但习题难度浅；人教版教材能紧密联系学生生活，综合难度和习题难度在三个版本中最大，重视学生的自我总结，练习的综合性强，注重情境的创设；沪教版教材内容简明，版面设置单一，素材较为新颖，富有时代气息，例题编写很注重细节，但练习题较少。（潘宇，2018）

关于"三角形"。三个版本教材中三角形的内容分布大体均衡；三版教材核心栏目设置上保持了相对一致性，苏教版教材单元末栏目设置最为丰富；人教版教材内容广度最广，沪教版教材内容深度最深；三版教材内容呈现方式均体现出重视几何直观的特点；三版教材均以操作型例题为主，苏教版教材例题难度最大；三版教材习题难度较为接近，均以封闭题为主、开放题为点缀。（印鹏，2018）

关于"长方体和正方体"。三个版本教材在编排上都凸显了学生的主体地位，体现了"以学生为本"的教育理念；三个版本教材的例题呈现均具有情境性，注重与实际生活的联系；人教版和苏教版教材的习题编排注重与外部知识点的联系，习题的内容不仅仅局限于本单元知识点；沪教版教材侧重体积相关知识的编排，没有设计单元整理复习板块，对单元复习缺乏重视。（吴伺芯，2018）

由此我们可以看到，三版教材中五个知识主题在教材编排体系、内容选择与呈现方式、例题与习题安排等方面的不同特点和编写特色，所提建议有助于教材的修订和使用。

七、小学数学教材研究的方法

教材分析本质上是以知识逻辑、教学逻辑、学习逻辑和认知逻辑为线索，将数学知识、教师教学、学生学习与认知评价进行分析和统整，实现准确理解教材和科学评估教材的目的。教材分析在实施上可以按照知识逻辑线、教学逻辑线、学习逻辑线和认知逻辑线四条基本逻辑线进行，分别解决"是什么""如何教""如何学""学得怎么样"四个基本问题和分析八项核心要点，即分析知识体系、教材重点、教学思路、教学方法、学习难点、学习活

动、目标定位和目标达成。（潘超等，2019）

分析研究教材主要基于教学实践的需要和教材理论建设的需要。

1.基于教学实践的需要

对于一线教师来说，研究教材通常是指教师掌握教材所提供的全部信息并对这些信息进行加工，从而使教材信息完整、准确、高效地显现出来。分析研究教材是教学过程中的重要环节，只有认真研究教材才能很好地运用教材，才能更有效地实施课堂教学。怎样分析研究教材呢？有不少教师总结了许多切实可行的方法。比如，一是明确钻研教材的依据。教学大纲是编写教材的依据，所以钻研教材也要依据大纲精神。二是遵照钻研教材的原则：（1）明确目的要求。无论哪册教材，无论什么内容，我们在钻研时，必须弄清楚它的目的要求，即要讲清哪些知识，进行哪些教育，从基础知识和基本技能上要落实什么。（2）注意科学系统。数学是一门科学性、系统性很强的科学。教学中，教师要注意它的科学性、准确性，不允许错误地传授知识。钻研教材时还要照顾到知识本身的内在联系。（3）考虑思想教育的内容。这里主要指调动学生学习积极性，培养他们严格认真的学习习惯，渗透辩证唯物主义观点。三是掌握钻研教材的方法：（1）立足本册，放眼整体。（2）概览全册，分析综合。（3）分析例题，具体实践。（河北区小学数学中心组，1979）

如何深入分析小学数学教材，有学者提出如下原则和要求：（1）目的性原则。必须弄清本部分教材要求学生理解和掌握哪些知识、技能？可培养学生哪些能力？可挖掘什么数学思想方法和思想品德教育因素？（2）整体性原则。必须弄清这部分教材以什么知识、技能为基础？分几个层次讲述？主次怎么分？它又是什么后继知识、技能的基础？它在教材中的地位如何？（3）针对性原则。要明确这部分教材的重点、难点和关键各是什么。（邓友祥，1997）

有学者提出分析研究教材包括：（1）分析教材的编排体系和知识之间的内在联系；（2）分析研究教材的重点、难点和关键；（3）分析教材中能力培养的因素和渗透的思想方法；（4）挖掘教材中情感、态度等非智力因素；

（5）研究教材中的习题。（金成梁等，2013：83-86）

上述方法主要用于教师在实施教学过程中对于教材的分析，并据此以正确的方式传递给学生，具有经验性和适用性特征。

2.基于教材理论建设的需要

有学者借助课程论与教学论的有关理论，总结出教材分析的五种角度，即社会历史、表层结构、深层结构、心理、教育功能几个方面。（蔡晓春等，1996）

有研究者认为，分析小学数学教材一般应运用整体性原理、结构性原理、相关性原理、层次性原理、有序性原理。运用整体性原理，就是不仅要注意各部分知识的功能，更要注意这些部分知识的联系和配合，从整体上把握住教材的体系；运用结构性原理，就是要把握小学数学教材结构与小学数学教材功能的辩证关系，重视对教材结构的研究，利用结构，优化结构，从而充分发挥小学数学教材的功能；运用相关性原理，就是要把握小学数学教材各个知识点，各个知识点与单元教学内容，单元教学内容与整册书之间的联系以及它们在影响学生智力活动中的作用；运用层次性原理，就是要注意整体与层次、层次与层次之间的相互制约关系，弄清知识之间的种属关系、派生关系等，以便在教学过程中对处于不同层次的知识进行正确的定位；运用有序性原理，就是要把握好阶段性与发展性的辩证关系，对于重要的概念做到前有孕伏，中有突破，后有发展。分析小学数学教材，除了运用上述原理，还应采用下列具体方法：首先要进行语言信息分析，弄清教材中语言和图表的含义，以求掌握教材的信息；其次，要进行逻辑分析，弄清教材中的概念、规律和方法的逻辑结构，以求掌握它们之间的关系；第三，要进行价值分析，对教材内容作出价值判断，以便确定某一具体内容在完成教学目标方面所起的作用；第四，要进行决策分析，即确定教学目标，选择教学方法，以便进行教学设计。（管建福，2000）

教材分析包括教科书分析和课程标准分析；教材分析应对教科书和课程标准的目标、内容、实施和评价要素进行比较分析，弄清楚其含义和特点；教材分析应揭示教材目标、内容、实施与评价要素之间的关系，发现并消除它们之间的冲突；教材分析应对教材目标、内容、实施与评价要素背后依据的原理的合理性进行分析评价，并进行改进。对教材内容进行要素、关系和组织原理分析，有助于教师理解教材、超越教材，达到用教材教而不是教教材的目的。（胡定荣，2013）

教师要多视角解读和分析教材。（1）学科知识视角。一是区分教材的知识类型，二是把握教材中学科的基本结构，三是从跨学科的视角认识学科知识。（2）学生学习视角。要考虑学生当下的学习需求，考虑学生现有经验。（3）现实生活视角。主要从学科知识的发生、发展的过程和学科知识的应用过程分析教材。（4）评价视角。从落实"立德树人"的高度来分析教材，明确体现数学的学科特性，注重学生知识理解的过程性，凸显数学核心素养。（5）文化视角。从文化的角度分析数学教材，就是要找出教材中所隐含的数学思想方法，寻找和挖掘数学教材中的"文化元"与"文化丛"。（吴立宝等，2016）在分析研究教材中的例题、习题和插图时，吴立宝等还提出：教科书中的例题具有示范引领、揭示方法、介绍新知、巩固新知、思维训练和文化育人的功能。（吴立宝等，2013）习题是数学教科书的重要组成部分，主要有消化巩固新知、拓展延伸新知、综合运用新知、思维能力训练、思想方法渗透、诊断反馈补救与育人等功能。（吴立宝等，2014）对于教科书习题功能的全面认识，有助于教师充分发挥教科书习题的价值，提高课堂教学效率。

孔凡哲以义务教育数学课程标准实验教科书为例进行了教科书质量研究方法的探索，综合运用了模型法、内容分析法、比较法、课堂实验法、问卷调查法和访谈法等，对教科书进行内在质量的静态分析和外在质量的动态分析，认为教科书研究方法呈现多元化趋势，中小学教科书经验式研究是必需的，但是更需要实证方法与思辨方法、定量方法与定性方法的相互结合。（孔凡哲，2008：2）

3.教材研究的问题和基本范式

范良火等提出，数学教材研究的目的是探究数学教材改革、发展和使用的规律，促进以研究为基础和动力，提升数学教材开发和编写水平，提升教材使用效果，从而整体提高数学教育的质量，并给出了研究的问题分类框架（表3-5）。

表3-5　数学教材研究的问题分类框架

类别	数学教材研究的问题
1. 教材作为研究的对象（基本问题：教材是什么样的？或教材的特征是什么？）	数学教材的特征是什么？数学教材是怎样呈现知识的（如特定的内容、类型等）？问题解决是如何呈现的？数学教材是如何反映意向课程标准的？数学教材是如何反映某些教学思想或方法的（如合作学习，建构式学习等）？……
2.教材作为因变量（基本问题：教材是如何受到其他因素影响的？）	教材在某个或某些国家是如何产生的？哪些因素造成了不同系列教材之间的差异？不同的团体（如政府、数学家、数学教育者、课程专家、教师）在课程发展中扮演着什么样的角色？不同的社会文化或政治价值观是如何影响不同教育系统下的数学教材发展的？……
3.教材作为自变量（基本问题：教材是如何影响其他因素的？）	教材怎样以及在多大程度上影响数学教与学的行为？教材是如何被教师和学生使用的？为什么这样使用？教材对学生数学学业表现有着怎样的影响？教材是如何传递不同教育系统或课程标准（大纲）所拥有的社会文化、政治和价值观的？……

到目前为止，有关教材的研究主要集中在上表中的第一类，关于第二和第三类问题的研究正在受到越来越多的重视，不过总体上还较少，尤其是关于教材开发方面的研究还很缺少，也很有挑战性。（范良火，2016）

教材研究有量化和质化两大基本研究范式。（张倩等，2016）

量化研究主要有内容分析法、调查研究法。内容分析法的典型特征是非介入性，即强调在不影响研究对象的情况下对教育资料进行分析，主要适用于对静态的教科书文本的内容特质进行描述性的分析。调查法的对象并非教科书文本，而是与教科书生产、发展过程相关的利益群体，其中最为常见的是教师与学生，这类研究通常聚焦于特定利益群体对教科书内容的理解、使用、评价以及意见等。

质化研究主要有民族志和话语分析两种方法。民族志是以达到对社会事件和特定文化的深度理解和解释为目的的。话语分析从知识论的层次确立了一种对我们所存在的（或所观察的）生活世界批判怀疑的态度，认为知识是社会建构的，而"话语"之所以值得探究，在于其作为一种社会实践或文化实践，反映了其所产生的生活世界中的复杂的权力博弈，是特定的历史文化背景留下的轨迹，也是人们互动、沟通和交往的前提。

有学者认为，对教材文本进行分析，没有绝对统一的方法。其中，比较法、内容分析法是两种主要方法。在对文本进行内容分析时通常包括：内容难度、课程容量、课程的综合性、社会性与教育性。在对教材结构进行分析时，通常包括：教材的组织方式（如螺旋式、直线式）、教材的价值取向（如学科型、经验型）、教材的体例风格。（马云鹏，2016：94-98）

当前的教科书研究偏重内容分析法，方法的单一将限制教科书研究内容的深入。未来的教科书研究必须重视理论深化，建立广阔的研究视野和反思意识；加强体系建构，打造完整的教科书研究方法体系；促进范式整合，推动教科书研究范式由单一走向综合；注重合理转化，将其他学科方法论转化为教科书研究方法论。（王攀峰，2017）

内容或文本分析的方法以及比较的方法，往往聚焦于数学教材的特征或对所关心的数学内容、数学思想或方法等进行客观、系统的定量或定性分析。教材的比较研究则是在教材分析的基础上，进一步对多套教材之间的相似和不同方面进行比较，并对有关原因作出解释和探讨。此外还应有历史的方法、文献法、定量统计的方法，等等。从总体上看，关于教材研究方法的探讨相对缺乏，随着近年教材研究领域学术成果的积累，专门探讨教科书研究方法的论文有望增加，系统的方法论构建将更好地指导教材研究的实践。

第三节　小学数学教材研究反思与展望

70年来，小学数学教材建设成绩斐然，教材研究领域不断拓展，教材研究理论逐步丰富。进入21世纪以来，随着课程改革深入，教材的编写理念、结构体系、内容设计与质量评估等方面越来越受到全社会的普遍关注。教材无小事，牵一发而动全身，只有通过教材研究，才能促进教材建设，提升教材质量。反思我们走过的历程，小学数学教材研究仍面临诸多挑战。

一、小学数学教材研究反思

（一）充分认识当前教材研究中存在的问题

从已有研究来看，当前教材领域还存在若干比较突出的问题值得高度重视。比如，大中小学教科书整合不够。教材之间存在的重复现象、倒置现象，缺乏必要衔接。教科书质量评价标准缺乏科学性、权威性、操作性，审定者偏于学科专家。教科书质量缺乏审定后的有效监控，没有过程监控，没有淘汰和退出机制。校本教材偏离预期目标。课程改革强调的是校本课程，但实施中校本课程几乎都把重心转向校本教材，校本教材发展很不平衡，质量悬殊，是教材管理的空白处。（石鸥、张文，2017：64-72）李倩等采用文献计量学与文本分析的方法研究发现：与课程研究相比，教材研究规模相对较小，存在理论提升不足的问题；对教材编写理念与编写体例的探索以及教材体系建设，均受到课程改革与课程标准的影响；知识体系建设、学习内容筛选、学习活动设计是学科教材研究的重要关注点；电子教材、教材开发与使用、教材评价是未来教材研究领域亟待深入挖掘的研究内容。（李倩等，2019）

（二）积极探索教材研究方法论体系

教材研究方法的理论建构需要不断探索。近二十年来，我国学者在积极借鉴国外教材研究方法的同时，也在探索中国教材研究方法论。文本研究法、比较研究法、历史研究法等得到广泛应用，相对而言，实证研究、实验研究的数量仍然偏少。将教材碎片化并加以编码而形成的数据库为教材研究增加了可检索性、客观性和可积累性，但以数据库为依据开展教材研究的科学性水平，必然有赖于数据的来源、数据的切分与编码、基础数据库的建设以及二级数据库中主题的建构。教材研究方法的科学化仍然有很大的拓展空间。同时我们看到，研究方法的规范与创新必然会带来教材研究内容的突破与更新，未来的教材研究应积极主动地运用这些研究方法。数学教材分析应注意到对分析方法使用的重视，特别是研究理论的指导和分析框架的构建，比如，立陶宛的里卡达斯·库德兹玛（Ricardas Kudzma）等人运用格雷马斯符号学理论分析了数学教材，英国的杰里米·伯克（Jeremy Burke）运用社会符号学分析了学校数学及其效用等，值得借鉴。（卢萍等，2015）

（三）数学电子教材面临新的挑战

电子教材作为数字多媒体学习资源逐渐受到关注，并成为课程与教学变革的重要环节。国内对电子教材的研究，内容很丰富，研究主题呈现很强的聚集性，涉及研发、应用、评价、教育出版等多个方面，但研究深度不够，并且理论层面的探索占很大比重，实践、应用等方面的研究尚待深入。从整体来看，电子教材研究主要集中于梳理发展历程、辨析概念内涵等方面，而从实践层面探索电子教材的开发与应用较少，具有较大的拓展空间。（李倩等，2019）

以色列海法大学的米哈尔·耶鲁斯哈米（Michal Yerushalmy）教授在她的《挑战教材的权威作用》大会报告中认为，有两个方面的问题应该引起电子教材的关注：一是数字化典藏发展的非时序性方式，二是多种交互对教学资源重组的效果。交互式电子教材相对传统教材的权威性和稳定性，可以更好地满足教师的主观需求和个性化需要，这需要一整套的设计观念和想法。（卢萍等，2015）周小川等认为小学数学数字教材建设面临三大挑战：一是夯实"四基"，培养学生的数学素养；二是改造数学教学和学习方式；三是开发学科学习工具，并提出对应的思路和方法。（周小川等，2019）

我们不难体会到，数字技术在数学教育中发挥的作用越来越大。在网络化、数字化、信息化快速发展的时代，数字化教材的开发、实验、推广和使用研究应该成为未来数学教材研究的一个重点。不过，围绕纸质教材开发的多项电子配套资源，如电子书包、电子课件、远程教育光盘、录音带等，虽然图文并茂、操作性强，将传统教材静态、单维、线性编排的方式扩展为多维网状体系，能跨越时空等因素的限制，但立体化教材资源不宜泛化，应"宜精不贪多"，要充分考虑学生的学习时间与接受水平等因素，以免加重学生的学习负担。

（四）加强教材比较的科学设计研究

我国小学数学教材的比较研究起步较晚。改革开放之前，只有一些零星成果，主要是外国课本的简单介绍；改革开放之后进入到初步探索时期，研究成果有所增加，关注的领域也有所增多，但对于国外的教材研究主要涉及少数发达国家。21世纪以来，数学教材比较成了研究的热点之一。但总体来看，我国研究者将学习的目标更多地投向了同属东亚文化圈的日本、韩国、新加坡，以及教育发达的美国、英国、德国和俄罗斯等，涉及的国别仍不够宽广，所选择的版本一般都是现行教材，而对于不同时期的教材比较缺少研究。

在教材比较的维度设计上，通常涉及编写理念、编写方式、结构体系、呈现方式、难度水平等，也有从价值取向、情境创设、问题提出等角度进行比较，维度设计的学理依据有待加强。

教材难度比较，通常运用难度模型进行量化表达，史宁中和孔凡哲以及王建磐和鲍建生等学者提出了数学课程的难度模型，也有学者在此基础上进行了新的建构，不同的难度模型都有其合理性，有各自的适用性，这些不同模型的相关性如何，以及其对于相同教材的难度刻画会不会存在显著差异，还需要深入研究。

小学数学教材承担着将国家政策、课程标准转化为实际教学内容的责任，在数学教育中扮演着重要角色。比较研究不同版本的小学数学教材，能发现不同版本教材的差异和特色，以便相互借鉴，改进教材编写，提升教材质量，同时拓展教材研究视角，有利于提高教材研究的科学性。

二、小学数学教材研究展望

由于数学教材在整个数学课程计划和实施以及在提高课堂教学质量中的重要地位，数学教材研究在过去的几十年中已经在国际、国内数学教育界受到越来越多的关注。回顾教材研究成果，静态的要素分析仍然居于主流地位，而且教材编写、使用及评价研究往往是相互独立的。（李倩等，2019）2014年7月29—31日，挪威艾尔德大学的巴布雷·格雷夫霍尔姆（Barbro Grevholm）在英国南安普敦大学召开的"数学教材研究与发展"国际会议上指出：各级教育系统对比较研究和内容分析研究仍然存有高度兴趣；研究问题的范围一直在扩大，但是研究缺乏明确的延续性，没有纵向研究；尽管课程材料的范围也在不断扩大，尤其出现了数字资源，但是很少有研究针对纸质教材和数字资源整合的；缺乏国际教材研究议程的商定。（卢萍等，2015）美国学者魏布雷讷（Weinbrenner）在谈到教材分析时也指出，教材研究存在三类缺失：理论缺失，经验缺失，方法缺失。（黄显华等，2002：168）在今后的数学教材研究中，将会呈现以下发展趋势：

教材研究领域将会得到拓展；研究的基本框架将会逐步建立，数学教材难度、深度与广度研究受到持续关注；研究方法将会进一步完善，动态与静态、定性与定量的教材研究将被合理运用；数学教材作为中间变量与其他教育因素之间关系的研究将成为研究的主要方向，如教材对学生学习与发展的具体影响、教材对教师教学组织的影响以及师生如何评价教科书等问题都值得关注；在规范的研究设计指导下，探究教材从编写到使用的真实情况，加强编写与使用的互动反馈；数学教材的研究将得到进一步重视，研究核心力量将进一步加强，从而激活学术共同体的研究使命，为教科书研究新的征程凝心聚力；注重多元比较研究，形成对话、借鉴、融合的研究生态，研究成果将进一步为国内数学教材的编写和修订提供建设性的建议和意见，进一步推动基础教育数学课程改革。

动态的电子教材成为发展的必然，未来教材将更具交互性、更具人性化、更关注评价，教材的发展是一个逐步走向完善的过程，未来教材对使用者会带来更多的挑战。范良火认为，教材研究必须更多地作为严谨的科学研究，需要更具坚实理论基础、视野更广和更具系统性的研究，需要更多的实证性教材研究和关于学生学习成果数据分析的研究，需要更多的直接专注于教材发展问题的研究。（范良火，2015）数学教材研究、编写和应用是一个循环反复、逐渐完善的过程，在这个过程中会面临诸多挑战。因此，未来数学教材建设将基于更坚实的理论基础，更加宽广的视野，形成更加完备的教材体系。

第四章 小学数学教学研究

数学教学研究是我国中小学数学教育研究中最活跃、研究内容最丰富的领域之一。数学教育理念的变革、课程内容的变化、学生发展的需求等均要通过教学研究的实施来实现，可以说数学教学研究推动了我国数学教育的变革与发展。

第一节 小学数学教学研究历程

对于小学数学教学研究来说，新中国成立70年来，基于我国社会发展的历史背景与特殊情况，小学数学教学研究历程大致可划分为三大阶段：第一阶段为新中国成立到"文革"结束（1949—1976），这是我国小学数学教学从模仿苏联到本土构建阶段；第二阶段为改革开放初期至20世纪末（1977—2000），这是我国小学数学教学从恢复发展到创新提升阶段；第三阶段为21世纪初至今（2001—2019），这是我国小学数学教学开启了新世纪的全面探索与变革阶段。

一、小学数学教学从模仿苏联到本土构建（1949—1976）

1949年新中国成立后，建立新的基础教育体系成为当时亟待解决的一个问题。小学数学作为基础教育的一门重要学科，其教学大纲（课程标准）的研讨与制订、教科书的选择与编写、教学方法的借鉴与构建等需要全面研究与采用。在1949年12月23日召开的第一次全国教育工作会议上，探析了改造新中国成立前旧教育与发展新教育等问题，提出了"建设新教育要以老解放区新教育经验为基础，吸收旧教育某些有用的经验，借助苏联教育建设的先进经验"。首先是提倡学习与借鉴老解放区的教学经验，贯彻理论联系实际的教学原则，要求教学内容有机地结合社会实践。1950年7月，教育部制订了《小学课程暂行标准（草案）》，其中《小学算术课程暂行标准（草案）》也是新中国成立后我国的第一个小学数学教学大纲，它规定了教学目标、教学内容，提出了教学方法的指示性意见，并要求用五年时间完成小学算术的教学。与此同时，中央教育部决定从秋季起全国选用由华北人民政府审定、刘松涛等编写的老解放区课本，以及由原大东书局出版、俞子夷编写的算术课本。

其次是全面模仿、学习苏联。1950年12月凯洛夫的《教育学》中译本在中国出版，之后叶希波夫、冈查洛夫合编的《教育学》等也相继翻译出版，当时国内的教育界掀起了一股学习苏联教育理论的热潮。苏联的教育思想、教育内容和教育方法等各方面都深刻影响着我国的各级教育，小学算术教学也毫不例外。算术教学方法的主要变化是：（1）课堂教学采用凯洛夫教育中所倡导的"五个环节"的教学模式；（2）教学中强调直观教学的原则，运用各种直观教学手段，帮助儿童理解数学概念与数量关系的基本知识；（3）改革应用题的教学，注重分析题目的数量关系。1951年人民教育出版社翻译、出版了苏联普桥柯的《小学算术教学法》，全面介绍了苏联小学算术教学方法，1952年的大纲与小学数学教材就是以苏联的为蓝本。1955年9月，我国中小学教师访苏代表团到苏联访问和考察，回国以后，代表团分组到北京、上海、天津、武汉等16个城市作报告，介绍苏联的教育教学经验，大量的教育杂志刊登了此代表团所作的"学习苏联小学算术教学的体会"。这些学习交流活动把苏联的课堂教学结构、五级记分法、直观教学方法，以及数学的口算教学方法和应用题教学方法等进一步作了讲解与分析。

这段时期我国的数学教学"全盘苏化"，强调"三中心"原则，教师是教学的主宰。教学中大力提倡"五条教学原则"：直观性原则、系统性原则、巩固性原则、量力性原则、自觉和积极性原则。在课堂教学中以学生学习过程"感知—理解—巩固—运用"为依据，建立起以"三中心"为主要特点的教学模式，采用综合课"五个环节"教学模式，即组织教学、复习旧课、讲授新课、小结、布置作业。在当时的历史条件下，借鉴苏联在教育科学方面的理论和已积累的三十多年的实践经验，对提高当时教学质量以及今后进行小学算术教学的改革都产生了积极的作用，促进了我国中小学数学教学的快速重建与实施，提出了"为使儿童获得牢固的、深刻的算术科学知识而努力"的要求，强调加强基础知识教学，注意讲清概念，注意直观教学，注意复习巩固等做法。但借鉴过程中也存在着机械地模仿照搬，以及对我国的本土经验重视不够的问题。

1958年中共中央提出了"鼓足干劲，力争上游，多快好省地建设社会主义"的总路线，在全国范围内掀起了一个"大跃进"的高潮。随后，教育界也提出了"教育大革命"的口号，在全国范围内各地相继开展了缩短学制和改革教材的"群众性"的教学改革实验。教育部发布了《关于小学算术课本临时措施问题的通知》和《小学各年级算术教材精简和补充纲要》，同时，人民教育出版社编辑出版了一套六年制暂用课本。在"教育大革命"期间，在"左"的错误思想指导下，浮夸之风也吹进了教育的各个领域，产生了教学要求过高、过急，忽视基本知识教学，导致教学质量下降等系列问题与教训。但这也是新中国成立后我国经过自己的教学改革实践编写的改革教材，在当时实践与研究的基础上，这套教材部分地摆脱了苏联经验的束缚，解放了教育教学的思想。随后在"调整、巩固、充实、提高"的八字方针下，1963年8月，教育部颁发了六年制的《全日制小学算术教学大纲（草案）》，这是新中国成立后的第四个算术教学大纲。这个大纲注重算术基础知识的概括和提高，要求加强计算能力的培养，加强培养学生解答应用题的能力。学者针对加强基础知识教学和基本技能训练的目标要求，提出了精讲多练的教学方法，如1963年3月《人民教育》发表了"改革数学教材需要改进相应的教法"一文，明确指出"中小学生数学科中基本技能的训练，主要是培养学生的计算能力、逻辑推理能力和空间想象能力。数学教学上首次提出了三大能力（运算能力、逻辑推理能力、空间想象能力）的培养问题，强调理论联系实际""数学与生产劳动相结合"，教学中还注重"精讲多练"等，开展了我国小学数学教学的本土构建。

1960年"教育大革命"期间，"黑山经验"的总结推广对当时的数学教学产生了较大影响。辽宁省黑山北关小学对小学算术的教材和教法进行全面改革，提出了"精讲多练，学、练、用分步走"的教学方法。此后，在全国各地学习交流的基础上，"精讲多练"作为一种教学方法得到了进一步发展。1964年4月2日，上海《解放日报》《文汇报》发表了"育才中学改革教学方法减轻学生负担"的典型经验，育才中学提出了"紧扣教材，边讲边练，新旧联系，因材施教"的十六字经验。这一经验的发表引起了中小学教育界的普遍关注和重视。"学习育才，改革教学"一时成为许多地区教学改革的中心议题，小学算术教学也不例外。1963年的《全日制小学算术教学大纲（草案）》公布后，强调要加强基本知识和基本技能的教学，提高基本口算能力的问题又引起人们的关注。1963年，杭州大学孙士仪在总结中国传统的计算练习经验的基础上，设计了一套训练儿童基本口算能力的"直条式"计算练习片。这套练习片是以整数四则中的基本口算内容为重点，分作100片，每片30道题目，各有一个中心内容。当时华东师范大学的邱学华在学习苏联教学法经验的基础上，自行设计和编制了一系列配合教材的"口算表"练习材料，同样采用分散练的办法，大面积地试验下来，也取得了良好的教学效果。1964年邱学华在上海、江苏、浙江、武汉、广州、郑州及北京等地对基本口算与笔算的关系问题作了专门的调查和分析研究，研究结果表明基本口算与笔算有极显著的正相关。

在总结与反思全国各地教学改革经验的基础上，1966年的大纲体现了加强"双基"的精神。大纲明确指出："为了保证学生牢固地掌握算术基础知识，具有上述这些能力和空间观念，并且能够灵活应用，必须切实加强练习，练得少，就不可能熟练。但也不宜盲目地多练，给学生增加不必要的负担。练习要有明确的目的，既要全面，又要有重点。"

二、小学数学教学从恢复发展到创新提升阶段（1977—2000）

"文革"结束后，教育系统拨乱反正，针对当时忽视系统知识的学习，片面强调政治挂帅、开门办学等问题，对小学数学的教学内容和教学方法进行深刻的反思，针对当时科学技术的发展，社会对人才的需求，为了培养建设四个现代化人才的需要，1978年的大纲继续强调加强"双基"，并根据时代要求又提出发展智力的要求："小学数学教学，要使学生不仅长知识，还要长智慧。""要经常注意启发学生动脑筋、想问题，逐步培养学生肯思考问题，善于思考问题。"针对这些新的提法与要求，众多研究者对发展智力与强调"双基"的关系问题、培养学生自学能力的问题、小学数学的学法问题、小学数学的思维训练问题、小学数学能力结构问题等进行教学实验研究，推进了我国小学数学教学的发展。1984年在全国推广马芯兰的经验，使"加强'双基'，发展智力"的思想，得到进一步的发展和落实。

从80年代开始，我国小学数学教学开展各种新教学法的实验，如学习与借鉴国外的"发现教学法""探究—研讨教学法""掌握学习法""程序教学法"等，也有我国自己开展的教学法实验，如"目标教学法""尝试教学法""情境教学法""自学辅导法""异步教学法""联想—迁移教学法""读讲精练教法""综合构建教学法"等，呈现出一派竞相实验、百花齐放的教学改革景象。这些各具特色的教学改革，极大地推动了我国小学数学教学水平、教学质量的提高，为建立我国小学数学教学法体系提供了素材与支撑。

20世纪80年代后半期，加强"双基"，重视发展智力又重视非智力因素的作用等成为我国中小学数学教学的主流。1986年，国家教委在1978年大纲基础上，修订颁布了《全日制小学数学教学大纲》，除强调重视发展学生的智力外，还必须重视非智力因素的作用。《全日制小学数学教学大纲》中提出："通过数学的实际应用，不断地对学生进行学习目的的教育，激发学生学习的积极性，培养学生的学习兴趣。""通过教学的训练，使学生养成书写整洁，严格认真的学习习惯和独立思考、克服困难的精神。"广大教师通过对大纲的学习和贯彻，引起了对这个问题的重视和研究。一些学者充分认识到非智力因素能促进学生智力因素的发展与统一，非智力因素的强调与培养有利于教书育人，提高教学质量，培养全面发展的人才，有利于学生心理品质培养。

从20世纪90年代开始，整个教育工作从应试教育向素质教育转轨。1993年《中国教育改革和发展纲要》的颁布，使得我国整个基础教育工作从应试教育向素质教育转变，要求实施"面向全体学生，全面提高学生的思想道德、文化科学、劳动技能和身体心理素质"的素质教育，促使小学数学教学开始研究如何实施素质教育，开始研究素质教育的目标、内容、途径等。

三、小学数学教学开启新世纪的全面探索阶段（2001—2019）

进入21世纪，通过实施数学课程标准，进一步推动了素质教育。2001年教育部颁布《全日制义务教育数学课程标准（实验稿）》，自此我国展开了基于数学课标的数学教学改革。改革吸取了大量国际数学教育的新理论、新思想和新方法，增加了统计、概率、几何等初步知识，强调数学的"问题解决"，关注学生学习方式的转变，促进思维发展。在教学实践、改革争议、课改反思、调查研究、征求意见等基础上，2005年启动了课程标准的修订工作，2012年《义务教育数学课程标准（2011年版）》发布，强调加强"双基"，增加了数学基本活动经验和数学基本思想，提升为"四基"，使中国的"双基"教学有了新的发展，并增加具有中国传统特色的算盘，适当降低了统计、概率、几何等初步知识的要求。

2014年3月，教育部印发了《关于全面深化课程改革，落实立德树人根本任务的意见》，正式提出核心素养体系概念。2016年9月13日，在北京师范大学举行了中国学生发展核心素养研究成果发布会，确定了我国学生发展核心素养以"培养全面发展的人"为核心，分为文化基础、自主发展、社会参与三个方面，具体表现为人文底蕴、科学精神、学会学习、健康生活、责任担当、实践创新六大素养。对小学数学而言，其具体核心素养指什么？研究者尚未确立。史宁中认为数学核心素养是指具有数学特征的、适应个人终身发展和社会发展需要的人的思维品质和关键能力，主要包括数学抽象、逻辑思维、数学模型，通俗地说就是学会用数学的眼光观察世界，会用数学的思维思考世界，会用数学的语言表达世界。（史宁中，2017B）曹培英认为小学数学学科核心素养包括数学内容领域和数学思想方法两个层面，具体可分为抽象、推理、模型、数据分析观念、数感、空间观念六个要素。（曹培英，2017）马云鹏、殷春阳提出在小学数学教学中培养学生核心素养的七条策略：选择数学核心内容，进行单元整体分析；优化课堂教学目标，明确核心素养定位；把握学生认知起点，了解学生的前概念；合理设计问题情境，关注学习的发生和迁移；引发学生认知冲突，暴露学生思维过程；抓住教学内容本质，组织深度探究活动；激发学生学习需要，经历完整学习过程。（马云鹏等，2018）

　　为深化数学课程改革，进一步落实数学核心素养，"大概念""大问题""核心概念""单元整体教学""课程单元""深度学习""深度教学"等教学理念与教学改革不断提出与践行。如2014年教育部基础教育课程教材发展中心组织专家团队，开展了深度学习教学改革项目，以有效地深化基础课程改革，落实学生发展核心素养及课程标准的实践途径，已取得了许多研究成果与实践素材。他们提出小学数学深度学习是以数学学科的核心内容为载体，以提升学生的综合素养为目标，整体分析与理解相关内容本质，提炼深度探究的目标与主题，了解学生特定内容的状况，通过精心设计问题情境，引发学生认知冲突，组织学生全身心参与学习活动，围绕具有挑战性的学习主题深度探究，使学生体验成功、获得发展的有意义的学习过程。（马云鹏，2017）

　　新中国成立70年来，从以上我国小学数学教学研究阶段的发展可以发现，学者对我国小学数学教学的认识日趋全面，数学教学从学习苏联经验发展到自我本土构建，从个别数学教学方法的模仿与照搬发展到逐步建立具有中国特色的小学数学教学法体系，从关注教师的教发展到强调学生的学，从强调基础知识到学生的全面发展，我国的小学数学教学不断走向理性、科学，从学科的表层教学走向文化的深入思考。

第二节　小学数学教学研究主要成就

系统梳理70年来我国小学数学教学研究的主要成果，可发现在教学原则、教学模式、教学方法、教学过程、教学策略、教学改革实验等方面进行了较多的研究，其研究成果主要如下。

一、小学数学教学原则研究

《现代汉语词典（第5版）》把"原则"定义为"说话或行事所依据的法则或标准"。人们行数学教学之事必然要遵循一定的原则，以有效地规约与指导数学的教学。众多数学教育者各自的出发点不同，对数学教学原则有着不同的论述，提出了许多不同的数学教学原则的概念、内容与体系结构。

（一）小学数学教学原则的界定

小学数学教学是数学教学的一个下位概念，大多数的数学教学原则也适用于小学数学。学者对数学教学原则存在诸多不同的看法。如曹才翰等认为数学教学原则是根据数学教学目的，反映数学教学规律而制定的指导数学教学工作的基本要求。根据教学原则实施数学教学，是提高数学教学质量的保证，是老师在教学中必须遵循的基本准则。由于数学教学是一门实践性很强的科学，这决定了数学教学原则来源于数学教学实践，是由实践经验提炼而成的，是数学教学实践的理论抽象，反过来又指导数学教学实践。（曹才翰等，1989：205）田万海指出数学教学原则是数学教学取得成效必须遵守的基本准则，它来自数学教学实践，反过来又指导教学实践，成为教师教学过程中实施最优化教学的指导原理。（田万海，1993：157-158）王子兴认为数学教学原则是数学教学工作所必须遵循的基本要求与指导原理，它是在基本的教学论原则指导下，以数学的教学目的、数学的特性、学生的数学认知能力发展的基本特点等为依据而确定的。（王子兴，1996：114）周学海提出数学教学原则是指依据教学原理和必须遵循的基本要求，是人们对教学规律性的一种能动反映。（周学海，

1996：386）周春荔等指出数学教学原则是在一般教学原则之下根据数学教育、教学目的，反映数学教学规律而制定的指导数学教学工作的根本要求。（周春荔等，2001：272）数学教学原则是数学教学工作的准则。（齐建华，2001：148）数学教学原则就是数学教学的活动中，成功地实现教学目的，完成教学任务而应遵循的基本准则与规范。（罗增儒等，2002：183）数学教学原则是指导数学教学的一般性原理，是进行数学教学遵循的准则，数学教学原则是根据数学教育的目标，数学学科的特点，学生学数学的心理特征，以及数学教学的经验等概括而成的。（涂荣豹，2004：256）数学教学原则就是依据教育目的，数学教学目标，反映数学教学规律，综合数学教学实践，为解决数学教学的基本矛盾而制定的指导数学教学的基本要求。数学教学原则的本质特征就是转化贯穿于整个数学教学过程中的基本矛盾关系，是具体的可操作性的策略性知识，是促进数学学习与教学活动有效开展的条件。（曹一鸣等，2008：93）

总的来说，数学教学原则是指导数学教学的一般性要求，是进行数学教学活动应遵循的基本准则。数学教学原则是根据数学教育的目标，数学学科的特点，学生学数学的心理特征以及数学教学的实践经验等概括而成的。

小学数学教学原则作为对小学数学教学的基本要求与准则，以上诸多对一般数学教学原则的界定也基本适合小学数学。从有关学者的进一步界定中也可看出这一特点，如李光树提出小学数学教学原则是人们根据小学数学教学目的和任务，遵循教学规律和学生年龄特征而制定的指导小学数学教学工作的一般原理，它是师生在教学活动中应遵循的基本要求和准则。（李光树，2001）数学教学作为教学的一个子系统，首先要符合一般的教学原则，如主动性原则、发展性原则、启发性原则及理论联系实际的原则等等。另外，数学教学作为一门特殊的学科教学，又有其特殊的教学原则，且不同学者基于不同的视角与教学立场，所提出的教学原则在形式与内涵上也会各不相同。

（二）小学数学教学原则的确立依据

分析数学教学原则的概念界定，可发现其制定要依据数学教学目的、数学学科特征、学生的学习心理、教学规律等。

有学者进一步对此进行了阐释。如张楚廷等从原则体系界定的科学规范层面，提出确立数学教学原则应遵循界定性原则、完备性原则、相容性原则、独立性原则、简练性原则五条科学准则。（张楚廷等，1994：26）张艳霞等从数学学科的角度提出数学教学原则体系的确定，要考察数学知识的发生过程，找出数学认知规律，总结数学教学实践经验，为数学教学提供客观规律性的认识。（张艳霞等，2007）李光树从教学实践的角度提出教学原则确立要依据教学规律、教学目标、教学经验、学生发展。（李光树，2001）罗增儒等从数学教学原则动态发展的角度，提出其制定要根据教学规律、教学目的、教学实践经验、现代科学理论。（罗增儒等，2002：183-184）朱水银等认为科学的一般教学原则与数学学科教学的特殊规律是数学教学原则构建的两条依据。（朱水银等，1998：48）齐建华指出确立数学教学原则的依据要考虑社会对人才的数学素质要求、数学的特点、学生如何学习数学的现代认识三个方面。（齐建华，2001：150-152）

综合分析以上不同观点，可见，小学数学教学原则的确立，首先要考虑其科学性与合理性，要具有教育教学的理论基础，要遵循教育教学的原理与规律，要体现数学学科的特征，要符合学生的数学学习心理特征，这是数学教学原则制定的科学基石。其次要有规范的表述，以系统的、准确的表达来陈述教学原则的内容。

（三）小学数学教学原则的内容体系

1.外域引进的数学教学原则要素说

20世纪50年代到70年代，除了少许数学教学改革之外，我国的数学教育理论、教材、教学方法等大多数是模仿与照搬苏联的，因此关于数学教学原则的内容也基本上是移植国外的一些观点，国内的相关研究较少。其中引进和翻译国外代表性数学教育原则主要有以下几个理论观点。

一是苏联的奥加涅相等在《中小学数学教学法》中提出的八条数学教学原则：教学的科学性原则、教学的教育性原则、教学的直观性原则、教学的自觉性和积极性原则、学生掌握知识的巩固性原则、教学的系统性和循序渐进原则、教学的可接受性原则、在全班进行积极教学活动的条件下注意有区别地对待的原则。（测绘出版社，1983：187–197）

二是苏联斯托利亚尔在《数学教育学》中提出的六条数学教学原则：教学的科学性原则、掌握知识的自觉性原则、学生的积极性原则、教学的直观性原则、知识的巩固性原则、个别指导原则。（人民教育出版社，1984：63–82）

三是波利亚提出的主动学习原则、最佳动机原则、阶段性循序原则三条学习原则，并认为此三条原则，也是教学的三条原则。（杨骞，1992）

四是布鲁纳提出的构造原则、符号原则、对比原则和变化原则等四条教学原则（罗明基，1982）。后来还有荷兰著名数学家、数学教育家弗赖登塔尔从现实数学教育出发，提出的四条数学教学原则：现实性原则、数学化原则、再创造原则、严谨性原则。（宋乃庆等，2008：81–83）

这些国外教学原则的翻译、诠释与应用，对我国的数学教育起到了很好的引导作用，开拓了我国教育研究者与实践人员的视野，同时也激发了许多相关学者对数学教学原则的关注与研究，他们结合我国数学教育的情况开始反思与构建具有中国特色的数学教学原则。

2.反思构建的数学教学原则要素说

20世纪70年代末到80年代，我国在一般教学原则的基础上，开启了数学学科化的建构与改造，提出了一些具有数学学科特色的数学教学原则。如十三所院校协编的《中学数学教材教法（总论）》（1980年第一版）中提出了数学教学的三条基本原则：严谨性和量力性相结合的原则、具体与抽象相结合的原则、理论与实践相结合的原则，在1987年第二版中增加了巩固与发展相结合的原则。（十三所院校协编组，1987：55）有学者基于数学教育的目的、内容特点与教学过程的分析，尝试提出了以下五条数学教学原则：科学性原则、教育性原则、自觉积极性原则、适应性原则、结构性原则。（过伯祥，1986）

到了90年代，数学教学原则仍是人们研究的一个重要话题，特别在数学教学原则的特殊性方面，许多学者提出了自己的想法。如章士藻除了提出具体与抽象相结合的原则、理论与实际相结合的原则、严谨性与量力性相结合的原则、传授知识与发展能力相结合的原则外，还提出了形与数相结合的原则。（章士藻，1991：199-200）田万海指出数学教学必须遵循一些特殊原则，如具体与抽象相结合原则、归纳与演绎相结合原则、形与数相结合的原则。（田万海，1993：158-163）葛军认为数学教学原则要有观念性，要能直接反映数学教学的基本特点，并进一步提出数学教学的四条基本原则：启发性原则、自然性原则、思想方法性原则、及时评价性原则。（葛军，1999：23）胡炯涛在《数学教学论》一书中通过概括与梳理诸多教育名家的数学教学原则，提出了七条数学教学原则：阶段渐进原则、启发引导原则、过程教学原则、归纳演绎原则、面向全体原则、启发学习原则、动机激发原则。（胡炯涛，1996：9-16）

到了21世纪初，王延文等结合实践研究提出的数学教学原则主要有：和谐性原则、活动性原则、激发性原则。（王延文等，2004）张奠宙、宋乃庆从数学教学的实际过程的角度，提出四条数学教学原则：学习数学化原则、适度形式化原则、问题驱动原则、渗透数学思想方法的原则。（张奠宙等，2004：79）另外，王子兴等也分别提出了一些数学教学原则，推动了数学教学原则的研究。

以上关于数学教学原则的要素说，从三要素到九要素等，有的侧重于一般教学原则到数学教学原则的平移，有的侧重于数学教学的特征性、实践性等，体现了诸多学者对数学教学原则的思考与建构，使数学教学的指导原则越来越具有数学的学科特征。

3.反思构建的数学教学原则体系说

曹才翰、蔡金法对数学教学原则进行了分层，提出了一个数学教育原则体系，它由三个层次的原则组成。第一层次是目的性层次的数学教学原则，即实现数学教学目的的目的性要求。第二层次是准备性层次的数学教学原则，即数学教学原则是一般的教学论原则，这是搞好数学教学的准备与基础。第三层次是技术性层次的数学教学原则，是反映数学教学特殊规律的数学教学原则。这三个数学教学原则组成了一个体系，每一层次的数学教学原则又相互独立，自成体系。（曹才翰等，1989：208-209）张楚廷等于1994年出版了

《数学教学原则概论》，这是我国学者研究数学教学原则的第一部专著，他们把数学教学原则分为两大层次。第一层次是数学教学中的一般性教学原则，主要包含六条：智力培养与心力发展相结合的原则、知识传授与能力培养相结合的原则、深入与浅出相结合的原则、思维训练与操作训练相结合的原则、收敛思维训练与发散思维训练相结合的原则、教师的主导作用与学生主体作用相结合的原则；第二层次是数学教学中的特殊原则，包括四条：具体与抽象相结合的原则、严谨与非严谨相结合的原则、形式化与非形式化相结合的原则、基础知识与实际应用相结合的原则。（张楚廷等，1994：12-17）

周学海从教学的构成要素出发提出了一个较为完整的教学原则体系，具体如表4-1所示。

表4-1　数学教学原则体系

相应成分 要素	次序	教学原则的名称	理论依据
目标任务	1	综合解决知识教养、情境教育和智能发展任务的教学方向性原则	依据动态适应、整体优化等教学原理、规律和人的全面发展的可能性，教育、教学对人的发展起决定性作用等教学规律
内容	2	教学的科学性、系统性、循序渐进性原则	依据动态适应、有序等教学原理，体现了社会需要对教学的有规律的制约性，教学内容符合现代科学发展水平的客观必然性，教学效果对内容、教材系统、数学结构的依赖性；教学对学生年龄特征、认知水平的依存性和对数学学科固有特性的要求
	3	(1)理论与实际相结合的原则； (2)抽象与具体相结合的原则	
	4	(1)直观性原则；(2)可接受性原则	
教学过程	5	在教师指导下，发挥学生积极性、独立性和自觉性的原则	依据动态适应等教学原理和规律，反映了教学过程的本质，即教与学的合乎规律的辩证统一，教师主导与学生主体的辩证统一
方法	6	不同教学方法优化结合的原则	依据整体优化、结构与功能辩证统一的科学方法论原理；反映了方法、形式多样和合理结合对学生学习积极性和教育的制约性；目的、内容和效果对方法、形式的相互依赖性的要求
形式	7	课内与课外，全班、小组和个别教学形式有机结合的原则	
结果	8	知识教养、情境教育和智能发展的巩固性和时效性原则	依据了反馈原理，体现了既要提高活动效率，又要节约时间、精力这一人类劳动活动的普遍规律对教学的要求

表4-1体现了不同数学教学构成要素对应的教学原则及其理论基础，具有较强的可操作性与理论性。（周学海，1996：386-388）

张景斌将数学教学原则分为两个层次。第一层次主要反映数学教育的目的任务以及完成任务的因素的保证。第二层次的原则相应由第一层次的原则派生出来，更为细致地概括和表述对数学教与学的指导和要求：（1）数学教学与全面和谐发展相统一的原则。该原则可以派生以下数学教学原则：数学教学的科学性和思想性相统一的原则、传授数学知识与培养智能相统一的原则、面向全体与因材施教相统一的原则。（2）教师的主导性与学生的主体性相统一的原则。该原则可以派生以下数学教学原则：启发诱导与积极参与相结合的原则、合理组织与优化方法手段相结合的原则、反馈与调节相结合的原则。（3）数学思维的揭示与数学认知的建构相统一的原则。由这一原则可以进一步得到以下几条数学教学原则：理论与实际相结合的原则、抽象与具体相结合的原则、严谨与量力相结合的原则、巩固与发展相结合的原则。（张景斌，2000：31-38）

朱水银等构想的数学教学原则体系由两个层次构成。第一层次是一般教学原则，主要包括：理论联系实际原则、统一要求与因材施教相结合原则、教师主导作用与学生主动性相结合原则、循序渐进原则、传授知识与发展能力统一原则、反馈原则；第二层次是数学教学中体现数学特点的特殊原则，主要包括：数学对象形式化原则、再创造原则、常规训练为主技巧为辅原则、严谨与直觉相结合原则、思辨数学与算法数学并重原则、数学机械化原则、数学审美教育原则。（朱水银等，2001：48）罗增儒等提出的阶梯层次数学教学原则体系，是结构体系说的新发展。它的第一层次有五个一级原则：方向目的原则、教师教的原则、学生学的原则、师生合作原则、技术策略原则。在每个层级原则之下又对应着五个二级原则。如教师教的原则由组织辅导原则、课型区别原则、教知识与教做人统一原则、以科研促教改原则、不歧视差生原则构成。在每个二级原则之下又对应着不等的三级因子，这些因子可以变动成为一个稳定而又动态的层次结构体系。（罗增儒等，2002：188）

涂荣豹等认为数学教学原则包括两类：数学教学的一般原则和数学教学的特殊原则。数学教学的一般原则包括主动性原则、发展性原则、启发性原则、理论联系实际的原则；数学教学的特殊原则包括"把握数学抽象性的淡化"的原则、"摆脱教学严谨性的束缚"的原则、"突出策略创造性精神"的原则、"加强数学语言训练"的原则。（涂荣豹等，2006）

李求来等认为数学教学原则体系由两个层次组成。第一层次是一般教学原则，它们是各个学科教学必须共同遵循的原则，数学教学自然也应该遵循这些原则。第二层次是数学教学上的特殊原则，这里的特殊有两种含义：一是指不具有普遍性的一些要求，只有数学一科或与数学关系密切的学科教学必须遵循；二是指一般要求的特殊化与原则可能具有普遍性，但对数学学科教学来说，有与其他学科教学相区别的表现形式。（李求来等，2006：110）

数学教学原则的体系研究把相关要素系统化，不仅反映了数学教学应遵循的一般教学原则，还更好地反映了数学教学的特殊性，拓展了数学教学研究的视野，推动数学教学原则的研究由主观到客观的发展，提升了数学教学原则研究的科学性与理论性。

4.数学教学原则具体模式化观点

由于数学教学的复杂性，基于不同的教学理论观点、不同的心理学观点、不同的数学教学内容，均会产生不同的课型、教学方法等，针对具体的数学教学模式方法，有些学者进一步提出了更为具体化的数学教学原则。如基于建构主义的学习与教学理论，郭昀等提出在数学教学中应遵循如下原则：自主性原则、建构性原则、适应性原则、主导性原则、问题化原则。（郭昀等，2004）李君等提出了解学生有什么、认真聆听和应对学生的回答、了解学生怎么想、制造适当的氛围让学生对解题有食髓知味的经验、奖励耕耘甚于收获、了解与熟练并重等数学教学原则。（李君等，2005）

王工一等立足于系统科学的反馈原理、有序原理和整体原理三条基本原理，提出了相应的三条数学教学原则：明确目标，循序渐进原则；教学开放，周期跃迁原则；把握整体，全面发展原则。（王工一等，2004）有学者对数学教育原则体系的研究状况作了梳理，把诸多的数学教学原则划分为五大体系：移植型体系，结合型体系，层次型性系，心理学型体系，数学化型体系。（戚绍斌，1999）钟志华指出，丰富性是数学教学的一条重要原则。（钟志华，2007）赵绪昌针对数学概念教学常见的"教学法的颠倒"和"重解题技巧、轻概念生成"等误区，提出了数学概念教学要注意把握"感知忌浅倡深""抽象忌快倡慢""反思忌听倡做"的原则。（赵绪昌，2015）杜彦武等指出数学思想方法教学应遵循目标性、渗透性、层次性、概括性和实践性原则。（杜彦武等，2003）李昌官提出了数学教学的结构性原则，是指教师从数学知识结构和学生原有的数学认知结构出发设计和组织教学，以完善和发展学生数学认知结构为目的。（李昌官，2002）李聪睿提出了数学教学的形象化原则。（李聪睿，2001）

依据某一教育教学的理论观点、教学模式确立数学教学原则的研究将成为教学原则研究的一种趋势。由于数学教学的复杂性，找到一种普遍适用且具有操作性的数学教学原则体系是不可能的，依托数学教育理论观点或教学模式制定相应的数学教学原则更具有针对性、实践性，更能有效地指导数学的教学。

（四）小学数学教学的主要特征性原则

数学教学原则从国外的移植到国内的构建，虽然在观点与提法上有些不同，但还是存在许多共同之处的。杨庆余提出小学数学教学的主要原则既包含一般的教学原则，如直观性原则、启发性原则、科学性原则、思想性原则、过程性原则等，又包含与小学数学教育的价值追求密切相关的某些具有独特性的教学原则，如准备原则、活动的原则、主动参与的原则、兴趣性原则、个别适应的原则（也可以称为"差异性原则"）；丰富的教学组织原则，如贴近生活原则、数学化原则、再创造原则。（杨庆余，2010：166-167）

曹一鸣等从数学教学过程中数学教学内容与学生原有水平之间、数学教师教的主动性与学生学的适应性之间、数学课程的数学特征与教育特征之间的三对矛盾关系出发，提出数学教学应遵循的一般教学原则主要有三个方面：

一是为解决数学课程特征与教育特征之间的矛盾关系。一般教学原则主要有：科学性与思想性相统一原则、传授知识与发展能力相统一原则、智力因素与非智力因素相统一的原则等。二是为解决数学教学内容与学生原有水平之间的矛盾关系。一般教学原则主要有：可接受性原则、直观性原则、因材施教原则、循序渐进原则、及时反馈原则等。三是为解决数学教师教的主动性与学生学的适应性之间的矛盾关系。一般教学原则主要有：启发式原则，教师主导作用与学生自觉性、积极性相统一原则等。数学教学的特殊原则主要包括：直观性与抽象性相结合的原则、演绎推理与合情推理相统一的原则、独立钻研与合作探讨相结合的原则、面向全体与尊重个别差异相结合的原则。（曹一鸣等，2014：113-116）

曾小平把小学数学教学原则分为两个层次。一是一般教学原则，主要包括直观性原则、启发性原则、巩固性原则、循序渐性原则、因材施教原则、理论联系实际原则六条；二是数学学科教学原则，主要包括直观与抽象相结合原则、直觉与逻辑相结合原则、实例与模型相结合原则、算法与算理相结合原则四条。（曾小平，2015：161-168）

江苏省小学教师自学考试小学教育专业教材编写组把小学数学教育原则归结为七条：科学性与思想性相结合的原则，教师指导作用与学生的积极性、主动性相结合的原则，理论与实际相结合的原则，形象直观与抽象思维相结合的原则，系统性与循序渐进相结合的原则，传授知识与培养能力相结合的原则，面向全体学生与因材施教相结合的原则。（江苏省小学教师自学考试小学教育专业教材编写组，1995：194）

马殿超在黑龙江省三院五校协编的《小学数学教学研究》一书中提出小学数学教学基本原则有八条：传授数学知识与培养能力、发展个性相结合的原则，数学教学的科学性与思想性相结合的原则，理论与实际相结合的原则，形象直观与抽象概括相结合的原则，教师的主导作用与学生的主体作用相结合的原则，循序渐进与一定难度相结合的原则，面向全体学生与因材施教相结合的原则，巩固性与量力性相结合的原则。（马殿超，1991：35-52）

结合小学生及小学数学教学的特征，可知小学数学教学更要关注以下三条原则。

1.现实性原则

"数学现实"原则是由国际著名数学教育家、荷兰的弗赖登塔尔提出的，指出数学现实原则是指用数学知识来解决现实中的问题，它包括两层含义：一是教师要将客观现实与学生的数学认识统一起来，即要根据学生的"数学现实"进行；二是指教师要将客观现实材料与数学知识的现实融为一体，即教学过程要让学生经历从现实背景中抽象出数学知识的过程。

从数学现实的角度来说，数学教学如果脱离了现实的背景材料，数学教学将成为"无源之水，无本之木"。因此数学现实原则的意义就在于通过设计与现实生活密切相关的问题，帮助学生认识到数学与生活有着密切联系，用数学知识去解决实际问题。这与《全日制义务教育数学课程标准（实验稿)》的总体目标中所要求的"初步学会运用数学的思维方式去观察、分析现实社会，去解决日常生活中和其他学科学习中的问题，增强应用数学的意识"是一致的。（宋乃庆等，2008：81）

从小学数学知识的角度来看，绝大多数的小学数学知识来源于生活实践，可以从小学生的现实生活情境、现实生活经验中抽象、概括出相关的数学知识，较好地反映了数学是现实世界数量关系与空间形式的科学，也反映了数学源于现实、广泛用于现实的特征。因此，现实性原则是小学数学教学的一条重要原则。

2.过程性原则

小学数学教学过程化有两层含义：一是从生活现实到数学的抽象过程。在教学中通过学生对生活现实的不断观察、比较、归纳，抽象出其中的数学规律，提升到数学知识水平，掌握数学技能与方法；二是从数学到数学的抽象过程。除了从实际问题出发的数学化过程外，从数学概念出发的数学化过程对数学来说也是非常重要的，从某种意义上说也是更本质的。当然在教学中要针对学生所处的不同"数学化"水平有的放矢。

过程化的意义在于培养学生从实际问题或直观的数学中抽象出数学问题的抽象思维能力，学会数学地思维，进而提升学生的数学素养。这一点对小学生来说更为重要，在小学数学教学中体现得更多，如看见铅笔联想到圆柱体，由台灯联想到圆台等；再如由"2+3=3+2"和"5+7=7+5"等归纳出加法交换律（$A+B=B+A$）等都可以看作是数学化的体现。在教学过程中，教师要引导学生根据自己的体验、用自己的思维方式及能力在"做中学"，去发现数学知识，重复前人最初解决这个问题的过程，再现数学发现的过程。通过数学化、再创造的过程使学生获得数学知识，使学生获得全面发展，是数学教学的一条有效途径。

3.趣味性原则

小学生的心理特征一般表现为：对各种事物具有强烈的好奇心，好问、好动，但注意力不能长时间集中，无意注意仍起重要作用。从心理学的角度来看，兴趣是引起并维持儿童"注意"的一个重要内部因素。在强烈兴趣的基础上，把不随意注意与随意注意结合起来，使注意既有明确的指向性，又有保持注意的意志努力。兴趣可以说是儿童学习的动力，是引导小学生进入科技知识殿堂的向导。小学生对有兴趣的事物，才能主动愉快地去探讨它，使学习和活动不再是一种负担，而是精神愉快，乐不知疲，就会孜孜不倦地主动地学习和钻研，就不会受时间和空间的限制。小学数学知识本身有着新奇性、探究性，这对小学生有很大的吸引力，对他们兴趣的激发、培养、深化有着直接作用。他们一旦对数学发生了兴趣，就会积极地进行数学学习。学习活动越多，活动的范围越大，形成的兴趣就越广泛，获得的启发也就越多。因此，对小学生进行数学教学，一定要坚持趣味性原则。除了运用游戏、现实生活等因素外，教师要充分运用数学本身所固有的新奇性和吸引力，启发、调动学生进行数学活动的兴趣，使他们在没有任何压力的情况下，积极主动地学习，生动活泼地自由发展，力争使一部分学生对数学的探究兴趣逐渐深化为爱好和志趣。

随着我国课程改革的深化及数学核心素养的提出与落实，对数学教学原则的研究还有待进一步深入，还需要继续实践与总结，使之不断完善，以适应未来数学教育的社会需求，满足人才培养的需要。

二、小学数学教学模式研究

（一）小学数学教学模式的内涵研究

"教学模式"一词由美国学者乔伊斯（B.Joyce）和韦尔（M.Well）等人在1972年出版的《教学模式》一书中提出后，引起人们的极大关注。它以一种简化的形式表达了某一教学思想，即是教学理论的具体化，同时又是教学经验的概括化和系统化，起到了联系理论和实际的纽带和桥梁的作用。教学模式与教学方法相联系，但又区别于单一的教学方法，表现出互动性、操作性、开放性等特点（孔企平，2005：118）。数学教学模式通常是将一些优秀数学教师的教学方法加以实践性概括、专业性规范与理论性提升，使之更为科学、完善，并上升为一种行之有效的理论体系，体现了数学教学理论与实践的统一。

李定仁、徐继存提出教学模式是人为的，它是人们在对教学规律及其构成规律认识的基础上，从教学实践中探索创造出来的。（李定仁等，2001：285）曹一鸣、黄秦安等认为数学教学模式是教学过程的概括和抽象，是教学过程的"模型"。它是在教学理论、学习理论指导下，在大量数学教学实验的基础上，为完成特定的数学教学目标和内容，围绕某主题形成的稳定、简明的教学结构框架，是教学理论与教学实践的"中介"。数学教学模式由理论基础、教学目标、操作程序、实施条件、教学评价等要素构成，它可从整体上认识和控制教学过程，使教学的各个环节、各方面的配合更合理、更协调、更具有可操作性，为课堂教学的改革提供理论指导和质量保证。（曹一鸣等，2008：118-119）教学模式是对教学经验的概括和系统整理，教学实践是教学模式产生的基础，但教学模式不是已有的个别教学经验的简单呈现。教学模式不同于教学方法，它是教学方法的升华，强调了教育理论、教育思想在教学模式构建过程中的重要地位和支配作用。教学模式是观念转化为实践的中

介，是一种介于教学理论与教学实践之间的中层理论，是理论与实践的中介。（曹一鸣，2007：39）

有学者总结认为教学模式是在教学实践中形成的一种设计和组织教学的理论，这种理论以简化的形式表达出来，概括起来大致有两类见解：过程说和结构说。

持过程说的，指将教学模式纳入教学过程范畴，认为教学模式就是教学过程的模式，适用于关于教学程序的"策略体系"或"教学形式"。其中较为典型的提法是："教学过程的模式，简称教学模式，它作为教学论一个特定的科学概念，指的是为完成规定的教学目标和内容，对构成教学的各要素所设计的比较稳定的简化组合方式及其活动程序。"这种观点强调了教学模式中的"组合方式"和"活动程序"，突出了其可模仿性和操作性，但忽视了其理论性。

持结构说的认为，教学模式属于教学结构的范畴。结构说的典型提法是"把模式一词引用到教学理论上来，旨在说明在一定的教育思想或教学理论指导下建立起来的各种类型教育活动的基本结构或框架"。（冯克诚，1997：36）

由于阐释的角度不同，我国教育界对教学模式的界定有以下多种：

教学模式属于方法范畴。其中，有人认为教学模式就是教学方法，有人则把教学模式视为多种教学方法的综合。

教学模式与教学方法既有联系又有区别。各种教学在具体时间、地点和条件下表现为不同的形式和时间序列，从而形成不同的教学模式。

教学模式是在大量实践的基础上，筛选被实践证明行之有效的教学经验，加以总结、提炼、概括和简化，形成相对稳定的结构框架和活动程序。

教学模式就是在一定教学思想指导下，建立起来的完成所提出的教学任务的比较稳固的教学程序，以及其实施方法的策略体系。

教学模式就是在一定教学思想指导下，围绕着教学活动中某一主体，形成相对稳定的系统化和理论化教学范式。

教学模式是指在一定教学理论指导下，围绕教学目的形成相对稳定的教学程序及其实施方法的简要描述，它是教学理论在教学过程中的具体化，又是教学经验的系统总结。

教学模式是依据教学规律，创造教学环境，为实现教学目标，促进学生学习所采用的教学范畴或过程。

（二）小学数学主要教学模式的类型研究

张奠宙、李士锜、李俊等认为几十年来我国的课堂教学已经形成了比较固定的教学模式，这就是"复习—导入—讲解—巩固—小结"五环节教学模式。并指出我国传统的数学教学模式有许多好的发展，如"师生互动""小步走"的教学模式；大容量、高密度、快节奏的数学复习模式；数学方法论指导下的"变式练习"教学模式等。（张奠宙等，2003：113-116）

葛军也提出我国数学教学模式有很多，而且不断地有新的模式出现，以适应时代发展、教育发展与改革的需要。我国数学教学的基本模式是：数学思想方法教学模式、启发式教学模式、教师讲授模式。针对20世纪90年代及未来发展的特点，特别提出要注意如下的教学模式：尝试指导·效果回授模式、再创造数学教学模式、"开放性"教学模式、问题解决教学模式。（葛军，1999：34-40）曹一鸣认为"讲解—传授"是我国的传统教学模式，在对其批判地继承和发展的基础上产生了"自学—辅导""引导—发现""活动—参与"等教学模式，并从对峙走向均衡发展。（曹一鸣，2007：137）并进一步指出数学教学模式主要是沿着两条轨道发展的：一条轨道是教师控制数学课堂，系统讲授书本知识的模式；另一条轨道是学生主体在活动中探究学习的模式。我国数学教育研究者在这两条轨道之间不断寻求中间地带，从继承并发展传统的"讲解—传授"教学模式，到"引导—发现""自学—辅导"再到"问题解决"教学模式等，就是一个由教师为中心逐步向学生为中心的教学模式的演变过程。（曹一鸣等，2008：120）张奠宙、宋乃庆等依照教师在课堂上所起作用的强弱，学生参与程度的大小，把教学模式分为五种基本教学模式：讲授式教学模式、讨论式教学模式、学生活动式教学模式、探究式教学模式、发现式教学模式。（张奠宙等，2004：96-99）孔企平依据教学模式的适用范围的不同，阐释了国内外常见的五种教学模式（孔企平，2005：120-149）：

1.发现教学模式，是指不是把学习内容以定论的方式直接呈现给学生，而是向学生提供一定的材料，由学生通过一系列的独立探索行为（如知识的转换、组合、领悟等）而习得知识的一种教学范式。它主要具有以下几个特征：自主学习、直觉思维、动机激发、信息提取。

发现教学模式的一般流程为：教师创设问题的情境、学生提出解决问题的假设、学生检验假设、总结解决问题的过程并得出结论。

2.探究教学模式，是指在教师适当的指导与适时协调下，学生自主参与探索活动和控制学习过程，以达到获得知识、提高能力和情感体验三者统一的一种教学模式。它的主要特征为：注重学习过程甚于结果、学生是学习的主体、注重学生的合作与交流。美国著名生物学家和教育家施瓦布（J.J.Schwab）于1962年撰写的《学科结构意义和重要性》（The Concept of the Structure of Discipline）一文中首次提出了"探究教学"一词。从某种意义上说，早期的探究教育思想是发现教学模式进一步发展的产物，主要代表有美国教育家施瓦布的"生物科学探究"教学、萨奇曼（J.Richand Suchman）的"探究训练"教学和兰本达（Lansdown Brenda）的"探究研讨"教学。随着20世纪六七十年代人本主义心理学（或称为"第三势力"心理学）的盛行，一些人本主义者也提出了"探究教育"，为此把探究教学模式推向了高潮，这一时期主要代表人物有美国的菲尼克斯（P.H.Phenix）。

探究教学模式的一般教学流程为：一是教师呈现问题情境，并解释探究的基本原则。二是学生收集资料和提出假设。三是形成结论，描述因果关系。四是反思并分析探究过程。

3.程序教学模式，在国外被称为"机器教学"，是一种自动教学方式，最初源于20世纪30年代，美国俄亥俄州州立大学普雷西（Sydney L. Pressey）设计的自动教学机器，它主张逐步向学生提出一系列选答式的练习题，引导学生自学，但当时并没有引起人们的注意。到了20世纪50年代，哈佛大学的斯金纳（B.F.Skinner）在分析课堂教学中所存在的问题，以提高教学效率的背景下，设计了一种严密而科学的教学机器，将程序教学推向高潮，并形成了以机器教学为标志的直线式的程序教学模式。继斯金纳之后的克劳德（N.A. Craud）设计了一种衍支式的程序教学模式，凯（Kay.H）又设计了一种结合直线式和分支式的分支式——构答反应的程序教学模式。

所谓程序教学模式（Programmed teaching model），是指把需要交给学生的知识内容按逻辑的顺序分成一系列若干小的问题，学生按照自己的速度顺着程序进行，并在每个步骤之后，对所作出的反应以正确与否的及时反馈和强化的一种教学范式。程序教学模式的主要特征为：积极反应、小步子和低错率、自定步调、及时反馈和强化。

4.范例教学模式，是20世纪50代初期，在联邦德国出现的教学流派，是德国教育现代化的一个特色。二战以后，为适应科技发展和"知识剧增"对学校教育提出的挑战，当时的德国采用了"百科全书式"的教育，结果导致教学内容庞杂，升学竞争激烈，学生学习负担过重，学生主动性受到抑制、创造精神被扼杀，学校教育陷入一种混乱状态。范例教学模式与发现教学模式、发展教学模式一起被誉为现代教学论的三大模式流派，其主要代表人物是马丁·瓦根舍因（Marti Wagenschein）、活尔伏冈·克拉夫基（Wolfgang Klafki）和海姆佩尔（Herman Heimapel）。

所谓范例教学模式（example teaching model），是指以典型的范例为主要突破口组织教学，使学生按照个别到一般的程序掌握教材结构，理解并习得知识与方法的一种教学范式。该教学模式的基本特征可以简单概括为"三四五"，即"三个性""四个统一""五个分析"。

一是教学内容坚持"三个性"，即"基本性""基础性""范例性"。二是教学要求达到"四个统一"，即"教学与训育""解决问题与系统学习""掌握知识与培养能力""主体（学生）与客体（教材）"的统一。三是处理教材时，须注意"五个分析"，即分析教材的基本原理、智力作用、未来意义、内容结构和内容特点。

范例教学模式的一般教学流程为：阐明"个"的阶段、阐明"类"的阶段、"掌握规律"的阶段、"切身体验"的阶段。

5.尝试教学模式，尝试教学模式源于江苏省常州师范学校特级教师邱学华的"尝试教学法"，是我国当代小学数学教育中的一个系统性强、影响面广的教学模式。尝试教学法自1980年开始试验至今，经现实教学中的广泛实践与多次修改，逐渐形成了较为成熟的系统理论，并日趋完善形成了别具一格的教学模式。

尝试教学模式，又可称为"五步教学模式"，指的是让学生在旧知识的基础上，先进行尝试练习，在尝试的过程中教师指导学生自学课本，引导学生讨论，在学生学习的基础上，教师再进行讲解的一种教学范式。它的基本特点主要体现为：引旧尝新、读书试练、生论师解。

尝试教学模式的一般教学流程可分为五步：出示尝试题、自学课本、尝试练习、组织讨论、教师讲解。

（三）小学数学教学模式的发展研究

早在2004年，张奠宙、宋乃庆等就指出了我国数学教学模式的发展趋势：一是教学模式的理论基础进一步加强。现代数学教学模式的心理学色彩越来越浓重，特别是建构主义研究的兴起，以及现代教育心理学的研究成果和对数学哲学观、数学方法论的研究，使数学教学模式得到了很大的发展。这在小学阶段比较明显。二是教学模式由以"教师为中心"，逐步转向更多的"学生参与"。三是现代教育技术为改变传统教学模式的一个突破口。四是教学模式由单一化走向多样化和综合化。五是研究性学习列入课程之后，随着"创新教育"的倡导，探究和发现的数学教学模式将会有一个大的发展。（张奠宙等，2004：100）

曹一鸣也认为数学教学模式的发展态势表明，数学教学中对确定事实的灌输、唯一答案的需求、封闭习题的操练已成历史；致力于创新意识、创新精神、问题解决能力的培养。教学模式的多样化、综合化发展已成必然。（曹一鸣，2007：175）

当下随着数学课堂教学的专业化、科学化发展，数学教育教学的理论研究将为数学教学模式的构建与改革提供更充分的理论基础，学生的主体地位与课堂参与得到强调，学生的探究能力与创新能力更加凸显，信息社会发展的多变与迅猛对数学教学提出了新的要求，指向未来的核心素养及价值取向成为数学教学的基本目标与要求。进而探究性教学模式、深度教学模式、问题解决教学模式、基于信息技术的数学教学模式等将成为基本的、重要的中小学数学教学模式。

三、小学数学教学方法研究

（一）教学方法的定义

在我国古代社会，读书的目的是通过"选士"关口，数学教学方法也就只具有"呆读死记"的性质。自1919年，陶行知主张把"教授法"改为"教学法"以来，才开始把学的方法提到重要的位置上来。新中国成立以后，随着人们对数学教育价值的认识和数学教学理论的丰富与发展，教师创造并形成了许多数学教学方法。综合起来，体现的共同特点，不仅是重视知识的传授、技能的训练，而且重视开发智力、发展能力，培养学生创新意识和实践能力。（曹一鸣等，2008：111）

新中国成立以来，我国的教学论先是受苏联影响较深，苏联教育界对教学方法的定义主要有：二三十年代苏联教育家凯洛夫将教学方法归结为"教师的工作方式和由教师决定的学生的工作方式，即可以用来使学生掌握知识、技能和技巧的那些工作方式"。（江苏省小学教师自学考试小学教育专业教材编写组，1995：216）50年代末期，苏联另外两位教育家达尼洛夫和叶希波夫在《教学论》中提出："教学方法是指教师的工作方式和由教师领导的学生的工作方式，借助这些方式可以使学生掌握知识、技能和技巧，还可以形成他们的共产主义世界观，发展他们的能力。"（人民教育出版社，1962：280）再到后来，很多教育家认为"教学方法是由教师组织学生进行认识和实践活动的有目的的活动体系""教学方法是一定要有师生的相互作用"。斯卡特金在《中学教学论》中指出，任何教学方法都是教师的一整套有目的的动作，教师通过这些动作组织学生进行认识活动和实践活动，使学生掌握教学内容，从而达到教学目的。（人民教育出版社，1985：221）1978年1月，关于教学方法问题的全苏联科学实践会议给教学方法下定义为："为了达到教养、教育和发展学生的目的，而调整师生相互联系活动的种种有序的方式。"巴班斯基在《中学数学教学方法的选择》中提出，从整体的观点看，有三大教学方法：一是组织实施学习认识活动的方法；二是激发学习认识活动和行动学习动机的方法；三是检查和自我检查学习认识活动效果的方法。（教育科学出版社，2001：6-20）

后来，西方教学理论对我国教学论的研究也产生了很大的影响，在英国人德瑞克·朗特里（Derek Rowntree）的《A Dictionary of Education》一书中，把教学方法界说为：教学方法是教师通过班级组织形式促进学生学习，向学生提出建议及使用教学手段的各种方法（Harper & Row Publisher，1981：315）。约翰·A.拉斯卡（John A.Laska）在《the Four Basic Methods of Instruction》一文中认为教学方法是教师为达到教学目的而组织和使用教学技术、教材、教具以及教辅材料，按一定要求促进学生学习的方法。教学方法是由教师发出、学生接受学习刺激的程序。（Educational Technology，1984·6）

王策三提出教学方法通常有三种解释：一是对现实教学内容达到教学的目的而言，一切手段、途径都叫教学方法。广义地理解包括教学原则。二是教学原则是作为处理教学实际工作中的一些矛盾关系的要求，而教学方法则是在教学原则的指导下采取的具体活动措施与教学组织形式。"上课""辅导"等都是教学方法。三是区别于教学原则、教学组织形式，只是把讲授、实验、练习、演示等叫作教学方法，一般教学论著中指的是第三种含义。教学方法是指为达到教学目的，实现教学内容，运用教学手段而进行的，由教学原则指导的一整套方式组成的师生相互作用的活动。（王策三，1985：243-256）李秉德认为教学方法是在教学过程中，教师和学生为实现教学目的，完成教学任务而采取的教与学相互作用的活动方式的总称。它包括教师的工作方式，学生的学习活动方式及其相互作用而形成的统一体。（李秉德，1991：197）

现代教学论指出，教学方法是教师和学生为完成教学任务，实现教学目的所采用的方式和手段。（江苏省小学教师自学考试小学教育专业教材编写组，1995：215）上述研究表明，从不同的角度，学者对教学方法会有不同的理解，对教学方法的功能与价值也会有不同的说法，如夸美纽斯曾说："寻找并找出一种教学的方法，使教员因此可以少教，但是学生可以多学。"而富兰克尔表示："不存在任何情况下对任何学生都行之有效的唯一的最佳方法。"布鲁纳认为："任何学科的基础都可以用某种形式教给任何年龄的任何学生。"

（二）小学数学教学方法的定义

苏联学者斯托利亚尔在《数学教育学》中提出"数学教学是数学活动的教学"。这是对我国数学教学影响较大的一个观点。曹一鸣、黄秦安、马波等也提出数学教学是指在学校范围内，学生在教师的引导下进行的积极的数学活动，由此获得数学的知识经验、思维能力和情感态度等各方面的持续发展。胡炯涛认为教学方法是教师为完成教学任务，达到教学目的所采用的手段。在现代的条件下，所谓教学方法应当理解为教学论的方式和手段所组成的一套完整体系，通过其丰富多样的形式实现数学教学某一阶段的目标，把教的目的和学的目的融为一体。（胡炯涛，1996：296）

李光树提出小学数学教学方法是指为了达到小学数学教学目标，完成教学任务，在一定的教学理念和教学原则指导下，根据特定的教学内容，师生共同实施的一种有序的活动方式，它包括教师教的方法，也包括学生在教师指导下学的方法，是教师教的方法和学生学的方法在教学活动中的高度融合和有机统一。（李光树，2003：316）曹一鸣等认为小学数学教学方法是在数学教学过程中，教师和学生为达到数学教学目标、完成数学教学任务而采取的教与学相互作用的活动方式的总称。按照数学活动的外部形态及这种形态下学生认知活动的特点，可将数学教学方法分成三类：一是以教师呈现为主的教学方法，主要有讲授法、演示法等，教师在课堂中呈现的方法主要有语言、文字、声像、实物等四类呈现方法。二是以师生互动为主的教学方法，主要有问答法、讨论法等。三是以学生活动为主的教学方法，主要包括练习法、实验法、游戏法、发现法、问题解决法等。（曹一鸣等，2014：117-128）曾小平提出小学数学教学方法是教师引导学生掌握知识与技能，获得身心发展而共同活动的方法。教学方法是一连串有目的的活动，它能独立完成某项教学任务，它主要由教师教为主的方法和学生学为主的方法构成。（曾小平，2015：170）小学数学教学方法的现代发展趋向是：学生个体的关注性、教学目标的综合性、活动方式的多样性、教学技术的现代性、教学方法的综合性。（曹一鸣等，2014：130-131）

（三）小学数学的主要教学方法

从宏观教学论的角度，张华等学者认为如果从课堂学习中教师、学生、教材和环境相互作用的基本模式看，教学方法主要有三种不同的类型：一是提示型的教学方法，主要有讲解、示范、呈现、演示等。二是问题解决型教学方法，主要有对话、讨论、操作等。三是自主型教学方法，主要有课题、手段、计划等。（张华，2000：212）胡炯涛从数学学科教学的角度提出，常用的数学教学方法有讲授法、回答法（谈话法）、阅读法、议论法、讨论法。现代数学教学方法主要有：尝试指导·效果回授法，自学辅导法，引导发现法，启研法（启研法是广州市一中谢国生于1977年开始，经过多年的教学改革实验，在改革传统教育方法的基础上创造和发展起来的），研究性教学法，纲要信号法，程序教学法，尝试教学法。（胡炯涛，1996：296-337）

也有学者从学生获得知识的独立程度方面，将基本的教学方法分为了三类。第一类是教师进行主要的组织，学生活动比较少，包括讲解法、演示法和复习法。第二类是教师进行必要的组织，学生活动比较多，包括谈话法、讨论法和练习法。第三类是以学生的独立活动为主，包括阅读法、实验法、实习法。（杨庆余，2004：8）并指出常见的小学数学教学方法有叙述式讲解法、启发式谈话法、演示法、实验法、练习法。（杨庆余，2010：174-176）

邱学华采用两分法，把小学数学教学方法分为两类：一类是基本教学方法，主要包括讲解法、谈话法、练习法、演示法、实验法、阅读法、实习法、参照法等；另一类是综合教学方法，主要包括发现教学法、尝试教学法、目标教学法、自学辅导教学法、合作教学法、分层教学法、游戏教学法、情境教学法、程序教学法、"纲要信号"图表教学法等。（邱学华，2016：231）

江苏省小学教师自学考试小学教育专业教材编写组把我国小学教学常用的方法分为两类：一类是基本方法，即只有一种方式和手段，使学生获得知识技能的教学法，如讲授法、谈话法、练习法、演示法、实习作业法、参观法等。另一类是综合性方法，即从教学原理、教学内容、教学目标、教学制度、教学过程直至教学组织形式的系统的操作模式。也有人将综合性方法称为大方法，并归纳为以下五种类型：一是以引导学生发现问题、解决问题的发现型教学法。主要有引导探究法、引导讨论法、问题教学法及"四性"教学法等。二是在教师指导下，以学生自学讨论为主的自学型教学法。这类方法主要有自学辅导教学法、学导法、六课型单元教学法、"四环节"（自学、讲解、练习、改错）教学法等。三是根据数学的知识结构，把教材划分成一定单元进行教学的单元结构性教学。如单元结构教学法、概念体系信息示意法等。四是在传统教学方法基础上加以改进的接受型教学法，其基本形式是复习提问、引进新课、讲解新课、布置少量与新课相应的再现性练习、课内练习、根据练习情况进一步布置作业。五是其他类型教学法，如边讲解、边演示、边总结的并进式教学法，课内与课外相结合的开放式教学法等。其中实验面较广，影响较大的有：引导发现法、"四性"教学法、引探教学法、尝试教学法、自学辅导教学法、学导式教学法、六因素单元教学法（六课型单元教学法）。国外的几种教学方法有：发现教学法、程序教学法、掌握学习法。（江苏省小学教师自学考试小学教育专业教材编写组，1995：216-232）

周淑红认为常见的小学数学教学方法有讲解法、谈话法、演示法、操作实验法、练习法、发现法。（周淑红，2013：120-128）徐文彬依据目前小学数学教师专业发展的状况与趋势，以及小学数学教学方法实际使用的情况，系统梳理了20种较为常用的小学数学教学方法：讲授教学法、谈话教学法、阅读教学法、故事教学法、游戏教学法、竞赛教学法、演示教学法、实验教学法、练习教学法、变式教学法、单元教学法、情境教学法、深度教学法、探究教学法、引导发现教学法、示例教学法、比较教学法、暗示教学法、动态生成教学法、学案导学教学法。并对每一种教学方法从历史渊源、本质探求、呈现形式、案例剖析、实效反思5个方面进行了系统的阐述。（徐文彬，2017：1–11目录）张辉蓉提出新课程倡导的小学数学教学方式主要有探究式教学、参与式教学、讨论式教学、活动式教学四种。（张辉蓉，2018：71–102）曾小平从教与学两个层面，提出教师教的方法主要包括讲授法、练习法、发现法、讨论法。学生学的方法主要包括探究学习、合作学习、自主学习。（曾小平，2015：170–176）

总的来说，小学数学教学方法的研究主要体现在三个层面：一是单一基本教学方法的研究，如演示法、讲授法等；二是现代教学理论下的综合性教学方法研究，如探究式教学法、发现式教学法等；三是结合具体教学内容的教学方法研究，如"数与代数"的教学、计算教学等，这一层面的研究在小学数学课程与教学论等专著、教材中体现得极为明显，大部分这类专著、教材中均有相关的章节内容。

具体的数学教学方法，必须根据学生的一般认知规律，教材内容的特点，以及学生的实际情况来选择，也就是说教学方法可以因教学内容而异，因人而异。诚然，无论何种教学方法都必须遵循一定的规律，正如"包医百病"的药被认为是无稽之谈一样，即绝不存在一种什么情况下都适用的"最优教法"，"教有定律教无定法"说的就是这个道理。

奥加涅相曾指出："同一种教学方式可以是有效的，也可以是无效的，这取决于应用它的时间和地点，取决于各种不同的方法相互配合的特点。""教学的每一种教学方式、手段都有其自身的特点，不仅取决于诸如教学目的和内容、教学阶段、学生年龄与素质、教学的具体条件等客观因素，而且还被诸如教师本身的个性、教学素养、使用教学论的方法的熟练程度等等这样一些主观因素所决定。"（胡炯涛，1996：297）

四、小学数学教学过程研究

（一）小学数学教学过程概念的研究

由于教学的复杂性，诸多学者从不同的视角对教学过程提出了不同的观点与看法，虽然很难用一个统一的定义来界说，但深化了人们对教学过程本质的认识。刘树仁梳理概括认为主要有以下五个观点：（1）教学过程是一个特殊的认识过程；（2）教学过程是促进学生发展的过程；（3）教学过程既是认识过程，也是促进学生身心发展的过程；（4）教学过程是一个具有多质性的过程；（5）教学过程是一个多层次的过程。数学教学过程作为教学过程的一个下位概念，上述一些观点也平移到了数学教学过程，同时由于小学数学教学的特殊性，也产生了一些更具特质的说法。（刘树仁，2003：149）

对数学教学过程的理解，在我国的数学课程与教学改革中也在不断地变化发展。如新中国成立初期，数学教学过程主要被理解为传授数学知识的过程。这实际上把数学教学过程看作是一种特殊的认识过程。到了20世纪80年代，数学教学过程主要被理解为传授数学知识和培养能力的过程。这实际上把教学过程既看成是认识过程，也看作是学生发展的过程。到了2001年，教育部颁布的《全日制义务教育数学课程标准（实验稿）》指出："数学教学是数学活动的教学，是师生之间、学生之间交往互动与共同发展的过程。"这实际上把数学教学过程看作是一种活动过程，强调在数学活动过程中让学生获得数学知识，形成数学能力，培养学生的个性品质。基于不同的教育教学理论，许多数学教育研究者对数学教学过程的本质又提出了大量不同的看法。

1.活动说

邓友祥提出数学教学应是数学活动的教学。并把数学活动分为内在活动与外在活动两个方面，内在活动主要指数学思维活动，外在活动主要指数学的操作活动，且外在活动必须为内在活动做准备。有效的数学活动应使学生勇于发表自己的意见，善于听取别人的意见，乐于修正自己的意见（邓友祥，2004）。曹才翰指出数学教学过程是教师的教和学生的学的双边统一活动过程，在这一活动过程中学生掌握数学知识和技能，发展数学能力和态度，并形成一定的思想品质。（曹才翰，1990：224-226）

涂荣豹等综合分析指出教学过程是一种认识过程、心理过程、社会过程、智育过程、教育过程，是促进学生全面发展的过程。不同的教育发展时期、不同的教育观点、不同的社会制度等，均会影响人们对教学过程的理解，会产生不同的教学过程。概括起来主要有三种观点：一是"教师中心论"的教学过程，把教学过程仅看成教师系统地向学生传授知识的过程。二是"学生中心论"的教学过程，把数学教学过程看成只需要通过教师辅导，学生在教学活动中自己学习的过程。三是把数学教学活动看成是师生双边活动的过程。然后在新课程标准下提出，数学教学过程是师生双边在数学教学目的指引下，以数学教材为中介，教师组织和引导学生主动掌握数学知识、发展数学能力、形成良好个性心理品质的认识与发展相统一的活动过程。（涂荣豹等，2011：55）

以上所说，把数学教学过程看作是数学活动的过程、师生双边活动的过程、学生认识与发展的活动过程等，其"活动"的内涵也存在很大的差异。

2.认识说

崔国范认为数学教学过程是一种特殊的认识过程。数学教学是以发展学生的数学思维为基础，培养学生数学观念，形成一定的思想品质的过程。数学教学过程中要处理好的几个主要关系：（1）间接经验与直接经验的关系。（2）未知和已知的关系，即新知识和旧知识的关系。（3）数学基础知识与数学能力的关系。（4）数学科学知识与数学教养效能的关系。（5）智力与非智力因素的关系。（崔国范，2007）

李艳提出教学过程既是一种特殊的认识过程，同时也是小学数学教学实践迫切需要解决的一个实际问题。（李艳，2014）

把数学教学过程看作是一种特殊的认识过程，是符合马克思主义认识论的，该理论认为人类对事物的认识，是遵循"实践、认识、再实践、再认识"循环往复以至无穷的认识过程，教学过程作为一种认识过程，也遵循这一规律。其特殊性主要是学生的认识对象、认识条件、认识任务等具有特殊性。

3.综合说

由于数学教学过程的复杂性，许多学者综合多个角度对数学教学过程进行界说。如江苏省小学教师自学考试小学教育专业教材编写组提出课堂教学过程是教师、学生以及其他系统要素的相互作用构成的。可以从活动、功能和任务这三个不同的角度揭示课堂教学的本质。

从活动的角度看，课堂教学过程是教师的教和学生的学所组成的共同活动过程。如图4-1所示。

教学活动 ｛教 ｛传授、训练……
激发、管理……
学 ｛学习、探究……
自我教学和调整……

图4-1　活动视角下的教学过程构成

从功能的角度看，课堂教学过程是由教师传授知识技能，进而形成发展学生的各种能力和个性品质的过程。如图4-2所示。

教学过程 ｛教养过程（掌握知识、技能）
教育过程（培养个性）
发展过程（发展智能）

图4-2　功能视角下的教学过程构成

从任务的角度看，课堂教学过程是教师根据社会对人的素质要求和人的发展规律完成的传授知识、发展能力、形成个性等方面的任务的过程。

如果把这三个方面联系起来，课堂教学过程就是在相互联系的教和学的形式中进行的，以传授和学习文化知识为基础，以培养和发展学生的能力和健全的个性为目的，由教师精心组织起来的认识、实践的过程。（江苏省小学教师自学考试小学教育专业教材编写组，1995：247）

陈才华也认为数学教学过程首先是教师引导学生进行数学活动的过程。并提出数学活动是学生经历数学化过程的活动，是学生自己建构数学知识的活动。学生在数学教师指导下，积极主动地掌握数学知识、技能，发展能力，形成积极、主动的学习态度，同时使身心获得健康发展。其次，数学教学过程是教师与学生之间的互动过程。第三，数学教学过程是师生共同发展的过程。数学教学过程能促进学生的发展与教师本身的成长。（陈才华，2005）

刘伟华提出数学教学过程从结构来看，它是以教师、学生、教材、教学目的和教学方法为基本要素的多维结构；从功能来看，它是一个教师引导学生掌握数学知识、发展数学能力、形成良好心理品质的认识与发展相统一的过程；从性质来看，它又是一个有目的、有计划的师生相互作用的双边活动过程。（刘伟华，2007）

4.功能说

许多学者从学生学习与发展的角度对数学教学过程进行界说。如涂荣豹等认为数学教学过程是数学教师组织和引导学生系统地学习和掌握数学知识，进行积极的思维活动，形成良好的认知与发展相统一的育人过程。（涂荣豹等，2006：70）窦学伦提出数学教学过程是一个传授知识、发展智力、锻炼能力、完善品质四结合统一实现的系统工程。（窦学伦，1987）数学教学过程实际上是一个情感交流的过程，教学过程是学生一种特殊的实践活动过程，教学过程也是品德教育的过程。（沈方道，1995）小学数学教学过程是师生双方在小学数学教学目的的指引下，以教材为中介，教师为主导，学生为主体，教师组织引导学生掌握数学知识、发展数学能力、形成良好个性心理品质的认识与发展相统一的过程。

胡典顺等分析当下数学教育中涌现出来的一系列新的教育话语，以及数学教学中经常使用的术语，如经历、观察、感知、体验、参与、尝试、探究、反思、建构、生成等所反映的某些数学教学思维方式、数学教学观、过程性思维，以及对数学教学的过程特征的理解，提出数学教学过程是发展理性精神的过程、是形成合理的数学观的过程、是揭示数学思维的过程、是问题解决的过程、是再创造和再发现的过程、是数学文化渗透的过程。（胡典顺等，2007）

孔企平从小学数学学科的特点和教学活动的基本特点出发对小学数学教学过程进行了较为系统的阐释。他认为小学数学教学过程是指在教师指导下小学生学习数学的过程。在这个过程中学生掌握数学知识和技能，发展初步的逻辑思维能力，形成一定的思想品德和行为习惯。并进一步把小学数学教学过程分为三个层次：一是从小学数学课程开始到结束的整个教学过程；二是一个数学知识单元的教学过程；三是一节课的教学过程。不管是哪一个层次，小学数学教学过程都是一个多元的复杂过程，学生的情况不同，教学目标不同，教学过程就会有不同的特点。此外，还有教师的素质、教法、教学手段、时间安排等都会影响教学过程。众多因素中，教师、学生、教学内容是构成教学过程的三个基本因素。在小学数学教学过程中还需要正确处理好三对矛盾关系：一是教师的主导作用与学生的主体作用的相互矛盾关系；二是数学学科特点与学生思维特点的矛盾关系；三是掌握基础知识与发展学生情感态度与能力的矛盾关系。

从教师教的角度，孔企平把小学数学教学过程看作是教师不断地作出教学决策的过程，教师的教学决策包括了制定教学目标、确定教学内容、选择教学方法、决定评价方法等几个方面。从学生学的角度，他把数学课堂教学过程看作是学生参与的过程。学生参与涉及他们在行为、认知和情感三个方面的活动，并把这三个方面的活动分别称为学生在教学过程中的行为参与、认知参与和情感参与。在数学教学中，学生主要的行为表现可分为以下两个方面：一是参加集体教学活动的积极努力程度；二是学生在课堂中解决数学问题的钻研程度。学习中的情感因素，包括了兴趣、动机、自信心、态度等因素。小学生在数学课堂中的主要情感反映有以下几种情况：第一，对数学学习内容和过程感到有趣；第二，虽然谈不上对数学学习感到有趣，但完成学习任务或取得好的成绩，感觉到愉悦和满足；第三，对考试和测验的焦虑，对考试成绩很担心；第四，厌倦数学或数学学习活动。一般来说，小学生认知参与有三种情况：浅层次的策略、深层次的策略和依赖教师（或者家长）的策略。体现了三种学习策略和思维层次。浅层次的策略，表现为死记硬背和机械的认识水平；深层次的策略，具有理解、探索和反思性的认知水平；依赖的策略，指依赖教师或者家长（在课堂教学的情况下主要体现为依赖教师）的策略，实际上体现了学生的认知策略仍不成熟，从而导致认知水平并不稳定。（孔企平，2005：99-112）

5.程序说

常州市代数研究小组基于认知的顺序把数学教学过程分为知识发生和应

用这两个过程，前者指揭示和建立新旧知识内在联系使学生得到知识的过程，后者指课堂上应用基本知识解决问题的过程。（常州市代数研究小组，1988）宋玉连从如下七个方面诠释了数学教学过程：数学教学过程是对学生进行知识教育的过程；数学教学过程是师生合作、双边活动的过程；数学教学过程是开发学生智力、发展数学能力的过程；数学教学过程是素质教育的过程；数学教学过程是对学生实施德育、美育，促进学生身心发展的过程；数学教学过程是充分有效实施数学教育评价作用的过程；数学教学过程是数学观念教育的过程。（宋玉连，2001）

（二）小学数学教学过程构成要素的研究

对于教学过程有哪些基本要素构成，教育界也存在诸多不同的说法，其中影响较大的有以下六种看法：一是"三要素说"，主张教学过程由学生、教师和教材等三个要素构成；二是"四要素说"，主张教学过程由学生、教师、教材和教学方法或教学手段等四个要素构成；三是"五要素说"，主张教学过程由学生、教师、教材、教法和学法，或是由学生、教师、教材、教法、课堂气氛等五个要素构成；四是"六要素说"，主张教学过程由学生、教师、课程、教法、媒体和目的等六个要素构成；五是"七要素说"，主张教学过程由学生、教师、目的、课程、方法、环境、反馈等七个要素构成；六是"教学要素层次系统说"，主张教学过程的因素呈现出多侧面、多层次的特征。教学过程的要素可分为平凡要素与特质要素两个层面。其中平凡要素主要由教学的时间、空间、信息等要素构成。特质要素由硬要素教师、学生、教材等构成；软要素由教学规律、教学本质、教学目的、教学原则、教学方法等要素构成。上述等等说法有利于人们认识与理解教学过程的构成要素，并且有些说法也渗透或平移到数学教学过程中，构成学者们分析数学教学过程要素的基础。

如田万海认为数学教学过程由教师、学生、教学内容、教学模型和方法四个基本要素构成。（田万海，1996：149）王子兴也提出教师、学生、数学教材、教学手段是构成数学教学系统的四个基本要素。（王子兴，1990：134）

李艳认为小学数学教学过程由教学目的、教师、学生、教材、教学手段和教学方法等要素构成。（李艳，2014）陆书环等认为数学教学过程的基本要素为学生、教师、数学教学目的、数学课程和教材、教学方法、教育环境、教学反馈七个要素，且这七个要素之间的关系是相互影响的，情况是错综复杂的。（陆书环等，2004：118-119）

影响教学过程的因素是多方面的，有目标因素、学生因素、教师因素、内容因素、方法因素和环境因素等，其中基本要素为学生、教师、教学方法和教学内容。它们构成一个复杂的系统，相互依存、相互作用、相互制约，形成一条完整的教学链条。（涂荣豹，2003：229）也有学者认为最基本的因素是学生、教师和数学教学内容。数学教学过程的三个基本因素相互联系，相互制约，构成了数学教学过程的基本矛盾：教师与学生之间的矛盾、学生与数学教学内容之间的矛盾、教师与数学教学内容之间的矛盾。数学教学就是在不断地解决矛盾的过程中发生和发展的，其中解决学生与数学教学内容之间的矛盾是数学教学活动的出发点和归宿。（张景斌，2000：38-43）

江苏省小学教师自学考试小学教育专业教材编写组认为课堂教学系统有两方面的结构：一是空间结构，指课堂教学系统内部构成要素（教师、学生、课程和教学条件）间的有机联系和相互作用的方式，这种结构决定了教学的活动形式，是教学系统得以运行的前提；另一种是时间结构，它是指课堂教学活动的展开和进行的逻辑历程，是过程的结构。教师预定的课堂教学目标、教学内容、教学组织形式、教学方法、教学结果这样五个成分的系列就构成了一个完整的过程结构。如图4-3所示。

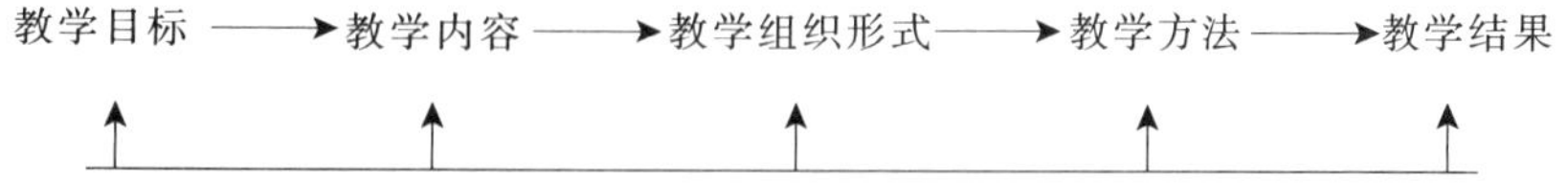

教学目标 ——→ 教学内容 ——→ 教学组织形式 ——→ 教学方法 ——→ 教学结果

图4-3　小学课堂教学的时间序列结构

其中内容、组织形式和方法是化目标为具体结果的手段和中介。（江苏省小学教师自学考试小学教育专业教材编写组，1995：248）

小学数学教学过程除了教学内容与学生的特殊性外，其教学过程的构成要素基本没有什么变化，上述要素的分析可阐释小学数学教学过程的构成要素。

（三）小学数学教学过程的基本阶段的研究

数学教学过程作为一种特殊的认识活动与实践活动，具有一定的过程性与阶段性特征，通常会表现出一些相对固定的教学环节。但不同的课型、不同的教学方法等均会导致教学阶段的不同，会形成不同的教学环节。郭日瑞根据数学教学的"四环节"，把数学教学过程分为如下四个环节：基本概念、看书思考；解题思路、启发诱导；针对弱点、定向训练；揭示规律、讲评提高（郭日瑞，1985）。涂荣豹等根据教的过程与学的过程必须相互适应、协调统一的原则，把数学教学过程划分为教学准备、讲授与理解、巩固运用、小结四个基本阶段。（涂荣豹等，2011：59-60）

1.教学准备阶段。教学准备指教师教的准备和学生学的准备。这一阶段既是教师教的过程的起始环节，同时也是学生学的过程的起始环节。

2.教师的讲授和学生的理解相互作用阶段。这是数学教学过程的中心环节，它对整个教学过程的效果起着决定性的作用。在这一阶段中，教师根据学生的学习需要系统地提示、讲解教材内容；学生在教师的指导下，全面感知、理解教师所讲述的内容，从而把教材知识结构转化成数学认知结构。这既是教师教的活动与学生学的活动发生相互作用的阶段，又是新的数学知识同学生原有认知结构建立实质性联系的阶段。

3.巩固运用阶段。引导学生对已经理解的知识加以巩固和运用，使其真正掌握，这既是教师教学工作的一个重要步骤，同时也是学生学习过程中的一个基本阶段。这一阶段对于学生加深数学知识的理解、强化知识的保持、训练技能和发展能力都具有其他阶段无法替代的作用。严格来讲，巩固和运用是两种不同的活动，前者是指在理解的基础上将所学知识牢牢地记住，后者是指用所学的数学知识解决问题，但在教学实践中两者往往是交织在一起的，通常很难作出严格的划分，因此，将两者综合成数学教学过程的一个阶段。

4.小结。课堂小结是教学的重要一环。有学者认为，教学小结可采用几种形式：归纳式小结、开拓式小结、链锁式小结。

234　小学数学教育研究(1949—2019)

　　唐恒钧等认为教学过程的本质体现在教与学的统一、建构与反映的统一、认知与非认知的统一。构建新的教学过程必须把握教学过程的逻辑性、矛盾统一性及完整性等三个方面。据此搭建了建构主义观下的数学教学过程环状图。具体如图4-4所示。

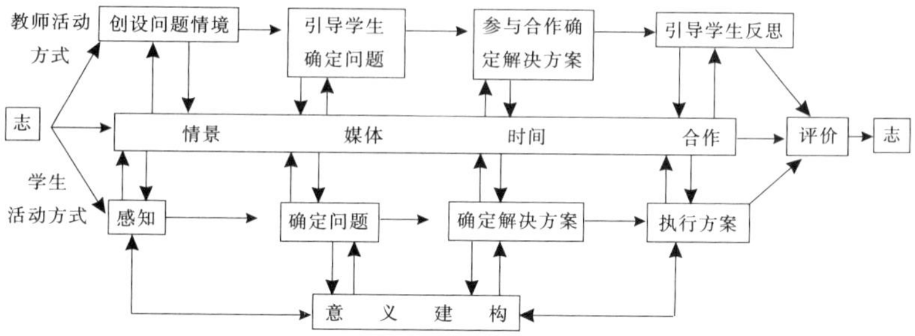

图4-4　唐恒钧、严菊仙基于建构主义观构建的数学教学过程

　　志：动机激发阶段，提供教学活动的动力和维持力。正如前面已论及的，教学过程是教与学统一的过程，因此这里所提的动机激发阶段则不仅要激发学生学的动机，还要激发教师教的动机，这正如张传燧先生所指出的："教师爱不爱教，愿不愿教，乐不乐教，都是教学成功与否的重要条件。教师的教学动机决定于自身物质精神满足的需要程度和自身价值的社会实现程度。"

　　创设问题情境/感知：教学主体直接感知的阶段。在这一阶段，教师要创设出有利于学生建构的复杂的真实情境，在此教师应考虑学生要学什么知识，学生原有的认知结构中又具有什么相关的知识，以及如何调动学生学习兴趣等问题。而学生通过感知情境中的信息并选择信息，引起学习兴趣。

　　确定问题：这是师生共同合作选择确定问题的阶段。教师要引导学生提出有价值的问题，因此一方面，教师要鼓励学生提出问题；另一方面，则要对学生提出的问题进行不断的评价。学生则通过上一阶段接受、选择和分析情境中的信息，在教师的引导下，通过与同伴的合作，逐渐确定所要讨论的问题。

　　确定解决方案：这是师生共同合作确定解决方案的阶段。师生、生生要通过充分的互动，逐渐建立起解决问题的方案。教师首先要营造好平等民主的学习氛围，只有在这样的氛围下进行的合作才是真正有效的。其次，教师要组织好合作活动，通过合作要实现的是1+1>2，因此，教师要充分考虑合作的有效性。具体而言，组要足够小，以确保每位学生都作为合作小组的成员有事可做；另一方面，教师要考虑学生气质方面的差异，因而分组时有同质分组，也有异质分组，应视学习任务的不同而不同。再次，教师还应作为合作小组的普通一员进入到学习活动之中，这有助于学生的意义建构向深层发展。同时，学生在这一阶段则应在教师的组织引导下参与到合作活动中，这种真正的智力参与正是涂荣豹先生所指出的建构主义数学学习的三大特征之一。

引导学生反思/执行方案：这是解决问题的阶段。在这一阶段，学生执行上一阶段通过猜测、假设而建构起来的解决方案，并进行不断的修正。教师在这一阶段则主要是引导学生对先前的解决方案进行深层次的反思，包括方案的适用性、简便性以及该方案所涉及的数学思维、数学方法等内容。最终帮助学生建构起新知识的意义，使之在原有的认知结构中得到生长，即与原有的认知结构建立广泛的实质的联系，并使原有的认知结构得到扩展、分化与重组。

评价：师生对教学过程进行反思、总结的过程。教师对学生的学习进行评价，帮助学生进行反思，并对教学过程进行反思，使得以后的教学更为有效。从这个意义上说，通过教学过程，教师也实现了意义的建构，不断地提高自身的业务水平；另一方面，学生则要在教师引导帮助下对自身的学习进行反思，提高元认知水平。通过以上的阶段，师生又形成了新的"志"，为新的教学过程提供了前提。

可见，这是一个螺旋式上升的过程，而在每一个教学过程中，师生在相同的情境、问题中，在同一时间借用媒体通过合作而展开教学，这也表明了师生的统一性。另外，从教学过程的完整性可以看出，这是一个系统工程。（唐恒钧等，2004）

（四）小学数学教学过程的特征与价值的研究

李光树提出小学数学教学过程的基本特点如下：一是小学数学教学过程是一个以小学生为认识主体，以基本数量关系和空间形式为认识对象的特殊认识过程；二是数学教学过程是一个以发展初步逻辑思维能力为核心的促进学生全面发展的过程；三是小学数学教学过程是一个以小学数学教材为中介的师生相互作用的活动过程。（李光树，1997）

孔企平依据对小学数学教学过程本质的分析，提出小学数学教学有以下三个方面的特点：

1.小学数学教学过程是教师和学生统一的活动。小学数学教学过程是学生对有关的数学学习内容进行探索、实践与思考的学习过程，学生是学习活动的主体，教师是学生数学学习活动的组织者、引导者与合作者。

2.小学数学教学过程是教师引导学生进行"数学化"的过程。"数学化"就是指学习者从自己的数学现实出发，经过反思得出有关数学结论的过程，也是指学生从自己的数学现实出发得出数学知识的过程。

3.小学数学教学过程是师生围绕着数学学习进行对话与合作的过程。教学的本质是一种沟通与合作，是教师与学生围绕着教学文本进行对话的过程。（孔企平，2005：97-98）

王兰卿分析认为数学教学过程的特点主要如下：

1.学生的认识具有特殊性。数学教学过程中，学生学习数学知识主要体现在一定的教学内容中，他不是直接去发现人们未知的东西，而是接受前人已经总结出来的知识，以学习间接经验为主。这样，学生就有可能在最短的时间内去掌握前人经过漫长的岁月才能获得的知识。

2.实践环境的特殊性。科学家的实践环境是以自然或社会现象为背景，在未知领域探索前进，因而具有严密的逻辑性和高度的抽象性。学生的实践多限于学校这个特定的环境，所以，需要教师根据教学任务，事先进行计划设计，对学生不断引导、调节，比较顺利地达到预期目的。

3.实践方式方法的特殊性。在数学教学过程中，教师可以通过实验演示、实习参观、社会调查等多种形式，丰富学生的感性经验；教师还可以借助直观教具，如挂图、模型、幻灯片等，让学生感知一些抽象的事物。这些实践的方式方法，教师要根据教学目的、任务进行精心设计和周密安排。（王兰

卿，1998）

张奠宙、李士锜、李俊等认为数学教学过程的特点主要有：

1.数学教学要特别注意数学对象的实际背景。数学的研究对象"思想材料"并不是特别的、具体的物质运动，因此，数学教学必须注意从许多自然现象和社会现象中抽象出数量上或结构上的数学概念、数学规律和数学理论。

2.数学教学的重点是发展学生的数学思维。

3.数学教学要善于培养学生对抽象思维的兴趣。

4.数学教学要求善于选择和编写"习题"。（张奠宙等，2003：112-113）

谭少班提出了数学建构主义教学观下数学过程的主要特点为：主体参与、自主选择、情境学习、探究活动、合作交流、个人体验、教学开放。（谭少班，2002）

胡典顺等认为在数学新课程理念下，数学教学不只是知识的载体，而且是师生共同探求新知识的过程，具有如下重要的过程价值：

1.数学教学过程的知识价值。数学概念及思想方法的形成过程，展示数学问题的提出过程，探索数学定理的发现过程，再现解决方案制订的选择过程，以及从失败走向成功的过程。

2.数学教学过程的情感价值。从学生的发展角度来理解知识，数学教学应该促使学生获得更多的自信和更多的成就感，应该让学生得到幸福和快乐，并能让他们从所取得的成绩中获得愉悦感。

3.数学教学过程的创新价值。学生对数学知识的理解，不是对知识进行机械的复制，而是对知识进行自主建构，注重数学教学过程的教学，往往重视学生的亲身经历和亲自体验，从而学生的思维是多种多样、开放式的。

4.数学教学过程的终身学习价值。（胡典顺等，2007）

五、小学数学教学策略研究

采用什么教学策略能使教师的教学更加有效是一个长久的教育话题，不过教学策略（teaching strategy）研究在最近四十多年来才成为了人们研讨的一个议题。

（一）数学教学策略概念的研究

美国教育家史密斯、心理学家加涅、华东师范大学的高文和皮连生、上海教育科学学院的顾泠沅、南京师范大学的喻平等国内外众多教育学者对教学策略进行了研究。如史密斯认为教学策略就是教学内容的总部署，是教师控制学生行为总方向的方法。高文认为教学策略就是为实现预定的教学目的而采取的教学方式。皮连生认为教学策略是教师采取有效达到教学目标的一切活动。国内外学者对教学策略的界定很多，涂荣豹、杨骞、王光明等综合分析指出这些界定既呈现出一些共性，又表现出一些分歧，其中共性表现为教学策略有一定的目标，是在特定教学的前提下为完成特定的教学任务而产生的。分歧表现为有的学者认为教学策略有一定的理论性，视之为教学思想、教学模式；有的学者认为教学策略就是教学方法；还有学者认为教学策略就是教学方案，主要是在教学策略的归属上产生分歧。（涂荣豹等，2011：222）

李庆奎等认为数学教学策略是针对特定的数学教学情境和教学目标，依据数学教学原理或数学认识规律，在教学中关于教学诸变量的优化与操作的知识。这种知识包括：教学目标的确认，策略原理的分析，策略方案的规划，确定教学材料，选择教学方式和方法，考虑教学原则，编拟教学程序等。（李庆奎等，2000）这把数学教学策略看成是一种策略性知识。万志超基于建构主义观点提出，数学教学策略是指数学教师对数学课堂教学所作的系统决策和设计，它包括设置数学学习情景的策略，呈现数学教学内容的策略，选择数学教学方法与教学辅助手段的策略，教学效果的检查和评价的策略等。（万志超，2005）刘文晔认为数学教学策略是以完成数学教学任务为目标，以提高学生素养为宗旨，以培养学生的创新精神和实践能力为重点而采取的教学活动方式。（刘文晔，2006）

可见在数学教学领域对教学策略的概念也存在多种不同的理解与界说，其关键点在于厘清教学思想、教学理论、教学方法、教学方式、教学模式等概念的关系与内涵。刘久成指出教学策略是教学思想的具体化，是教学方式方法的概括化，它既包含一定的思想理论，又具有可操作性和过程性的特征。（刘久成，2004B）这体现了教学策略是教学思想、理论与教学方式、方法的中介性质。

张卓分析了教学方法与教学策略的联系与区别，提出教学方法是为完成教学任务，教师的教和学生的学的相互作用所采取的方式、手段和途径。教学方法是更为详细具体的方式、手段和途径，它是教学策略的具体手段和途径，它是教学策略的具体化，介于教学策略与教学实践之间，教学方法要受制于教学策略。教学策略从层次上高于教学方法，教学方法是具体的、可操作的，教学策略则包含有监控、反馈内容，在外延上要大于教学方法。（张卓，2006年学位论文）

从教学理论到教学实践的转化，是从教学理论到教学模式，再到教学策略，再到教学方法，再到教学实践。可见教学策略是教学模式的进一步具体化，教学模式包含教学策略。教学模式是用于构成课程和课业，选择教材，提示教师在课堂或其他的场合教学的一种计划或范式，具有简约化、概括化，理论性和相对稳定性的特点。教学模式规定着教学策略、教学方法，属于较高层次。教学策略比教学模式更详细，更具体，受到教学模式的制约。从教学研究的发展来看，先有教学模式研究，然后才有教学策略研究，这也反映了二者的区别与联系。（涂荣豹等，2011：224）

（二）小学数学具体知识模块的教学策略研究

小学数学教学策略的研究主要有两大取向：一是结合具体的数学知识对教学策略进行探究；二是针对小学数学教学中的某一个主题进行教学策略研究。

结合小学数学某一具体内容进行教学策略研究是小学数学教学策略研究的主要方式之一，众多研究者构建与积累了大量的此类教学策略。如张丹的《小学数学教学策略》一书共有五章，在第一章宏观概述了教学设计与教学实施的策略后，其余四章分别阐释了小学数学四个领域的一些教学策略。如数与代数的教学策略：（1）数的认识的教学策略包括数的意义的教学策略、数的表示的教学策略、数与数之间关系的教学策略、数的应用的教学策略，并对每个方面结合具体例子进行了阐释，如数的意义的教学策略具体有三条：注重使学生从现实世界中抽象出数的过程；注重使学生体会数的丰富意义；在具体情境中感受大数。（2）空间与图形的教学策略包括图形的认识的教学策略、图形的测量的教学策略、图形与变换的教学策略、图形与位置的教学策略。其中图形的认识的策略具体包括以下六条：抓住图形的认识的内容主线；设计丰富的素材促进学生进行平面和立体的转化；注重使学生体会图形与现实世界的密切联系；鼓励学生进行操作、想象、推理、表达等活动；重视图形分类的价值；鼓励学生从动态的角度认识图形。图形的测量的教学策略具体包括以下六条：在具体情境中，注重对所测量的量的实际意义的理解；经历用不同的方式进行测量的过程，体会测量的意义；借助熟悉的事物体会测量单位的实际意义；选择适当的测量单位和工具进行测量，积累测量的经验；探索基本图形的周长、面积、体积公式，并能应用公式解决实际问题；探索不规则图形及物体的测量方法。图形与变换的教学策略具体包括以下四条：要明确平移、旋转、轴对称的基本要素；注重使学生在具体情境中认识变换现象，并通过操作活动体会变换的特征；重视加强从变换角度认识图形的教学；鼓励学生从变换的角度欣赏图形并设计图案。图形与位置的教学策略具体包括以下三条：明确小学两种确定位置方法的内涵及这部分内容的教育价值；鼓励学生探索如何刻画和描述图形的位置；鼓励学生尝试运用不同的方式确定物体的位置。（3）统计与概率的教学策略主要阐释了培养学生数据分析观念的教学策略。具体包括以下三条：发展学生的统计意识；鼓励学生有效地从数据中提取信息，体会数据蕴含的信息；体会数据的随机性。（4）实践与综合应用的教学策略，具体包括以下六条：设计好实践与综合应用的问题；有效组织学生进行自主参与和合作探索；鼓励学生个性的充分发展；应注意课内外相结合，适度和适量向课外延伸；引导学生及时反思活动过程以及在活动中积累的经验；合理评价实践与综合应用中学生的表现。（张丹，2010：48–232）

孔企平根据小学生几何学习的特征，提出了小学几何教学的五条基本策略：利用学生的生活经验；引导学生进行观察；注意培养学生的几何推理能力；进行操作实验；运用变式图形。（孔企平，2003：170–171）孔企平还提出了应用题教学的基本策略：培养学生的审题能力、启发学生进行思考、引导学生理解基本概念、让学生有机会进行反思和评价。（孔企平，2005：260–263）

杨庆余依据课程标准对小学统计知识、概率知识的要求，提出了统计教学组织的主要策略有：注重儿童生活策略、强化数学活动策略、将知识运用于现实情境策略、增加表现性作业策略四条。概率教学组织的主要策略有：活动的体验性策略、游戏的引导性策略、方案的尝试设计策略三条。杨庆余从数学问题解决能力复杂性的角度，提出发展学生数学问题解决能力的主要策略：一是创设自由探究的空间，包括让学生充足的思考、自由想象、最初示范导向的探究性；二是发展学生问题表征能力，包括仔细审定问题情境、学会深度表征；三是大胆提出假设和积极思考，包括尝试猜测、多角度地猜测与思考、倡导开放性的思考。（杨庆余，2010：384–435）

张洪霞根据数与代数模块计算教学存在的问题，提出了六条改进计算教学的策略：激发学生学习兴趣、注重策略优化，引导学生领悟算理、算法的多样化与优化，扎实掌握计算知识、重视口算，加强笔算，学会估算、分层练习，形式多样。（张洪霞，2012年学位论文）袁樱基于活动教学理论，提出了培养小学生空间观念的四条教学策略：回归儿童的生活经验、从对象的形体特征观察入手、通过做（活动）培养空间观念、加强交流和想象活动培养空间观念。（袁樱，2007年学位论文）刘霖在调查研究的基础上，提出了培养小学生几何直观能力的四条教学策略：寻找直观模型，发展学生的几何直观能力、扩张自主操作空间；让学生积累几何直观体验、运用现代信息技术；让学生感受几何直观的作用、增加教材的整合；适时安排几何直观的教学。（刘霖，2013年学位论文）顾晓东提出通过让小学生掌握数轴模型、线段图模型、面积图模型、连线模型等典型的几何直观模型的策略，培养学生

的几何直观能力。（顾晓东，2017）

（三）小学数学教与学主题的教学策略研究

在小学数学的教与学的过程中，常常要思考对一些主题采用什么样的教学策略才能取得更好的效果，如课堂导入的设计、教学目标的制定、合作学习的开展、思想方法的渗透等，久而久之学者们提出了许多相关的小学数学教学策略。

吴正宪、周卫红、陈凤伟在《吴正宪课堂教学策略》一书中总结了多年来的小学数学教学实践经验，在概括与提炼的基础上，着眼于教学实践中常见的21个主题的72条教学策略：（1）制定教学目标的三条策略：把握教学方向；深入解读文本；直面学生现实。（2）调研学生现状的三条策略：走进学生——调研学生的学习起点；走进课堂——确定学生的学习难点；走进自我——设计教学的整合点。（3）创设问题情境的五条策略：创设情境要有情趣；创设情境要有生活；创设情境要有问题；创设情境要有互动；创设情境要有文化。（4）设计有效提问的三条策略：提问和情境相契合；提问和思维相契合；提问和追问相契合。（5）利用儿童经验的三条策略：回归生活，激活经验；回到起点，对接经验；回馈体验，提升经验。（6）利用错误资源的四条策略：容错——等待花开；试错——诱导明理；纠错——引辩悟道；将错就错——悟中求实。（7）课堂机敏应变的三条策略：直面问题，情理交融；顺应思维，巧妙引导；面向全体，探寻本质。（8）设计探究性活动的四条策略：探究内容要筛选；探究问题要精彩；探究材料要准备；探究形式要多样。（9）设计课堂练习的五条策略：练习设计有趣味；练习设计要开放；练习设计串成串；练习设计有思想；练习设计形式多。（10）运用有效评价的四条策略：合理评价，激发情感；延迟评价，给予空间；积极评价，鼓励创新；利用评价，突破障碍。（11）读懂学生内心世界的五条策略：架起平等互尊的桥梁；扬起放飞自信的翅膀；搭设由低到高的门槛；留有教学空白的课堂；激活"海潮现象"的思维。（12）读懂学生认知过程的三条策略：从前测中读懂学生的基础；从表情中读懂学生的需求；从追问中读懂学生的思路；（13）建构互动学习的三条策略：建构积极的思维活动；建构展示思维的平台；建构对话的互动空间。（14）促成认知冲突的三条策略：关键点引发冲突；困惑处制造冲突；平衡中激活冲突。（15）课堂教学理答的四条策略：针对回答启发诱导；等待中促进自省；重复中突出重点；转向中扩大参与度。（16）问题解决的四条策略：观察感悟中发现数学问题；操作实践中探究数学问题；合作交流中解决数学问题；反思练习中深化数学问题。（17）巧妙利用比较思想的五条策略：利用体验进行比较；利用新旧知识进行比较；利用负迁移进行比较；利用易混淆知识进行比较；利用逻辑关系进行比较。（18）巧妙利用转化思想的四条策略：将新知识转化成旧知识；将不整齐的转化成整齐的；将复杂的转化成简单的；将抽象的转化成直观的。（19）数与形结合的四条策略：以形助数，理解概念；以形助数，感悟算理；以形助数，解决问题；以数辅形，刻画图形。（20）数学建模的三条策略：精选问题；建立表象；联系实际。（21）渗透函数思想的三条策略：在计算教学中渗透函数思想；在探究规律中渗透函数思想；在多种表征中渗透函数思想。（吴正宪等，2013：1-6目录）

基于数学课程标准的教学改革及建构主义学习观，孔企平提出了如下三种小学数学教学策略（孔企平，2006：172-178）：

1.合作学习的教学策略

孔企平认为合作学习是一条重要的教学策略，且进行异质分组较好。主要包括三种方式：一是小组主题讨论。这一方式适合于课题，通过分组让每个学生承担一项工作，如记录、汇报等，小组围绕一个主题进行讨论。二是角色扮演。这一方式适合通过模拟情境进行问题的讨论，针对一个主题，模拟真实的情境，由小组成员扮演情境中的各个角色。三是"头脑风暴"的讨论。针对某一主题，各小组成员尽量把想到的方法写出来，越多越好，然后进行讨论。

要有效地开展合作学习，教师在各个环节中的指导是非常重要的，常见的指导方法如表4-2所示。

小学数学教育研究（1949—2019）

表4-2　合作学习常见指导方法

教学环节	教师指导方法
准备阶段(在合作学习前,首先确定教学内容和相应的目标)	1.教师要明确学习任务目标; 2.讲述学习方法和合作技巧目标
教学决策阶段(作出教学计划,向学生说明)	1.教师要决定小组规模,把学生安排到各组; 2.根据数学知识的设计讨论问题,提高小组学习的有效性,安排角色,解释学习任务; 3.确定数学交流和解决问题的步骤; 4.说明成功的标准(分数学任务和合作技能两个方面)
实施评价阶段 (在合作学习实施中,教师进行引导、监控和评价)	1.巡视并观察小组学习的情况; 2.注意解决问题过程的问题和创意; 3.对学生的困难提供学习帮助,根据学习情况调整课堂中的学习进程; 4.结合具体情况传授合作技巧,提供有关数学背景知识; 5.评价学生学习情况,作出反馈

2.探究性学习的教学策略

小学数学探究性学习的教学策略，有归纳探究的教学策略与演绎推理的教学策略两类。对小学数学学习来说，主要是归纳探究的教学策略，这是学生的一种重要的数学思考历程，学生对呈现的各种实例进行观察、推论，并概括出数学结论。归纳探究的教学策略，又分为引导式和非引导式两种。引导式归纳探究中，教师是学习活动的组织者，从提出问题到指导探索，教师都起到了非常重要的作用，在课堂上往往使用这种方法。在非引导式归纳探究中，则由教师提出一种状况，学生自主进行探索，教师在学生提出问题时，进行一些指导，并让学生发现自己的错误。这种方法在布置作业时经常使用。

指导学生进行探究性学习一般有四个阶段或步骤：一是学生面对数学问题情境；二是搜集资料，并进行初步的交流；三是学生分析资料，并得出数学结论；四是学生进行反思和交流。

3.互动式讲授的教学策略

互动式讲授是在讲述的基础上实现师生的良好互动，互动式讲授有以下三个特点：第一个特点是有针对性讲授。在讲授前教师要了解学生的情况，然后有针对性地开展讲授。第二个特点是交互式讲授。在讲课的过程中，教师要了解学生的反应，根据学生的反应作出判断；有可能要调整自己的教学过程时，可基于一些有价值的意外情况，生成教学的资源和师生交流的平台。第三个特点是增进学生的理解。这是互动式讲授的本质特征。

互动式讲授法主要有三个活动阶段：第一是讲解先行组织者，即明确学生认知结构中已有的相关知识和经验。包括阐明课程目标，对先行组织者进行分析，唤醒学生对相关知识和经验的意识，引导学生明确学习方向和方法。第二是教师提出学习任务，呈现学习材料，并讲解有关算理。第三阶段是巩固学生的认知结构。

在讲解的过程中，可采用下列方法帮助学生进行认知结构的综合：（1）复习已学过的有关数学知识；（2）要求学生表达出新数学材料的主要特征；（3）用自己的语言尽可能精确地说出概念或定义；（4）要求总结出所学内容中不同知识点之间的区别；（5）要求学生陈述出所学的数学知识是如何与先行组织者的概念或原理相联系的。

杨庆余认为斯腾伯格等人所提出的"照本宣科策略""简单对话策略""思维交互策略"三种基本教学策略仍存在于我们的数学课堂。"照本宣科策略"指教师只是简单地将教材内容呈现给学生。"简单对话策略"又称为"以事实为基础的问答策略"，指在课堂学习中，师生之间的互动是以教师与学生之间的简单问答生成的。"思维交互策略"又称为"以思维为基础的问答策略"或"对话策略"，主要是倡导师生之间的交互与分享。教师提出问题，目的是刺激学生积极思维，主动去探索。另外他还分析了许多优秀的教师通过长期的教学探索与实验所提出的许多有利于培养学生数学核心素养的教学策略。交互式问题解决策略，主要属于一种思维交互的教学策略。探索—发现式策略，也属于一种思维交互式策略，但更加强调学生主体性的探究行为。"hands on"教学策略，即动手活动或动手做，也是一种学习活动的策略，注重对学生学习态度、学习方法和思考方法等素养的培养。（杨庆

余，2010：161-163）

杨庆余提出了小学数学概念教学组织的策略：一是概念引入策略，主要包括生活化策略、操作性策略、情境激励策略、知识迁移策略四条。二是概念构建的基本策略，主要包括多例比较策略、表象过渡策略、概括关键要素策略、表述交流策略、多次归纳策略、操作分类策略、导读自悟策略、概念的具体化策略八条。三是概念的巩固和运用策略，主要包括变式训练策略、精细加工策略、概念结构化策略、强化运用策略四条。（杨庆余，2010：273-280）

杨庆余根据小学数学规则大致要经历的规则导入、规则的揭示与理解、规则的巩固与运用三个阶段，提出了小学数学规则学习的主要策略：一是规则导入阶段的策略，主要包括情境导入、活动导入、问题导入三条。二是规则揭示与理解阶段的策略，主要包括借助实际情境获得对规则的理解、借助对数的意义的认识获得对规则的理解、逐步揭示规则的内部意义、完满示范结构的导向策略四条。三是规则巩固与运用的策略，主要包括过程性策略、表现性策略、多样化策略三条。（杨庆余，2010：317-323）

六、小学数学教学改革实验研究

数学教育的发展过程，主要是其教学改革的过程。特别是自20世纪70年代末至今，我国的数学教学产生了大量的改革实验，涉及内容多、范围广、层次全，成为基础教育研究最为丰富的领域之一。如上海、杭州、广西等多地开展的"三算结合"，北京马芯兰的"四性教学法"改革，中国科学学院心理研究所卢仲衡的"自学辅导教学"，湖北大学黎世法提出的"六课型单元教学法"，上海青浦顾泠沅主持的"尝试指导，效果回授"教学法，重庆西南大学陈重穆、宋乃庆主持的"GX实验"，江苏无锡徐沥泉主持的"MM教育方式"等教学改革实验促进了数学教育教学的发展，构建了许多教学理论，积累了大量的数学教学经验，推动了数学教育的发展。下面选取一些有影响的教学改革实验及改革状况进行介绍。

（一）"黑山经验"——"精讲多练，学、练、用分步走"的小学数学教学改革实验

1.黑山北关小学数学教学改革实验的由来

1956年的《小学算术教学大纲（修订草案）》执行不到3年，在国家"鼓足干劲，力争上游，多快好省地建设社会主义"的建设路线下，展开了全国范围的"大跃进"，教育领域也提出了"教育大革命"的号召。1958年6月17号《教师报》关于"小学算术"的专题社论指出："当前小学算术教材的内容，总体来说，缺点是内容较浅，分量较轻，在教材的安排和编排形式方面也存在着不少问题。就内容来看，我们用六年的时间教的算术知识基本上只相当于苏联小学四年所教的。有些数学知识有广泛实用性，却不能使学生接受，如分数、小数、百分数、比例等，在小学算术里不是没有系统地讲授，就是根本没有接触到。这不仅是极大的浪费，同时也不能适应当时工农业大发展对小学毕业生的要求和学生数学的要求。"同年9月，中共中央和国务院发布的《关于教育工作的指示》指出，要改革学制，并且各省、市、自治区的党委和政府有权组织力量编写中小学教科书，对新的学制进行实验。由此，全国各地相继开展了缩短学制和改革教材等教学改革实验。

辽宁省黑山县北关小学经过学习相关教育工作的指示精神，在调查研究的基础上，魏铁云等老师解放思想，敢想敢干，抓住数学知识的内在联系和本质特征，对第七册算术教材进行了知识归类，并采用精讲多练的方法，用10节课就讲完了原教材全册的基本内容（当时已讲过15页），基本上完成了一学期的教学任务。经过全校教师共同研究出测试题，全班学生平均成绩为79分，为当时的算术教学改革找到了途径和方法。接着全校各年极（六年极除外）的算术教师，都按照知识归类、精讲多练的方法，用一学期的教学时间完成了两学期的教学任务。在当时的教学条件下，取得了较好的教学改革效果。1960年4月，中共辽宁省委在黑山县召开了教学改革现场会，许多省市均派人到会观摩、学习、交流。当时大家十分重视，许多省的省委文教书记都

出席了会议。现场会上系统地介绍了北关小学的教学改革经验，可以说，当时深刻地影响了全国整个教学改革的走向，形成了"黑山经验"——"精讲多练，学、练、用分步走"的小学数学教学经验、方法与模式。

2. "黑山经验"——"精讲多练，学、练、用分步走"的基本做法

北关小学数学教学改革的出发点与基本做法是：原教材对儿童的接受能力估计过低，因而禁忌很多，使得教材的编排产生了分散、割裂、重复、烦琐、重点不突出和脉络不清的现象。把一个完整的知识分散成几个阶段来学习，不仅影响了知识的完整性，而且拖长了时间，造成了教学上严重的"少慢差费"。为此，他们首先对教材进行了知识登记，然后按照"多快好省"的精神改编教材。在教材内容的安排上，从儿童生活范围出发，从具体到抽象，由简到繁，从整体出发，集中揭示知识的本质特征，把知识的规律和掌握知识的方法教给学生。（中共黑山县委宣传部等，1960）

（1）知识归类，揭示规律

①按运算法则归纳。如以前教材把10以内的加减法采用"对教"的方式，即加1与减1，加2与减2等，加减成对处理，改变成按10以内的加减法先学加法，再学减法。这样有利于克服学生在还没有掌握加法运算规律的情况下就学习减法，容易产生混淆，造成基本概念模糊不清等问题。

②按运算原理归类。按算理把相关知识点集中教学，如把一年级下册20以内的加减法，与二年级上册100以内的加减法集中讲授，以减少循环上升设置中造成的重复与烦琐。

③按式题和应用题分别归类。改变原来教材与教学中式题与应用题混编、同类应用题分散到各章教学的状况，采用式题与应用题分步教学，先让学生熟练地掌握式题的运算，再帮助学生正确理解应用题。

④按问题类型归类。打破同一类型或数量关系的应用题在教材中的分散设置，按类别集中进行教学。如对于行程问题强调时间、速度与路程三者之间的数量关系进行集中教学，而不是求路程、求速度、求时间，相向问题、同向问题等的分散教学。

（2）猛攻关键，掌握规律

重点突出数学算理、数学基本规律等内容，强调反复实践，就能有效地掌握。如对于20以内的进位加法，把9加几、8加几、7加几等内容集中在一节课中教学。通过例题"9+2=? 8+5=? 7+6=?"的讲解，概括出20以内进位加法"凑十法"的算理。然后让学生计算其他的9加几、8加几、7加几，乃至6加几、5加几的算式，以达到强调基本算理、举一反三、触类旁通的教学目标。

（3）"精讲多练，学、练、用分步走"的教学方法

黑山北关小学的数学教学改革采用了教师精讲、学生多练，集中学、集中练，学、练、用分步、分阶段教学的方式，以有效地克服教师讲得多、学生练得少，教学效率低的问题。"学"是学生掌握知识的第一阶段，应该集中同类教材使学生从整体上掌握各部分知识的内在联系，掌握知识的规律。"练"是知识转化为技能技巧的主要途径，他们通过课堂教学中的集中讲、集中练、边讲边练交叉进行的环节来实现。此外还开设专门的练习课集中练，在练习作业中他们着重抓成绩较差的学生，以帮助他们解决学习中的困难，并通过纠正典型错误指导全班学生学习。"用"是使学生把知识应用于实际，加深和扩大学生的知识，发展学生的认知能力。他们采用的途径是自编应用题，组织学生调查和开设实践课等方式。他们认为学、练、用虽是分阶段的，每一阶段各有自身的重点，但它们又是密切联系，相辅相成，在教学中统一实现的。

（4）重点指导，典型纠正，因材施教，全面提高

为提高教学质量，黑山北关小学重点抓成绩较差的学生，帮助这些学生具体解决他们学习上的困难，针对典型错误进行重点指导、个别辅导等，取得了较好的效果。

黑山北关小学的教学改革实验从1958年秋季开始，经过一年半的试验，取得了很好的教学效果。当时在全国小学教育界掀起了学习"黑山经验"的热潮，成为当时有特色的小学数学教学改革。新编的改革教材、采取的教学方法、形成的课堂教学结构对当时的小学数学教学产生了较大的影响。

(二) "三算结合"的小学数学教学改革实验

"三算结合"教学就是从小学一年级开始,将口算、笔算和珠算三者之间的内在联系有机地结合起来进行教学。

1.小学数学"三算结合"教学改革的由来

在"教育要革命""学制要缩短""教材要彻底改革"等教育指示、政策号召下,针对当时教学与社会生活实践中存在的"学校教的用不上,学生算盘打不响,毕业回来不能派用场"的问题,1969年首先在上海崇明县新河公社"五七"三校试点,后来在崇明县390多个一年级班级全面推广。与此同时天津市河西区上海道小学也于1969年春从小学一年级开始进行笔算与珠算结合的教学改革。1972年3月,杭州师范学院教学系以杭州上城区光明小学一年级为试点,进行"三算结合"实验。1975年又扩大到全区229个实验班。各年级试点班占全区班级总数的百分比是:一、二年级达94%,三年级达44.6%,四年级达10%。(刘良华,2005)

1973年10月9日,上海《解放日报》发表了上海师范大学教育系(即华东师大教育系)、上海市教育局、《解放日报》记者联合撰写的调查报告《从"三算结合"看小学数学教学改革》。同年11月5日《天津日报》发表了天津市教育局、天津市河西区教育局、天津日报社的联合调查报告《满腔热忱地支持教育革命中的新生事物》。为推广研究成果,上海市崇明县、闸北区等地还编写了《崇明县小学数学"三算结合"教学实践》《三算结合教学:闸北区教改实践》等书籍。受上海、天津、杭州"三算结合"教学实验的影响,全国各地纷纷呼应。至1976年,"三算结合"教学实验已遍及全国29个省市自治区(除西藏自治区外)。(王权,1996:391)

"三算结合"的教学改革实践表明,口算、笔算、珠算互为补充、互相促进,能迅速、有效地提高学生整数、小数的计算能力。改革符合小学生的认知规律,有助于学生较好地理解抽象的数的概念与运算,有助于学生掌握数学运算方法,有利于提高学生分析问题和解决问题的能力。(上海师范大学教育系等,1975:1)

2."三算结合"的教学基本原理

口算具有运算灵活、迅速、方便的特点，但有运算数目不能过大的局限。笔算具有运算过程清楚、有条理、便于讲清运算法则等特点，但有计算速度慢、日常生活中使用受限等局限。珠算具有计算速度快、形象直观等特点，但有使用算盘作为运算工具等局限。根据运算的数目及三种运算方式的特征，将三者有机地结合。"以珠促口""以口促珠""以笔促珠""先珠后笔，以珠带笔""先笔算后珠算，以笔论珠"等三算结合的教学方式，有效地促进了学生的运算速度与能力，有效地提高了小学算术运算的技能与能力和数学在日常生活中的运用水平。

3."三算结合"的主要教学改革内容

实验者由于对口算、笔算、珠算的认识及教学情况的不同，因而形成了"三算结合"的不同教学改革方式。

1974年上海的《崇明县小学数学"三算结合"教学实践》提出："口算是基础，笔算是重点，充分发挥珠算的工具作用。"他们认为从实际和进一步学习数学的需要来看，笔算不仅能解决整数、小数的事实计算问题，而且也是学习高一级数学所不可缺少的，所以笔算是教学的重点。珠算在现实中有广泛应用，而且在教学整数、小数的识读写和计算法则时，珠算又是一种直观形象且有效的教学工具，所以应充分发挥珠算的计算和教学的工具作用。教学珠算和笔算都离不开5和10的组成与分解知识以及加法表、减法表和乘法表，所以口算是两者的基础。

杭州市上城区的《小学数学"三算结合"教学实践》提出："以珠算为基础，改造笔算。促进口算，把'三算'有机地结合起来。"他们认为以珠算为基础就是以珠算的计算规律为基础，充分发挥珠算计算器和计数器的作用。笔算加、减法的计算顺序与读数、写数的顺序相反，与珠算和口算顺序也相反，在"三算结合"和实际计算时容易受干扰。因此，按照珠算计算规律对笔算竖式做相应的改革，使笔算加、减、乘法从原来的低位算起，改造后的笔算顺序与口算一致，在笔算过程中也会促进口算。

杭州市上城区，把珠算作为口算和笔算的基础，所以他们从教育实践中还总结出了一套珠算教学的规律："加看外珠，够加直加，下珠不够，加五减凑，本档减补进一；减看内珠，够减直减，下珠不够，加凑减五，本档不够，退一加补。"

广西的《小学数学"三算结合"教学实践》提出："以笔为主，以珠为辅，以笔带珠，以珠促笔。"他们认为"笔珠结合"，笔算应该处于主导地位，珠算处于辅助地位。在教学中要抓住笔算和珠算的内在联系，发挥各自的特点，互相促进。当笔算显得抽象而使学生难以理解时，就要发挥珠算的直观形象作用，促进笔算的教学；当珠算成为难点，学生容易发生错误时，就要笔算与珠算对照教学，以笔促珠。在具体实验中，他们仍然采用传统的珠算加减法口诀，要求学生在理解的基础上熟记这些口诀，运用口诀指导珠算。

广西的"三算结合"实质上是"笔珠结合"，他们的实验虽然比较早，但后来影响不大。另外上海市闸北区的实验方案也有特色，上海市闸北区教师红专学院实验论文集《小学数学教学经验选·三算结合》中的《坚持唯物辩证法，彻底改革小学数学旧体系》一文表明试验内容从单纯研究"三算结合"，发展成为综合研究"三算结合""整、小、分"（整数、小数和分数）及"数、式、形"（算术、代数和几何）三个三结合的教学，从狭义的"三算结合"发展成为广义的"三算结合"教学了。（人民教育出版社，1975：9）

上述几种方案的具体做法虽然各有不同，但由于三算之间的内在联系是一种客观的规律，所以一旦实行"三算结合"教学，就必须遵循若干共同的教学规律。在口算、笔算、珠算的特长有机结合、相辅相成的情境下，提升了学生对数及其运算的理解水平，提高了学生的算术运算速度，充分调动了学生数学学习的主动性、趣味性。在课堂上通过眼看、耳听、嘴念、手拨、笔写等方式学习，充分发挥了学生的多重感知能力。

在"文化大革命"期间，由于"三算结合"教学改革实验很好地切合了当时"改革旧的教育制度，改革旧的教学方针和方法"的需要，把珠算、口算、笔算结合起来进行教学，提高了数学应用水平，相关师生大规模地走向工厂、农村，结合粮食产量、农药配制等进行"现场教学"和"开门办学"，甚至一些三四年级的小学生，都能回家帮助生产队和家长记账、算工分，受到了广泛称赞。由于"三算结合"密切联系了当时的生产与生活实际，使学生学得活、用得上，顺应了"教育要革命""教材要彻底改革"等教育改革的呼声，提高了数学在实践中应用的水平，当时在全国各地产生了较大的影响。

（三）邱学华的尝试教学改革实验

尝试教学是江苏省特级教师邱学华主持的一项小学数学改革实验，是从实践中总结出来的一种教学模式，被称为具有中国特色的探究式教学。

1.尝试教学改革实验的由来

邱学华，生于1935年，江苏常州人，江苏省特级教师，享受国务院特殊津贴。早在1951年，在农村小学当代课教师的邱学华发现，教师先讲、学生听懂后才练习的教学方式会使教师教得苦、学生学得累，且教学效果不理想。他于20世纪60年代开始酝酿思考"先练后讲"的教学方法。1980年，在常州市劳动路小学一个四年级班级正式启动教学实验。1982年，实践表明实验班学生的自学能力和学习成绩大幅度提高了，取得了很好的教学效果。邱学华撰写的论文《"尝试教学法"的实践和理论》，发表在当时文章观点比较新颖的《福建教育》杂志上，引起了国内学者的强烈反响，各地教育杂志相继转载，各地教师纷纷开展实验，从而在全国掀起了一股"尝试热"。后来在江苏省教育厅和常州市教育局的支持和帮助下，广大教育实践工作者看到了实践的效果，尝试教学法以其观点鲜明、操作简便、效果显著而赢得了大家的信服，实验范围不断扩大。1985年4月，来自全国各地的四百多位代表参加了在常州举行的全国协作区第一届尝试教学研讨会。这次研讨会在全国引起了很大反响，成为尝试教学法发展的一个新起点。在此之前，邱学华还相继撰写出《再谈尝试教学法》《三谈尝试教学法》《小学数学尝试教学法的实践和理论》等文章。到此，尝试教学法已得到教育理论界的认可。

在实践的基础上，邱学华为满足广大教师对具体操作方法和理论提高的需要，编写了专著《尝试教学法》。20世纪90年代后，邱学华又开始思考，为什么尝试教学法在中小学各科都呈现出了积极的效果，这是否符合了某种教育规律？实践充分证明，"学生能在尝试中学习"是带有普遍意义的。因此，邱学华萌发了把尝试教学法升华为尝试教学理论的设想，提出了"尝试教学理论研究"的研究课题，使尝试教学研究又迈入了一个新阶段。2000年10月，邱学华完整地提出了"学生能尝试，尝试能成功，成功能创新"的新观点，形成了尝试教学理论的核心。2000年全国第十届尝试教学法研讨会之后，邱学华又提出了新的研究方向，即从学习论的角度研究"尝试学习理论"。尝试学习是学生主动探索的一种学习方式，同新课程改革的理念一致。把尝试学习的研究同新课程改革结合起来，使邱学华的研究工作又有了一个新的天地，形成了尝试教育的理论与实践体系，并于2018年获得国家教学成果一等奖。

2.尝试教学改革实验的基本做法

邱学华在布鲁纳的学习过程理论、赫尔巴特的分段教学理论、系统理论、反馈理论、控制论、系统论、信息论等理论的支撑下，在小学数学教学实践的基础上，创设了新的教学方法——尝试教学法。尝试教学法改变了传统的"先讲后练"的教学方法，不是先由教师讲解，把什么都讲清楚了，学生再做练习，而是"先练后讲""先学后教"，即由教师先提出问题，学生在旧知识的基础上，自学课本和互相讨论，依靠自己的努力，通过尝试练习去初步解决问题，最后教师根据学生尝试练习中的难点和教材中的重点，有针对性地进行讲解。其实质是"学生在尝试中学习，在尝试中成功，在尝试中创新"，真正把学生推到主体地位，达到了学生主动学习、自主探究的目的。其基本特征就是"先练后讲，练在当堂"。

3.尝试教学法的基本模式

尝试教学法没有固定的模式，根据尝试教学的实质和特征，根据各种教学情况变化的要求，以及几十年教学实践中许多优秀教师的经验，邱学华把尝试教学模式分成如下三类（邱学华，2007：262-285）：

第一类：基本模式（适用于一般情况下的常用教学模式）。其基本模式的教学程序分成七步：准备练习—出示尝试题—自学课本—尝试练习—学生讨论—教师讲解—第二次尝试练习。这里，中间的五步是主体，第一步是准备阶段，最后一步是引申阶段。所以有的教师们简称为"五步六结构"。

第二类：灵活模式（灵活应用基本模式的变式）。其变换方式有：调换式、增添式、结合式、超前式。

第三类：整合模式（把尝试教学思想与其他教学思想整合起来的模式）。如目标尝试模式、愉快尝试模式、合作尝试模式、分层尝试模式、CAI尝试模式等。

由此可见，尝试教学模式不是固定不变的，不是单一的，它已经建立了适应各种不同教学需要的教学模式体系。运用尝试教学法的关键在于掌握"先练后讲，练在当堂"的基本思想方法。教师可以灵活运用，按照自己的教学需要，安排教学的程序，创造自己的教学风格。

4.尝试教学法的主要效果

教学改革的实验表明，尝试教学法有利于培养学生的自学能力，有利于发展学生的智力，能积极地提高教学质量，更重要的是在于它有利于培养学生的探索精神，这是尝试教学法区别于旧教学法的最大特点。只有一定的自学能力而没有探索精神，也不大会有所创造、有所前进，而尝试教学法把培养探索精神和自学能力结合了起来。

尝试教学法符合现代教学论思想的要求，改变了传统的注入式教法，把知识传授和能力培养统一起来，引起了教学过程中一系列的变化，如从教师讲、学生听转变为在教师的指导下，学生自学、先练，教师再讲，从单纯传授知识转变为在传授知识的同时培养能力、发展智力。多年的教学实践表明，尝试教学法作为一种新的教学方法，适应了新课程改革的要求，在新课改中取得了很好的效果，使学生和教师都获得了快乐。正因为这种适应使它不断地得到推广，在幼儿园、小学、中学、大学都有它成功的典范。从小学数学的成功应用，扩展到语文专区、英语专区、物理专区、化学专区、历史专区、政治专区等等。尝试教学实践证明，开展尝试教学研究，有利于调动教师的教学教研积极性，优化课堂教学结构，提高教师的综合素质；有利于激发学生的学习兴趣，形成"自主、主动"学习的学习氛围，培养探究精神和创新能力；有利于大幅度提高教育教学质量，促进学校教育健康发展。

自20世纪60年代开始酝酿思考，到80年代正式启动教学实验，邱学华对"尝试教学"进行了长达四十多年的研究与实践。从"学生能够在尝试中学习"到"学生能尝试、尝试能成功、成功能创新"观点的提出，尝试教学从无到有，从实验到理论，在中小学产生了重要影响。尝试教学理论是在我国传统优秀教学思想的基础上，不断实践、归纳、概括出来的现代教学理论，为大班额下的探究式教学，以及发挥学生的主体性和教师主导性找到了一种切实可行的教学途径。（邱学华，2013）

（四）马芯兰的"四性教学法"教学改革实验

北京市朝阳区幸福村中心小学教师马芯兰，1977年开始进行教学改革实验。

1.马芯兰教学改革实验的由来

1976年"文革"结束，在这样的时代背景下，北京朝阳区幸福村中心小学数学教师马芯兰在教学实践中体会到，"满堂灌"的"填鸭式"教学，不符合小学生的心理特点和思维发展规律，学生学得死、负担重。1977年秋，马芯兰从一年级开始，自编教材进行了培养学生思维品质的实验，被人们称为"马芯兰数学教学改革"实验或"四性教学法"实验。她用了三年的时间使学生的数学学习质量达到了相当于当时五年制小学毕业的水平，接着从1980年秋季起，又开始第二轮实验，到1994年夏季，使学生在四年级时的数学学习质量达到了相当于六年制毕业水平。在改革数学教学的实验中，所有的讲课、预习、复习、练习，都是在课内进行的，基本上不给学生布置课外作业，学生掌握的基础知识比较巩固，基本技能熟练，思维敏捷、灵活，学习的积极性、主动性都比较高。

2.马芯兰"四性教学法"教学改革实验的基本做法

马芯兰根据儿童心理发展的规律，充分运用迁移的规律，突出地抓住基本概念、基本原理、基本法则的教学和数学能力的培养。首先，抓住小学数学知识的内在联系，对教材进行试验改革。教材的改革分纵横两个方面（马芯兰，1984）：纵的方面是指知识的"线"，即按知识的内在联系和发展规律来组织教材。如二十以内退位减法只用了五课时教学：第一课时，借助数位筒，只讲数位。认识个位、十位，从正、逆两个方面认识一个十几的数的意义和组成。第二课时，学习"破十法"。用类比推理发现"破十"的规律，掌握算理，进行人人动口动脑的练习。第三课时，巩固、加深对"破十法"的理解和掌握，并进行反复练习。第四、五课时，反复练习三十六道题，人人掌握。横的方面，指把有互逆关系的"知识块"放在一起学习。如十一种简单应用题，按四种基本数量关系，一组一组地学习。按纵横两个方面组织教材，该合并的合并，该精简的精简，既节省了教学时间，又保证了教学质量。

其次，马芯兰注意按照儿童的心理特点组织教学活动，培养学生的学习兴趣。每次讲授新课，她一般只讲二十分钟，余下的时间提出一些问题让学生回答，或让学生练习和自己编写习题，或让学生做一些趣味数学题。结果学生学得轻松愉快，生动活泼，效果很好。

第三，以培养能力为着力点，对教授方法进行尝试性的改革。吴宗汉在1984年6月23日的《北京日报》发文《小学女教师马芯兰创造新的数学教学法》指出：一是在计算教学时，始终以培养学生的思维敏捷性为目的，把速度放在重要的位置上；二是认真抓好知识之间"渗透"和"迁移"，培养学生用旧知来学习新知的能力；三是抓准知识的"关键"，在适当时机引导学生扩展和深化知识。马芯兰实践中还摸索出"渗透课""深化课""迁移课""结构课""发散思维课"等新的教学课，达到了培养学生思维的敏捷性、灵活性、深刻性、创造性的目的。

3.马芯兰"四性教学法"教学改革实验的成果与影响

北京师大林崇德将马芯兰的教学改革实验称为"四性教学法"。具体包括：（1）敏捷性训练。旨在提高学生思维的反应速度。（2）灵活性训练。要求学生从不同的角度思考问题，鼓励"一题多解""一题多变"。（3）深刻性训练。旨在训练思维的逻辑性，让学生分析应用题的结构，掌握简单的推理方法。（4）独创性训练。让学生从模仿开始，逐步过渡到创造性地自编应用题。其显著特点是紧密结合学科教学进行创造性思维训练，并提出了一些具有学科特色的创新教学方法。

（五）基于课程标准的小学数学教学改革实验

1.数学课程标准的主要教学要求

2001年7月教育部颁布的《全日制义务教育数学课程标准（实验稿）》指出，义务教育阶段的数学课程标准应突出体现其基础性、普及性和发展性，要使数学教育面向全体学生，实现人人学有价值的数学，人人都能获得必需的数学，不同的人在数学上得到不同的发展。在这样的目标下，课程标准倡导自主探索、合作交流与实践创新的数学学习方式，要求从学生的生活经验和已有的知识背景出发，向他们提供充分的从事数学活动和交流的机会，促使他们在自主探索的过程中真正理解和掌握基本的数学知识和技能、数学思想方法，同时获得广泛的数学活动经验。以此为背景，教学方式与学习方式的理论研究得到了进一步的发展，学者进行了大量的教学改革实验与实践。

新课标实施建议部分提出了七条教学建议：（1）数学教学活动要注重课程目标的整体实现；（2）重视学生在学习活动中的主体地位；（3）注重学生对基础知识、基本技能的理解和掌握；（4）感悟数学思想，积累数学活动经验；（5）关注学生情感态度的发展；（6）合理把握"综合与实践"的实施；（7）注意预设与生成的关系、面向全体学生与关注学生个体差异的关系、合情推理与演绎推理的关系、使用现代信息技术与教学手段多样化的关系。在教法上，2001年基于数学课程标准的课程与教学改革要求教师注重引导学生从已有知识和生活经验中学习数学、理解数学，强化数学知识和方法的应用，要求真正培养学生的数学应用意识，聚集学生数学核心素养的培养。新的教学方法，如发现法、自主探究法、探索发现法、导学式教学法等，得到广大教师的重视，根据教学、内容和学情选用合适的教学方法，并把多种教学方法交叉使用的实践探究也越来越多。

刘久成在《小学数学课程60年（1949—2009)》中总结出了课程标准实施以来的十五个小学数学研究的主题：小学数学教学的情境设置；经历数学、体验数学、感悟数学的教学；促进学生数学思维的发展；将小学数学"双基"发展为"四基"；小学数学应用题与问题解决；小学数学大众化与精英教育；小学数学生活化与数学性；"动手实践"与数学学习活动的"内化"；小学数学中的探究学习与接受学习；小学数学中的小组合作学习；小学数学中现代教育技术的应用；小学数学有效教学的探索；数学史融入数学课程的探寻；小学数学文化教育实践；小学数学课程资源开发研究。（刘久成，2011：222–233)

汤雪峰把自2001年数学课程标准颁布以来的数学课程与教学展示分为两个阶段：一是2001年到2010年的"深度变革的重构阶段"，这期间我国义务教育阶段的数学教育主要体现为"大众数学"与以学生为中心的特征，倡导"自主、合作、探究"的学习方式。二是2011年至今的"优化改良的提升阶段"，提出数学"四基""四能"的教学目标，强调指向数学核心素养的教育教学（汤雪峰，2018)。自2001年以来，我国基于课程标准的小学数学教学研究围绕"以学为中心""教为学服务""教学的主体关系"等展开，教学方式与学习方式的理论研究得到进一步的发展，信息技术与数学教学的融合进一步加强。

2.课程标准倡导的小学数学教学方式变革

张辉蓉等总结认为，课程标准倡导的教学方式主要有探究式教学、参与式教学、讨论式教学、活动式教学。（张辉蓉，2018：71–102)

（1）小学数学探究式教学

小学数学探究式教学是指以探究为主的数学教学。具体说它是指在教师的启发诱导下，充分调动、发挥学生的主体性，让学生在观察、猜测、分析、操作、讨论、交流和归纳的过程中，理解数学问题的提出、数学概念的形成、数学结论的获得，以及数学知识的应用，从而培养学生的探究意识、创新精神和实践能力的一种教学方式。（张崇善，2001)数学课堂教学中的探究主要指学生在教师的引导下，模仿数学研究者探讨数学知识的过程，是数学知识的一种"再创造"过程，让学生在获得数学知识、方法与能力的同时，形成探究的能力、意识和习惯。因此，小学数学探究式教学具有趣味性、操作性、阶段性、情感性、过程性等特征。探究式教学有利于发展学生的数学学习能力，有利于培养学生的创新意识和创新能力，有利于小学教师的专业化发展，有利于转变学生被动接受的学习方式等。

一般学者认为组织学生进行探究学习或开展探究教学的基本步骤主要有以下四步：

一是创设情境，提出问题。教师采用设疑、猜谜、讲故事、竞赛、角色扮演等形式创设情境，让学生在兴趣盎然的活动中思考并发现问题、提出问题，也可从小学生的实际生活出发，创设生活情境，让学生在熟悉的画面中产生问题。

二是围绕问题，提出和形成假设。教师要引导学生围绕所提出的问题进行观察思考，借助直观形象的数学模型，运用类比、归纳等数学方法鼓励学生大胆猜想，多方进行验证，形成假设，这不仅能培养学生的创造性思维，有利于增强学生学习数学的主动性，而且有利于培养学生的创新能力。

三是自主探究，验证假设。教师要让学生明确假设要通过验证才能成立。要让学生通过各种途径收集资料作为验证假设的证据，通过自主探究、发现新知，验证自己的假设。

四是概括结论，实践运用。教师根据学生探究形成的多种结果组织学生进行归纳总结，实现知识的内化、延展和升华。在学生理解的基础上，要将所学的知识运用于实际的问题解决中，使知识得到巩固和运用。（张辉蓉，2018：73-74）

（2）小学数学参与式教学

小学数学参与式教学是指在小学数学课程标准的指导下，以小学生的身心发展特点为基础，由数学老师和学生共同参与教学，以激发学生的数学学习兴趣、增加学生的数学知识、提升学生学习能力、提高学生的数学素养和培养学生的创造性与协作性精神为目的的一种数学课堂教学形式（庄宏芳，

2007年学位论文）。参与式教学的出发点是让所有参与者都积极主动参与到学习中，目的是使每个具有不同背景、个性、知识经验的学生都能有效参与，这种教学方式具有主体性、交互性、开放性、合作性等特点。参与式教学具有有利于激发学生内在的潜力、培养实践能力，有利于学生发现问题、探究问题，有利于教学信息的及时反馈，有利于促进学生非智力因素的发展等教学意义。

参与式教学强调在一定的教学情境中师生间、生生间的讨论与交流。原则上参与式教学没有固定的模式，但也存在一定的过程性与阶段性特征。

一是设计问题，创设情境。教师在分析教学内容的特点和学生已有知识与能力的情况下，有意识地设置有一定障碍的认知冲突，提出问题，引导学生质疑与思考。

二是探究尝试，合作交流。针对上一阶段提出的问题，教师给予学生充足的机会和时间让学生独立思考、探究，在每个学生都对问题进行了充分思考后，鼓励学生将自己的见解与其他同学交流。

三是引导概括，揭示规律。在学生经过自主探究并与同学交流讨论之后，让学生尝试自己解决问题。在学生出现问题时，教师要及时启发和指导，引导学生完成整个推论过程，通过师生的共同参与解决问题。

四是引申拓展，巩固提高。教师设计相关的练习资料，让学生巩固所学的新知识，加深对新知识的理解与应用。

五是激励评价，归纳总结。教师要引导学生对所学知识、规律、思想方法进行归纳、总结，教师可进行必要的补充与完善，适当应用多元评价，促进学生积极参与课堂教学活动。

（3）小学数学讨论式教学

小学数学讨论式教学不是一种确定的数学教学方法，它主要指为了实现一定的教学任务，经过预先的设计与组织，在教师的指导下，学生以小组或全班为单位，围绕中心问题，通过讨论或辩论活动，互相启发，取长补短，充分发表见解，激发思维碰撞，产生思想火花，达到获得知识或巩固知识的一种教学方式。讨论式教学一般具有学生的主体性、信息的多向交流性、思维的灵活多样性等特征。它有利于培养学生的质疑精神和创新意识、分析问题和解决问题的能力、合作精神和语言表达能力等。

讨论式教学的一般步骤或程序主要如下：

一是引入讨论。就是把要学习的新知识设置到具体的、有意义的问题情境中，通过情境创设，激发学生的好奇心，启发学生进行有效的讨论。

二是讨论交流。讨论交流是讨论式教学的中心环节，要求教师全身心地投入，教师要引导学生合作讨论，分析问题，在讨论中使问题最终一步步得以解决。

三是巩固总结。讨论中由于学生的发言零散，结论可能不明确，因而教师要及时总结讨论的结论，对所学内容进行归纳整理。

四是反馈评价。教师要在充分肯定讨论的基础上对讨论中的不足作出评价，表扬讨论中有见地的同学，对于讨论中出现的错误观点，教师要分析其根源，澄清模糊认识等，以引导学生有效地认识与反思讨论学习的过程和结果。

（4）小学数学活动式教学

小学数学活动式教学是指在数学课堂教学中，教师针对教学内容的特征和学生认知水平，精心设计完整的教学活动，引导学生通过动手实践、交流研讨等活动主动探索、主动构建以获取知识，发展能力，提升数学素养的一种教学方式。（谢慧，2007年学位论文）这是"以活动促发展"为基本教学指导思想的教学，也是倡导以主动学习为基本学习方式的教学。一般具有情境性、操作性、开放性、发展性等特征。这种教学方式有利于学生更好地掌握知识、有利于学生能力的形成与提高、有利于构建新型的师生关系。

小学数学活动式教学的操作程序一般如下：

一是预设活动计划。在活动开始之前，教师要对学生活动的目的、思路和方式等进行一个总体的规划，并提出相应的策略和建议，有时甚至还需要对活动过程中可能出现的情况或事件作出预想，并提出解决的方案。

二是创设活动情境。教师要根据小学数学学科与具体教学内容的特点，尽量利用各种手段创设一个真实的活动情境，让学生在活动中通过观察、提问、设想、动手实验、交流等手段亲历知识的形成过程来激发学生的学习兴趣。

三是活动教学的实施。这是活动式教学的实质性阶段，是在教师的指导下学生从活动中发现数学问题，自主思考、自主操作、自主获得知识的过程。特别是对小学生的数学学习来说，教师要为学生提供动手操作的机会，让学生通过画一画、剪一剪、拼一拼、量一量、摸一摸、数一数等活动，体验过程，获取知识，发展空间观念等。

四是活动结果的总结与评价。在活动结束后，教师要根据学习目标与任务，运用多种评价方式，对整个学习过程、结果进行总结与评价。

（六）小学数学深度学习的教学改革实验

"所谓的深度学习，就是指在教师引领下，学生围绕着具有挑战性的学习主题，全身心积极参与、体验成功、获得发展的有意义的学习过程。在这个过程中，学生掌握学科的核心知识，理解学习的过程，把握学科的本质及思想方法，形成积极的内在学习动机、高级的社会性情感、积极的态度、正确的价值观，形成既具有独立性、批判性、创造性又有合作精神、基础扎实的优秀的学习者，成为未来社会历史实践的主人。"（刘月霞等，2018：32）"小学数学深度学习则是在教师引领下，学生围绕着具有挑战性的学习主题，全身心积极参与、体验成功、获得发展的有意义的数学学习过程。在这个过程中，学生开展以从具体到抽象、运算与推理、几何直观、数据分析和问题解决等为重点的思维活动，获得数学核心知识，把握数学的本质和思想方法，提高思维能力，发展核心素养，形成积极情感、态度和正确的价值观，逐渐成为既具有独立性、批判性、创造性又有合作精神的学习者。"（马云鹏等，2019：2）

马云鹏、吴正宪等认为开展小学数学的深度学习能使小学数学教学聚集数学核心内容，实现少量主题的深度覆盖，能有效地实施课堂变革，促进学生整体素质提升，能创新教研活动，促进教师专业发展等。（马云鹏等，2019：8-10）郑毓信指出只有教师真正做到了"深度教学"，我们的学生才可能做到"深度学习",从而很好地提升自己的核心素养。（郑毓信，2017）多个层面的研究表明，当下深度学习是深化课程与教学改革、落实数学核心素养的有效途径。

1.小学数学深度学习的教学改革实验的由来

为深入贯彻全国教育会议精神和立德树人的目标，依据《国家中长期教育改革和发展规划纲要（2010—2020年)》和《教育部关于全面深化课程改革落实立德树人根本任务的意见》的精神，为全面深化课程改革，落实立德树人根本任务，从2014年9月起，教育部基础教育课程教材发展中心组织专家团队，在借鉴国外相关研究成果和总结我国课程教学改革经验的基础上，着手研究开发深度学习教学改进项目，将其作为深化基础教育课程改革的重要抓手和落实学生发展核心素养及各学科课程标准的实践途径。希望通过深度学习教学改革项目实施，推动课堂教学关系的深度调整和人才培养模式的重大变革，引领教学理念、教学方式、评价体系、教学组织管理制度等全方位的变革。

由高校专家、教研员、校长、骨干教师构成项目组，在研究先行、实验为重、集中研修与个别指导相结合的实施思路下，先行在北京、重庆、广东、四川、江苏、山东、浙江、河南等15个实验区的90多所实验学校开展实验，上千名教研人员、实验学校校长及骨干教师参与了研究和实验。北京市海淀区作为项目实验示范区，先行先试，为其他实验区提供经验、案例和培训人员，通过示范引领，实现项目的有效推进。

为指导学校和小学数学教师改进教学，提高小学数学教学质量，解决小学数学课堂教学中存在的突出问题，探索促进学生学习、发展的策略和方法，培养学生的核心素养，2015年5月8日，北京市海淀区小学数学学科正式启动深度学习教学改进项目，项目组主要以2011年版义务教育数学课程标准规定的第一、二学段的数学核心内容为线索，遵循深度学习的基本理念，帮助小学数学教师和数学研究者理解小学数学深度学习的内涵与意义，为小学数学教师提供教学设计指导和相应案例，推动基于课程标准进行小学数学深度学习的实践，深化小学数学教学改革，创新小学数学学科的教学研究。

第四章　小学数学教学研究　265

2.小学数学深度学习教学改革实验的基本做法

项目提出了深度学习的四个要素：中心任务——单元主题学习；活动预期——深度学习目标；过程——深度学习教学活动；达成反馈——持续性评价。深度学习的实现依赖于这四个要素的相互作用，其中单元主题学习是实现深度教学最本源、最核心的要素，好的单元主题能从根本上避免学生碎片化的、接受式的学习，能建立结构化、逻辑化以及更容易内化的学习内容。学生的深度学习需要通过教师的深度教学来实现，深度学习的培养目标，不仅仅着眼于知识，更要关注人的全面发展。

（1）以数学核心内容为线索确定学习主题

数学学科的核心内容是指数学学科领域中具有共同要素的主要内容和关键内容。它构成数学学科稳定的内容结构，形成学科领域的主线，在数学学科本质上有共同性，在思维方式上有同一性，在学习方式上具有共同特征，在教学设计上具有一致的核心要素。如"数的认识"包括整数、小数、分数、有理数等，是义务教育阶段数学学习的一个核心内容，在数学学科本质上都具有抽象的特征。自然数的认识是从数量抽象为数，分数和有理数是对具体的数量或关系的抽象表达。在思维方式上都是从具体的数量和关系中抽象出数这样的特点等等。

（2）以核心素养为重点确定学习目标

深度学习所确定的学生学习的目标包括对核心知识的理解与掌握，以及在掌握核心知识的过程中，培养学生的核心素养。学生的核心素养应当成为深度教学设计重点关注的学习目标。学生的核心素养包括共同核心素养和学科核心素养，某一个数学核心内容所蕴含的高阶思维和关键能力可以看作相关的学科核心素养。通过单元整体分析，从学科本质的分析和学情分析中，提炼学习主题所反映的核心素养。

如"小数的意义"是"数的认识"这一核心内容的重要主题之一，单元内容包括小数的意义、小数的性质、小数比较大小等。对小数的意义理解的关键在于对小数部分的单位的建立与位置的理解。学生的基础是，已经有了小数的初步认识、整数的十进制记数法等知识，但他们在沟通整数与小数的关系、理解小数数位的位值上可能会存在一些困惑。教学重点在于利用情境以及小数的初步认识，理解小数，建立小数概念。如此可以明确"小数的意义"的目标重点在于，基于原有的小数初步认识的基础，利用小数与整数在计数制上的共同之处，着重使学生理解小数部分的单位的建立与位值，把小数的认识与整数的认识建立起联系，由对小数初步的直观认识，扩展到对小数意义的理解，并将小数的意义用于具体数量的解释。具体来说，这些目标包括知识、能力、情感与核心素养。

（3）以问题情境为突破口设计数学活动

小学数学深度学习教学活动的设计与组织是开展深度学习的关键。教学设计的突破口在于针对学习主题和学生学习特征创设问题情境，依托该问题情境，提出引发学生深度思考的关键问题，进而组织学生围绕关键问题进行深度探究。

如在"小数的意义"教学设计中，可以运用下面这样的问题情境。当学生运用原有知识说出下图较灰色阴影部分是0.6之后，老师在图形中涂上了一小块红色（见图中最深的部分的变化）。学生认真地看着这个图形中涂色部分的变化，对这个情境产生无限思考。而这个情境，恰恰与学生理解小数、理解小数的数位与数位上的值等关键问题有密切关系。

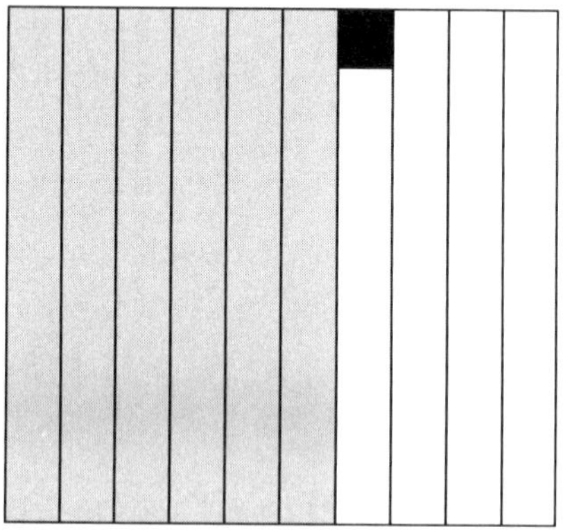

（4）以持续性为特征设计学习评价

小学数学深度学习的目标具有层次性，包括单元整体目标和具体课时目标，并以核心素养培养为重点。单元整体目标通过阶段性的课时逐步实现，因此需要持续性的学习评价的设计与实施。要采用持续性评价对深度学习的目标进行及时的、连续的监控，以此反馈学习的效果，调整学习的进程。

3.小学数学深度学习教学的实施策略

（1）单元学习主题的确定策略

可以从以下三个方面确定单元学习主题：

一是根据核心内容进行主题确定。如"度量单位"是"图形的测量"这类核心内容中的核心知识，可以将长度、面积、体积的学习作为一个学习主题，三者分别是其度量单位的累加。

二是将教材中的单元内容作为学习主题。这也是有些教材单元设计的基本要求。

三是将以现实问题为背景的跨学科领域的内容融合而生成学习主题。这主要是通过一个学生现实生活中接触或熟悉的问题来统整多个数学知识点，结合其他学科的内容与方法，综合地运用所学的知识来解决问题。如"垃圾分类问题""货币与我们"等。

（2）教学处理时间的安排策略

一是深度学习强调在教学过程中，用少量主题的深度覆盖，代替所有主题的表层覆盖，突出数学的核心知识和高阶思维，培养学生的核心素养。通过"少"而"深"的方式走进学生情感与思维的深处，触及学科的本质和知识的内核。

二是时间安排方面，教师要统筹课上和课下学习任务——课上开展需要指导的关键性学习内容，如操作、汇报、讨论交流等功能价值更大的活动；课下让学生完成能够自己完成的查阅资料、总结及自我评价等活动。通过课上、课下的协调安排与有机配合，提高学与教的效率，促进学生的深度学习。

（3）持续性评价的策略

一是要处理好单元评价与课时评价的关系。

二是要基于具体内容灵活选择评价方式。除了题目的测试，可以是学生在活动中的表现性评价，还可以是针对具体的学习内容设计的评价量表。

（4）有效问题情境创设的策略

问题情境要从学生已有的生活经验、知识基础和认知水平出发，遵循知识间的内在逻辑联系，吸收与现代生活密切相关的数学信息，通过蕴含数学知识的问题背景促进学生高级思维的产生。

一是明确问题情境中承载的数学问题。深度学习的问题情境应是以承载数学问题为目的的真实任务。一个好的问题情境应当能够恰当、清晰地体现数学问题，并能在课程的进一步开展中发挥引导作用。设计的问题情境能唤醒学生已有的知识经验，能凸显相关的数学思想方法，能为后期的探究学习作好铺垫，并且有利于学生感受知识的生产过程。

二是把握知识的内在联系，创设问题情境。深度学习问题情境的创设，可以充分利用知识间的内在联系，针对相关的前概念和易混淆的概念，采用多样的方法创设问题情境，进而引导学生进行观察、猜想、验证，得出相关结论。

（5）使用与处理教材的策略

要实现深度学习的教学理念，落实深度学习的教学目标，就要使学生在教师的引导下，利用结构化学习方式学习结构化的知识。结构化的学习内容需要教师合理处理教材，重组教学内容，根据学生以往的知识经验来认识和理解新的学习内容组合，不断将新知整合到学生的知识结构中。对教材内容进行进一步的加工重组，精心设计适合的学习内容，进而形成单元学习主体的知识结构，使学生能够开展结构化的学习。（马云鹏等，2019：1-169）

一般而言，深度学习的教材使用与处理可以以"教材单元"为基本单位进行调适。以教材中的单元学习主题、结构框架、内容体系为主，根据学生的实际情况，对教材的单元进行调整和优化，以适应学生深度学习的需要。

对"数学深度教学"的具体涵义作出如下概括：数学教学必须超越具体知识和技能，深入到思维的层面，由具体的教学方法和策略过渡到一般性的思维策略与思维品质的提升；我们还应帮助学生由在教师（或书本）指导下进行学习转向更自觉的学习，包括善于通过同学间的合作与互动进行学习，

从而真正成为学习的主人。（郑毓信，2017）

目前，虽然小学深度学习的教学改革开展了许多教学实验与实践，取得了一些教学成果，在《课程·教材·教法》《数学教育学报》等期刊发表了相关的研究论文，出版了《深度学习：走向核心素养（学科教学指南·小学数学)》专著，一些学者也对此进行了研究，如郑毓信在《小学数学教师》接连发表了10篇相关论文，出版了专著《数学深度教学的理论与实践》，小学数学的深度学习引起了数学教学研究者与实践者的关注，但不管是理论层面，还是实践领域都还存在很多相关问题需要进一步研究。

新中国成立以来我国中小学进行了大量的数学教学改革，徐建星从教学改革主体、改革基点和改革内容三个维度构建了中小学的教学改革模式，梳理了中小学教学改革的教师主导式、专家主导式、教管部门主导式、理论推演型、实践探索型、基于教学方法、基于教学内容、基于教育技术的教学改革八种模式，每种模式下又开展了一些数学教学改革，且有些是交叉的。如华应龙的"化错教学"（华应龙，2017），徐斌的"无痕教育"（徐斌，2019）等既属于专家主导式的，也是实践探索型的。面对量多质丰的数学教学改革，我们需要从复杂科学的视角审视中小学教学改革，用慢的艺术方式推进。（徐建星，2016B）同时还要关注教育教学改革的社会文化限定性，要本土性物化改革理念以构建操作性课程素材，要有职责与利益的双重关怀以保证改革的人力，要情理性遵从教育现实以增强课程实施的动力。（徐建星，2014）

第三节 小学数学教学研究反思与展望

通过对70年来我国小学数学教学研究的简单梳理，可发现我国的小学数学在教学原则、教学模式、教学方法、教学过程、教学策略、教学改革等方面均开展了大量的研究，推动了我国小学数学教育的发展。在PISA等多项国际测评、竞赛及数学教育交流中，我国的数学教学也引起了国际数学教育研究者的关注，有些成果也被国际的同行认同与借鉴。同时也发现我国的小学数学教学存在学生学习负担重，解决复杂问题的能力、创新能力方面存在不足，被动地由社会需要推动发展等问题，需要反思与展望。

一、小学数学教学研究反思

（一）初步形成具有中国特色的小学数学教学体系

教育是一种文化现象，数学教学是一个国家或地区的传统文化、政治制度、社会背景、教育观念等综合因素的产物，数学教学的改革与发展具有明显的本土特色与规律。数学教学的改革与研究是我国基础教育改革中最为活跃、最有成果的领域之一，追溯其发展、改革历程与成果，可以发现我国的数学教育首先经历了一个漫长的"追随"他国的阶段。20世纪20年代以前主要是效仿日本，20世纪20年代末至新中国成立前主要是效仿欧美，到了20世纪50年代主要是全盘照搬苏联，60年代初开始初步探索我国特色的数学教育体系，当下已经构建与形成了一些具有鲜明中国特色的数学教育理论与实践。张奠宙先生曾用一句话来概括中国数学教育的特色："在良好的数学基础上谋求学生的数学发展。"

几十年来我国小学数学课堂教学丰富的"情境导入"、算术的"双基教学"、"师班互动"式的师生交流、小学数学的"尝试教学"等已经成为具有中国特色的数学教学。《中国数学双基教学》《数学教育的"中国道路"》《中国数学教育：传统与现实》《华人如何教数学》《华人如何学习数学》《华人如何教数学和改进教学》等系列专著的出版；注重导入、尝试教学、师生互动、变式教学、数学思想方法教学、熟能生巧等中国数学教学特征的提炼与归纳；英国翻译出版上海的小学数学教科书及学生用的教辅材料《一课一练》；宋乃庆先生主持为非洲的南苏丹共和国编写的全套小学数学教材等数学教育教学事件，表明我国的中小学数学教育已形成中国的特色与中国的经验，我国的数学教育教学已走向世界。

（二）增值渐进式推动小学数学教学的平稳发展

纵观70年来我国数学课程与教学的改革历程可以发现，有些变革是前后联系、渐进发展的，如从20世纪50年代小学数学教学强调"一基"——数学基础知识，到"双基"——数学基础知识与基本技能，再到"四基"——数学基础知识、基本技能、基本数学思想、基本活动经验，直到当下的数学核心素养，从强调基础知识的掌握，到注重智力发展，再到非智力因素的培养等，具有较好的连续性与发展性，体现了我国数学教学的良好传承，渐进式地推进了数学教学的发展与变革，不断提升了数学教学的质量与水平。但也存在一些"断裂式""否定式"的教学改革现象，如从"满堂灌"到"满堂问"，从"一讲到底"到"放羊式探究"等现象，导致数学教育教学质量的下降甚至是倒退。

教育教学是一种文化现象，具有很强的传承性，不管是数学知识、教学方法、教学策略均需要"静悄悄"地慢慢变革，需要进化式地去"糟"取"精"，需要采取精细的操作方式不断增加数学教学的正能量。在斯丁格勒和赫伯特（Stigler，J.&Hiebert）合著的《The Teacher Gap》中，通过对美、德、日三国数学教学的比较研究得出：教学的文化性质，决定了教育改革必然是一个渐进的、积累的过程，而不能期望一下子就取得突破，"由于教学是深深地嵌入整体文化环境中的系统，任何变化必定是小步骤的，而不可能是急剧的跳跃"。（Simon & Schuster，1999：12）

（三）关注特殊儿童构建面向人人发展的数学教学

系统地梳理与分析发现，海量的小学数学教学研究均指向一般情况下儿童的数学教育，当然这也是数学教育教学面对的最主要阵地与群体。特别是随着九年义务教育的普及，这方面的体现更加明显。而不管是理论上，还是现实中还存在着许多有特殊情况的儿童，如有数学天赋的儿童如何进行适合的教学？有数学学习障碍的儿童需要进行什么样的教学？对智力低下的儿童如何进行数学教学？特别在义务教育普及的基础上，一个国家或区域教育教学的质量与水平也体现在对这些特殊儿童的教育教学上。

综观国际上许多发达国家均有特殊儿童的教育计划或制度，如美国、新加坡等均有对天才儿童的教育教学制度与计划，而我国对数学天才儿童的发现与鉴别，对数学天才儿童的身心特征、教育教学、发展与培养均存在严重缺失。一般来说，一个数学天才儿童的成功培养，将对数学研究作出一些重要贡献，可能超过数百数千名数学家贡献之和，这也是许多发达国家重视数学天才儿童培养的一个重要原因。同样对有数学学习障碍儿童的数学教学也缺少相关的教材、资源，以及相应的教育教学制度，这也体现了教育的不公平、不发达。

二、小学数学教学研究展望

（一）扎根与追寻教学的理论支撑，理性地开展小学数学教学变革

数学教学改革的历史就是数学教学的发展史。数学教学的发展是由教学改革构成的一个连续体，数学教学改革的历史不仅影响着当下的数学教育，而且还预示着数学教学的未来发展路向。略观我国数学教学经历的变革史，从新中国成立初期到"文革"开始之前的全面学习苏联的教育理论和教学经验，到"文革"结束后的"恢复—提高教学质量（1977—1984）""发展—减负提质增效（1985—1993）"和"深化—追寻主体精神（1994—2013）"，再到"深化—发展核心素养"（2014—至今），为了克服前一阶段数学教学的弊端，培养学生适应新时代的要求，每个阶段均产生了许多数学教学改革，有些变革甚至产生了全国性、国际性的影响，如新中国成立初期的学制与数学教材改革，辽宁黑山北关小学"精讲多练"的算术教改实验，北京马芯兰主持的"小学数学教材教法改革"，江苏无锡徐沥泉等开展的"MM教育方式"，上海青浦顾泠沅主持的"尝试、指导、变式、回授"教学改革，西南师范大学陈重穆、宋乃庆主持的"GX实验"等。

但纵观我国70多年来的大量数学教学改革，有的学者对一些数学教学改革进行了总结、反思与提升，甚至著书立说，如《邱学华教育实验研究》《马芯兰小学数学能力的培养与实践》《GX实验的理论与实践》《变革的见证——顾泠沅与青浦实验30年》等分别对相应的改革进行反思，但有些在很长的时间内缺少理论的透视或支撑，虽有大量有效解决问题的实践与经验，却阻滞了相关教学改革的推广、发展与交流。李铁安等对我国改革开放以来30年的中小学数学教学改革的特征进行回溯与思考，提出了我国中小学数学教学改革具有勇于创新、以学生为主体、注重实践归纳等特征，但此类研究缺少对改革主体、改革特征、改革动因等的系统理论分析。（李铁安等，2009）甚至有些小学数学教学改革有着丰富的实践经验，有着良好的效果，但没有相关的理论支撑，缺少科学的实证分析。也就是说，面对丰富的小学数学教学改革，系统的理论探析与实证研究还存在缺失与碎片化，不能体现在传统文化、政治制度、社会背景、教育环境下我国数学教学改革的规律与本土特色，没有系统探析我国数学教学改革成功的内在机制是什么，主要有哪些影响改革的因素及其是如何发挥作用的，基于改革史如何构建我国数学教学的理论与愿景等等，这些问题都有待深入研究。

（二）指向未来开展小学数学的深度教学

当下的教学是为学生的未来生活做准备的，未来社会知识更新速度之快，行业技术变化之猛，人工智能替代之广，某些层面可以预见，但很多方面的变化会超出人们的预计与想象。因此指向未来社会的发展与生活，培养学生能力、素养与情感，成为当下育人的基本目标。"中国数学教育如何创造未来"成为当下数学教学的一个重要议题，郑毓信先生指出，面向未来的小学数学教育，需要我们由简单的"畅想"转向更自觉的行动，由简单的"说"转向认真的"做"，创造未来的最重要的动力不是技术或外在的力量，而是教师。（郑毓信，2020）他进一步提出对于思维教学的高度重视是中国数学教育最有价值的方面，教师应当通过具体数学知识和技能的教学，促进学生的思维发展。（郑毓信，2015）教师善于通过"问题引领"很好地实现所谓的"双主体"，是中国数学教师最重要的特色。（郑毓信，2018B）史宁中先生曾指出："通过数学学习，学生应当成长为什么样的人，这就是数学教育的终极目标：会用数学的眼光观察世界，会用数学的思维思考世界，会用数学的语言表达世界。"（史宁中，2019）郑毓信先生进一步补充提出，数学思维只是文学思维、艺术思维、哲学思维、科学思维等多种思维形式中的一种，这些思维形式也都有其一定的合理性和局限性，我们还需要关注学生一般的智力品质，如好奇心、独立思考的能力、智力生活的非功利性。（郑毓信，2020：8-11）上述研究表明，教师要指向未来开展数学教学，通过数学知识的学习，培养学生的思维能力，培育学生的核心素养，形成学生良好的智力品质。

目前小学数学教学中倡导与开展的合作式学习、探究式学习、项目式学习、深度教学等教与学的实践与变革，主要指向学生未来生活所需要的核心素养，需要具备的合作、交流、判断、探究、创新等能力品质。如深度教学强调数学教学必须超越具体知识和技能深入到思维层面，由具体的教学方法和策略过渡到一般性的思维策略与思维品质的提升。我们还应帮助学生由在教师（或书本）指导下进行学习逐步转变为学会学习，包括善于通过同学间的合作与互动进行学习，从而真正成为学习的主人。（郑毓信，2019）马云鹏、吴正宪等专家引领的小学数学深度学习的教学改革实验也是这方面的有效探索。

先前成功教学模式方法的继承，当下先进教学模式方法的运用，旨在创造适合学生的数学教学。从小学生的视角检视适合学生的数学教学，发现他们的主要需求是教学内容的难度、容量要适中，要具有一定的挑战性，要含有趣味性、脉络化的数学知识，在教学方式上期望有合作、探究、活动、愉快、生动、交流、讨论等活动环节，期望老师是一个生动、清楚、详细的讲解者，是一个幽默的人、和蔼可亲的人、负责任的人等。（徐建星，2016A）"教"是因为有"学"的需要，只有指向"学"的内在需求，"教"才是高效的（林俊，2014），这也是创造良好数学教育的基本要求。

（三）跨文化审视与认识我国小学数学教学的特色

多年来许多人对我国小学数学教学的认识存在一些误区，甚至是不正常的情况。如"自我吹嘘"我们的小学数学教学做得好，有一种天下第一的感觉；有"极端悲观"的，如认为我们倡导的都是外国引进的，没有自我；有"严重失望"的，认为我们的数学教育就是"题海战术"的"应试教育"。除了切实存在的问题之外，其中"只缘身在此山中"也是一种存在的现象。因此，我们需要有更加开放的跨文化的视角，通过比较反思正视我国中小学的数学教育。

实际上早在20世纪80年代末，我国数学教育研究者就通过参加国际数学教育大会等交流活动，使我国的数学教育逐渐被国际了解。特别是从20世纪90年代开始，在国际教育进展评价（IAEP）、国际数学和科学趋势研究（TIMSS）、国际学生评价项目（PISA）等国际数学教育测试中，华人地区学生的数学测评结果都非常优秀。但同时华人的数学学习给人记忆、模仿、练习、考试等缺乏主动性的印象，特别是国内数学教学中存在拥挤的大班教学、秧田式教室座位、教师中心的灌输、教育观念的落后等问题与现象。由此澳大利亚著名学者维金斯和别格斯（Watkins, D.A.&Biggs.J, 1996）提出了"中国学习者悖论"——"为什么华人学习者能够取得优良的学习成绩，但是他们的教学过程却看起来非常陈旧？"并进一步采用跨文化的观点，用实证的研究方法，从记忆与理解、合作学习、儒家文化等方面阐释了香港和海外华人的学习经验与特征。如从课堂教学的角度指出中国的数学课堂教学具有很强的连贯性，为学生学习的创造性提供了条件。（Cleverley, 1991）中国教师倾向于花费课堂全部40分钟的时间仅仅来解决一个数学问题。（Grow-Maienza, J.et al, , 2001）从传统文化的角度发现儒家文化圈（CHC）的课堂是教师权威与学生中心的结合（Hess&Azuma, 1991），学生看起来很被动、很安静，但是他们的思维是积极的、投入的（Hatano&Inagaki, 1998; Inagaki, Hatano&Morita, 1998），学生更倾向于深层的学习（Biggs, 1990, 1991, 1994; G. Y.Chan&Watkins, 1994），其出色的学习表现归因于他们能把记忆与理解综合起来（Marton, Dall'Alba&Tse, 1996; Marton, Watkinsetal, 1997）。从学习文化的角度发现华人学生花费更多的时间学习数学、家长的充分参与、社会文化价值观等促使华人学生努力学习数学，并取得好的成绩。（Stevenson, H.W, Stgler, J.W.&Lee, S.Y, 1998, 1992; Jian, Z.&Eggleton, R., 1995; Stgler, J.W., 1990）这些研究从局外人的视角分析了中国数学课堂教学的经验与特征，拓展了人们认识我国数学教育的视野。

在21世纪之初，张奠宙、顾泠沅、范良火、蔡金法等数学教育专家试图诠释"中国学习者悖论"，分析华人数学教育的经验与特色，以局内人的视角阐释"华人怎样学数学""华人怎样教数学"的问题。《华人如何学习数学》《华人如何教数学》《华人如何教数学和改进教学》《华人如何获得和提高面向教学的数学知识》《通过变式教数学：儒家传统与西方理论的对话》等专著的出版，对我国中小学的数学教育教学给出了较客观的诠释，相关学者的研究也使我国数学教育的文化理论、实践经验等得到有效的传播与发展。通过传统文化挖掘、国际比较等，人们对我国的中小学数学教学体系有了一个较为清晰的、客观的认识。

第五章　小学数学学习研究

　　小学生如何学习数学是小学数学教育中的一个核心问题，数学学习规律是小学数学教师进行教学的理论基础，是小学数学课程设计与教材编排的依据。70多年来，除了引入大量国外数学学习理论外，我国也进行了大量的相关研究。一般来说，主要有两大来源：一方面来自心理学研究者，他们从心理学的角度探索小学数学学习的规律，为数学的学科教育提供了科学的解释与证据；另一方面来自小学数学教学一线的老师及数学教育研究者，他们从数学学科学习的角度提出相应的学习规律，或把心理学的研究成果运用于小学数学学习。这些研究从不同层面有效地、科学地推动了人们对数学学习的认识，推动了数学教育的科学发展。

第一节　小学数学学习研究历程

　　对于小学数学学习研究来说，新中国成立70年来，其研究历程大致可划分为三大阶段：一是新中国成立至"文革"结束（1949—1976），主要是一线教师及心理学研究者双向研究的初步展开；二是改革开放初期至20世纪末（1977—2000），主要是系统研究的双向展开；三是21世纪初至今（2001—2019），展开了数学学习新世纪的探索与深化。

一、小学数学学习双向研究的初步展开阶段（1949—1976）

新中国成立后，随着数学教育及心理学的恢复与发展，关注小学生数学学习问题的大致有两个群体：

一是小学数学教育研究者。为提高教学效果，他们主要根据学生的心理规律、心理特点，诠释如何培养学生的运算能力、思维能力及引导学生学好数学等。如1954年如皋师范附小算术研究组指出："教学工作能够顺利地和成功地完成，儿童就能在理解的基础上运用知识通过分析、比较、推论、综合和概括，掌握新知识，从而使思维能力相应地提高起来。"（如皋师范附小算术研究组，1954）又如闽侯师范附小的黄祥钗基于"由具体到抽象，由简单到复杂，由浅入深地逐步认识事物"的观点，提出"通过演示，让儿童用眼看，用口讲，用手做，用脑想，才有可能使他们逐步理解掌握比较抽象的算术知识"（黄祥钗，1964），并设计了相关例子进行解释说明。

二是心理学研究者，特别是发展心理学、教育心理学等研究者。在20世纪50年代初期，强调学习苏联，翻译引入了一批心理学、数学教育心理学等研究成果。如中国科学院出版社出版的科学译丛心理学系列《巴甫洛夫学说与儿童心理学》等。除了一般的心理学知识，还包括л.A.亚布洛科夫的《儿童最初数概念形成问题》等数学学习研究成果，1955年B.M.科瓦尔金的《感觉知觉与表象》，1962年梅钦斯卡娅的《算术教学心理学》等，在当时推动了人们对数学学习心理规律的认识及应用，拓展了教师及相关研究人员的视野。

到了50年代后期，由于实践的需要，一些心理学工作者开始集中注意国内的现实问题，特别是教育中的问题，他们的目光不局限于苏联的心理学，开展了一些实验研究，其中包括一些儿童数学学习的研究。如1960年郑祖心等对6岁和7岁儿童数概念的广度进行了实验研究（郑祖心等，1960），茅于燕等对五、六年级的学生进行了有理数掌握情况的实验研究。（茅于燕等，1961）1963年刘静和等对4至9岁儿童类概念发展的实验研究（刘静和等，1963），1964年朱智贤等对儿童左右概念的发展研究等（朱智贤等，1964），这些研究成果为人们认识数学学习提供了科学依据，为提高数学课堂教学的效率提供了思路。在此时期，朱智贤的《儿童心理学》（人民教育出版，1962）等心理学专著出版，进一步推动了心理研究成果在数学教育教学中的运用。

总的看来，在这一时期外域数学教育心理学理论的引入，北京大学、北京师范大学、华东师范大学、杭州大学等心理学专业的开设，使我国的心理学研究出现了初步的繁荣，国内数学学习的实验研究逐步开展，我国数学教育研究者、一线教师等对数学学习有了更丰富、更深入、更科学的认识。不过在1966至1978年间因"文化大革命"出现了停滞。

二、小学教学学习系统研究的双向展开阶段（1977—2000）

（一）心理学研究者的研究

从1977年起，心理学工作者逐步回到了自己的专业工作岗位，心理学机构逐步恢复或重建，工作逐步得到恢复。其中由刘范、吕静、沈家鲜、刘静和、王宪钿等许多心理学工作者组织的全国认知协作研究组最为突出。他们的协作研究有全国十二个地区十九个机构五十多位心理学工作者参加，广泛地调查分析了数学教材、教法和儿童的学习成绩，找出了学习的难点和所依据的认知过程等问题，按照设计的协同研究方案，对每个试验区一定数量的儿童进行实验研究，先得出地区性的结果，然后总结成一个全国性的结果，反映我国各地区儿童数概念发展的共同点和差异点。如张梅玲的《关于儿童部分与整体关系认知发展的实验研究Ⅰ：4—7岁儿童类和数的包含》发表于《心理学报》1980年第1期，张梅玲、刘静和、王宪钿的《关于儿童对部分与整体关系认知发展的实验研究——5—10岁儿童分数认识的发展》发表于《心理科学通讯》1982年第4期，林嘉绥的《儿童对部分与整体关系认识发展的实验研究Ⅱ：4—7岁儿童数的组成和分解》发表于《心理学报》1981年第2期，何纪全的《关于儿童部分与整体关系认知发展的实验研究——6—7岁儿童用非除法运算解答包含除的实验》发表于《心理学报》1982年第1期。

进一步综合分析相关研究结果，幼儿数概念研究协作组的《国内九个地区3—7岁儿童数概念和运算能力发展的初步研究综合报告》，刘范的《中国现时的发展心理学——兼谈中国7—12岁儿童数概念和运算能力的发展》，刘范、吕静、沈家鲜、赖昌贵、张增杰、刘静娴、丁松年、徐秀嫦、曹子方、王鹏飞的《国内十个地区7—12岁儿童数学概念和运算能力发展的初步研究》等，把中国儿童数概念的发展划分为四个阶段：（1）数概念的起始（3岁左右）；（2）建立数词与物体数量间的联系，逐步形成数的概念（4—5岁）；（3）数的运算（6—8岁）；（4）逐步发展出形成数概念系统的能力（9—12岁）。这些研究成果给出我国儿童数概念及相关数学学习的一个概貌，分析了儿童解决各种任务的能力水平，总结了这种能力随年龄而发展的趋势，对了解当时我国三亿左右儿童和青少年的数学认知、数学学习，为有效地开展教育教学提供了科学的依据，为教育教学改革、教学任务设计、教材编写等提供了思路与佐证，推动了我国数学教育教学的发展，同时也引领与促进了我国数学学习心理学的研究。

还有一些心理学工作者通过教学实践、设计方案并进行现场试验来探析儿童的数学学习，也得出了许多研究成果，推动了数学学习研究的发展。如张慕蕴、王继桢、王冀英的《从小学一年级算术教改试验看儿童思维发展的潜力》发现了儿童学习数学的能力远远超出当时预计的水平；赵裕春的《初入学儿童数概念的掌握及其与小学期间数学能力发展的关系》、胡德辉的《小学一年级学生掌握数概念过程中智力活动发展的阶段和特点》分析了正常教学过程中儿童数概念的发展；赖昌贵的《小学生解答整数应用题困难原因的分析》分析了小学生解答整数应用题的思维过程的难点等。

上述这些研究从宏观上勾画出了当时我国儿童在数概念的起始、数的运算、数的概念等方面发展的图景，推动了数学学习研究的较大发展。同时在研究数概念和运算能力发展的基础上，国内心理学家对5—15岁儿童一些数学概念的发展也进行了大量研究，如长度概念、面积概念、容积概念、概率概念、交集概念、比例概念等的研究。

(二) 数学教育研究者的研究

与此同时，这一时期数学教育研究者对数学学习也开展了一些梳理与研究，许多人的注意力部分地从教法转向学法，并发表了一批与数学学习有关的研究论文。如丁尔陞先生以《数学教育心理学十年研究成果综述》为题在《数学通报》发表长文，分析了当时十余年的数学教育心理学研究成果；鲁正火1996年发表了《数学学习理论研究综述》，对国内外数学学习理论研究成果进行梳理，以及王林全的《数学学习论的研究现状及其思考》等。有些数学家也参与讨论，如1996年王元院士针对数学学习专门写了一篇论文《华罗庚谈学习方法》发表于《数学通报》1996年第4期，对华罗庚论数学学习方法作了精辟的阐释，从学习论的角度看，就包含了学习动机、学习态度、学习方法等，特别是读书"由薄到厚"和"由厚到薄"的学习方法，也被看作是学习数学的"座右铭"。同时欧美等国家的相关研究成果开始被大量翻译引入，如1978年上海教育出版社的《小学数学教师丛刊》发表了皮亚杰的《儿童是怎样形成数概念的》等系列论文，这为国内外数学学习研究成果的传播发挥了较大作用，引起了一些数学教师及数学教育研究者的关注。

相关研究成果还集中体现在一些数学学习专著的出版方面。如1988年毛鸿翔、季素月的《数学教学与学习心理学》（辽宁教育出版社，1988），1991年毛鸿翔、高明、毛鸿翱的《数学学习的理论与实践》（同济大学出版社，1991），1992年毛鸿翔、毛建明、李同好、高明的《数学学习心理学》（广西师范大学出版社，1992），李玉琪的《数学学习论》（南海出版公司，1992），1993年蔡道法的《数学教育心理学》（上海科技教育出版社，1993），1995张国杰的《数学学习论导引》（西南师范大学出版社，1995），1996年任樟辉的《数学思维论》（广西教育出版社，1996），郑君文、张恩华的《数学学习论》（广西教育出版社，1996），陈在瑞、路碧澄的《数学教育心理学》（中国人民大学出版社，1996），1998年张楚廷的《数学教育心理学》（警官教育出版社，1998），杨吉和的《数学学习学》（青岛海洋大学出版社，1998），1999

年曹才翰、章建跃的《数学教育心理学》（北京师范大学出版社，1999），宋秉信的《数学学习论》（重庆大学出版社，1999）等。上述专著或教材的出版，为我国不少高师院校开设数学学习或数学教育心理学课程提供了条件。经过十几年发展，国内外数学学习理论与实践的研究成果日益丰富，并在小学数学教师培训中成为一个主题内容。如1991年南京市小学教师培训中心专门编写了《小学数学教育心理学概论》（南京出版社，1991），用于小学数学教师的培训。我国数学学习领域研究人员、研究对象、研究内容的丰富，研究方法的科学与成熟使数学学习成为一个重要的研究领域，并不断在国内外开展研究交流与合作。

三、小学数学学习新世纪的探索与深化阶段（2001—2019）

（一）新世纪倡导的小学数学学习方式

我国2001年以来的课程改革更加关注学生的学习，从理论到实践，从课程标准到教材编写，均致力于改善学生的学习方式，强调数学教学中的自主学习、探索学习、合作学习，强调通过恰当的数学交流、数学活动促进学生创新意识与实践能力的发展，自主、探究、合作成为重要的学习方式。研究者们发表或出版了许多研究成果对相关问题进行探讨，如在小学数学自主学习方面，易良斌的《小学数学"自主学习"模式的理论探索与实践》（学科教育，2001·2），孙晓宇的《自主学习小学数学计算能力的培养与发展》（现代教育科学，2011·6），郭传金的《小学数学"211自主学习"课堂教学模式建构》（中国教育学刊，2011·S1），吴广和的《小学数学自主学习课堂的构建》（教学与管理，2013·8），夏青峰的《自主学习方式对小学生数学成绩影响的实证研究》（课程·教材·教法，2017·10）等对小学生的自主学习的模式、动力、影响等进行了理论与实践的探索。马晓平在《论数学教学方法》（西安地图出版社，2007）一书中专门对自主学习进行诠释，认为自主学习一般要经历以下过程：首先学生参与确定对自己有意义的教学目标，自己制订学习进度，参与设计评价指标；其次，学生积极发展各种思考策略和学习策略，在解决问题中学习；再次，学生在教学中有情感的投入，能从学习中获得积极的情感体验；最后学生在学习过程中对认知活动能够进行自我监控，并做出相应的调试等。

在小学生数学探究学习方面，聂艳军的《小学数学自主探究性学习的研究》（中国教育学刊，2003·1）、《小学数学课堂研究性学习的实践》（中国教育学刊，2004·11），白毅的《小学数学有效促进学生自主探究学习的策略》（教育理论与实践，2009·11），对小学数学探究学习的内涵、策略、实践等进行了多方面的研究。包括马云鹏的《小学数学教学论》（人民教育出版社，2013）一书对探究学习也进行了分析，指出探究性学习就是从相关学科领域或社会现实生活中，选择和确定研究主题，在教学中创设一种恰当的问题情境，通过学生自主地发现问题、调查信息、实验处理、数据表达与交流等探索活动，获得知识、技能，培养探索精神和创新能力的学习方式和学习过程。自2001年中国开始实施基础教育课程改革以来，探究性学习以其独特的研究方式去探究、获取和应用知识而成为新一轮改革的一个亮点。

在小学生数学合作学习方面，顾徐达的《小学数学合作学习的探索》（学科教育，2003·4），聂艳军的《小学数学课堂研究性学习的实践》（中国教育学刊，2004·11），林忠梁的《开展小学数学合作学习刍议》（教育评论，2001·5），王永春的《小学数学教学中小组合作学习存在的问题及其解决策略》（课程·教材·教法，2002·8），李星云的《小学数学合作学习的有效性分析》（教育评论，2009·3），徐素珍的《学习圈：农村小学数学合作学习的探索》（上海教育科研，2019·6），陈馨的《数学伙伴学习：内涵、价值与实践》（上海教育科研，2019·8）等，对小学数学合作学习的策略、内涵、价值等进行了探析。

近年来小学数学的深度学习也引起了人们的关注，如庞舒勤、赵庆林的《让学生体验深度学习——以小学数学教学为例》（人民教育，2013·22），马云鹏的《深度学习的理解与实践模式——以小学数学学科为例》（课程·教材·教法，2017·4），付丽、孙京红的《理解数学核心素养 践行深度学习》

（基础教育课程，2018·20），魏芳的《"PRE"模式：聚焦核心问题的深度学习》（人民教育，2019·7）等，对小学深度学习的理论、模式与实践等进行了研究。2018年刘月霞、郭华的《深度学习：走向核心素养》（教育科学出版社，2018）较为系统地阐释了深度学习的内涵及其在小学数学学习中实践的框架、策略及案例等。

（二）数学教育研究者的系统研究

许多关于小学数学课程与教学的教材编排了小学数学学习的内容，从学习与传播的角度极大地推进了小学数学学习理论与实践研究的发展。如孔企平的《小学数学课程与教学论》（浙江教育出版社，2003），《小学数学教学的理论与方法》（华东师范大学出版社，2005）的第四章分别剖析了小学数学学习的主要理论、学习过程、学习分类及学习方式等；金成梁的《小学数学课程与教学论》（南京大学出版社，2005）的第三章分析了小学数学学习的内涵、主要理论、学习过程、数学知识学习、数学技能学习、数学问题解决的学习、数学学习的情感与态度等；宋乃庆、张奠宙、孔企平的《小学数学教育概论》（高等教育出版社，2008）的第六章分析了小学生的数学认知、小学数学概念学习、命题学习及学习方式等；杨庆余的《小学数学课程与教学》（中国人民大学出版社，2010）的第四章分析了小学数学学习的内涵、类型、特征、数学能力发展，第九至第十三章分别阐释了小学数学的概念学习、运算规则学习、空间几何学习、统计与概率学习、数学问题解决学习，以学为中心诠释了教的系列问题；曹一鸣、刘咏梅、朱凯、王志刚的《小学数学课程与教学论》（教育科学出版社，2014）的第三章阐释了小学数学学习的内涵、过程及学生参与等；曾小平的《小学数学课程与教学论》（人民教育出版社，2015）的第四章阐释了小学数学分类学习、概念学习、规律学习、数学问题解决的学习等。

相关数学学习专著的出版有力地推动了相关的研究与传播。如2001年李士锜的《PME：数学教育心理》（华东师范大学出版社，2001），2009年徐文彬、喻平翻译出版了古铁雷斯、伯拉主编的《数学教育心理学研究手册——

过去、现在与未来》（广西师范大学出版社，2009），2009年鲍建生、周超的《数学学习的心理基础与过程》（上海教育出版社，2009），2011年喻平、连四清、武锡环的《中国数学教育心理研究30年》（科学出版社，2011）等系统梳理了国内外数学学习的研究成果，丰富和拓展了人们对数学学习的认识与视野。2005年范良火、黄毅英、蔡金法、李士锜的《华人如何学习数学（中文版）》（江苏教育出版社，2005）从我国传统文化、社会制度等层面分析了我国数学学习的特色与经验。2005年孙昌识、姚平子的《儿童数学认知结构的发展与教育》（人民教育出版社，2005），孔企平的《构建以学习为中心的数学课堂——基于小学数学学习过程的教学研究》（北京师范大学出版社，2006）等从儿童认知、数学学习过程等不同角度对数学学习进行了研究。2006年徐速的《小学数学学习心理研究》（浙江大学出版社，2006），2010年喻平的《数学教学心理学》（北京师范大学出版社，2010），2012年孔凡哲、曾峥的《数学学习心理学》（北京大学出版社，2012），2014年李光树的《小学数学学习论》（人民教育出版社，2014），2015年郭玉峰、刘春艳、程国红的《数学学习论》（北京师范大学出版社，2015），2018年郭兆明的《小学数学学习心理学》（江苏大学出版社，2018）等从心理学视角对数学学习进行了较为系统的分析。

（三）心理学研究者的新取向

近一二十年来，基于脑科学的儿童数学学习研究成为一个重要取向。在数学教学中要认识到儿童数学学习的大脑机制，并从大脑可塑性的角度设置合理的数学知识体系，设计科学的学习方法，采取专业的教学方法、教学策略等观点，引起了人们的广泛关注。如南云、罗跃嘉的《数字加工的认知神经基础》（心理科学进展，2003·3），发现了人脑对于数字具有一种模拟表达，类似于将数量在脑内部作为一种内心的数字线上的点来操作，证实数字加工的这种数量表达分布于人脑两半球，其优势区位于下顶叶皮质区。张树东、董奇在《一至四年级小学生发展性计算障碍的亚类型研究》（心理发展与教育，2007·2）一文中提出，在小学一至四年级学生中，存在着四种发展性计算障碍的亚类型，分别是听觉型、视觉型、类比型和听觉—类比型，这几种亚类型在数字加工和计算能力不同功能模块上的缺陷模式存在着差异。他们的《数字加工和计算障碍与工作记忆的关系研究》（中国特殊教育，2012·2）一文认为，数字加工和计算障碍的不同亚类型在工作记忆的缺陷模式上存在差异，不同亚类型的数字加工和计算障碍的学生在工作记忆的中央执行系统上均存在缺陷，但他们在语音回路和视觉空间板上的缺陷模式却有所不同等。张玉孔、郎启娥、胡航、陈春梅、王金素的《从连接到贯通：基于脑科学的数学深度学习与教学》（现代教育技术，2019·10）分析了传统数学学习的理论在知识、认知及文化等层面的不足，从脑科学的"物质"角度揭示了数学学习的本质是神经元的联结和神经网络的连接，并进一步从认知、情绪和行为三个维度对数学深度学习进行了诠释，剖析了数学深度学习的脑机制。

2012年路浩、周新林的《数学认知与学习的脑科学研究进展及其教育启示》（教育学报，2012·4）分析了近年来随着影像学技术等科技的发展，脑科学与认知科学呈现出蓬勃发展态势。与此同时，数学认知的脑科学研究在早期数学学习经验对脑功能具有塑造作用、计算障碍的顶内沟结构或功能缺陷的脑机制、语言对数学认知的作用具有层次性、数学与空间能力在顶叶的密切关系以及数学的性别差异脑机制探析等方面取得了许多重要的成果，并提出了这些研究为理解数学学习的本质以及教育实践的一些启示：（1）重视儿童早期经验对大脑数学功能的塑造作用；（2）充分发挥语言、空间能力在数学学习中的作用；（3）针对男女生倾向于使用不同的认知策略，制定适合其自身的学习策略；（4）对患有计算障碍的儿童，教师需要掌握一些针对这些孩子的特殊的教学方法。

2016年周新林的《教育神经科学视野中的数学教育创新》（教育科学出版社，2016）一书从教育神经科学的角度，系统分析了数量加工、数字加工、数学学习的脑功能特征，分析了有关精算、估算、心算等脑加工机制，探讨了数学推理、数学问题解决等高级数学认知加工过程及其脑机制，并从脑科学的视角分析了数学学习、数学学习困难等问题，相关系列研究促进了现代数学学习的研究。2017年魏雪峰的《问题解决与认知模拟：以数学问题为例》（中国社会科学出版社，2017）分析了多学科视域下的学习认知机制，综合运用了教育学、信息科学、脑科学、认知科学、心理学等研究成果，提出了学习认知机制的理论框架，进一步以数学问题解决为例，构建了小学生问题解决认知模型，实现了小学数学问题解决认知过程模拟，并在课堂教学中开展应用，推动了人工智能与数学教育的深度融合。

未来可以预见，数学学习的研究目标将更加多元与多样，研究内容将更加丰富与系统，研究方法将更加科学与深入，数学学习的研究对数学教育教学的影响将更大。

第二节　小学数学学习研究主要成就

70多年来，一般心理学理论运用于小学数学学习，或从教师教与学的经验角度提出数学学习的看法均有大量的研究，由于这些研究带有较多的主观性与经验性，在此不再赘述。从小学数学学习心理的实证研究方面梳理发现，相关的研究主要体现在数概念发展、数学思维、数学能力、数学学习策略、应用题学习、数学非智力因素等方面。

一、小学数概念发展研究

数概念的掌握是儿童数学学习的开始，是儿童早期认知发展的一个主要方面，也是儿童后继数学学习的基础。因此，数概念的理解与掌握是人们对儿童数学学习研究的一个重要领域，也是成果较为丰富的一个领域。

（一）小学生数概念认识的研究

早在1960年，郑祖心等通过对6岁和7岁儿童数概念广度的实验研究发现：（1）大多数的6岁和7岁儿童可以认数认到100。（2）儿童掌握100以内的认数、数序、数的实际意义及运算的过程是不相同的。儿童认数的范围超过儿童掌握数序、对数的实际意义的理解及运算的技能。（3）儿童在掌握数的实际意义的过程中，物体空间排列的形式，对正确判断数量多少有一定的影响。（4）儿童理解数与物体排列的空间形式的关系不像皮亚杰所认为的完全决定于年龄阶段，教育可以对此起一定的促进作用。（5）6岁和7岁儿童掌握数概念广度的区别小，不同教育方式对儿童数概念形成有显著的影响。（6）词的调节作用对儿童数概念的形成有显著的影响；儿童掌握数概念的广度的水平最好以儿童对数的实际意义的理解为准绳。（郑祖心等，1960）与此同时，茅于燕等在一般教学条件下，对五、六年级的学生进行了有理数掌握情况的研究，分析发现：（1）五、六年级学生大部分均能较全面地接受负数概念的实质。（2）五、六年级学生大部分均能用自己的语词表述法则，有部分学生能用自己的口头语言表述法则的推导过程。（3）五、六年级学生均能在20课时左右（包括概念的讲解，法则导出的讲解，课堂练习、批改、纠正等内容）形成一定程度的运算熟练技巧，平均每分钟可以完成6—9个一般的有理数题的演算。（4）两个年级学生在学习有理数知识的过程中也表现了一定的差异性。主要表现在词的概括水平、思维的独立性和灵活性、思维过程中概括化与具体化相互转化的能力以及算术运算的迁移的影响等几个方面。（5）两个年级学生在简单情景下，没有出现掌握知识的能力上的差异，但在复合情景下，两个年级的差异便显露出来。一般说来，五年级学生受此条件的影响较大，这正反映了他们学习能力不如六年级学生。（6）在充分发挥学生掌握知识积极性的前提下，五年级（相当于13—14岁）学生思维的发展已达到可以接受有理数知识的水平，并认为这是学生开始学习有理数的比较适宜的年龄。（茅于燕等，1961）

曹子方研究认为儿童掌握数概念是一个极其复杂的思维过程，它经历着从具体经过表象向抽象水平的发展过程。儿童数概念的掌握与思维的发展密切联系，两者是互相依存、互相促进的。随着年龄的增长、学习知识的深入、思维水平的提高，儿童对数概念掌握的广度与深度不断得到发展，这是发展的一般趋势，同时不同年龄儿童在掌握数概念的水平及掌握的思维方式上也存在着年龄特点。儿童数概念发展的差异不仅表现在对数概念的掌握水平上，更主要是表现在儿童掌握数概念过程中思维的抽象概括水平，思维的敏捷性、自觉性和批判性等方面。曹子方的研究还表明，随着"认数""数序与序列""数的组成""数概念的应用"等项目的难度增大，同年龄组儿童之间的个别差异愈来愈明显。与此同时，随着年级的升高，数概念的广度和深度的发展，各年龄组儿童的个别差异也愈来愈明显。因此，教学中根据儿童心理发展的个别差异因材施教，进行个别教育是很重要的。（曹子方，1981）

曹子芳、程娴、郭成英在中国心理学会第三次会员代表大会及建会60周年学术会议上发表的《4—11岁儿童数概念的稳定性和灵活性的实验研究》论文表明，儿童掌握数概念的稳定性与灵活性的水平是随着儿童年龄的增长、知识的掌握、思维水平的提高而不断发展的。男女儿童的发展水平差异不大，儿童达到数概念的稳定性的思维方式遵循从直觉行动→表象→抽象概括的发展过程。影响儿童数概念的稳定性、灵活性的因素是复杂的，物体的可数性及数量的大小、刺激物的呈现方式、教育条件、指导语、思维发展水平与特点等都直接影响数概念的稳定性与灵活性水平。儿童数概念的稳定性和灵活性的发展有一个从不稳定、不灵活到稳定、灵活的发展过程，在这个发展过程中大约在七八岁是一个过渡阶段。

"零"概念的形成是数概念形成中特殊的一个。周仁来等对5至9岁儿童对"零"概念的理解、掌握和应用进行了实验研究，综合分析提出儿童"零"概念的掌握是儿童数概念形成中较高级水平的标志之一。"零"概念的获得要晚于其他数概念，7岁左右可能是儿童"零"概念获得的一个转折点。儿童对"零"概念内涵的掌握是逐步深入的，教育对于"零"概念精确含义的掌握是必不可少的，尤其是在除法运算中对"零"概念含义的理解。（周仁来等，2003）吕静等认为两数相差概念是小学数学的一个重要的基本概念，是小学数学加、减应用题和运算的基本内容之一，是更高一级数学学习的基础。相差概念是加减应用题基本结构的一种变形，比部分和总数的类型更为复杂、抽象，它是小学数学教学中的一大难点。他们运用了图形间比多比少、操作题比多比少以及文字题比多比少三类题目，进行了相差概念形成的整个发展过程及各个主要环节的发展特点等研究，分析发现：（1）从5到7岁儿童解答各类题的错误性质分析，知道儿童掌握相差概念的难点在于缺少"比"的概念，而建立比的概念的基础，首先必须教儿童建立"同样多"的数的比的概念。（2）从儿童解答三类题通过率的发展趋势看，知道儿童相差概念的形成和发展都是从外表认识发展到抽象认识、从被动发展到主动、从直接认知发展到间接认知。（吕静等，1989）

刘静和领导的课题组在1979—1981年，就对儿童数及数学中部分与整体关系的认识发展进行了系统研究，提出了儿童对部分与整体关系认知的12项指标，如"整体可以分为若干相等或不相等部分""各部分之和等于整体"。他们用这12项指标对4—11岁儿童在正整数、几何图形和分数这三个方面进行研究，并根据研究结果设计教学实验，通过反复的教育实践，再进行理论上的概括。（刘静和等，1982）张梅玲开展了以"1"为基础标准揭示数与数学中部分与整体关系的系统性教学实验。儿童对单位"1"的认识及其整体守恒能力，是把握数学中部分和整体观念的两个核心概念，以"1"为基础标准的含义是：一方面，从性质上讲，"1"具有概括性、包含性、相对性和可分性；另一方面，就其在小学数学内容中的地位来说，"1"又是最基本的知识结构，循着"1"这条发展线索建构起来的知识结构把整数、分数、小数、百分数、比值等概念统一在一个系统之中，用"1"说明他们的内在联系和层次间的过渡。（张梅玲等，1983）进一步的研究表明，以"1"为基础标准揭示数与数学中部分与整体关系为主线所构建的知识结构，使学生能形成良好的认知结构。这种认知结构有利于新知识学习策略的选择和数学学习迁移能力的提高。（张梅玲，1986）

孙昌识、姚平子认为加法结构是一个概念域，是以加法、减法概念为核心的概念体系，是多种数学概念（被减数、减数、差数、部分数、总数等）围绕加、减法概念形成的联结网络。这是儿童在数学领域中建构的第一个整体性的、恒定性的结构。它的出现意味着儿童的数学认知能力发生了质的变化。加法结构中的概念系统、表征系统和加工系统的发生、发展要经历很长时间，对加法结构发展的整体研究，可以避免研究加法结构中的某个概念的形成、发展所产生的片面性。为了研究加法结构的建构与发展，他们进行了8个心理实验和反复多次的教学性实验，研究表明可把4—9岁儿童加法结构发展划分为三个阶段：第一阶段是儿童尚无关系运算和数学表征及算式表征，上述表征均为实物操作所代替，其加工特点是由下而上的数据驱动主导作用。第二阶段是儿童的关系运算展开不充分，其解题策略为用算式模仿题意策略或关键词策略，计算策略主要为数学推理策略。加工策略是由上而下的概念驱动占主导，但仍受题目词句影响。第三阶段是儿童的关系运算充分展开，推理有逻辑性，数学表征形成，解题时多采用抓数学本质策略，算式表征正规，计算策略是加法表策略，加工特点是由上而下的概念驱动起主导作用。其中第二阶段实质上是个过渡阶段，第三阶段儿童所操作的对象虽然仍是具体的数量，但由于数量关系的知识（部总关系和比较关系）的映射，使每个具体数值已具有抽象的意义（如总数、部分数、大数、小数、差数等）。从解决问题的角度看，在加法结构形成的不同阶段，由于内部图式构建的层次不同，所以处于不同阶段的儿童在解决问题时所使用的解题策略、所产生的问题表征、算式表征和计算表征有质的区别。在认知结构的建构过程中认知结构中的加法知识与减法知识也发生变化。除了向概括化、抽象化方向发展外，也从处于孤立、分离状态到在具体水平上整合状态，再过渡到在概念水平上达到整合，整合的机制乃可逆性运算系统。（孙昌识、姚平子，1997）

（二）小学生数概念发展水平的研究

为了给儿童更好的教育，了解他们认知的发展，基于理论与实践的双重考虑，全国儿童认知发展协作组和全国十二个地区十九个机构的五十多位心理学工作者协作开展了对儿童数概念的形成和发展的研究。刘范等在《国内十个地区7—12岁儿童数学概念和运算能力发展的初步研究》一文中，较为系统地总结梳理了7—12岁儿童数学概念和运算能力发展的十一篇实证研究论文，从宏观上勾画出当时国内3—12岁儿童在数概念的起始、数的运算、数的概念系统等方面发展的图景。（刘范等，1981）他们具体把我国儿童数概念的发展划分为四个阶段： （1）数概念的起始。相当于3岁左右。儿童能口头数到10，并点数5个以下的物体。 （2）建立数词与物体数量间的联系，逐步形成数的概念。约相当于4—5岁。儿童有点数10—40个物体的能力，并能懂得10以下的数的组成。 （3）数的运算约在6—8岁出现。儿童有3—4位数的概念。有用数进行运算的能力，并有了10以下的数的稳定概念。 （4）约在9—12岁，逐步发展出形成数概念系统的能力。儿童能够把握万以下的数，并能用数进行推理，逐步形成整数、小数和分数的概念系统。研究还表明，大多数的6岁和7岁儿童可以认数认到100；儿童掌握100以内的认数、数序、数的实际意义及运算的过程是不相同的。儿童认数的范围超过儿童掌握数序、数的实际意义的理解及运算的技能；儿童在掌握数的实际意义的过程中，物体空间排列的形式，对正确判断数量多少有一定的影响，这种影响经过训练，在词的调节作用下获得某种程度的改变。儿童理解数与物体排列的空间形式的关系不像皮亚杰所认为的完全决定于年龄阶段，教育可以对此起一定的促进作用；6岁和7岁儿童掌握数概念广度的区别小。不同教育方式对儿童数概念形成有显著的影响。研究发现，作者认为词的调节作用对儿童数概念的形成有显著的影响，儿童掌握数概念的广度的水平最好以儿童对数的实际意义的理解为准绳。

林崇德对入学儿童掌握数概念和运算的能力进行了调查，发现初入学的6岁和7岁儿童对数概念，绝大部分可以掌握到20，半数以上儿童可以理解"百"以内的数，并逐步地开始认识"0"概念。随着数概念的掌握，6岁和7岁儿童开始掌握一些其他的数学概念，如"个"与"十"计算单位；"+"（加）与"−"（减）运算符号，少数的可以掌握"×"（乘）号；"√"（对）与"×"（错）判别符号；开始理解未知数概念，并且近半数的儿童可以掌握可逆性概念、部分平面几何图形的概念（从前科学概念逐步向科学概念发展）；具有形象具体的概率与集合思想等。

这个阶段儿童能从掌握数概念到掌握数的群集，掌握10—20的分解组合的观念。儿童从学会认数和识别一些数概念发展到进行数的运算。6岁和7岁儿童能够进行10以内的加减运算，少数儿童能进行20—100以内的加减运算，极少数儿童由于学前早期教育得法，他们开始进行"万"以内数的加减运算，并接触乘法运算。尽管如此，这些儿童由于缺乏大数所反映的具体感性的材料，没有表现为大数的基础，所以对千以上的数概念的实际意义就难以理解。

对大多数6岁和7岁儿童来说，他们属于从"直观—言语"过渡到"形象—言语"的概括水平，即以"有声言语具体形象"为主的智力水平。与此同时，他们的数学概念有一定的抽象思维的因素，这个抽象的因素是从两个方面发展起来的：一是6岁和7岁儿童的数概念逐步摆脱"量词"成为抽象数的概念。二是反映了儿童逐步开始掌握"命题的演算"，这个"演算"过程顺着"肯定或否定命题"→"合取命题"→"析取命题"的次序掌握命题形式，而6岁和7岁儿童主要是"肯定或否定命题"，其次是"合取命题"的初步知识。并对一年级小学数学的教学提出了一些建议。（林崇德，1978）

胡德辉依据儿童掌握数概念的过程是从直接感知物体的数量开始，经过抽象与概括形成初步的数概念，最后通过运用数概念进行运算，进一步形成数概念的三个基本环节，分析了一年级小学生智力活动发展的阶段和特点，在《小学一年级学生掌握数概念过程中智力活动发展的阶段和特点》一文中表明：（1）在儿童感知物体数量的过程和特点方面，同一年龄的儿童感知物体数量时主要依赖的感官是不同的，而同一儿童在发展的不同时期，感知物体数量主要依赖的感官也是不同的。儿童感知物体时起主导作用的感官不同，反映了儿童对物体数量的感知所经历的发展过程和阶段。儿童会经历手的触摸对感知数起着主导作用的阶段、视觉对感知物体的数量起着主导作用的阶段、言语动觉感知物体的数量起着主导作用的阶段。（2）在儿童对数进行抽象、概括的过程方面，具有如下特点：对抽象、概括的任务和标准不能在头脑中保持稳定的意识；抽象、概括过程同感知觉直接联系；抽象与概括过程缺乏一定的逻辑性。（3）在儿童运算活动发展的过程方面，具有如下特点：从运算的形式看，是从直接感知实物的基础上进行运算，过渡到表象的运算，最后过渡到概念的运算；从运算的方法看，是从实物的逐个加减开始，到逐一计数与按数群计算相结合，最后过渡到按数群进行计算。从与外部活动和动作相联系的运算，过渡到以言语运动分析器的活动为主的运算。

进而从运算形式、运算方法与运算活动内化几条线索综合进行分析，可以看出儿童运算活动发展的几个主要阶段：（1）通过手的触摸，对直接感知到的外界物体进行逐一计算的阶段；（2）通过言语动觉，对物体的表象进行逐一计数或与数群计算相结合的阶段；（3）凭借言语动觉，以概念的形式按数群进行运算的阶段。小学一年级学生在掌握数概念和运算技能的过程中智力活动发展的三条主要线索是：儿童掌握数概念和运算从直接的感知过渡到表象，再过渡到概念的发展过程，反映了儿童的智力活动由具体到抽象的发展过程；儿童从逐个地加减过渡到按数群计算的过程，反映了儿童的智力活动由个别到一般的发展过程；儿童掌握数概念和运算从与外部的动作相联系过渡到以言语运动分析器为主的活动，反映了儿童智力活动内化的过程。正是这三条线索相互联系的发展，形成了儿童掌握数概念过程中智力活动发展的阶段。

韩恩荣等调查发现，教学对8—12岁儿童数概念和运算能力的发展起决定性作用。小学儿童正处于具体形象思维向抽象逻辑思维过渡的阶段，数概念的形成和发展必须遵循具体—抽象—具体的一般规律，小学儿童数概念的掌握和运算能力的发展，是同他们的思维水平密切相连的。儿童在掌握数概念的过程中才能不断提高分析、综合、比较、抽象、概括、判断、推理的思维水平，而思维水平的提高又推动着数概念的发展。（韩恩荣等，1981·1）徐速在论述数概念系统的初步形成中指出，大约在6—8岁，儿童由利用实物的运算过渡到抽象的数的运算。我国儿童在入学以前，大都已学会20以内的加减法运算。这时儿童的数概念包括基数和序数的概念，都达到了一定的稳定性，对10以内的客体有了数量的守恒。而入学后，由于大量的加减运算操练，儿童真正地获得了抽象的数概念。在小学阶段，学生的数概念的发展经历着一个整数—小数—分数的发展过程。在这个过程中，抽象的数概念的获得，十进位数概念的掌握，小数、分数概念的发展是几个重要的变化。（徐速，

2006：85-86）

（三）小学生数概括能力发展的研究

从20世纪80年代初开始，林崇德在"小学儿童数概念与运算能力发展的研究"中确定小学儿童数概括能力发展水平的五个指标为：（1）对直观的依赖性；（2）对数的实际意义（数表象范围）的理解；（3）对数的顺序和大小的认识；（4）数的组成（分解组合）；（5）对数概念扩充及定义的展开。

根据指标分析结果，把小学儿童数概括能力分为五个等级：

第Ⅰ级：直观概括水平。显著指标是依靠实物、教具或配合掰手指头来掌握10以内的数概念，离开直观工具，运算就中断或发生困难。

第Ⅱ级：具体形象概括的运算水平。属于这一级水平的儿童，进入了"整数命题运算"。达到的指标有三个：掌握一定整数的实际意义、数的顺序和数的组成。这一级又可细分为若干不同的小阶段，例如"20"以内的数概念，"百"以内的数概念，"万"以内的数概念，整数四则运算概念等。而这一阶段由于儿童经验的局限，尽管有的运算的数的范围可以超过他们的生活范围，但由于缺乏数表象而不能真正理解所有运算的数的实际意义。

第Ⅲ级：形象抽象概括的运算水平，处于从形象概括向抽象概括发展的过程中。这个阶段儿童的数表象的丰富与数的实际意义的扩大形成数概括的新特点：（1）不仅掌握了整数，而且掌握了小数和分数的实际意义、大小、顺序和组成；（2）能掌握整数和分数概念的定义；（3）空间表象得到发展，使儿童能够从大量几何图形的集合中概括出几何概念，并掌握一些几何体的计算公式和定义，因此，这一级水平又可称为"初级几何命题运算"。

第Ⅳ级：初步的本质抽象概括的运算水平，即初步代数的概括运算水平。其特点有：（1）能用字母的抽象代替数字的抽象，例如能初步列方程解应用题；（2）开始掌握算术范围内的"交集合"与"并集合"思想，例如通过求公倍数与公约数的运算掌握"交"与"并"的思想；（3）能够完整地解答各种类型的"典型应用题"，出现组合分析的运算。

第Ⅴ级：进入代数命题概括运算。这一级水平的儿童能根据假设进行概括，他们完全抛开算术框图进行运算。但这一级概括水平在小学阶段是极少数。

上述分析反映了小学儿童的数概括水平发展的趋势是一个螺旋式上升的过程、一个"内化"的思维过程，从智力活动的"量"来分析，是一个逐步"简化"的概括过程；各级水平并不能互相代替，而且高一级水平必然具备低一级水平的运算能力。

进一步研究结果表明：（1）小学儿童的数概括发展水平，既表现出比较显著的年龄特征，又存在着个体差异。（2）城乡小学儿童数概括水平是存在着差异的，但在一般学校中，这种差异并不显著。（3）在一般教育的条件下，四年级儿童（10—11岁）在数概括能力发展中有显著的变化，这是小学儿童掌握数概念从具体形象概括为主要形式，过渡到以抽象逻辑概括为主要形式的一个转折点。这种质的飞跃期通常被称作"关键年龄"。

关于"关键年龄"与"转折点"的研究发现，"转折点"的实现，主要取决于教育的效果，这个思维发展的关键年龄有一定的伸缩性，是可以变化的。只要教学得法，小学儿童思维发展的关键年龄可以提前到三年级。小学儿童思维发展中，存在着很大的潜力，只要适当地挖掘，这个潜力能变成小学儿童巨大的能力因素。（林崇德，1981）

（四）小学分数概念发展的研究

分数概念是儿童数学认知的重要内容，获得正确的分数概念有助于学生更好地理解数的连续性与可分割性。2005年宗敏、牛文佳、刘儒德等人探讨了我国小学生分数概念的发展，区分了他们头脑中不同类型的分数概念，并分析其对数学学习的影响。结果表明：分数概念本身是个复杂的概念系统，基本可以根据学生的回答分为三类：第一类为自然形成类概念，四、五年级的学生都较少出错，学生能根据自己的知识经验直接推知；第二类为容易改变类概念，五年级学生的错误显著少于四年级，这类概念可以通过教学及更多的应用得以转变；第三类为不易转变类概念，四、五年级学生都出现了比较多的错误，在当前的教育环境中没有得到足够的重视。（宗敏、牛文佳、

刘儒德，2005）

　　辛自强及其研究团队对分数概念的学习心理作了许多研究，如通过三年的实证研究，针对儿童分数概念表征等问题进行了系统探讨，研究表明：首先，在分数概念的理解上，学前儿童虽然不能理解以符号形式表示的分数，但是对非符号形式的分数概念有较好的理解并能进行这类分数的加减运算；他们最初的分数知识往往与食物的分享和事物的分割与分配等方面的生活经验有关。小学阶段，对分数的正式学习和分数概念的发展，大致服从三个概念层次的序列：儿童将分数表征为两个独立的自然数；儿童将分数表征为"部分—整体"关系；儿童将分数表征为两数的比例。（辛自强，2014）大量跨文化的研究表明，中国儿童在分数计算能力以及概念理解方面明显优于西方儿童，这与中文分数概念的透明性、中国数学教师良好的分数知识等因素有关。其次，在分数概念理解的困难方面，基本的原因在于分数概念的多样性，儿童通常能较好地理解"部分—整体"意义的分数概念，在8岁之前中国儿童都能掌握这一意义上的分数概念，但是对于其测量意义以及其他意义的理解则普遍滞后；儿童常见的理解障碍包括对单位"1"的理解困难、分数除法（虽然很容易掌握其计算程序）概念理解的缺乏以及整数偏向问题。（刘春晖等，2010）

　　他们进一步的研究是把儿童学习分数概念的过程视为知识的个体建构过程，提出就建构的起点而言，分割计数和相对量的知觉可能是分数概念建构的两种个人经验基础。从建构机制来看，个体的整数知识、主体动作和分数符号都会影响分数概念的个体建构过程。可以从不同经验基础的作用，反省抽象的认知机制以及分数符号在整数偏向中的作用等三个方面展开进一步的研究。（张晓等，2013）对小学六年级儿童的分数概念语义理解水平和模式的评估表明：（1）从不同语义含义的理解水平差异上看，由高到低为商、部分—整体、测量、比、算子；（2）从语义含义掌握模式来看，部分—整体、测量、比、算子均可分为掌握良好组和不良组两类。其中，在部分—整体和算子含义上，两组被试理解水平不同而模式类似，而在测量和比含义上，两组儿童理解水平和模式均有较大差异； （3）从各语义理解的掌握模式类别间关系来看，掌握良好组的归类一致性高于掌握不良组。（张晓等，2018）

吴芳的调查表明，小学生的分数概念体系比较松散，各个概念之间的联系不紧密；部分学生对分数概念体系中各个概念之间关系不能很好地区分；学生对分数意义的理解比较单一，知道分数代表的分物的意义，但不知其测量的意义；学生对分数乘除法运算的掌握不熟悉；学生关于分数所具有的数的意义和率的意义的理解模糊等。（吴芳，2011年学位论文）刘丹丹以SOLO分类理论为基础，对六年级学生对分数知识理解水平的研究表明：（1）整体上小学六年级学生分数知识理解处于中等水平，部分学生分数理解水平还有待提高。小学六年级学生对分数概念理解以及他们的分数计算水平整体处于中上等层次，而分数运用水平处于中下等层次。因此，该学段学生分数运用水平有待提高。（2）小学六年级学生在分数概念理解上易出现的问题有：等值概念中对分数性质多角度应用、单位量概念中连续分割、简单分数中的异分母分数比较大小。（3）小学六年级学生在分数运算的过程中容易在正确运用运算律以及异分母分数加减法这两方面出现错误。（4）小学六年级学生在运用分数知识解决分数应用题时，对问题中的"量"和"率"难以准确分辨，导致运用错误的方法解决问题。并且对于复杂的单位"1"问题，没有解决相应问题的能力。对于分数知识理解水平上存在的差异分析结果为：（1）小学六年级学生在分数知识理解上不存在性别差异，但是却存在城乡差异。（2）分数概念理解、分数运算水平、分数运用水平这三者之间是具有相关性的。（刘丹丹，2016年学位论文）

对于分数的表征问题，辛自强、李丹对小学三到六年级学生的分数表征方式进行了研究，结果表明：小学三到六年级学生能够对分数进行整体表征，并且表征效率随年级上升而显著提高。至少从三年级开始，小学生已能够根据分数的值，按从小到大的顺序自左至右地将分数表征在心理数字线上。（辛自强等，2013）

另外，对于分数的相关概念，也有诸多学者进行了一些研究，如辛自强、韩玉蕾以相对量概念和乘法思维为基础分析了等值分数概念的发展，研究把小学一至三年级儿童等值分数概念的发展划分为三个阶段：整体量概念、数量化的相对量概念、正式的等值分数概念。结果表明一年级儿童尚未获得数量化的相对量概念，二年级儿童尚未发展起成熟的乘法思维。基于这一研究结果，他们依据最近发展区原理设计了干预实验：一是在一年级儿童的整体量概念基础上促进其数量化的相对量概念的发展；二是通过熟悉的任务情境来促进二年级儿童对乘法关系的实际意义的理解，从而促进其乘法思维的发展。这些干预方法达到了预期效果。（辛自强等，2014）

（五）小学其他数学概念的研究

早在1964年朱智贤等对儿童左右概念的实验表明，儿童左右概念的发展，有规律地经过了三个阶段：

第一阶段：儿童比较固定化地辨认自己的左右方位（5—7岁）。

第二阶段：儿童初步地、具体地掌握左右方位的相对性（7—9岁）。

第三阶段：儿童比较概括地、灵活地掌握左右概念（9—11岁）。

儿童左右概念的发展是和儿童思维发展的一般趋势（直觉行动思维—具体形象思维—抽象逻辑思维）相符合的。（朱智贤等，1964·3）

张增杰等人对5—15岁儿童概率概念掌握的研究表明：（1）儿童的概率概念随年龄而发展，10岁左右起，简单概率概念发展加速，这也许是易于传授概率知识的时期。（2）儿童概率概念发展的先后受课题难易的影响。简单的 $\frac{1}{2}$ 概率12岁以上儿童有90%能掌握，$\frac{1}{3}$ 概率13岁开始有75%左右能掌握，而 $\frac{1}{5}$、$\frac{1}{6}$、$\frac{2}{3}$ 概率则15岁儿童能掌握的也不到25%。（3）粗略地说，对概率的认识可以依次分为三步：认识事件的可能性和随机分布、认识可能性的相对大小、以数量表示概率。（4）在儿童不能独立解答课题的情况下，利用言语、图片、实物依次进行启发，可以有助于儿童理解有关概率的知识。（5）受试的儿童中除不能理解课题之外，可以划分解题的五种思维水平，即依情境作答、踌躇矛盾、靠感知支持的推理、靠表象支持的推理、逻辑或计算的推理。这五种情况似与儿童年龄的增长相应，在这五种水平的解题活动中，可以看到感知、表象、概念的协同活动。（张增杰等，1985）

20世纪80年代林崇德选取六类数学概念来探讨小学生数学概念的发展特点。研究方法和材料在一定程度上接近皮亚杰的守恒研究。数概念主要测查儿童对数概念的认识是否受无关信息的干扰，如要让儿童判断六块面包放在一起和分开放数量是否一样；顺序概念的测查任务是按某一顺序，将三个不同颜色的球放进一个塑料空桶，让儿童判断倒出来的顺序；空间概念的测查任务，是让儿童判断同一个景物的不同角度的照片；体积概念的测查任务是由两个大小相同的球，变化其中某一个球的形状，让儿童判断它们水平上升的高度有无变化；长度概念的测查任务是将某一长度的线段变化其形状后，让儿童判断其长度是否改变；概率概念的测查任务是让儿童判断在某一条件下，某事件发生的可能性大小。结果表明小学生数学概念的发展有一个加速期，出现在三年级到五年级，其中四年级是一个转折点，到五年级后期基本保持缓慢的发展趋势。不同的数学概念及发展水平是不同的，其中数量概念发展速度最快，转折点在三年级；顺序概念的发展趋势最接近幂函数的发展趋势；空间概念在一年级到三年级发展基本不快，三年级到五年级是直线发展的趋势，到了五年级发展缓慢；长度概念和体积概念发展趋势呈波浪形向上发展；概率概念发展速度最慢，这说明不同数学概念其发展速度是不同的，既表现出量的差异，又表现出质的差异。

多年来，国内心理学家对5—15岁儿童一些数学概念发展也进行了许多研究。如刘金花等人研究了小学生长度概念的发展，赵裕春研究了小学生面积与容积概念的发展，沈家鲜、刘范设计了比较复杂的容积概念实验，朱凌云、刘儒德、童昕研究了儿童比例概念的发展等。

二、小学数学思维研究

数学是思维的体操，学会数学的思维是数学教学的一个根本任务，学数学就是要让学生学会用数学的思维思考世界。因此，研究小学生的数学思维成为心理学、数学教育心理学研究的一个重要话题。

（一）小学生数学思维特征的研究

朱智贤曾指出，从以具体形象思维为主要形式逐步过渡到以抽象逻辑思维为主要形式是小学儿童思维的基本特点。但对小学生来说，其抽象逻辑思维在很大程度上仍然要与感性经验相联系，具有很大程度的具体形象性。（朱智贤，1979：89）而数学研究的对象是"思想的材料"，是从现实与数学中抽象出来的思维产物，因此数学思维具有高度的抽象性、形式化的严谨性、表现的多样性、问题性等。且按照数学教育的阶段或领域的不同，可以将数学思维分为不同的带有专业特征的思维方法。比如，按数学分支内容的差异，可以分为几何思维、代数思维、微积分的思维方法、概率统计的思维方法等。对不同学生来说，数学思维的类型主要是算术思维、代数思维、几何思维。（徐速，2006：156–157）一般来说，数学思维具有形式简洁、推理有序、逻辑连贯、准确、灵活、敏捷以及高度的抽象性等特征。由此可看出，小学生数学思维的培育是一个难而重要的任务。

刘兰英通过调查研究提出小学生的数学思维能力主要包括三种：逻辑推理能力、想象能力（对数量关系的想象能力与对空间图形的想象能力）以及分析与解决数学问题的能力。（刘兰英，1998）徐速从儿童认知发展的角度提出，在小学阶段，从算术思维到代数思维是学生数学思维的重大飞跃，而且这是一个从小学的中、高年级开始到初中阶段逐步发展的渐变过程。根据皮亚杰的观点，小学儿童认知发展的观点，是从具体运算阶段到形式运算阶段。在小学的数学学习中，从算术思维到代数思维的过渡正是这两个阶段思维转换的最好体现。不过假设—演绎推理作为形式运算阶段的主要特征，同时是一种基本的数学能力，是进行代数思维的先决条件，而代数思维是一种假设性的思维，它是建立在符号基础上的，而不是建立在实体基础上。因此，由于认知发展阶段的转换，从算术思维到代数思维的发展表现出非连续性，从而使学生在学习上必然面临着许多认知上的困难。另一方面，通过数学学习，逐步完成从算术思维到代数思维的过渡，是促进具体运算阶段向形式运算阶段转化的最好的思维训练。同时也有助于实现小学数学和初中数学的顺利衔接，进一步发展学生的数学意识。另外，从小学生空间观念发展的直观性、描述性、渐进性等特点，徐速认为可以通过充分利用学生的生活经验、观察活动、操作活动、交流活动等途径在教学中发展学生的几何思维。从信息加工的角度看，数学思维能力的提高主要表现在数学思维策略的不断发展。数学思维策略是数学认知策略的核心内容。（徐速，2006：160-169）周东明认为儿童的数学思维具有不严密中的严密性。具体表现为相信直观感觉、重视外在形式、认同合情推理、单维度的思维方式。（周东明，2007）

以上研究表明，小学生的数学思维主要以算术思维为主，主要处于具体思维、直观思维阶段，也是从算术思维到代数思维过渡的一个关键期，在进行抽象思维时要借助具体的经验，虽然不能严谨地推理，但会寻找简单的合理性解释。

（二）小学生数学思维品质的研究

思维品质是思维能力的表现形式，不同的思维品质表现出不同的思维能力。思维品质的差异是智力与能力最主要的差异，思维品质发展的水平，是区分中小学生和幼儿智力正常、超常或低常的标志。（林崇德，2011：154）在了解数学思维的品质，并以此为突破口培养学生的思维，培育学生的智能方面有着较为丰富的研究成果。朱智贤、林崇德等提出思维品质具有以下五个特性：（1）思维的深刻性，指学生对具体数学材料进行概括，对具体数量关系和空间形式进行抽象，以及在推理过程中思考的广度、深度、难度和严谨性水平的集中反应。（2）思维的灵活性，指学生在数学思维中思考的方向、过程与思维技巧的及时转换科学性水平的集中反应。（3）思维的独创性，指学生在思维活动中发现矛盾、提出假设并给予论证（或检验）的、充分体现个性特征的创造性活动能力水平的集中反应。（4）思维的批判性，指学生在思维活动中严格估计思维材料、精细检查思维过程、自我控制和调节思维方向与过程的能力水平的集中反应。（5）思维的敏捷性，指学生数学思维活动速度的集中反应。（朱智贤等，1986：16）董奇认为元认知与思维品质是同一事物的两个方面。（董奇，1990）曹才翰认为数学思维品质包括深刻性、广阔性、灵活性、创新性、目的性、敏捷性、批判性七种成分，且这七种成分密切联系，形成一个有机的思维系统。（曹才翰，1990：110-123）任樟辉、毛鸿翔、田万海、朱水根、喻平等学者也基本上持有类似观点。

1978年林崇德提出了思维品质的培养是发展智力和能力突破口的观点，并在北京市朝阳区幸福村开始了思维品质发展与培养的实验，以语文与数学两门学科为基础，从小学语文到中学语文，从小学数学到中学数学，主要采用横断方法与纵向方法相结合，用数学的语言和语文的语言对思维品质作了系统的研究。（林崇德，2009）

1.小学生思维的敏捷性。测量指标：以完成任务的速度和正确度为指标。求出时间与正确率，会出现四种情形：正确—迅速，正确—不迅速，不正确—迅速，不正确—不迅速。研究发现：（1）估算速度随着年级的增高而逐步加快，相邻两个年级之间的速度存在差异，但不显著。（2）不相邻年级之间在完成相同试题间的差异很大，个体之间的差异随着年级的增高而增加。（3）同年级学生在完成相同试题时，其正确率没有显著性差异。（4）数学尖子运算时思维敏捷，反应快，演算速度快；低能儿童思维迟钝，演算速度慢；正常儿童偏中。（5）思维活动的敏捷性是可以培养的。

2.小学生思维的灵活性。测量指标：以一题多解的方法数量、一题多变的变化数量为客观指标。研究发现：小学生在运算中思维灵活性及其表现，如一题多解、精细程度等的发展，存在着年龄特征，这个发展是稳步的，没有突变转折现象。运算中思维的灵活程度差异随着年级的增加越来越明显，不同的思维对象直接影响运算过程的灵活性水平，一定的知识技能和生活经验及其基础上的概括是发展思维灵活性的基础。

小学儿童运算的灵活性表现在：一是起点灵活，即从不同的角度、方面，能用多种方法来演算各类数学习题；二是运用法则的自觉性高；三是善于运用组合分析。思维活动的灵活性是可以培养的。

3.小学生思维的深刻性。测量指标：主要包括概括水平和推理水平。如概括能力表现在对数的实际意义的认识，对数的顺序和大小的理解，进行数的分解和组合的能力。推理能力主要表现为简单的归纳能力和演绎能力。研究发现：小学生寻找"标准量"的水平在逐渐提高，推理的间接性在不断增强。不断掌握运算法则，认识事物数量变化的规律性在增强。不断提出假设，独立自编应用题的抽象逻辑性在逐步发展。

儿童思维的深刻性是可以培养的，且培养训练中适当加大难度、速度和抽象程度，进步幅度较大。

4.小学生思维的独创性。测量指标：以自编应用题的数量和难度为指标。包括：实物编题→形象编题→语词编题或数字编题；模仿编题→半独立编题→独立编题。研究发现：（1）根据直观实物编题与根据图画具体形象编题的数量之间没有显著性差异，而根据图画编题与根据文字编题的数量之间却存在显著性差异；（2）四年级是自编应用题，即独创性发展的一个转折点，各年级在自编应用题方面存在明显的个体差异。（林崇德，1985：123-145）

赵雪采用了克鲁切茨基关于数学思维品质的观点，从"推理和心理定向敏捷""逻辑思维，有系统、有顺序的思考力""数学抽象的能力、迅速和广泛地概括数学材料的能力""思维的灵活性""解答问题时推理的迅速简略和'压缩'的倾向""能自如地从正面的思维进程转换到反面的思维进程""'节约思考'的明显倾向""对数学材料迅速而牢固的记忆""对数学作业很少感到疲劳"这九个维度进行设计，考察了小学六年级学生数学思维品质的具体表现。研究发现：学生的九个思维品质总体而言处于中等水平。学生的"推理和心理定向敏捷"和"对数学材料的迅速而牢固的记忆"这两个思维品质的表现处于较好的等级。学生对自己数学解题能力的了解以及对数学基本公式、概念、定义和数学解题模式有清晰的认识。在解题过程中学生在"能自如地从正面的思维进程转换到反面的思维进程""思维的灵活性""解答问题时推理的迅速简略和'压缩'的倾向""逻辑思维，有系统、有顺序的思考力"这几个需要转换思维和具有变通能力的地方表现也不错，相对而言学生"数学抽象的能力、迅速而广泛地概括数学材料的能力"和"'节约思考'的明显倾向"的表现一般，特别是"对数学作业很少感到疲劳"在这九个思维品质中处于最末，虽然该思维品质比当初预期要好许多，但是还没有达到一个理想的程度。（赵雪，2010年学位论文）

（三）小学生数学思维结构的研究

任樟辉等把数学思维结构分为数学思维的内容、数学思维的基本形式、数学思维的操作手段、数学思维的个性品质四个子系统。（任樟辉，1990：24）邵光华提出数学思维能力结构包括五个方面十二种能力：（1）数学概括，包括形成数学概念的概括能力，形成数学通则通法的概括能力和迁移概括能力。（2）数学抽象，包括发现属性的能力、发现关系的能力、发现相似的能力。（3）数学推理，即数学推理能力。（4）数学化归，包括数学转化能力，识别数学模式能力和数学变式能力。（5）思维简缩，包括运用思维块能力和直觉思维能力。（邵光华，1994）张乃达认为数学思维能力由抽象概括能力、选择判断能力、探索能力三个要素构成。（张乃达，1986B，1986A）张天孝认为数学思维结构是个体在数学活动中，以数学知识为基础在头脑中建构的、形成的具有数学特点的信息操作系统。（张天孝，1995）脱宝章从小学高年级数学知识结构及小学数学教学大纲的要求等方面，通过定性分析，提出小学高年级学生的思维结构主要包括：（1）数学思维方式，主要包括初步的集合对应的思维方式、恒等变换的思维方式、空间的思维方式和初步的同解变换的思维方式。（2）数学思维的基本成分，包括初步的抽象（逻辑）思维、形象（直感）思维和不时萌发的灵感（顿悟）思维。（3）数学思维个体发展水平，包括灵活性、敏捷性和一定的非智力品质（动机、情感和意志）。（脱宝章，1996A，1996B）

林崇德认为系统科学、结构主义、辩证唯物主义是研究思维结构的三个理论基础，并且从心理学的视角提出，思维结构由思维的目的、思维的过程、思维的材料、思维的品质、思维的监控与思维的非认知因素六个因素构成。（林崇德，2011：77）这些结构就其过程来说是分析、综合、比较、抽象和概括，就其逻辑来说是思维形式和规律的变化。林崇德等人探析了小学儿童在掌握数概念和运算能力中思维结构的发展，分析发现（林崇德，1981）：

1.在小学儿童思维材料结构的发展方面。思维材料有感性的和理性的，理性思维的基本形式是概念、判断和推理。在推理形式发展方面，从推理发生的范围、推理的步骤、推理的正确性、推理的品质四项指标来分析小学儿童运算中推理能力发展的水平，结果发现小学生的归纳推理能力的发展表现出四级水平：（1）算术运算中直接归纳推理；（2）简单文字运算中直接归纳推理；（3）算术运算中间接归纳推理；（4）初步代数式的间接归纳推理。演绎推理能力的发展表现出的四级水平是：（1）简单原理、法则直接具体化的运算（如按类型儿童演算应用题）；（2）简单原理、法则直接以字母具体化的运算（如二年级儿童能用$a+b+c=c+b+a=a+c+b$字母来表示交换律，并运用于习题中去）；（3）算术原理、法则和公式作为大前提，要求合乎逻辑进行多步演绎和具体化，正确地得出结论，完成算术习题；（4）初等代数或几何原理为大前提，进行多步演绎推理，得出正确的结论，完成代数或几何习题。且发现小学生推理能力的发展趋势是：第一，小学儿童在归纳推理与演绎推理能力的发展方面，既存在着年龄特征，也表现出个体差异；第二，小学阶段，随着年龄的增长，年级的增高，儿童推理范围的抽象度也在加大，推理的步骤愈加简练，推理的正确性、合理性和推理品质的逻辑性与自觉性也在增强；第三，小学儿童在运算能力的发展中，掌握归纳与演绎两种推理形式的趋势和水平是相近的。

2.在小学儿童思维方向结构的发展方面。研究提出思维方向的发展经过了单向（顺向）→重复（质的重复，性质不变）→可逆与守恒→反复或反馈（综合性的分析结构）的途径。通过分析小学儿童解答应用题的过程，对思维方向发展的研究表明：小学儿童解答一步应用题的思维方向，先从顺向向逆向（可逆与守恒）发展。小学儿童解答多步应用题的思维方向，从可逆性发展到反复或反馈性，一般要到四年级才能完成。

3.在小学儿童思维系统的发展方面。研究发现：（1）小学儿童通过分析、综合、比较、抽象和概括，能逐步掌握复杂的数概念系统和运算系统。（2）小学儿童在运算能力上，正逐步地掌握较完善的思维形式。数学的系统性，逐步地被小学儿童所反映，形成他们思维的系统性。（3）小学儿童的思维系统结构的完善，还表现在掌握组合分析的结构。在解答应用题的过程中，中年级儿童能产生这种组合分析的能力；四年级之后，儿童才能综合各种可能进行全面的配合，真正找到这些配合关系，区分出主次地位的层次；但用两种以上方法解答各类应用题的能力要到初中之后，在小学阶段这种能力是较低的。

4.在小学儿童思维法则的发展方面。思维法则是对事物的客观的反映。小学儿童掌握数概念与运算思维时应遵循的法则很多，主要运算法则有四种，即交换律、分配律、结合律、二重否定律。以儿童运用法则的范围与正确率为指标，小学阶段掌握运算法则可分为三级水平：（1）在数字习题中运用运算法则；（2）在简单文字习题中运用运算法则；（3）在代数式和几何演算中运用运算法则。进一步对前两级水平的分析表明：一年级儿童从入学的第二学期起，就可以在简单数字运算中运用交换律、结合律和分配律。经过二年级的过渡，三年级的大部分儿童能在简单文字演算中运用交换律、结合律和分配律。四年级以后逐步掌握算术运算中的二重否定律。二重否定律的掌握，是小学儿童运用运算法则能力中的一个转折点（飞跃期）。

学生的数学思维是不断发展的，在不同的学习阶段表现出不同的特征、结构水平等。高圣清根据课程改革的理念，提出高中学生数学思维能力由三个层次十三种能力要素构成：（1）基层次，包括发现属性能力、发现关系能力、数学概念的概括能力。（2）中层次，包括数学转换能力、数学推理能力、识别模式能力、发现模式能力、发现相似能力、形成数学通则通法的概括能力、数字变式能力。（3）高层次，包括直觉思维能力、迁移概括能力、运用思维块能力。（高圣清，2005）这与小学生的数学思维结构存在明显的差异。此研究概括表明，思维结构是一个整体，它是在法则支配下有一定方向、材料和形式的系统。小学儿童的运算思维能力发展的过程，就是运算中思维结构完善和发展的过程。全面地发展小学儿童的思维结构，是提高小学数学教学质量的关键所在。

三、小学数学能力研究

数学能力是指在数学学习中，直接影响学习效率，使数学学习得以顺利完成的个体的稳定心理特征。它是人们一般能力中的一种特殊能力。在我国的中小学数学教育中，数学能力一直是一个重要的理论研究与实践探索的领域，并形成具有中国特色的"三大能力"体系。运算能力、空间想象能力、逻辑推理能力、数学思维能力、合情推理能力、数学问题解决能力、数学关键能力等贯穿于不同阶段的数学教学大纲与课程标准中，相关的研究成果也颇为丰硕。

（一）数学能力结构的理论研究

对国内中小学数学能力结构研究产生重要影响的是20世纪80年代李伯黍翻译的苏联教育科学学院克鲁捷茨基1968年出版的《中小学学生数学能力心理学》，书中提出了中小学生数学能力成分的假设模式，认为中小学生数学能力主要由以下九种成分构成：

1.概括数学材料的能力，能使数学材料形式化，并用形式的结构即关系和联系的结构来进行运算的能力；

2.能概括数学材料，并能从外表上不同的方面去发现共同点的能力；

3.能用数学和其他符号进行运算的能力；

4.能进行有顺序的严格分段的逻辑推理能力；

5.能用简缩的思维结构进行思维的能力；

6.能逆转心理过程，从顺向的思维系列过渡到逆向思维系列的能力；

7.思维的机动灵活性，即从一种心理运算过渡到另一种心理运算的能力；

8.数学记忆力，关于概括化、形式化结构和逻辑模式的记忆力；

9.能形成空间概念的能力。

克鲁捷茨基的数学能力结构分类主要以数学思维为核心，强调能力的数学特性，在教学实践中易于理解与操作。

《数学教育学导论》编写组认为，数学能力主要由以下六种成分构成：

1.感知数学材料形式化的能力；

2.对数学对象、数和空间关系的抽象概括能力；

3.运用数学符号进行推理的能力；

4.运用数学符号进行运算的能力；

5.思维转换能力；

6.记忆特定的数学符号、抽象的数学原理和方法、形式化的数学关系结构的能力。（《数学教育学导论》编写组，1992：184–186）

林崇德认为，数学能力结构包括三种基本数学能力，即运算能力、逻辑思维能力、空间想象能力，以及五种数学思维品质：深刻性、独创性、灵活性、批判性、敏捷性。并且三种基本数学能力与五种数学思维品质是交叉的，从而构成一个以三种能力为"经"，五种思维品质为"纬"的数学能力结构系统，此结构系统共有十五个交节点，形成十五种具体的数学能力成分。其中小学有十二个交节点。（林崇德，2011：94）

孙以泽认为数学能力是由基础能力、核心能力及综合能力三个不同层面的多种能力构成的一个动态的，多维度、多层次的立体网络结构。其中基础能力由数学观察能力、数学注意力、数学记忆力、数学运算能力四种能力成分构成；核心能力由数学抽象能力、数学逻辑思维能力、数学创造性思维能力、空间想象能力四种成分构成；综合能力主要指数学问题解决能力。（孙以泽，2003）

喻平依据不同数学能力的因素特征，把数学能力分为数学元能力、共通任务的能力、特定任务的能力三大类。其中数学元能力指学生的自我监控能力，是个体对整个数学认知活动进行积极主动的计划、监控、调节及反思的能力；共通任务的能力指贯通整个数学认知活动，具有各种数学活动共有的

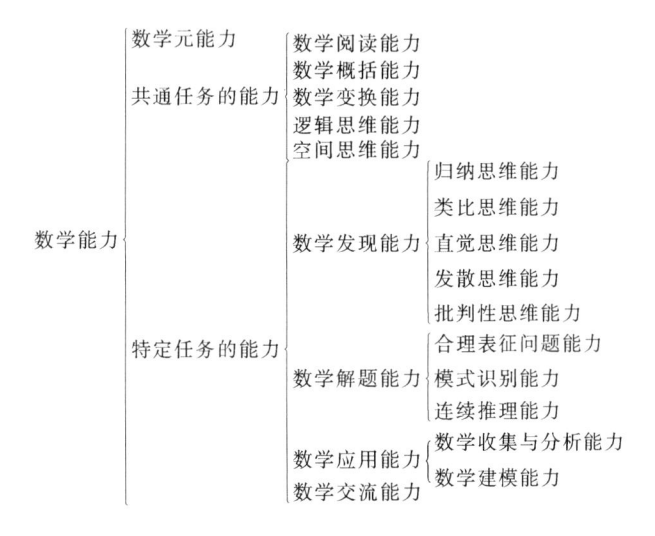

数学能力；特定任务能力指在数学发现、数学解题、数学应用、数学交流等活动中存在的与该活动密切相关的能力。具体如图5-1所示。（喻平，2004：242）

图5-1　喻平构建的数学能力结构

邵光华认为数学思维能力是由十二种能力从低到高构成的一种有层次的塔状体（邵光华，1994）。具体如图5-2所示。

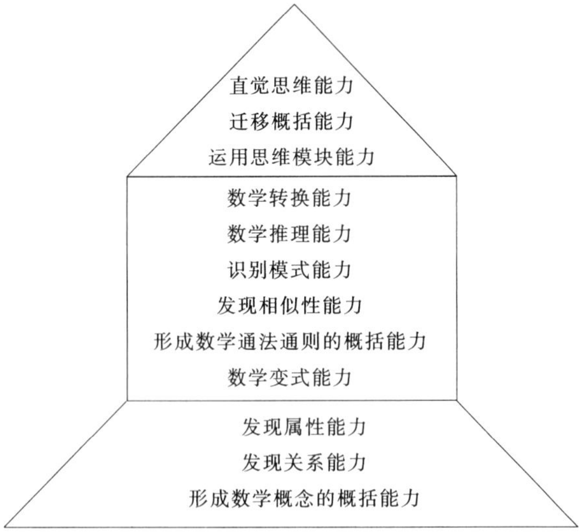

图5-2　数学能力的层次性塔状结构

章建跃、徐有标、张士充、史亚娟、张学杰等学者对数学能力及其结构也进行了分析，推进了人们对数学能力的认识，使数学能力的内涵更加清晰。但诸多研究带有过多的经验性，缺少科学的、实证的心理分析。

（二）小学数学能力的构成

在克鲁捷茨基的影响下，王权等分析了我国小学生在学习当时部编五年制数学教材的"双基"教学内容后应该具备的数学能力：基本的演绎推理能力、识别关系和模式的能力、空间想象能力和速度能力。进一步考察小学生数学能力的实际发展情况，基本上认定通过当时部编五年制教材的教学，可以培养这四方面的能力，但空间想象能力和速度能力的发展相当有限。特别是小学生的空间想象能力一般还处在知觉水平阶段，这种发展水平与中学几何教学的要求极不相适应，造成了小学生进入初中后学习几何比代数更困难。（王权等，1986）刘兰英结合小学数学教学大纲的要求对作为小学生数学能力核心的数学推理能力的结构进行验证性因素分析，总结出小学生数学推理能力包括五个方面：可逆推理能力、类比递推能力、归纳推理能力、整分变换推理能力和演绎推理能力。（刘兰英，2000）倪斯杰等以小学二年级学生的数学能力测验为实验材料，得出构成小学二年级学生数学能力的四个主要因素：计算能力、归纳推理能力、枚举筛选能力以及对计量单位的理解与推理能力（倪斯杰等，1998）。并且研究了超常儿童的数学能力，指出影响超常儿童数学能力发展的主要因素为综合运算能力、逻辑思维能力、抽象概括能力、空间想象能力和灵活的形象思维能力。超常儿童较之一般儿童就能力的特点而言，更具备逻辑性、抽象性和概括性的特点。（张君达等，1998）

从数学核心素养的视角，有学者提出小学生数学能力由数学运算能力、数学思维能力、空间思维能力、统计推断能力、问题解决能力组成。其中数学运算能力指能合理地、简捷地、灵活地、正确地完成数学运算的能力，包括数感、符号感以及对数与符号进行正确计算、估算、变换的能力。数学思维能力是学生对已有数学信息运用推理进行思维的能力，包括运算思维、抽象思维、空间思维、统计思维、综合思维等。空间想象能力指通过观察、分解、组合、想象、分析、抽象、概括、推理、思考和创新等活动描述客观事物的空间形状、大小、位置关系等空间形式，并能按一定规则做出图形和由图形想象而逐步形成和发展的能力。统计推断能力指能从统计的角度思考与数据信息有关的问题，能对数据进行收集整理、描述分析、判断推测，并能做出合理的决策。问题解决能力包括数学联结能力和应用能力，即能从数学的角度去观察发现并提出问题，分析并解决问题，建构数学模型，主动探求优化不同的问题解决策略。（张俊珍，2017）

（三）小学数学能力的相关性研究

对小学生数学基本能力与生活质量的关系研究表明，小学生数学基本能力与数学、语文成绩呈正相关，与生理领域、生活满意度均无相关性，而与四、六年级学生的心理、社会功能均有相关性，与六年级学生心理、社会功能、生活环境领域相关性有显著意义。小学生数学基本能力主要与生活质量的心理、社会功能领域有相关关系，数学基本能力强的学生，生活质量高。小学生数学基本能力与心理领域相关关系的研究表明，小学生的数学基本能力主要与其学习主动性相关，学习主动性强的学生数学能力强。四年级学生数学能力除与学习主动性相关外，还与负性情绪相关，负性情绪越少的学生数学能力越强。六年级学生数学能力除与学习主动性相关外，还与作业态度和自我概念相关，可能由于六年级学生面临升学压力时心理紧张。对于数学能力差的学生，其数学成绩和语文成绩均较差。因此在强大的升学压力下，出现自我评价低、厌倦学习、不愿多做作业。小学生数学基本能力与社会功能领域相关关系的研究表明，四年级学生的数学基本能力与亲子关系、同伴关系的相关关系有显著意义，六年级学生的数学基本能力与同伴关系、师生关系的相关关系有显著意义。（戴荣明等，2004）

对数学能力发展水平不同学生的创造性思维的比较研究表明，数学能力优、中、差三组学生，无论在一般创造性思维潜能测验上，还是在数学创造性思维测验上取得的成绩，差异都非常显著。在两个测验成绩的各组均数差异比较中，除中、差组学生一般性的发散思维差异不显著，优组与中组、中组与差组学生在数学辐合思维部分差异显著外，其他各方面，组与组的差异均非常显著。也就是说，学生数学能力的强弱同创造性思维能力的高低基本上是成正比的。在数学能力强的优组学生中，有个别学生一般发散思维能力差，但数学发散思维能力却很强，在辐合思维能力上没有这种现象。中、差组学生中也没有这种现象。这说明数学能力强，一般发散思维能力不一定强，但数学发散思维能力总是比较强的；数学发散能力比较差的学生，无论是一般发散思维，还是数学发散思维能力水平和他们的数学能力水平都是一致的。看来数学能力的强弱和数学的发散思维与辐合思维以及一般的辐合能力有相一致的关系，但在一般发散思维能力上，这种关系对数学能力强的学生来说不是绝对的。由此可以看出，一般发散思维能力和数学发散思维能力虽有关联，但却是两种不同的能力。

数学能力不同的学生，在解答辐合思考题时，即便取得的结果全都正确，他们思考问题的策略和动用的知识也是不同的，完成作业的质与量均有很大差异。数学问题，一般来说，都可以用多种不同的方法解决。数学能力强的学生，总是从多种可能的解决方法（发散）中，选取最适于这一问题解决的既简便又巧妙的方法作出正确答案（辐合），思维的这种发散过程可能是压缩的，甚至是"潜意识"的，如果要求他把想到的各种方法讲出来，他会毫不迟疑地做到。数学能力差的学生则相反，他们通常是利用追忆，在问题和已学到的方法之间"对号"，如能对得上号，便立即解答，要求他换一种方法解答往往做不到。在解决数学问题的时候，发散思维也是不可缺少的重要成分，可以作为鉴别学生数学能力强弱的一个重要标志。

优、中、差三组学生，在一般创造性思维测验和数学创造性思维测验所得的结果表明，各组内男女学生之间，无论在全测验，或辐合思维，或发散思维及其各项指标间均无显著差异。（富安利等，1988）

（四）小学数学能力测评的研究

吴汉荣等为建立适合我国中小学生基本数学能力测试量表的评定常模，由华中科技大学同济医学院主持，北京市疾控中心、河北省疾控中心、哈尔滨医科大学等数家单位与机构协作，采用多阶段分层整群随机抽取横断面调查，在全国范围内共调查样本22039人，整群随机抽取城区和农村普通小学一至六年级的学生，共14693人，其中城市学生7377人，农村学生7316人，于2003年6—9月以普通小学一至六年级的学生为对象完成抽样调查。参照2000年第五次全国人口普查资料，以性别、民族、地域、城乡为标准，采用多阶段分层整群抽样方法，用《中国小学生数学基本能力测试量表》，对整群抽取的班级学生的数学能力进行团体测试。主要观察指标为数学运算能力、逻辑思维能力、空间—视觉能力等，形成了我国中小学生基本数学能力测试量表的评定常模。（吴汉荣等，2006）通过对不同地区儿童数学能力发展水平的差异研究，他们发现不同地区儿童的数学能力发展不平衡，华东、华中地区的学生数学能力测试成绩相对较好，而西南地区的学生数学能力相对偏低，应努力提高少数民族地区的经济、文化水平，缩小地区差异，为孩子们的发展提供一个良好的教育环境。（李丽等，2006）

在数学能力的区域性研究方面，邓冰等采用"德国海德堡大学小学生数学基本能力测试量表"，对贵州省省会城市、地级市和县级市一至六年级的2893名小学生数学基本能力的调查表明：（1）在总体方面，与全国常模比较，整体水平低于全国平均水平，尤其在数学运算领域测试的得分明显低于全国平均水平；逻辑思维与空间—视觉领域大部分测试也低于全国，仅有部分与全国平均水平差异无统计学意义，即逻辑思维与空间–视觉领域。城市学生相对农村学生与全国的差距要小。（2）在年级分布方面，城区和农村的原始分按年级分析显示，各项分测试年级差异均有统计学意义，两两比较，大部分分测试在各年级之间差异也有统计学意义，在数学运算和空间—视觉功能的分测试及数字方面，贵州省小学生的11个原始分从一至六年级均呈现上升趋势。（3）在城乡分布方面，所有分测试得分在贵州省城乡小学生之间差异均有统计学意义，城区学生得分高于农村。（4）在民族和性别差异方面，用汉族和少数民族学生的测试原始分进行比较，汉族学生在加法、减法、大小比较中得分低于少数民族，而在分测试续写数字中得分高于少数民族，差异有统计学意义，其余8项分测试差异无统计学意义。并且男生在所有测试中的均数值均高于女生，11个分测试中加法、减法、填空、大小比较、方块记数、数字连接6个分测试差异有统计学意义。（邓冰等，2007）

采用类似的方法对苏州市区、农村地区小学生数学能力的测试与比较发现，一年级和二年级小年龄组的各项测试成绩均比大年龄组高，经检验一年级的测试项目中比较大小和填空6岁组与7岁组间差异有显著意义，6岁组比7岁组的成绩好，二年级以上各年级不同年龄间各分测试成绩间的差异均无显著意义。三年级到六年级，小年龄组与大年龄组的分测试成绩各有好坏，没有年龄差异。对男女生各项成绩间的比较发现男女生各项测试成绩，有显著性差异。在计算能力方面，三、四、五年级的男女生之间差异有显著意义，均为男生比女生强。空间—思维方面的分测试方块记数和图形记数分别有三个和四个年级的学生出现性别差异，均为男生比女生强。（李海等，2004）

李凌艳、董奇、辛涛编制了《小学三至六年级学生全面数学能力测评工具》，采取完全矩阵设计方法对三至六年级12334名小学生的数学能力进行测查，结果表明：（1）对矩阵设计方法的临床运用效果表明，该方法能够较好地实现基于广泛内容的全面数学能力考察，有效地解决了有限的测试时间与大范围的测试内容之间的矛盾，使测评效率和测评结果的代表性提升。（2）三至六年级小学生各内容层面上的数学能力表现出基本的随年级升高而能力增强的趋势，年级间差异显著。但是，五年级以上学生在数的理解与运用、空间与图形以及统计与数据层面表现出较为特殊的年级变化趋势，前者出现能力的猛增，而后两者能力增长趋势减缓。（3）三至六年级小学生各认知层面上的数学能力发展表现出匀速地随年级升高而能力增强的趋势，年级间差异显著，即不同内容层面的数学能力发展与不同认知层面的数学能力发展所表现出的发展速率不完全一致。（李凌艳等，2008）

（五）小学数学具体能力的研究

有些学者对小学生在数学某些方面的能力进行了研究。如对小学生运算中思维法则的发展趋势的研究表明，80%以上的一年级学生从入学的第二学期起，就可以在简单数字运算中使用交换律、结合律和分配律，经过二年级的过渡，三年级的大部分学生能在简单文字演算中应用交换律、结合律和分配律，四年级以后逐步掌握算术中的二重否定律。二重否定律的掌握，是小学生运算法则能力中的一个转折点。林崇德对小学生运算的准确性与速度的研究发现，小学生运算速度在不断提高，而且学生运算速度在不断提高之间的差异（分化）是随着年级的升高而越来越明显化。研究也发现，不同年级被试在完成相同试题时，其准确率并没有显著差异，甚至个别年级的准确率还不如比自己低的年级的准确率，这说明正确与迅速不能完全一致。对于准确性来说，影响因素是十分复杂的。他进一步对小学生运算的灵活性进行研究发现，小学生在运算中思维灵活性及其表现，如一题多解、精细程度等的发展，是存在年龄特征的，这个发展过程是稳步的，没有看到突变转折的现象。同时，每个年级组被试的标准差的变化，表明小学生运算灵活性的差异是随着年级递增而越来越明显了。（林崇德，1983）

刘儒德、陈琦对计算机辅助教学对学生运算能力培养作用的研究表明，计算机辅助教学的操练与练习模式能提高小学二年级表内乘法运算能力，比在相同时间内运用传统的纸笔练习的效果更好。在表内除法的学习中，计算机辅助教学的个别指导模式与传统的教学方法之间不存在显著性差异。在计算机辅导教学的操练与练习模式和个别指导模式下，成绩好的学生和成绩差的学生之间不存在显著性差异。在计算机辅导教学模式和学生能力水平之间不存在相互作用。（刘儒德等，1994）陈丽霜等以普通小学二至五年级学生为被试，考察不同水平学生在心算和口算方面的能力表现，结果表明：小学生心算与口算能力总体上随年级呈上升趋势，且心算与口算能力成正比关系；同一年级不同水平学生的口算、心算能力差距较大；影响心算口算的可能因素有笔算、知识经验和工作记忆等；对于低年级学生而言，其影响因素还有表内乘法不熟悉以及对运算本质不理解等。（陈丽霜等，2015）有些对小学数学运算能力与水平的研究在小学数概念的研究中已论述，在此不再赘述。

在小学数学问题的提出能力方面，夏小刚等对水族小学五年级学生提出数学问题的能力进行了调查研究，分析发现在提出问题的数量方面，多数学生在收集和处理问题信息时能产生大量有价值和意义的联想，并提出符合给定数量要求的数学问题。但尚有不少学生缺乏数学意识或者不能从数学的角度观察问题、分析问题及提出问题。在问题的表达方面，文字表达的准确性和完整性已成为影响学生提出问题质量的重要因素，并且问题表达的错误类型因给定问题情境的不同而有差异。也就是说，对问题构成要素的文字表达而言，学生在图形表达的问题情境上出现问题表达错误的现象较为普遍，但是在文字表达的准确与规范方面，出现表达错误的问题则主要来自文字表达的问题情境。无疑，前者说明学生对"数学问题"缺乏充分的认识和理解，后者说明语言障碍的客观存在。在问题的种类方面，水族小学学生在对给定问题情境提出问题时，大多能从不同角度提出有价值和意义的数学问题，但是缺少对数学问题难易程度的认识和判别能力。在问题的水平方面，学生能够根据给定信息提出几种不同水平的数学问题，并且由文字表达的问题情境提出的问题等级强于以图形语言表达的问题情境。但是缺乏对给定情境中数学关系的整体结构和规律的把握，难以从给定情境中提出具有较高水平的数学问题。进一步分析指出制约水族小学学生"提出问题"能力的主要因素有水族小学的文化背景、教师有关"提出问题"的教学知识和技能等。（夏小刚等，2011）

在小学数学语言能力方面，邹富玉认为数学语言能力是运用数学语言的能力，包括数学语言理解能力、数学语言转译能力和数学语言表达能力。数学语言是人类长期思维的成果，是一种知识和文化，更是数学思维的载体，具有数学特有的形式化的符号体系的科学语言。数学语言有三种表现形式，分别是：文字语言、符号语言和图示语言。并进一步对小学生数学语言能力水平进行调查，调查结果表明：

1.小学三年级学生的数学语言能力整体水平较低。通过对任课教师进行访谈及研究者在课堂中观察的情况分析，其可能与教师对学生此部分能力的重视程度不够有较大的关系。

2.数学语言能力各维度之间是具有显著相关性的。对于数学语言的理解、转译和表达，每一个步骤都需要其他维度的能力的支撑，如果想单独进行培养意义是不大的，并且也必须同时进行培养。

3.不同班级学生在数学语言方面展现的能力是具有明显差异性的。不同班级在教师方面、在班级氛围方面及学生的学习基础方面都有较大的差异，这都可能是导致不同班级的学生之间明显差异的原因。

4.男生和女生在数学语言方面的能力的差异性是不显著的。（邹富玉，2018年学位论文）由于数学能力的复杂性，还有诸多学者对小学数学能力进行研究，如李丽等对小学生数学能力发展水平影响因素进行了探讨（李丽等，2006），杨红萍等对小学生数学阅读能力结构进行了分析（杨红萍等，2019），邵瑞珍等对儿童类比推理能力进行了研究（邵瑞珍、李丹、武进之，1978）等。对于小学数学能力的研究需要更多的、科学的、实证性的研究，需要从儿童的心理结构深度分析其数学能力的成分与培养等。

四、小学数学学习策略研究

（一）数学学习策略的理论研究

20世纪60年代，我国一些数学教育研究者主要从数学学习方法的视角进行数学学习策略的研究，到1989年国内数学学习策略的研究开始兴起。如崔敦约提出数学学习时"要循序渐进，由直观到抽象，由低级到高级，要分析研究、认识内在关系与规律，要周密思考、锻炼逻辑思维能力，要加强直观、发展空间想象能力，要理论结合实际"等基本的学习路径，并提出了与预习、听课、独立作业、经常复习、课外活动相应的基本学习方法。（崔敦，1961）杨凤鸣针对小学数学学习提出看图、阅读、实践等数学学习与思维方法。（杨凤鸣，1987）数学家华罗庚提出"循序渐进、及时复习、知难而进、培养兴趣"的学习方法。（王元，1996）吴文俊提出"读、学、懂"的学习方法。（王敬庚，2006）但上述这些研究主要从数学"学"与"教"的经验角度对数学学习策略进行归纳与总结。20世纪90年代末至21世纪初，一批学者从心理学的角度对数学学习策略进行了系统的研究，初步建立了数学学习策略的结构体系，并开展了许多科学的实证性研究。

莫秀峰从初中生数学学习的视角，提出数学学习策略的三元结构体系，认为数学学习策略由数学元认知策略、数学认知策略、资源管理策略三个部分构成。其中数学元认知策略包括计划、监视、调节、反思策略，数学认知策略包括通用认知策略和具体认知策略两个方面，资源管理策略包括时间管理、环境管理、努力管理、合作寻助策略四个方面。（莫秀峰，2002年学位论文）杜大源运用结构方程模型分析方法对数学学习策略的三元结构体系进行分析，结果发现：（1）数学元认知策略包括元认知知识、元认知体验、元认知监控三个方面，元认知监控在其中起着核心作用。元认知知识、元认知体验最终通过元认知监控发挥作用，且元认知监控存在着制订计划、实施监控、结果检查和补救措施四个环节。（2）数学认知策略包括数学理解策略和数学解题策略两个方面。数学理解策略包括多重表征策略、类比联想策略、弱抽象和强抽象策略及练习训练策略四个部分；数学解题策略包括回归定义策略、问题转化策略、特殊化一般化策略、分类讨论策略和数形结合策略五个部分。并且发现数学理解策略对数学解题策略具有正向的促进作用。（3）资源管理策略包括时间管理、环境管理、努力管理和寻求支持四个方面，且这四个方面没有明显因果关系。（4）对于初高中组来说，数学元认知策略、数学解题策略的结构是基本相同的。（杜大源，2007年学位论文）

刘电芝认为学习策略是学习者在学习活动中有效学习的程序、规则、方法、技巧以及调控方式。它既可以是内隐的规则系统，也可以是外显的操作程序与步骤（刘电芝，1997）。全面理解学习策略的基本含义，应当把握以下三点：（1）凡是有助于提高学习质量、学习效率的程序、规则、方法、技巧及调控方式均属于学习策略范畴。（2）学习策略既有内隐、外显之分，又有水平层次之别。如学习策略既可能是外显的程序步骤，也可能是内隐的思维方式。（3）学习策略是会不会学习的标志，是衡量个体学习能力的重要尺度，是制约学习效果的重要因素。（刘电芝，2006：165）刘电芝进一步以小学数学学习为载体，构建了数学学习策略的二元结构体系，认为小学数学学习策略由数学元认知策略、数学认知策略两部分构成。其中数学元认知策略包括计划、监视与调节、评价与反思、策略意识四个方面，数学认知策略包括概念学习、计算学习、解题、几何知识学习四个方面策略。（刘电芝，2003年学位论文）

上述研究表明，数学学习策略作为策略性知识，有其复杂的结构体系，既有外显的可操作、可陈述的内容，也有内隐的思维成分，从多个层面影响学生的数学学习，在某些层面甚至是学生学会学习的关键。

（二）小学数学学习策略的整体研究

刘电芝从八个方面对小学数学学习策略进行了系统探讨，发现和揭示了以下的规律与特点。

1.儿童数学学习策略的运用现状与特点

（1）在策略运用现状上，对不同类型学校学生进行调查，结果表明：小学生的策略发展较好；元认知策略的发展高于认知策略；元认知策略与认知策略有高度相关。

（2）对儿童简算策略状况分析，总结出儿童主要加法简算策略9种，减法策略4种，乘法策略7种，除法策略7种，其中大部分为常规策略，也有少部分创造性策略。发现使用创造性策略的学生均为策略意识强、策略运用正确，这表明策略意识强是创造性发现策略的前提条件，正确运用策略则是产生创造性策略的基础。

2.在影响策略发展的因素上，考察了心理因素、知识背景、个人变量和学校类型四类因素。分析表明：（1）在心理影响因素中，内源动机、课程胜任感、课程困难应对和内归因影响显著，其中内源动机的影响力最大。（2）在知识背景影响因素中，运算概念、公式、定律和四则混合计算影响显著，其中以运算概念、公式和定律因素对简算贡献力最大。（3）在个人变量中，年龄和性别对学习策略无明显影响，体现出小学生不同于中学生学习策略发展的自身特点。（4）对不同类型学校的考察表明，小学儿童数学学习策略的发展与加工机制研究，学校是影响学习策略发展的至关重要因素。

3.在促进策略的发展上，采用实验组与对照组平衡组设计，运用探究式和讲授式两种教学方式专门开设简算策略教学训练。研究表明：（1）策略专门训练能显著提高实验班学生的计算成绩、计算速度和学习计算的兴趣。（2）采用激活简算指导语（提示测验）与无激活简算指导语（不提示测验）进行延迟测验，两种延迟测验无明显差异，表明策略训练只要得当，"应用缺陷"可以避免。（3）本研究采用讲授式和探究式方法进行策略教学，结果表明无显著差异，这可能与我国学生长期习惯于讲授式的教学，对探究式的适应尚需时日有关。

4.运用口语报告法，揭示出儿童策略加工的认知过程主要如下：

（1）儿童策略的认知发展序列从低到高依次为：无意识，无策略—有意识，无策略—意识强，无策略—有意识，策略运用不当—意识强，策略运用不当—有意识，运用有缺陷—意识强，运用有缺陷—意识强，正确运用。

（2）儿童策略的运用表现出四种典型状态：不彻底状态、不稳定状态、刻板状态和倒退状态。

（3）策略的变化路径为飞跃式、渐进式、滞留式和后退式，产生飞跃式和渐进式的变化主要来自实验班，滞留式更多的是对照班学生。

5.采用ERP技术，首次进行了简算脑电实验。脑波幅和潜伏期结果表明，策略训练前和训练后两者脑机制有共同的地方，更有相异之处：策略训练后的简算比训练前的非简算耗费更少的脑力，差异显著，第一次以生理指标证实了策略训练的效果；简算与非简算的主要激活区在脑两侧内，包括脑两侧内的额叶、中央区、顶叶和后枕叶，与估算和大数目的精算有较为一致的脑定位。

6.儿童学习策略的多重加工模型。此模型以儿童现有策略的变化、新策略的产生、旧策略的消失三种加工方式的同时并存来解释儿童策略的变化。儿童策略的加工是一个动态变化的新陈代谢过程，新策略不断产生，旧策略不断被替代或消失，现有策略不断变化。推动策略发展与变化的动力是策略意识和策略运用的有效性。该模型能比较全面系统地解释儿童策略的发展与变化。具体如图5-3所示。

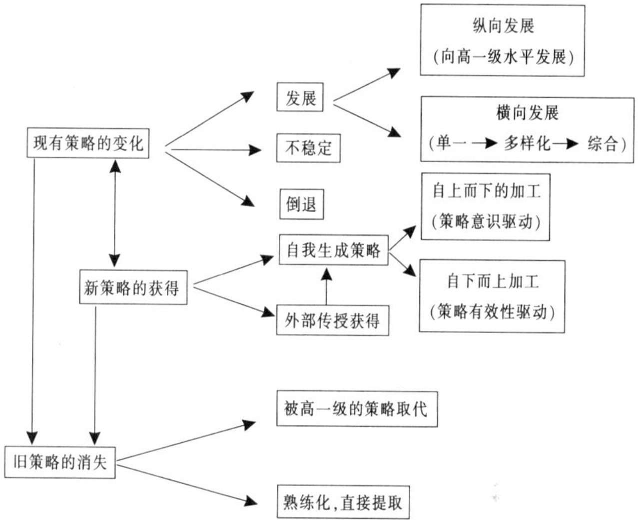

图5-3　刘电芝构建的儿童学习策略多重加工模型

梁宇等从元认知策略（计划、监视、调节、反思策略）、认知策略（通用认知策略、数学具体知识学习策略、解题策略）、资源管理策略（时间管理、学习环境管理、努力管理、寻求支持策略）、学习策略意识四个维度，对小学四、五年级学生数学学习策略进行调查发现：（1）五年级学生数学学习策略的各维度及量表总分水平都略高于四年级学生，但五年级学生的数学学习策略水平分布的差异比四年级学生要大。（2）男女生在数学学习策略及其各维度上没有显著性差异。（3）就总体而言，低中高成绩组的学习策略水平呈现出由低到高的变化趋势。从整体上看，不同学业成绩的学生在数学学习策略其他维度及量表总分的差异显著。（4）小学四、五年级学生的数学学习策略及其各维度与数学学业成绩关系非常密切。（梁宇等，2007）

从知识分类的角度来看，有学者将儿童数学知识分为事实性知识、程序性知识和概念性知识三种类型，并探讨了不同类型知识的学习策略。

（1）事实性知识——数字间联系的记忆信息（如2+2=4或3×9=27）。随着儿童年龄增长，事实性知识常与程序性知识结合在一起，形成儿童获得数学知识的核心。事实性知识只能通过直接提取策略快速地恢复记忆表征而获得。

（2）程序性知识——指向目标可以自行运行并在记忆中存储的一系列思维活动。这类知识通常是指与特定问题相联系的技能或规则，不能被广泛推广。儿童可用程序性知识解决简单数学问题。在某些情况下，儿童像记忆自己的名字一样，能直接从长时记忆中提取答案，这时提取的是事实性知识。在某些情况下，儿童会运用程序性知识得到答案。

（3）概念性知识——对主宰某领域的原则及此领域中知识间相互联系原则的内隐和外显的理解。这类知识不局限于特定问题，能被广泛推广。研究者通常用新奇的问题来研究儿童的概念性知识，如让儿童以非常规的方式数数或评价不熟悉的程序等。

进一步分析提出：（1）在数学认知领域，典型的策略发展和选择应包括不同知识类型的相互作用。事实性知识、程序性知识和概念性知识三类知识之间的关系应当相互促进、相辅相成，缺一不可。（2）儿童认知能力的发展是内部因素和外部因素共同作用的结果。（3）提高儿童问题表征的正确性是促进儿童数学认知策略发展的有效途径。（耿柳娜等，2005）

有些学者对小学生数学学习策略使用进行研究，如张燕平、王玉杰对小学生的数学学习策略的使用情况调查表明：（1）不同学校、成绩组的小学生策略的使用有显著差异，四、五、六年级表现为先降后升的趋势，女生在各策略水平上均显著高于男生。（2）通过判别分析，发现监控调节策略是区分小学优、差学生的最好维度。（张燕平等，2008）认知策略是指向认知目标的一种心理操作，主体通过使用策略，可以达到解决问题的目的。关于儿童数学认知策略的研究是探讨个体整个认知策略发展的重要途径之一。儿童数学认知策略的特性主要表现为：数学认知策略的多样性和差异性、数学认知策略发展的竞争性和适应性、数学认知策略发展的突变性和渐进性。儿童数学认知策略的发展主要受教育环境、工作记忆、数学焦虑的影响。（陈英和等，2003）

（三）小学特殊数学学习策略的研究

1.小学数学估算策略的研究

司继伟将小学生的估算策略分为一般策略和特殊策略两类，特殊策略中又包含了整数策略、小数策略和分数策略三小类。一般策略可以使用于所有常见类型题目的估算。根据小学生的口语报告，参考已有的策略归类以及教学实践中的总结，在策略体系中共提出了十三种策略。

一般策略主要包括：

策略1：粗略心算——看到题目后，立即按照有关计算法则进行心算。由于数字过大或运算过于烦琐而不得不报告一个近似答案。

策略2：结果凑整——对算式中某个数字进行调整，以和其他数字形成整十或整百答案

整数策略主要包括：

策略3：取整——将题目中某些数字向最近的整十、整百、整千调整，主要是降低非零数字的个数。

策略4：截取——对题目中的数字进行舍取，只保留几位数字并补零，然后进行心算，不改变问题结构。

策略5：调整并修饰结果——将题目中某些数字调整为最近的整十、整百、整千数，进行心算得到粗略答案，最后根据实际情况进行增减得到更接近精确答案的估算值。

小数策略主要包括：

策略6：忽略小数部分——将问题中小数点之后的数字忽略不计，只操作整数部分。

策略7：改变数位——移动问题中数字小数点的位置，然后对新数字进行操作，最后将小数点放到最初位置。

策略8：将小数调整为易解决小数——将问题中较复杂的小数调整为自己比较熟悉、简单而且大小比较接近的小数，再进行心算。

分数策略主要包括：

策略9：共同分母——将题目中分数的分母变为同样的数字，只对分子进行心算。

策略10：看作单位数"1"——将题目中分数看成单位"1"，再迅速用心算得到估算值。

策略11：将分数化为易处理小数——将分数调整为易处理分数——将问题中比较繁杂的分数转化为容易心算操作的简单分数。

策略12：加减分子分母——对分数按照整数运算规则进行心算，对各分子之间和分母之间分别进行心算。

策略13：调整为易处理分数——先将比较复杂的分数简化为已熟知、且易操作的分数，再对简化后的分数心算。

上述策略在具体的使用过程中还有着不同的变化。如对于3346+1459这道题目，同样是运用取整策略，有的儿童将两个加数同时向上取整成整百数，即3400+1500；有的则只是对其中一个加数取整百数，例如对第一个加数取整百，来计算3300+1459。而且即使是同一个被试，他们在解决不同问题时也使用了同一策略的不同变化。策略库中所储存的策略的多少会在某种程度上影响个体产生合理的估算值。当然我们在这里不是说被试使用的策略的数量越多越好，只是如果所储存策略过少，个体就无法根据问题的具体特点来灵活选择估算策略，只能盲目将少数策略长时间使用。这种状况对于他们估算能力的提高无疑是非常不利的。（司继伟，2002年学位论文）

通过对六年级儿童的测查与分析表明：

（1）小学儿童所给估算答案距离精确答案的偏离程度随着题目难度而逐渐增大；在整数和小数的加减运算中，被试更容易得到合理的估算答案，而在小数的乘除运算和分数的减法、乘法和除法中，他们却更可能得到不合理的答案。

（2）六年级儿童在整数、小数和分数三类题目上的估算成绩的差异都非常显著，而且呈现出明显下降的趋势。对于加法的四则运算，儿童的成绩是逐渐下降的，而在小数运算中加减法的成绩却明显好于乘除法，在分数运算中则除了减法成绩比较好，其他三种运算都非常糟糕。

（3）各种估算策略的使用频率差异很大。整数策略中的取整和截取、小数策略中的忽略小数部分、分数策略中的采用共同分母、看作单位数"1"和将分数化为易处理分数是使用比较频繁的策略。

（4）不同策略的使用速度和准确性有很大差异。

（5）儿童对不同估算策略的选择过程具有一定的自适应性。（司继伟，2002年学位论文）司继伟、张庆林借鉴勒迈尔（Lemaire）与西格勒（Siegler）提出的儿童认知策略的一般概念框架：①策略库——儿童所运用的各种策略；②策略分布——每种策略何时被调用，它涉及每种策略的相对使用频率和该策略用于解决的问题类型；③策略执行——每种策略被执行时的速度和准确度以及策略的不同变式；④策略选择——决定哪一种策略用于每个问题。进一步对小学六年级儿童的估算能力进行研究，结果表明：①小学六年级儿童具有一定的估算能力，只是所给估算答案明显受到数字类型和运算规则的交互影响；②他们会运用多种估算策略，但各种策略的使用频率、执行速度和准确性都存在明显差异。（司继伟等，2003）

2.小学数学解题策略应用的研究

应用相关策略进行解题是小学生解题时常见的心理行为。徐速梳理了小学生解数学应用题所采取的策略，主要归纳为以下五种：一是简化策略。是在审题过程中，删去应用题中的一些无关的修饰和枝节，突出条件与问题，使条件与问题之间的数量关系明朗化的一种策略。二是图解策略。一方面是用图形来呈现题目内容，借助形象、直观的图形，来明确条件和问题以及数量关系，从而帮助问题解决；另一方面是用图解来帮助思维，用图形呈现求解过程和结果。三是消元策略。采用适当的方法，减少未知数的个数，使问题获得解决。四是逆推策略。进行一些逆向思维，从应用题的问题或条件反过去思考，从而寻找解题的途径。五是转化策略。运用所学知识之间的关系，把条件和问题作适当的变换，把一种数量关系的问题转化为另一种数量关系的问题，把陌生的问题转化为熟悉的问题，把复杂的问题转化为简单的问题，找到解题途径。她将小学几何初步知识的学习策略主要归纳为如下两条：一是观察策略。学生要有目的、有顺序地感知几何图形，既要观察标准图形又要观察各种变式图形，扩大观察的范围，以掌握图形的基本特征。二是图形变换策略。将几何形体进行一些适当的转换来认识图形、求面积或体积等。如对图形进行平移、旋转、分解、组合、分割等。（徐速，2006：174-176）

陈英和等运用实验法和临床访谈法对二至四年级学生进行了数学应用题测验，以考察数学学优生和学差生在解决比较应用题时表征策略的差异。结果表明：（1）从二至四年级儿童解答一致和不一致应用题上看，学优生较多地使用问题模型策略对问题进行表征，学差生较多地使用直接转换策略对问题进行表征。（2）除学差女生的解题正确率低于学差男生的正确率、学差女生自我报告中直接转换策略的使用多于学差男生外，在其他方面，性别差异并不显著。（3）随着年级的升高，学优生在使用问题模型策略上越来越成熟，学差生并没有学会使用更加有效的问题模型表征策略，仍然停留在直接转换策略上，但他们在关于策略使用的认识上有所提高。（陈英和等，2004）这说明不同层面的学生在解题策略方面存在多层面的差异。

刘电芝通过配对实验，对小学六年级学生接受解题思维策略训练研究，结果表明：专门开设解题策略的思维课，在较短时间内，可提高学生的解题能力，且训练的解题方法能迁移，尤其是中等生受益最大。（刘电芝，1989）这表明小学生的数学解题策略是可训练与迁移的，当然策略性知识的学习也说明了这一点。这些研究为小学生数学解题策略的培养与提升提供了教学的思路。

3.小学生数学推理策略的研究

赖颖慧等对小学四至六年级学生的比例推理的研究表明：（1）在接受正式比例教学之前，儿童能根据任务难度自发产生新策略，具备策略选择的多样性和适应性。（2）儿童的错误比例推理策略特点为：在冲突任务中盲目使用补偿策略，使用简单策略或者加法策略解决冲突任务等。（3）儿童在等量的时间内正确解决比例推理的能力随年级不断提高，但由于在某些情况下

（如冲突重量任务）使用错误策略也会得到正确答案，造成解题效率高的假象，须注意谨慎使用正确率和反应时解释儿童的解题效率。（4）控制年龄后，儿童的一般推理能力越高，其对重量策略的依赖性越低，且可能更容易发掘距离维度的意义，其灵活使用运货车策略的能力可能更高。此外，一般推理能力对解决较复杂的比例推理问题的作用可能更大。（赖颖慧等，2016）陈英和等采用缺失值任务，进一步考察了儿童在数学学科问题解决领域的比例推理的策略发展特点及影响因素，结果表明：（1）不同年级、性别的儿童都能使用两种或两种以上的策略解决问题。（2）随着年级增长，儿童使用的比例推理策略由加法策略向单位"1"策略、倍数相乘策略转化，比例公式策略从六年级开始出现。（3）儿童在分数题目中主要采用加法策略；在整数题目中，儿童主要使用单位"1"策略和倍数策略。（4）整数题目的反应时间显著大于分数题目的反应时间，整数题目的正确率显著高于分数题目。（5）增加图片干预之后，错误构建策略、估算策略、加法策略和逻辑错误策略随年级增长而减少，单位"1"策略、倍数相乘策略、比例策略随年级增长而增加；儿童平均反应时增加，正确率有所提高，其中智力水平高的儿童受益较多，整数题目正确率提高更明显。（陈英和等，2012）

　　沃建中等学者把图形推理策略分成六类：（1）分析策略：个体正确地发现这道题中所有的规则并使用这种规则来解决问题。（2）不完全分析策略：个体能够指出这道题中的部分规则并按照这一规则来解决问题。（3）知觉分析策略：个体不能明确地抽象出规则，但能够发现矩阵因子横向与纵向，或对角线的变化，并根据这种变化作出选择。（4）知觉匹配策略：个体选择与矩阵中的某个因子相似或相同的图形，或选择与矩阵中所有因子都不同的图形。（5）自主想象策略：个体因喜好，或认为被选图形像某件物品，或说不出理由（猜测）都称为自主想象策略。（6）格式塔策略：把缺损图形补充完整的策略称为格式塔策略。并对一至六年级学生图形推理策略进行调查研究，结果发现：数学能力不同的小学生在解决简单图形推理问题时，基本上使用知觉算法策略，没有表现出差异。但在解决较难图形推理问题时差异显著，中高数学水平儿童主要使用分析策略和知觉分析策略，而低数学水平儿童基本上使用知觉匹配策略；除了格式塔类型的题目以外，推理水平高的儿童在解决这五类题目时主要使用分析策略和知觉分析策略，而推理水平低的儿童主要使用知觉匹配策略；推理水平高的儿童在解决较为简单的图形推理问题时的策略使用很集中，随着题目难度加大，策略变得越来越分散，而推理水平低的儿童则无论题目难易如何变化，他们的策略主要使用知觉匹配策略，而且表现出随机性特点。（沃建中等，2003）

4.小学数学算术认知策略的研究

近几十年来，儿童算术认知策略的研究作为教育心理学、认知心理学和发展心理学的重要研究内容，取得了许多成果与进展。算术策略最早表现在学前儿童的计数策略上。算术以计数为基础。最初做算术题时，儿童实际上是对两个加项进行计数。这种计数策略可分为手指计数策略和言语计数策略。计数策略按照计数程序分，最常见的是两种："小值"计数策略（从大的加项开始继续数）；"总和"计数策略（两个加项全部从1开始数）。偶尔使用的还有"大值"计数策略（从小的加项开始继续数）。儿童计数策略的发展是一个渐进的从主要依赖"总和""大值"策略向经常使用的"小值"策略转变的过程。在计数策略发展的基础上，导致做算术题中基于记忆的加工的出现。这种加工包括：提取策略（即直接的算术事实的提取）、分解策略（即部分提取数学事实）和隐藏的手指策略（这种策略促进直接提取的出现）。其中，提取策略是核心。（徐速，2006：173）

对低年级小学生解决加减法算术题的策略发展特点的研究发现：（1）一至三年级小学生能运用多种策略解决加减法算术题，在解决两个数的算术题时用到了出声、手势、提取、竖式、对位、分解、拆十、凑十、乘法、逆算、数数、换位和其他策略等13种策略；而在解决三个数的算术题时共使用了出声、手势、左右、换位、组凑、对位、拆十和其他策略等8种策略。（2）小学生在解决同一道题时大多能同时运用两种或两种以上的策略。（3）随着年龄的增长，儿童使用策略的总目呈简约化发展的趋势。（4）在解决两个数的算术题时，不同年级的儿童在使用出声策略、拆十策略、手势策略、逆算策略、数数策略的次数上差异显著，随着年级的增长其使用频率逐渐降低。（5）儿童在解决三个数的算术题时，各年级儿童使用出声策略、手势策略、对位策略的差异显著，随着年级的增长其使用频率逐渐增高。（陈英和等，2005）选取两个数的题（简单加法、简单减法、复杂加法、复杂减法）和三个数的题（连加题、连减题和加减混合题）进一步分析表明：（1）简单加法和简单减法以出声策略、对位策略和提取策略为主；（2）进位加法和借位减法以出声策略、对位策略和拆十策略为主；连加、连减和加减混合题以左右策略和出声策略为主；（3）对于两个数的题，儿童出声策略、手势策略、提取策略、对位策略、拆十策略的执行正确率存在显著差异；（4）对于三个数的题，儿童左右策略、换位策略、组凑策略、对位策略、拆十策略的执行正确率存在显著差异。连加题策略执行的正确率高于其他两类三个数的题。（耿柳娜、陈英和，2005）

2009年北京师范大学的科研成果中，陈英和、姚端维的《小学儿童算术认知策略发展与促进研究》对儿童算术认知策略的发展趋势、选择机制及影响因素等的研究表明：在儿童算术认知策略的发展趋势上，认为认知策略发展具有波动性、多样性与渐进性的特点，并且随着年龄的增长，儿童使用的策略呈现简约化的趋势；在选择机制上，在不同被试群体、题目类型中，儿童算术认知策略都表现出了突出的适应性特点；在影响因素上，数学焦虑、工作记忆和概念性理解对儿童算术认知策略具有非常重要的影响。

陈英和等对小学四年级的概念性知识水平和工作记忆广度的交互作用对学生多位数乘法认知策略的影响进行了探讨，结果发现：（1）对于一位数乘两位数的多位数乘法题，概念性知识对低工作记忆广度儿童策略的选择和使用具有重要的制约作用，主要表现为低工作记忆广度、高概念性知识水平组的儿童比低工作记忆广度、低概念性知识水平组的儿童具有更多的选择快捷策略。但高工作记忆广度高、低概念性知识水平组的儿童之间差异不显著。（2）对于两位数乘两位数的多位数乘法题，四组儿童在策略的使用上均存在显著差异。表现为高概念性知识水平高、低工作记忆广度组的儿童更倾向于使用快捷策略，而低概念性知识水平高、低工作记忆广度组的儿童更多地选择常规策略。这表示随着题目难度增加，概念性知识在弥补工作记忆广度制约儿童策略选择的作用方面越来越显著。（陈英和、赵宏，2007）对小学二年级儿童的四种执行功能与有无工作记忆负荷两种情况下算术认知策略表现之间的关系的研究表明：双任务协调功能与工作记忆负荷增加时放弃策略的使用次数具有显著负相关；策略转换功能越强的儿童，算术认知策略的使用越灵活；抑制功能强的儿童在提取策略的相关表现上更好；记忆更新功能与工作记忆负荷增加时策略执行的正确率具有显著正相关。这说明，执行功能与儿童算术认知策略之间存在着特定的联系。（陈英和等，2009）对小学四年级学生解决多位数乘法算术题的策略特点及与工作记忆的关系的探讨发现：（1）儿童能运用多种策略进行多位数乘法运算，而且儿童在解决同一道题时大多能同时使用两种或两种以上的策略。（2）不同工作记忆广度的儿童都表现出了对于题目类型的策略选择适应性。（赵宏等，2010）

耿柳娜等对不同数学焦虑水平的小学一至三年级儿童加减法认知策略的表现进行研究，结果表明：（1）在一般数学焦虑状态下，数学焦虑对儿童加减法认知策略的影响较弱，只对个别策略的选择和执行产生影响。题目类型对两个数题策略的选择没有影响，而对策略的执行有影响。题目类型对三个数题策略选择和执行都有影响：（2）在即时数学焦虑状态下，不同数学焦虑水平儿童策略的选择和执行都有显著差异，在进位加法、借位减法和三个数题中多种策略执行的差异体现得更明显；在即时数学焦虑状态下，儿童在不同题型的策略选择和执行上更易受数学焦虑的影响。（耿柳娜、陈英和，2007）

5.小学数学元认知策略的研究

元认知，简称认知的认知，智慧的智慧，是学习主体对自己认知经过的了解及调整的认识。元认知监控能力的培养是教会学生学会学习和提高教学质量的有效途径。元认知监控学习策略能促进学生的学习、增强学习过程的调控、自觉担负起学习的责任，是实现学生学习方式转变的关键因素之一。元认知监控学习策略训练对数学学业成绩有促进作用，在小学中高年级进行元认知监控学习策略的训练是可行的，元认知监控学习策略的训练没有加重学生的学习负担。（汤服成等，2008）自我调节学习作为学习者主动激励自己并且积极使用相应学习策略的学习，它既是一种动态的学习过程，也可以视为一种相对稳定的学习能力。相关调查分析表明，小学生自我调节学习处于中等水平，不同年龄和年级的小学生存在显著差异，且高父母支持组和高教师支持组学生的自我调节学习能力明显优于低父母支持组和低教师支持组的学生。（路海东等，2017）

许多心理学研究者从不同层面对小学生的元认知策略进行研究，并得出了相关结论。如吴灵丹、刘电芝对儿童在计算中的元认知监测及其对策略选择的影响研究发现，儿童的元认知监测判断等级值总体上具有较高的一致性，元认知监测判断大多与策略选择高度相关，具有较好的预测力，但受材料、指导语等因素影响，又呈现出复杂的关系。（吴灵丹等，2006）郭成等以小学五年级学生为对象，考察了三种思维训练方式（元认知内隐训练、元认知外显训练和一般思维策略训练）对三种不同认知方式学生（场独立型、场依存型和中间型）数学应用题解题能力的影响，结果发现：（1）思维策略的元认知外显训练和元认知内隐训练比一般思维策略训练能更有效地提高场依存型、中间型和场独立型三类学生的应用题解题能力；（2）元认知外显训练和内隐训练对于场独立型和中间型学生同等重要，但元认知外显训练更有助于场依存型学生应用题解题能力的提高，成为该类学生的优势训练方式；（3）在小学五年级，场独立型学生的应用题解题能力明显优于场依存型学生的应用题解题能力。（郭成等，2004）张庆林等运用四种不同形式的应用题对小学六年级学生进行了应用题表征的元认知监控测试，结果证明：优中差学生之间元认知监控能力有显著差异，加强认知监控训练是提高学生理解和分析应用题能力的有效途径。（张庆林等，1997）

对小学生数学问题解决中的元认知水平的现状及影响水平差异的研究表

明：（1）小学生数学问题解决的元认知水平处于偏低状态。（2）就性别而言，小学生数学问题解决的元认知水平在元认知知识维度、元认知体验维度、元认知监控维度上无显著差异。（3）就户籍而言，小学生数学问题解决在元认知知识维度和元认知体验维度上存在差异。城市小学生的元认知知识水平比农村小学生元认知知识水平高；在元认知体验维度上，城市小学生比农村小学生丰富；在元认知监控维度上，城市小学生与农村小学生无显著差异。（4）就年级而言，小学生数学问题解决的元认知水平在元认知知识维度上六年级显著高于五年级，五年级显著高于四年级；在元认知体验维度上，六年级显著高于五年级，五年级显著高于四年级；在元认知监控维度上，三个年级之间没有显著差异。（5）就成绩而言，小学生数学问题解决的元认知水平在元认知体验维度、元认知监控维度上都存在着成绩上的差异。元认知知识维度上，三类学生之间没有显著差异；在元认知体验维度上，学优生高于学困生，学优生与中等生无差异，中等生与学困生无差异；在元认知监控维度上，学优生高于中等生，中等生高于学困生。（蓝研研，2014年学位论文）学生的元认知调控着自己的解题过程，能使学生适时地透视与了解自己的解题过程，因而在解决数学问题中与知识、技能相比，具有更重要的作用。

有学者还对小学生数学学习控制水平与元认知监控水平之间的关系进行研究。如刘儒德对小学三年级学生在计算机辅助教学下自学加法法则（规则学习）以及应用法则进行简便计算（技能学习）时学习控制水平（即选择学习内容和控制学习步调的适当性）与元认知监控水平（即对自己学习效果进行评价的准确性）之间的关系进行了探讨。结果表明：在规则学习中，CAI学习控制水平与元认知监控水平之间不存在显著性相关，但在技能学习中，两者之间存在显著性相关；规则学习的学习控制水平显著高于技能学习；CAI学习控制水平和元认知监控水平两者与学生的学习成绩和时间两者不存在显著性相关。（刘儒德，1997）

五、小学数学应用题学习研究

数学应用题是小学数学教学的一个重要组成部分，是基础教育阶段数学应用的一个重要体现，是综合培养学生数学思维能力、问题解决能力的重要途径，也是让学生体验数学广泛应用性的根本需要。因此小学数学应用题学习的研究是数学教育研究的一个重要话题。

（一）小学生应用题结构的认知研究

了解、分析应用题的结构是应用题设计与教学的基础，理解应用题的结构是学生学会分析解决应用题的关键。早在1964年茅于燕等对小学复合应用题结构的研究表明：（1）应用题的题目结构可以分成情节性部分（影响运算，但不决定运算）和决定运算的数量关系部分。这两部分是密切联系的，数量关系寓于情节之中。应用题的正确解答，有赖于透过对情节的理解，把握住数量关系。（2）应用题的情节性部分对解题的影响主要是由于词义干扰和不易形成明确的思维定向等原因造成的。（3）应用题的数量关系不同是造成解题难易的根本原因。数量关系是复杂和多样的，但可概括为三种基本类型和模式。并因它们的不同结合以及数量关系的具体特点和形式而出现不同的难度和错误。（4）应用题的不同结构，使各年级学生在解题时产生不同程度的困难。在绝大多数的题目上，年级差异都是显著的。一般来说，对四年级困难的题目，五、六年级也产生较高的错误率，且在错误类型方面也比较一致，但四、五年级的错误性质较为类似。（茅于燕等，1964）

何纪全等认为分析应用题结构是探讨学生理解和解决应用题思维过程的主要途径，并对儿童应用题结构的认识发展特点进行了较为深入的研究，按照难度由低到高设计了由11个测验项目构成的五层次测评体系：

层次1：判断是不是应用题；

层次2：判断多余成分、补两个条件；

层次3：结构的横向可逆性变换、结构概括、按数字编题（数量关系结构）、补问题；

层次4：按数字编题（情节结构）、结构归类、补另一个条件；

层次5：结构的纵向扩缩变换。

1.对小学生应用题结构认知发展的一般趋势的分析表明：（1）小学生能够按问题和条件两个特性，判断应用题完整或不完整，从整体上认识构成应用题的框架结构的完整性和一致性；（2）在初步理解"问题—条件""条件—条件"之间相依关系的同时，认识简单应用题的数量关系结构，能够按问题条件的框架对问题补足相应的条件。并且，借助提取有效成分和剔除多余成分及复现隐含成分三种能力，进一步把握应用题的框架结构；（3）在进一步理解"问题—条件""条件—条件"之间相依关系的同时，综合多种数量关系结构，并认识结构的横向可逆性变换，以及认识结构的概括作用。在补问题时，能够按问题条件的框架从几种数量关系结构方面进行多向发散；（4）在更进一步认识"条件—条件"之间相依关系的同时，认识数量关系结构的复合，能够按问题条件框架对同一数量关系结构的间接条件方面进行多向发散，并且能够对应用题的数量关系结构加以情节性变换，以及对结构加以归类；（5）认识应用题数量关系结构从简单到复合的扩展性和压缩性双向变换。

这五个层级显示了小学生对应用题结构认知发展的顺序性。表明儿童对应用题结构的认知发展过程服从于思维发展的一般规律，即对应用题结构特征的认知是一个从外部到内部、从具体直观到抽象概括、从结构构成到结构功能的过程。

2.对小学生应用题结构认知发展的年级（年龄）特点的分析表明：小学生对应用题结构的认知发展随年级的升高而增长。也就是说，认知水平的发展表现出由易到难的层次性、阶段性。小学阶段内对应用题结构的认知发展还没有完结。

3.应用题的结构成分主要有框架结构、情节结构和数量关系结构，数量关系结构是核心，且应用题数量关系实质上是部分与整体关系。

（1）小学生对应用题框架结构的认知发展分析表明，小学低年级学生能够正确判断文字形式明显的应用题，表明他们已基本上认识应用题框架结构的完整性。中高年级学生对于文字较多、关系复杂的题目以及含隐蔽已知数的题，还常发生错判。（2）小学生对应用题情节结构的认知发展分析表明，小学生对应用题情节性变换的灵活性和广泛性与学生对生活、学习经验的数学抽象能力和具体化的能力的发展有关。（3）小学生对应用题数量关系结构的认知发展分析时，采用给定的两个数字自由编题的方式进行测试，然后对学生编题结果按加法结构、减法结构、乘法结构、等分除结构、包含除结构五种运演结构进行分析。研究发现：小学生对减法结构使用较好，加法结构和乘法结构次之，包含除结构又次之，等分除结构使用较少。从总的趋势看，掌握五种运演结构情况，在年级上无多大差异，但实验班优于对比班较为明显。说明实验教学注重从一般解题模式上去概括应用题数量关系，有利于促进学生从多侧面去掌握简单应用题的数量关系，而概括化恰好是具体化的前提。（何纪全，1988A）

小学生对应用题数量关系结构认知发展的阶段性特点主要是：（1）从不能说理的、具体操作性的直观形象水平发展到能说理分析的、概念性的抽象逻辑水平。（2）对数量关系结构的认知，由一种数量关系结构到多种数量关系结构，由数量关系基本结构到数量关系复合结构。（3）先认识单个数量关系结构，然后认识在同一系统内数量关系的可逆性转换，如加减、减减、乘除、等分除包含除的转换。（4）应用题数量关系结构的横向可逆性转换的发展，早于纵向扩缩性转换，在纵向扩缩性转换的发展中扩展性转换的发展早于压缩性转换。（何纪全，1988B）

姚飞等以小学四年级学生为被试，进行应用题结构训练教学，促进学生解题知识结构向解题认知结构的有效转化，提高解题能力。实验结果表明：（1）应用题结构分析训练可显著提高小学生解应用题的能力，中等生收益最大；（2）该模式训练效果与学生智力水平呈中等程度正相关；（3）学生对该训练模式持肯定的态度，反应积极。（姚飞等，1999）

自2001年数学课程改革以来，人们对应用题的研究有所淡化，关注与强调题目难度、复杂程度更高，对培养学生高阶思维能力更优的数学问题解决。

（二）小学数学应用题表征的研究

应用题的表征能力是解决应用题的核心和关键。因此，应用题的表征得到众多心理学者及数学教育研究者的关注。

在小学数学应用题表征的类型方面，董妍等对小学六年级学生应用题表征的类型和特点的调查表明：小学生应用题的表征方式有复述内容、图式表征、图片表征、直译表征、语义结构分析等；成功解题者和不成功解题者对各种表征方式的使用次数上没有显著差异；成功解题者和不成功解题者在各种表征方式下的解题成绩有显著差异，成功解题者在图式表征、直译表征和语义结构分析表征下的成绩显著优于不成功解题者。（董妍等，2004）仲宁宁等考察小学四至六年级学生在数学应用题中理解阶段和执行阶段使用表征模型的情况，分析发现：（1）学生在理解阶段更多地选择情境条件，使用情境模型来表征问题；在执行阶段较少选择情境条件，转而使用问题模型来表征问题；（2）随着年级的升高，相对于优等生来说，其他学生在缩写任务中对情境条件的选择数量越来越少，而优等生在这方面一直都做得很好。差等生识别多余条件的能力并没有随着年级的升高而发生改变，而优等生却在不断增强。（仲宁宁，等2014）

在小学数学应用题表征水平方面，仲宁宁等对学生的应用题表征水平及其对问题解决影响的研究发现：（1）表征水平随着年级的升高而不断提高，学生在表征水平上性别差异不显著。（2）无论哪个年级，表征水平都是优等生好于中等生，中等生好于差等生；表征水平越高，学生在问题解决上的成绩越好。（3）随着题目难度的不断加大，各表征水平的学生在解题正确率上的差距也在不断拉大。也就是说，题目越难，表征水平在解题中的作用也就越明显。（仲宁宁等，2009）仲宁宁还以小学四至六年级学生为研究对象，进行了长方形面积任务、工作记忆任务和数学运算测验，以研究学生的应用题表征水平特点及应用题表征水平、工作记忆对问题解决的影响，结果发现：（1）表征水平随着年级的升高而不断提高，学生在表征水平上性别差异不显著；（2）中央执行和语音环路对表征水平的影响作用不显著，视空间模板的影响作用显著；（3）视空间模板通过表征水平对数学成绩产生影响作用。（仲宁宁，2009）

在小学数学应用题表征策略方面，仲宁宁等运用实验法和临床访谈法，对小学二年级学生进行数学学优生和学困生在解决应用题时表征策略的差异的研究发现：（1）学优生在一致题目和不一致题目上的反应时差异显著，而学困生在这两类题上的反应时差异不显著。学优生和学困生在一致题目和不一致题目上的正确率差异显著。口头报告显示，学优生较多使用问题模型策略对问题进行表征，学困生较多使用直接转换策略对问题进行表征。（2）学优生的成绩要好于学困生，口头报告分析证明了前面的结果，即学优生较多使用问题模型策略，学困生较多使用直接转换策略。（3）由于表征策略的使用差异，学生在条件充要应用题上的正确率高于非常规应用题。（仲宁宁等，2006）陈英和等通过实验法和临床访谈法对小学二至四年级学生进行了不规则数学应用题测验，研究数学学优生和学差生在解决这些应用题时表征策略的差异，结果发现：（1）从二至四年级儿童解答条件多余和条件不足应用题上看，学优生的成绩要好于学困生。口头报告分析显示学优生较多地使用问题模型策略对问题进行表征，而学困生较多使用直接转换策略对问题进行表征。（2）在三年级时，条件多余和条件不足应用题的解题正确率有所提高，但到四年级时，正确率却有所下降。（3）在解决条件多余和条件不足应用题中，性别差异不显著（陈英和等，2005）。在对小学二年级儿童在解决不规则问题方面的研究发现：（1）学优生较多使用问题模型策略对问题进行表征，学困生较多使用直接转换策略对问题进行表征；（2）在解答一致和不一致应用题中，性别差异不显著；（3）学生在解答条件充要应用题上的成绩要好于条件多余和条件不足应用题，且条件多余和条件不足应用题的成绩差异并不显著。（仲宁宁等，2005）

在小学数学应用题表征的影响方面，张晓等以小学六年级学生为被试，对乘法语义含义（组合、比较、转换）和等级复杂性对于分数乘法应用题表征的影响进行分析，研究发现：（1）乘法语义含义和等级复杂性都会影响应用题表征的难度，且交互作用不显著；（2）三种乘法语义含义中，比较含义更难于表征。（张晓等，2016）他们又进一步考察了儿童分数概念语义理解对乘法应用题表征的影响，认为理解分数概念语义含义，意味着能用分数符号表示不同问题情境中两个量的关系，而分数应用题表征的关键，是将问题情境中事实关系正确转换为分数运算。研究结果表明：（1）儿童分数概念语义理解可以整体预测乘法应用题表征水平。（2）儿童在部分整体含义和测量含义方面的理解水平，均可单独预测其对计量、比较和转换乘法应用题的表征水平。（3）儿童对"比"的理解，可单独预测比较应用题表征水平；对"商"的理解，可单独预测转换应用题表征水平；同时，算子含义不能单独预测任何应用题表征水平。这一结果说明，儿童分数概念语义理解影响其表征应用题中的事实关系。（张晓等，2017）

（三）小学数学应用题解题的研究

周新林等对加减文字题的解决进行了综述研究，指出加减文字题指应用加减法运算解答的简单数学应用题。基本类型有合并题、变化题和比较题。人们主要采用四种方法研究解题过程：解答问题、回忆和构造问题、建立计算机模型和眼动记录。过去研究发现语义类型、年龄、难以理解的词句、问题陈述的简约性、题材个人化、问题陈述结构、数量大小、未知集类型和解答问题的方式等因素显著影响解题过程。人们对解题过程提出了两种理论模型；一是数学知识应用模型；二是语言理解模型。（周新林等，2003）

从解题思维活动的角度来说，不能把学生解答应用题的过程看作是简单地运用分析法和综合法的过程，它远比这两种方法的应用要复杂得多。学生解答复合应用题的思维活动大致可以分为把握题目直接给予的东西、揭示隐蔽的东西及检验三个阶段。揭示隐蔽的东西是解应用题的基本阶段，它是由抽象语词代替、形象活动演示、变更条件及实际运算探索等四种智力操作方式实现的。（朱曼殊等，1964）学生解答应用题的三项指标：一对应用题结构的认识；二对应用题数量关系的理解；三对应用题运算符号特定意义的理解，亦即说明采用解题方法的理由。对小学低年级学生解答应用题的不同思维模式进行了研究，发现学生掌握三项指标水平不同，反映了智力活动的差异。对应用题结构理解方面的差别，表现在从个别题目的具体成分到概括应用题一般组成的特点，反映了智力活动从个别到一般发展的不同水平；对数量关系的理解方面的差别，表现了从数量之间增加、减少的和、差具体关系，到抽象的倍、分的数量关系，反映了智力活动从具体到抽象发展的不同水平；在理解运算符号的特定意义，以及说明结构、数量关系的依据方面的差别，表现了以从题中有关词句与加、减表面的联系到以题意的内在关系为依据，反映了智力活动从外部联系到内在关系发展的不同水平。因此，由于三项指标的相互联系所形成的学生解答应用题的多种思维模式，标志着学生智力发展的不同水平。（肖前瑛，1982）

对于一年级儿童来说，解答应用题的思维过程是从具体的形象思维到言语思维。随着儿童思维的发展，理解应用题表现出对直观形象的依赖逐步减少，而应用言语的分析能力则逐渐增加。儿童入学后，教师若能抓住儿童思维发展各个阶段的主要矛盾，并根据矛盾的特点进行教学，儿童的抽象思维可以迅速发展。7岁儿童一般是可以进行抽象思维的。因此在一年级应用题教学中不仅是要注意儿童形象思维的特点，而更重要的是要创造条件发展儿童的抽象思维。（肖前瑛，1965）对于解具体应用题的研究表明，一年级学生理解一般两步题的发展过程与理解一步题的发展过程一样，主要是一个对题目的实质——条件与问题的关系、已知数与未知数的关系进行多阶段的分析与综合的过程。这一发展过程主要包括如下四个阶段：（1）按新教材安排，各类两步题的学习均紧接在相应的一步题之后，每当从一步题向两步题过渡时，各班学生中普遍产生对二者的混淆现象，或将两步题算成一步，或将一步题算成两步。（2）通过一步题与两步题的对比与混合练习后，学生逐步克服了混淆现象，初步具有分辨能力，对一般较为简单的两步题基本上能正确解答。（3）此时，在单类题目的练习中，学生已能初步对这类题目的实质加以分析和综合。（4）通过对各类题的对比以后，学生在混合练习中已表现了较高的精确性和概括性，不但能正确解答已学过的各类题目及其变式，并能对某些尚未学过的、条件迂回曲折的题目进行迁移。各阶段之间虽具有质的区别，但又互相渗透，前一阶段已具有后一阶段的萌芽，后来各阶段又可能留下前面各阶段的痕迹。学生在学习每一类题时，一般均要经过前面三个阶段，然后在各类题均较熟练的基础上才能发展到第四阶段。并且发现能达到第四阶段的学生不及全班半数，大多数学生尚未从实质上掌握两步题。（朱曼殊等，1962）

从小学生算术应用题的分析方法来看，小学生在解答应用题时发生错误和感觉困难的主要原因有以下四点：（1）学习态度不端正，没有养成良好的学习习惯和克服困难的毅力；（2）语文水平低，对应用题理解不够；（3）没有很好掌握必要的基本数学概念和一步应用题的算法；（4）没有很好掌握分析应用题的思维方法，不能进行必要的逻辑推理。对小学生掌握分析一步应用题方法的研究表明：优、中、差三种学生在掌握分析一步应用题的方法上已显现出差异。优等生在解一步应用题时，能有意识地来分析题中问题和条件的关系，并熟练地掌握必要的推理形式；差等生不懂得或不善于有意识地分析题中问题和条件的关系，没有掌握或者没有较好地掌握必要的推理形式；中等生在解一步应用题时，虽然和优等生没有显著差别，但在掌握必要的推理形式和分析问题的一般方法上不如优等生熟练。

对小学生掌握分析多步一般应用题的方法的研究表明：分析多步应用题除了要求一般的方法外，有时还要求特殊的方法、特定的推理形式。方法的运用具体地依存于各种多步应用题的结构形式。一般多步应用题的结构是多种多样的，但是，根据它们所要求的思维方法的不同，大体上可以分为三大类。优、中、差三种学生在掌握分析应用题的方法上各有自己的特点，这就使他们解答不同应用题的成绩有着显著的差别。

对小学生掌握分析应用题方法的基本条件的研究表明：学生要正确分析应用题，必须掌握一般的分析方法（综合法和分析法）和特殊的分析方法（即特定形式的推理）。为了掌握一般的分析方法，一方面必须掌握分析的步骤和顺序，另一方面必须按照综合方式和分解方式掌握各种数量关系。学生掌握数量关系和解题步骤的过程，也就是掌握分析应用题方法的过程。

对于不同程度学生掌握分析方法的特点，分析表明：优等生熟练地掌握了分析应用题的一般方法（综合法和分析法）和特定的推理形式；中等生相当熟练地掌握了综合法，但没有很好地掌握分析法和特定推理形式；差等生只是不大熟练地掌握了综合法，但对于分析法和特定推理形式掌握得极差。正确、熟练地掌握各种数量关系是运用分析法的基础之一，按综合方式掌握数量关系是掌握综合法的基础之一，按分解方式掌握数量关系是掌握分析法的基础之一。必须有意识地培养学生按不同方式掌握数量关系。（赖昌贵，1962）

从儿童解决算术应用题的认知加工过程的角度来看，儿童解题的认知能力可分为四级水平。在各级水平上，问题表征、算法选择及计算策略的运用都表现出不同的特点。（徐敏毅，1994）且4—8岁儿童解决合并题的认知加工过程可以划分出三个水平，其认知加工图式有两种：合并图式和部总关系推理图式。且两种图式对问题的加工方式不同，反映出儿童对加减法概念的理解程度和发展水平。刘广珠对5—9岁儿童解比较题认知加工过程进行了实验研究，结果表明：（1）儿童解比较题认知加工可划分为三级水平。（2）问题表征分为动作、表象、符号三种方式，它与数学知识结构建立联系实现数学表征转换，能否实现转换影响算法选择，解题策略具有加性和减性两种类型，存在实物匹配、计数和加法表三个水平。（3）比较图式整合为部总关系图式，其水平依照动作、表象、思维顺序发展，结构依照求差集、求比较集、求标准集顺序扩大。（4）儿童解比较题困难是因为问题缺少操作动词和儿童不能实现相应的数学表征转换（刘广珠，1996）。进一步对五、六年级小学生解决分数应用题认知加工过程的研究表明：（1）小学生解分数应用题认知加工也可划分为三级水平；（2）小学生解分数应用题的认知图式从分数图式发展到份总关系图式；（3）分数认知图式的形成和发展受心理发展水平和教育的制约；（4）问题表征和解题结果存在表征正确—结果正确、表征不完

全正确—结果正确、表征错误—结果错误三种关系。（刘广珠，1997）

对于小学生应用题解题影响因素的研究，早在1961年朱曼殊等指出，影响学生解题能力的因素甚多，如语文水平、运算技能、理解能力等等。且学生解应用题的最大困难是不善于分析题意，不能针对题目要求选择适当运算方法，有时即使表面上演算方法正确，却不一定基于正确理解，或出于猜测，或为机械重复。儿童理解应用题的过程是对题目的基本特征——数学结构和数量间的关系进行分析与综合的过程。一年级上学期学生理解应用题能力的发展具有五个互相联系而又互相区别的阶段。第一阶段：实物演算阶段；第二阶段：开始能从口述或文字应用题中分解出数学内容，进行独立的活动，不复拘泥于某些具体情节，但仍以经验中熟知的实物运动形象为依据来理解题意，并选择与之相应的演算方法；第三阶段：开始能分析应用题的结构，能在了解整个题材的基础上分解出题目中的两个主要组成部分——问题和条件以及二者的关系，并据此而掌握数量间的联系，选择适当的演算方法，对已学各类题目的各项变式能初步抽象出其共同特点进行概括，在大脑皮层中形成了属于各类题目的以"问题—条件—方法"间的联系为核心的联系系统，基于此种联系的建立，学生便能灵活地运用同样的方法来解答在提法上变化多端的变式题，或以不同的列式来解答同类题，并能说出选择演算方法的依据；第四阶段：在分别初步掌握各类题目基本特征的基础上，开始能对各类题目的异同进行对比，在相互对比中，形成了更具精确性和概括性的以"问题—条件—方法"间的联系为核心的联系系统；第五阶段：开始具有解答"比多（少）求和"两步应用题的能力，但要形成关于上述两步题中明显问题、间接条件、隐蔽问题、直接条件与方法间的、已知数与未知数间的错综复杂的、精确化的联系系统，本身还须经历一个发展过程。根据上述几个阶段的发展情况来看，一年级学生理解应用题能力的发展过程与其他事物的发展一样，是一个不断矛盾与统一的过程。整个发展过程有一个总的根本性矛盾。即在新的教学要求下，儿童所产生的揭露新教材或新作业意义的需要与其已有的发展水平之间的矛盾，而这一总的矛盾在发展的不同时期中又具体地表现为每个时期的特殊矛盾，从而使连续发展的过程具有了阶段性。（朱曼殊等，1961）路海东等对影响小学生应用题解决的认知因素及其作用机制的探讨表明，情境理解、问题表征、问题归类、解题计划和自我评价是影响小学生应用题解决的主要认知因素。其中，情境理解首先影响问题表征、问题归类、解题计划和自我评价，后四个因素又进一步影响解题成绩。（路海东等，2004）

对小学生数学应用题解决过程中的认知策略和元认知策略及其教学训练的研究表明：（1）问题情境理解会影响问题表征、问题归类、解题计划和对列式的自我评价，而问题表征、问题归类、解题计划和对列式的自我评价进而又会直接影响解题成绩。问题情境理解、问题表征、问题归类、解题计划和对列式的自我评价是小学生在解决数学应用题过程中的不同阶段相继采取的一系列认知与元认知策略，它们共同构成了小学生解决数学应用题的整体策略。（2）问题情境理解训练、画图表征策略训练以及整体模型策略训练均能够显著提高小学生解决数学应用题的策略水平，进而显著提高小学生数学应用题解决的成绩。三种方式的解题策略训练分别与元认知训练相结合，即问题情境理解训练与元认知训练相结合、画图表征策略训练与元认知训练相结合以及整体模型策略训练与元认知训练相结合均能够显著提高小学生数学应用题解决的成绩，但与单纯的问题情境理解训练组、画图表征策略训练组、整体模型策略训练组相比，与元认知训练相结合的策略训练组在数学应用题解决的成绩、策略水平以及元认知的总体水平的提高上没有更突出的效果。策略训练的效果与学生原有的成绩地位有一定的关系，即策略训练与学生的原有成绩地位之间出现了若干显著的交互作用效应。策略训练的效果与应用题的类型有一定的关系，即策略训练与应用题的类型之间出现了若干显著的交互作用效应。（路海东，2004年学位论文）

（四）小学数学真实性应用题学习的研究

徐速提出了真实性思考的特征：一是真实性思考与非真实性思考具有潜在的相对性。比如，在"两家相距（小花和小亮到同一个学校上学。小花家离学校17千米，小亮家离学校8千米。请问小花家和小亮家相距多少千米？）"问题上，被试有三种思考：（1）只考虑到两家处于一条直线上以学校为中心的相同或相反方向；（2）同时考虑到两家处于一条直线上以学校为中心的相同和相反方向；（3）两家以学校为中心可以形成多个角度。第二种思考虽然一般被判定为非真实性，但相对于第一种思考它已经表现一定程度的真实性。二是真实性思考的多层次、多角度性。被试在一些题目上表现出多层次、多角度的真实性思考。比如，在"生日聚会（马丽有5个朋友，张华有6个朋友。他们想在一块举行一个生日宴会，他们都邀请了各自所有的朋友，并且他们的这些朋友都参加了。请问参加宴会的有多少个朋友？）"问题上，真实性思考的三个层次是：（1）只考虑两人是否互为朋友；（2）只考虑朋友是否有相同的；（3）朋友是否有相同的，两人是否互为朋友。当然，一般学生只是第一个层次的真实性思考，极少数学生出现第二个层次和第三个层次的思考；而老师研究中，主要出现第二个层次和第三个层次的思考。并进一步分析认为学生在解决真实性问题时，虽然不一定是生活经验的完全缺乏，但学生的生活经验是狭隘的，往往只能对应某一种生活情境，而不足以建构题目所需要的多样化的生活背景，从而影响到真实性的思考水平。（徐速，2006：145-146）

徐速采用7道真实性题目研究了六年级小学生算术应用题真实性思考，结果表明：（1）我国六年级小学生在无提示条件下真实性思考的人数比例是36.6%，显著地高于真实性解答的人数比例27.3%。（2）在解题真实性思考上，优等生显著地高于中等生，中等生显著地高于差等生；在对不确定真实性解答的评分上，优等生显著地高于中等生与差等生，在对常规性解答的评分上，优等生显著地低于中等生与差等生。（3）提示条件显著地提高了学生的真实性思考水平，并且与学生的学业水平存在着显著的交互作用；提示条件不影响学生对不确定真实性解答与常规性解答的评分（徐速，2006C）。进一步考察不同解题条件下小学六年级学生的真实性思考的研究表明：（1）一般访谈、访谈提示显著地提高了学生真实性思考的水平。（2）不同学业水平学生之间在两次真实性思考提高量上都没有显著差异。（3）在访谈中，优差学生在反应方式与真实性思考的层次性等方面表现出差异。（徐速，2007）

刘儒德等在常规课堂上对10—12岁的小学生进行真实性问题的测验，研究结果表明：（1）被试中对真实数学问题作出真实性解答的人数比例约为四分之一，高于国外同类研究比例。（2）作出常规解答的人数比例约为一半，显著高于作出真实解答的人数比例。（3）六年级被试作出真实解答的人数比例普遍高于四年级，但是在某些问题上，六年级被试中作出常规解答的人数比例反而低于四年级。（4）被试对不同真实问题的反应存在一定的差异，这可能与真实问题的特点有关。（刘儒德等，2003）

陈敏等采用PISA数学素养框架情境分类的4个维度，即背景素材特征、语境呈现方式、语境干扰程度、任务挑战水平。对公开的11道PISA数学素养题目进行选编并用情境框架编码分析后，对六年级学生测试发现：（1）学生解决背景素材熟悉问题的表现优于背景素材不熟悉问题；（2）语境呈现方式不是影响学生解题的主要因素，但特殊文本对学生造成一定困扰；（3）语境干扰程度对学生解题有较明显的影响；（4）学生解决探究型任务的能力与本身的知识储备不相称。（陈敏等，2016）

（五）小学生数学问题解决的研究

"问题是数学的心脏。"数学家及数学教育家波利亚把数学作为一门问题解决的学科，并把问题解决作为数学教学的一项重要的教学任务。自20世纪80年代以来，"问题解决"已成为各国数学课程改革与教学研究的热点。

国内外学者对数学问题解决存在不同看法，如1980年美国全国数学教师理事会（NCTM）在《行动的议事日程》中指出："把问题解决作为学校数学教育的核心。"美国数学指导委员会（NCSM）在《21世纪的数学基础》中指出："问题解决是把前面学到的知识运用到新的和不熟悉的情境中的过程。"英国的《考克罗夫特报告》中提道："将'问题解决'的活动形式看作教或学的类型。"并进一步指出，小学生数学问题解决学习，同样具有一般问题解决的一些特征。如问题解决是指试行解决初次遇到的新问题。也就是说，主体必须具有解决该问题的意愿，并且是第一次解决这一问题。问题解决是一种进行探究、克服障碍的活动。导致问题获得解决的已有规则（包括概念、命题等）的独特组合，往往生成一种更高级的规则或解题策略，因而具有发现与创新的成分。（曹培英，1999）

徐速对小学生数学问题解决进行了一些研究，如她区分了非视觉化与视觉化两类数学问题，采用数学测验与个别访谈相结合的方法，对小学四、五、六年级不同学业水平学生的解决数学问题的视觉空间表征进行研究，结果表明：图式表征在非视觉化题目与视觉化题目上都极大地促进了问题解决，图像表征妨碍非视觉化题目的解决，但与视觉化题目的解决无关，并提出图式表征和图像表征在两类题目上有不同的含义。六年级学生的解题成绩及图式表征有显著的提高，但图像表征与年级因素无关。差生的图式表征能力很差，而在视觉化题目上使用图像表征显著地多于优等生及中等生。在非视觉化题目的非视觉空间表征与图式表征之间的转换灵活性上，优等生表现了明显的优势。（徐速，2005）综述性研究表明，数学问题解决中的视觉空间表征往往相对于言语分析表征而得到广泛的研究。根据视觉空间表征与成功解题之间的不同关系，视觉空间表征可分为图式表征与图像表征。视觉空间表征与言语分析表征相互作用的理论模型把两种表征看作是解题过程中互补的成分。视觉空间表征的影响因素可以归为两类：题目因素与个体因素。（徐速，2006B）进一步她对示意图提示条件下的小学生数学问题解决进行研究，结果发现，小学生对示意图提示条件普遍持肯定态度；学校教学水平影响学生非视觉化题目上的态度反应，而不影响视觉化题目上的态度反应。从整体上看，示意图提示条件能显著地促进学生的解题，但是这种促进作用受题目视觉化程度、学校教学水平的制约。在一定范围里，随着非视觉化题目难度增加，示意图提示条件的作用在增强。（徐速，2006A）

一些研究者对小学数学问题解决进行了多个层面的调查研究，如陈丽敏等对五年级小学生数学问题提出能力和观念及其二者之间的关系进行了调查研究，结果表明：首先大部分学生都能够提出正确的数学问题，而提出创新性的、复杂程度高的数学问题存在困难。同时，学生对学好数学问题提出缺乏一定的信心。其次，学生的数学问题提出能力和观念之间存在较高的相关性。（陈丽敏等，2013）为了进一步了解我国中部一些小学生为什么在数学问题解决方面表现非常优秀，周达等通过访谈和课堂观察研究表明，良好的学校文化氛围、激发学生兴趣的数学活动、优秀的数学教材、有效的教学策略、学生自身的学习方式、内在动力以及优秀的学习品质等，都对学生数学问题解决能力的发展起着至关重要的作用。（周达等，2018）王伟伟调查发现，大部分小学生都可以发现、提出一些比较简单的数学问题，只有极少数的学生可以发现、提出具有发展性或者是复杂一些的问题。在发现、提出问题所涉及的总数、速度以及质量因素上看，男生和女生在得分上存在显著性的差异，而且女生在各项因素的得分上都比男生要高。从不同学习领域来看，学生在数与代数中的提问状态最好，且学生在认知态度上表现得较好，但是在情感态度、行为态度上表现得并不是很积极。总体来看，六年级学生在发现、提出数学问题的态度上要稍好于五年级学生。分析其中原因，主要是学生发展的不成熟和差异性，课程教学在资源上的单一性，教师对学生发现、提出问题能力培养意识上的缺失，不科学的教学和反馈形式。（王伟伟，2019年学位论文）

纪桂萍等对小学生数学能力和心理表征之间的关系研究发现，儿童的数学测验成绩和空间表征能力呈正相关，数学测验成绩得分高的儿童空间表征测验的得分也高，说明小学生数学问题解决能力与空间表象操作能力有密切的关系。（纪桂萍等，1996）赵丹分析了小学生数学问题解决中成就动机、解题策略和解题成绩关系，结果发现：成就动机、价值、低代价、期望等均与解题成绩呈显著正相关；画图表征策略、元认知均与解题成绩呈显著正相关；回归分析的结果表明，成就动机中的期望和价值两个成分对成绩和成就行为的选择有不同的影响，期望可以预测解题成绩，价值预测成就行为的选择。（赵丹，2006年学位论文）翟渝成研究提出小学生在解决数学问题时普遍存在着畏难、依赖、自卑、从众、紧张焦虑等心理障碍，对其成功解决数学问题形成了障碍，严重影响了他们的数学学习。（翟渝成，2007）韩琴等对小学生创造性数学问题提出能力的发展进行了研究，结果表明：小学生创造性数学问题提出能力整体呈现波浪式上升的趋势；男女生在创造性数学问题提出能力上不存在显著差异；城乡小学生创造性数学问题提出能力的发展差异显著，城市小学学生发展比乡村小学学生发展早一年。（韩琴等，2007）

从学生的心理特征设计数学问题，构建新的数学问题设计文化，设计适切的、科学的、合理的数学问题以落实现代数学教育理念，引领数学问题的教学，是当前实现数学课程改革的一个切入口，是数学课程改革的关键之一。（徐建星，2007）

六、小学数学非智力因素研究

1935年，美国心理学家亚历山大（W.P.Alexander）在其论文《智力：具体与抽象》中提出了非认知因素的概念。随后，韦克斯勒（David Wechsler）提出了"一般智力中的非认知因素"概念，并于1950年在《美国心理学家杂志》上发表文章探讨了非智力因素的问题，并指出内驱力、情绪稳定性和坚持性等非认知因素的作用。该文章被心理学界作为非认知因素概念诞生和对此进行科学研究的标志。在我国非认知因素的研究发端于20世纪80年代，是在人们高度重视认知开发的时候，发现高智力水平的学生并不一定成功的背景下提出的。

（一）非智力因素的理论研究

1.非智力因素的概念

我国学者对非认知因素的概念提出了多种不同的看法。如燕国材认为非认知因素有广义和狭义之分，广义的非认知因素指认知以外的一切心理因素，狭义的非认知因素是指动机、兴趣、情感、意志和性格。（燕国材，1988）丛立新认为非认知因素就是不直接参与但却制约整个认知或认识活动的心理因素。（丛立新，1985）申继亮认为非认知因素是指认知活动中表现出来的，与决定认知活动效率的认知因素相互影响的心理因素构成的整体。（申继亮，1990）林崇德认为非认知因素是指除了认知与能力之外的又同认知活动效益发生交互作用的一切心理因素（林崇德，1992）。郝永德认为非认知因素是指除能力以外的个性心理因素，包括个性倾向性、性格和气质。（郝永德，1993）

2.非智力因素的结构与功能

有些学者持层次结构的观点，如燕国材认为非智力因素可分为三个层次，第一个层次为广义的非智力因素，指观察力、记忆力、想象力、思维力、注意力等智力因素以外的一切心理因素。第二个层次为狭义的非智力因素，包括动机、兴趣、情感、意志、性格等五种因素。第三层次为具体的非智力因素，包括学习动机、求知欲望、学习热情，自尊心、自信心、好胜心，责任感、义务感、荣誉感，自制性、顽强性、独立性等十二种因素。并把非智力因素的功能归为动力、定向、引导、维持、调节、强化等六个方面，并指出这些功能是统一的、适用于所有智力因素的，贯彻于整个活动的。（燕国材，1988）沈德立认为非智力因素有两个层次：一是广义的非智力因素，指除智力或能力因素以外的全部心理因素；二是狭义的非智力因素，是指与智力活动关系密切并共同影响智力活动效率的心理因素。并确立了与学习密切相关的十一个因素：成就动机、交往动机、认识兴趣、学习热情、学习焦虑、学习责任心、学习毅力、注意稳定性、情绪稳定性、好胜心、支配性。（沈德立，等1997）

有的学者持要素说，如申继亮认为非智力因素有三种成分构成：一是个性倾向性；二是情绪和意志；三是气质、性格与认识方式。并指出非智力因素的构成成分中，个性倾向性的功能主要是为活动提供动力，情绪和意志的功能主要是通过内在的心理过程影响认知活动，气质、性格与认知方式的主要功能是以一种习惯化的方式来影响认知活动的外在表现。不过这些功能之间又是相互影响、相互联系的，并能表现出一些共性，如动力性等。（申继亮，1990）郝德永认为非智力因素由个性倾向性、性格和气质三个因素构成。（郝永德，1993）林崇德认为非智力因素由情感过程、意志过程、个性意识倾向性和性格等因素构成，并指出非智力因素在智力活动中具有动力作用、定型作用、补偿作用等，并强调影响智力活动效益的是非智力因素的整体效应。

（林崇德，1992）邰大光认为非智力因素主要由兴趣、动力、情感、意志、信念、性格六个要素构成，并提出非智力因素在学习中具有定向、动力、调节、强化、感染、育智、审美、创造八种功能。（邰大光，1988）齐管社、杨建文等认为非智力因素主要包括注意品质、情感品质、意志品质、个性心理倾向性、个性心理特征五个要素。（齐管社等，2007）陈晓荆认为非智力因素的结构主要由引导、维持系统，动力系统，调控系统和定向系统等子系统有机组成。（陈晓荆，2002）

对于非智力因素有众多不同的看法，学者对非智力因素思考的视角、立场不同，这说明了非智力因素的复杂性、重要性，也说明了学者对非智力因素的重视。对于学生未来的成长与发展，心理学的研究表明，非智力因素的功能与价值远超过智力因素。

（二）小学生数学学习焦虑的研究

数学焦虑是学生在数学学习过程中产生的不安、紧张、畏惧等情绪状态。这是学生学习过程中最常见的学科焦虑之一。数学焦虑的影响因素主要有数学与数学课程的性质、父母教育观念、学校数学教学、学生的人格特征。（徐速，2006：207-209）数学焦虑会使学生对数学刺激产生负面的生理反应，产生错误的认知与消极的态度，导致学生回避需要应用数学知识技能的环境或职业。陈英和等指出，数学学习中产生的情绪是一个不容忽视的因素，主要表现为一个过程，而不是一个结果，数学焦虑和数学认知是相互联系的。当主体应用事实性知识解决简单问题时，数学焦虑不显著，而当主体应用程序性知识解决问题时，数学焦虑的影响非常显著。分析其内部机制发现，即时的数学焦虑反应分散了工作记忆活动，从而降低依赖于工作记忆的数学任务成绩。（陈英和等，2002）

数学学习焦虑与数学学习关系的研究是一个主要内容，许多学者在这方面进行了研究。如王秀玲从数学考试焦虑、数学课堂学习焦虑、情绪担忧和压力惧怕四个维度，分析了小学生数学学习焦虑与小学生数学能力间的关系，结果发现：（1）不同类型学校学生的数学能力及数学学习焦虑的相关程度存在着明显的差异；（2）数学能力与数学学习焦虑的关系呈负相关关系，数学学习处于低、中等焦虑程度的学生数学能力较强，高度焦虑的学生数学能力较弱。（王秀玲，2002）洪伟等对小学高年级学生成就目标定向、学业拖延、数学焦虑与数学学习投入之间的关系研究表明：（1）掌握定向和表现—接近定向均能直接正向预测数学学习投入，而表现—回避定向的直接预测作用不显著；（2）掌握定向、表现—接近定向和表现—回避定向均能通过学业拖延来间接预测数学学习投入；（3）掌握定向和表现—回避定向均能通过数学焦虑来间接预测数学学习投入，但表现—接近定向不能通过数学焦虑来间接预测数学学习投入；（4）三种成就目标定向均能通过学业拖延和数学焦虑的多重中介作用来预测数学学习投入。这表明成就目标定向不仅能直接预测，还能通过学业拖延和数学焦虑的多重中介作用来间接预测小学生数学学习投入。（洪伟等，2018）

分析不同数学焦虑水平的小学一至三年级学生在即时数学焦虑状态下，加减法认知策略的表现，结果表明：（1）在一般数学焦虑状态下，数学焦虑对儿童加减法认知策略的影响较弱，只对个别策略的选择和执行产生影响。题目类型对两个数题的策略选择没有影响，而对策略的执行有影响。题目类型对三个数题的策略选择和执行都有影响。（2）在即时数学焦虑状态下，不同数学焦虑水平儿童策略的选择和执行都有显著差异，在进位加法、借位减法和三个数题中多种策略执行的差异体现得更明显；在即时数学焦虑状态下，儿童在不同题型的策略选择和执行上更易受数学焦虑的影响。（耿柳娜等，2007）进一步研究发现：（1）从策略选择上看，高数学焦虑儿童使用出声策略和手势策略较多；使用对位策略较少。（2）从策略执行上看，高数学焦虑儿童出声策略、手势策略和拆十策略执行的正确率较高；竖式策略和对位策略执行的正确率较低。（3）随着儿童年级的增长，数学焦虑对其策略选择的影响越来越显著。（耿柳娜等，2005）

周双珠等以小学二至六年级学生为例，分析了学生的数学焦虑、数学元认知和数学学业成就三者之间的关系和相互作用机制，研究表明：（1）数学焦虑和数学学业成就存在负相关；（2）中等、高数学焦虑组儿童数学学业成就显著低于低数学焦虑组，中等、高数学焦虑组儿童数学元认知水平显著低于低数学焦虑组；（3）数学元认知在数学焦虑和数学学业成就之间起到了完全中介的作用。（周双珠等，2014）而数学焦虑影响儿童数学任务表现的作用机制主要是：（1）数学焦虑与数学成绩呈显著负相关；（2）高数学焦虑组在工作记忆和两类数学任务中的得分均显著低于低数学焦虑组，而两组在抑制任务指标上差异不显著；（3）言语工作记忆和视空间工作记忆是数学焦虑影响心算加法任务的完全中介变量；视空间工作记忆是数学焦虑影响图形旋转/平移任务的完全中介变量，言语工作记忆是二者关系的调节变量。研究结果支持了加工效能理论。（崔吉芳等，2011）

（三）小学数学学习性别差异的研究

数学学习的性别差异是学生心理性别差异在数学学科领域的特殊表现，是以学生心理性别差异为基础。学生心理性别差异包括认知方面的性别差异和非认知方面的性别差异。语言能力、空间能力、数学能力是人们普遍认同的认知性差异的三个方面，而事实上，空间能力往往被认为是数学能力的重要成分，一些数学活动与语言活动紧密相依。因此，可以认为，数学学科是性别差异的一个重要的表现领域。

在小学生性别差异对数学能力的影响方面，许燕、张厚粲以北京城区及郊区小学二、四、六年级学生为研究对象，对不同数学能力上是否存在性别差异及性别差异表现的特征等进行了研究，结果发现：（1）在数学理解能力和问题解决能力上没有显示出性别差异。小学二年级男生在数学计算能力上优于女生。（2）在低水平的数学加工中无性别差异，男生的优势体现在高水平的数学加工上，且只表现在二、四年级中。（许燕、张厚粲，1997）一般认为，男女生的数学能力的发展速度及发展水平与青春发育期的起始时间有关。在各个发展阶段，男生数学能力分布的离散程度都大于女生，或者说，男生之间的数学能力的个别差异远大于女生。男生之间数学学业成就高低的差别较大，而女生的学业成就彼此间比较接近。数学能力最大的性别差异出现在能力最强的10%—20%的那一部分学生中，也就是说，男性的优势最明显表现在高能力群。数学能力性别差异的程度是随着测试的数学内容的不同而变化。男性的优势最明显表现在应用题的解决以及需要复杂的空间能力的项目上。一般认为，女生在解计算题、简单的文字题方面比男生好，而男生在复杂的问题解决和应用、高级的逻辑推理等方面强于女生。男生有更肯定的数学能力信念、更大的对数学成功的预期、数学成败归因上倾向于能力归因、更低的数学焦虑以及更看重数学的价值。而且这些性别表现的时间很早。小学生数学学习性别差异的基本印象是学习结果"无差异"与学习过程"差异"并存。从发展的眼光看，男生在数学能力和数学学业成就上优于女生，而且这种差异随着年级的升高趋于增大。但在男性青春发育期之前，小学生数学能力测验分数基本没有差异；数学学习成绩也大致相当，女生稍好于男生。对于这种现象，一方面是因为小学阶段女生在智力上占优势；另一方面是与数学课程内容有关。在小学阶段，数学课程内容多是"是什么"的问题，易于教师面面俱到地讲授，利于女生应付与学习这些内容，可以取得比较好的成绩。但是到初二、初三后更多的数学课程内容是"为什么"与"如何做"的问题，学生原来的学习方式开始不适应了，其结果是较高水平的数学问题学习中女生落后男生了。（徐速，2006：214-223）

张定强等的调查也表明，在小学阶段，女生成绩、名次总体水平高于男生，但没有显著性差异；在初中阶段，女生略有下降，男生略有上升，男女生基本持平；进入高中后，女生继续下降，男生继续上升，男生名次明显高于女生。（张定强等，2003）孙旭花等对香港小学生的研究也表明，男女小学生总体成绩无显著差异，女生的成绩稍好于男生。（孙旭花等，2004）

小学生的数学学习过程存在明显性别差异，总的来说主要表现在：（1）数学认知过程的信息加工方式、认知困难以及错误类型、对不同认知任务的反应情况；（2）数学学习中所产生的或者相伴随的观念、态度、情感等非认知因素。数学学习性别差异的原因主要有生物学因素、个体活动经验与兴趣、父母的数学教育观念、社会文化因素等。（徐速，2006：223-227）

（四）小学生数学观的研究

数学观是人们对数学的根本认识，中小学生认为数学是什么，就会如何学。它是隐藏在知识学习与能力培养背后，影响学生数学学习的一个重要因素。刘儒德等认为中小学生的数学观由数学知识观、数学学习观和数学自我概念三部分构成。数学知识观涉及对数学知识的确定性问题、简单性问题、社会性问题以及数学的价值等认识；数学学习观涉及对数学学习或问题解决过程、策略及其影响因素（如能力和努力）的认识；数学自我概念涉及对自我数学学习和解题能力的认识、对自我与数学学习及应用之间关系的认识以及对自我数学情感体验的认识。中小学生的数学观是通过学生自身数学实践活动经验、教师的教学目标和过程以及社会文化与学校文化传统三方面交互作用的过程形成的。它对学生的数学学习行为、学习策略、动机与情感都会产生重要影响，从而对良好数学学习成绩的获得有重要作用。（刘儒德等，2004）"数学观"是对"什么是数学"这一问题的回答，是指人们对数学的认识和看法。学生的数学观是一种元认知知识，是学生先前经验中重要的组成部分。学生的数学观制约数学学习，影响学生的数学学习动机、学习策略、学习成绩等。同时，学生的数学观也是数学学习的结果之一，是在学校数学学习过程中发展起来的。学生狭窄的数学经验空间、教师的课堂教学及其观念系统、社会文化因素等均是小学生数学观形成的影响因素。（徐速，2006：193–199）

众多学者从不同层面对小学生的数学观进行调查研究，得出了结果与结论。如陈红艳等调查了我国小学生数学观的现状，分析了小学生内隐的数学观及其发展过程，结果表明：（1）大多数小学生认为数学仅仅是发生在学校中的事，对数学真实生活的价值认识不清，不能自觉地把数学作为解决实际问题的工具，80%的小学生回答自己和老师是数学最主要的使用者，84.3%的小学生认为学校是使用数学的地方，97.8%的小学生认为主要是老师教他们学数学。（2）随着年级的升高，小学生对数学的学科性质以及数学学习的性质的认识逐渐全面、正确。对数学和数学学习的看法等问题上，二年级有57.1%

的学生倾向于认为数学是很精确的、数学没有人教是学不会的、按照老师安排好的顺序和步骤学数学知识会学得更好、数学题都可以在短时间内解决；而四、六年级倾向于这种认识的人分别为50.2%和41.5%。（3）对于数学学科与数学能力的认识，近50%的小学生认为只是"数字、计算、运算法则"；约21%的小学生认为只是"学校里的一门主要功课"，仅有5%的学生意识到"数学是日常生活、学习、工作的有用工具"。随后，他们对小学二、四、六年级学生的数学学习态度和数学学习观的调查表明：（1）小学生普遍喜欢数学，并对自身的数学能力有信心，但这种积极态度随年级升高而逐渐下降，尤其是在四、六年级之间达到了显著性；（2）小学生的数学知识性质观是倾向于建构性的，并随年级升高而显著提高，但总体上还是比较素朴、直观和肤浅的；（3）小学生的数学学习过程观总体上并不十分明确，同时注重表层上的接受学习和深层上的主观参与。（刘儒德等，2002）

徐速调查了六年级小学生和初二学生的数学知识观，结果表明：（1）中小学生数学知识观形成及发展与学校数学课程内容紧密相关。（2）中小学生数学知识观存在差异，主要表现在初二学生对假设性情境的认同程度显著地高于六年级学生；在数学认识问卷的数学实用性维度上，六年级学生的肯定程度显著地高于初二学生。（3）从总体上看，学生的学业水平与数学知识观的关系不大。（徐速，2006D）李妍对小学生数学观的调查研究表明：（1）小学生的数学观倾向于动态数学观，但是整体数学观中又夹杂着的静态的、绝对主义的数学观。这也说明，小学生的数学观还不是十分明朗，需要教师在教学活动中注重对学生科学数学观的培养。（2）男生在对数学本质认识、数学内容和数学问题认识两个维度上的平均得分要低于女生，但是在对数学价值认识、数学学习影响因素认识以及数学学习策略认识三个维度上的平均得分则要高于女生，数学观总分男生高于女生。不过整体上，性别的不同并不会导致小学生在数学观上有显著差异。（3）在数学本质认识、数学内容和问题认识以及数学价值认识这三个维度上，学生没有显著差异；在对数学学习影响因素认识这一维度上，不同地区的学生有显著差异；在对数学学习策略认识上，地区差异极其显著。（4）通过对不同年级学生数学观的分析比较，发现小学生在数学观各因子中均表现出显著的年级差异。（5）学生的数学观与学生数学期中考试成绩具有正相关性。（李妍，2012年学位论文）周琰等对小学四、六年级学生的数学学习观、数学学习策略的关系及两者对数学学业成绩的影响进行了调查研究，结果表明：（1）数学学习观对学业成绩无显著的直接影响，但数学学习策略对学业成绩有显著的直接影响。（2）数学学习观通过影响学习策略从而间接地影响学业成绩。（3）对数学学习过程的认识存在显著的年级差异，高年级学生比低年级学生更倾向于建构性的学习过程观。（周琰等，2007）李琼对小学生数学学习观的结构与表现特点的研究表明，小学生数学学习观的四个因素，即数学学习兴趣、课堂参与性、数学学科观与数学交流的素养，能够较好地解释数学学习观的心理结构；小学生的数学学习兴趣与课堂参与性，随着年级升高显著下降，而在数学学科观与数学交流的素养方面则表现出相反的趋势，即随着年级升高而提升；男生的学习兴趣与课堂参与性明显高于女生，但在数学学科观与数学交流的素养方面，女生则明显好于男生。（李琼，2006）

（五）小学数学学习自我效能感的研究

有学者对小学生数学学习自我效能感的相关性进行了研究，如何先友探讨了小学五年级学生数学自我概念与数学成绩的关系，考察了数学成绩优秀学生与数学成绩不良学生自我效能和自我概念的差异，结果表明：数学自我效能与自我概念对小学生数学成绩有着显著的影响，两者之间存在着显著的交互作用，数学成绩优秀学生和不良学生在数学自我效能和自我概念上有着显著的差异，优秀生均高于不良生。（何先友，1998）段鑫星等对小学生自我效能感与学习动机的发展关系的研究表明：（1）学业自我效能感的三水平与学习动机的三水平间具有显著相关。同时在考察了学业自我效能感对学习动机的回归后，发现它们之间的作用模式不同。（2）小学生自我效能感的"天赋"与"努力"两个维度随年级升高呈下降趋势，而在"背景"维度上基本保持平稳的发展趋势。（3）小学生的学习动机在随年级的上升而下降。因而提高小学

生自我效能感与学习动机是基础教育值得重视的问题。（段鑫星等，2005）

小学生数学学习的自我效能感是可以通过教学进行培育与提高的，有学者采用"自知、助学自验、自评"结合的培育方法，对小学五年级学生的数学自我效能感进行了为期三个月的培育实验。结果表明：运用该方法对于提高小学生数学自我效能感水平有显著效果，特别是对中、低自我效能感水平的小学生效果显著，数学自我效能感与数学学业成绩之间呈显著正相关，但数学自我效能感的显著提高并不一定导致学业成绩的显著提高。同时，学生的数学学业成绩也影响着数学自我效能感，二者是相互依存、相互作用的。（寇冬泉等，2002）

（六）小学数学其他非智力因素的研究

小学数学非智力因素包含多个层面的众多要素，几乎每个层面都存在一定的研究。如对三至六年级小学生数学学习成就动机的研究发现：（1）三到六年级小学生数学学习成就动机的整体情况呈正态分布，而且平均水平偏高。（2）小学生数学学习成就动机的总分和各个维度与数学成绩均显著相关，成就动机水平的高低对学生学业成就有着很高的预测力。（3）年级越低数学的学习主动性越差，年级的升高对数学学科价值的认知和表现目标上有下滑趋势。（4）在表现目标维度上女生要明显低于男生，在行为主动性维度上男生明显低于女生。（5）住宿学生的数学学习自我效能感明显高于走读学生，走读学生比住宿学生更加认可数学的价值。（6）城镇小学的学生数学学习的成就动机水平明显比农村小学高。（蒋虹，2013年学位论文）对小学生数学学习兴趣的研究发现，小学生数学学习兴趣的水平总体较高。但学生在学习兴趣的情感体验和自主投入方面随年级升高呈下降趋势；男女生在知识获取、价值认识、自主投入等方面的发展存在差异；农村学生的学习兴趣发展相对滞后于城镇学生。（裴昌根等，2017）

对小学四年级和六年级学生数学学习方式的研究表明，当前小学生的数学学习方式呈现出多样化状态，接受学习不再是唯一的或主要的学习方式；小学生已经掌握了自主学习、反思学习、合作学习、探究学习、体验学习等新学习方式，但探究学习仍需进一步加强。小学生在探究学习方面存在显著的年级差异；在接受学习和合作学习方面存在显著的性别差异；其他的学习方式在年级和性别方面没有显著差异。（尹佐兰，2018）

对大班幼儿及小学一至三年级儿童的数学情绪体验与数学成绩的关系的研究表明，大班幼儿与一、二年级儿童对非符号任务图片有较积极的情绪体验，但三年级儿童的积极情绪体验消失。儿童对符号任务图片的消极体验随年级提高而明显增长。三年级儿童对讲课和解题情境的图片均开始表现出显著的负性情绪。分层回归分析发现幼儿的情绪体验不能预测其数学成绩，而在控制了年龄的影响后，小学儿童对符号任务图片和讲课情境图片的情绪体验能显著负向预测数学成绩。（赖颖慧等，2016）

对小学五年级学生的独立性、好奇心、进取心这些性格特征的调查发现：（1）独立性、好奇心、进取心与学生数学学习能力的发展有着非常密切的关系。（2）数学能力强和数学能力差的学生在独立性、好奇心和进取心上表现是不同的。这也再次证明了性格上的差异会直接或间接地导致学生数学学习能力上的差异，好的性格特征会促进学生学习能力的发展和提高，不良的性格特征会给学生造成很大的学习障碍，导致其丧失学习的信心。（富安利等，2000）

对小学生能力观、学业控制感、期望和数学学习投入之间的关系的研究发现：（1）能力观、学业控制感、期望和数学学习投入之间均存在显著的正相关。（2）能力观对数学学习投入的直接效应显著。（3）学业控制感、期望在能力观和数学学习投入之间的中介效应均显著，且学业控制感—期望的链式中介作用也显著。（蒋舒阳等，2018）

对小学生数学学习态度的现状及差异的调查表明：（1）小学生数学学习态度整体水平偏高，反映出他们的态度还没有完全形成，或者说还不够稳定。（2）小学生数学学习态度在学校、家庭和年级方面存在显著差异，而在性别上不存在显著差异。（3）小学生数学学习态度与数学学习成绩密切相关（赵鹏程等，2007）。林泳海等对少数民族和汉族小学生数学学习态度进行调查，结果表明：（1）少数民族学生对"数学用处"和"得到教师的关注少"的认识比汉族学生低。（2）四年级学生数学态度得分最高，五、六年级出现下降趋势。（3）女生数学态度均分高于男生，但男女生的数学成绩没有差异。（4）数学态度在"对教师的看法"上存在地域差异，市区学生得分优于郊区和山区学生。（5）数学学习成绩好的，其数学态度得分较高。数学态度与数学学习成绩是双向影响的，这在民族地区的数学教学中应给予充分重视。（林泳海等，2008）

对小学生的数学学习自信心的调查表明：（1）小学生的数学学习自信心较高，在重点小学与普通小学间存在显著的差异，在小学阶段没有表现出显著的性别差异。（2）在不同年级间小学生的数学学习自信心不存在明显的差异，但在同学校不同年级间存在显著的差异。（3）在不同教师下小学生的数学学习自信心存在显著的差异，主要体现在新手教师与经验教师的差异上。（杨波等，2011）

小学生数学学习的非智力因素是复杂的，即使是具体的数学问题，也可能存在复杂的非智力因素。如小学生一道乘法竖式题的计算失误，可能存在感知笼统、记忆较弱、注意失调、定势干扰、联想失误、情感脆弱等心理方面的原因。（林俊，2011）学生在数学课堂上的差错可能是其独特的建构、创造与迁移。（华应龙，2017）指向学生数学情感的培养，也存在情感迁移、情感诱导、情趣激发等心理策略。（徐建星，2004）

第三节　小学数学学习研究反思与展望

虽然直到20世纪70年代，数学教育心理学才成为一个专门的研究领域，但半个世纪以来取得了丰富的成果，而小学数学学习是其中研究较多的领域之一。从数学知识、数学概念的学习，到数学能力、数学思维的内涵与心理机制，再到数学非智力因素的研究，可以说是研究维度多、研究领域广，研究内容庞杂，丰富与拓展了人们对小学数学学习的认识，提高了小学数学教育教学的科学水平。与此同时基于研究成果的梳理，也发现了一些值得反思与展望的地方。

一、小学数学学习研究反思

（一）小学数学学习双向研究的割裂

对我国70年来小学数学学习研究文献资料的梳理发现，国内主要是数学教育研究者与心理学研究者两大群体对小学数学学习进行研究，均取得了一些研究成果，但存在着明显的差异与割裂。

首先，从研究的视角看，心理学研究者主要以数学学习为载体，通过实验研究去发现儿童认知的一般心理规律，多是从微观入手，以小学生的数学学习为载体，采用实证研究的方法开展研究。而像全国认知协作小组为解决我国当时的教育现实问题，系统研究小学生数学学习心理现象和规律的则不多。如他们对小学生数概念的发展研究、林崇德及其团队对小学生数学思维品质的研究等。而数学教育研究者常由于缺乏心理研究的方法或能力，常基于心理学理论，用演绎的方式去推测或验证小学生的数学学习，实际上多是心理学理论在数学学科教学中的应用，是心理学理论观点的具体应用或细化研究。

其次，从研究的方法看，心理学研究者往往采用实证研究的方法，常运用比较完整的心理学研究规范、手段、工具、方法，包括调查、测量、实验、个案分析等，目的在于客观地揭示事物的现状及发生发展的规律，剖析事物的内在联系。而数学教育研究者常习惯用思辨、经验总结和演绎的方法去研究。由于研究方法体系的不同，常会造成研究结果应用的受限，甚至误解，阻滞了相关研究成果的应用与推广，大大降低了各自研究成果的传播与价值。

第三，从研究的内容看，数学教育研究者对小学生数学学习的研究内容较为广泛，需要针对小学生的整个学习进行相关的思考与研究。而心理学研究者主要是针对小学生学习的内在心理机制进行研究，所涉及的数学内容范围往往较为狭窄，同时对一些高级思维的研究也存在较大困难，所涉及的深度不足。这导致两个群体对同一内容研究的不同与应用的不足。

有时虽然面对的是小学数学学习同一个主题，但心理学研究者与数学教育研究者之间存在视角、方法及内容的不同，导致他们对小学数学学习研究的脱节，造成心理学研究者的成果不为数学教育工作者了解，不能将这些成果用于数学教学实践。而心理学研究者常会认为数学教育研究者的方法不规范，结果不可信等，造成两个群体在小学数学学习领域进行持续、深入、全面研究的困难与隔阂。

（二）小学数学学习的持续性系统研究不足

分析几十年来小学数学学习的研究成果可发现，心理学研究者的研究主题多，且偏实证与微观，这对数学学习的细化研究起到了很好的作用。但缺少对数学学习主题的系统把握，通过协作研究也取得了像数概念发展、数学思维等系统研究成果，但有些研究主题显得后继不足，甚至较少关注。如关于几何、统计与概率等方面的系统研究不足，后期的协作研究也是小规模的居多。虽然借鉴了大量国外的心理学研究成果来解释，也具有一定的科学性与合理性，但同时也存在文化心理结构等不同，而导致低效甚至错误性的应用。

同时许多数学教育研究者所编著的教材，近年来增加了学习心理的理论知识与实践案例，增加了小学数学学习的章节与内容，但大多数局限于一般数学学习概念的阐释，把心理学的研究成果下位地应用于小学数学的概念学习、命题学习及问题解决等。并且内容的一致性很大，如对于小学数学概念的学习主要是从心理学角度来解释概念的形成与同化，从内容的角度来讲解小学"数与代数""图形与几何""统计与概率"的学习等。虽然这是一些必要的内容与方向，但缺少更加完善与深入的系统诠释，也缺少从数学学习本身生成的学习理论、观点与知识。由此看来，需要针对数学学习开展系统持续的研究，为小学的数学学习提供系统的心理学支撑。

二、小学数学学习研究展望

（一）积极开展小学数学学习的协作研究

从上述小学数学学习研究成果的梳理可发现，心理学研究者对小学数学学习的研究，基于学科研究的范式，一般研究选题较微观，思考相关心理学领域的前沿，这也是学科专业研究的应然选择。而从小学数学教育的角度来看，需要系统的数学学习理论知识，需要学习心理学研究前沿的转化与相关心理学理论的学科应用，而这需要跨学科研究者的协作才能有效地实施与完成。20世纪七八十年代全国认知协作组的系统研究就发挥了较好的作用，系统的研究成果为小学数学的课堂教学、课程设计及教育决策等提供了很好的科学依据，有效地解决了我国教育现实中存在的一些问题，提升了小学教育质量及其研究的水平。

随着学习心理研究的专业化发展及数学教育的专业化需求，随着快速的知识更新及社会发展，当下及未来的教育教学更需要前沿研究成果的快速转化与应用，跨领域的协作及跨领域的专业人才显得更为重要，期望前沿研究成果的搁置与专业人才培养的落后等问题能通过专业协作与融合、跨专业的人才培养得到有效的解决。

（二）适当加强小学数学学习心理学的教学

从当下教师教育职前职后一体化的趋势及要求来看，要考虑小学数学教师的成长与专业发展。首先对职前的小学教育专业来说，在相关课程中增加数学学习心理学方面的课程内容，有条件的院校可以开设小学数学学习的专业课程，如《小学数学学习心理学》等，以有效地加强小学数学学习心理方面的知识与教育，从职前培养的层面，为学生打下较好的学理性基础。如扬州大学小学教育专业就以心理学为特色，开设了《普通心理学》《教育心理学》《小学数学学习心理学》，以及《小学生心理咨询与治疗》等系列课程，取得了较好的效果。其次，对职后的小学数学教师培训来说，可把小学数学学习心理知识纳入教师培训专题，结合小学数学教师的教学实践，有效地渗透相关专业知识，为其教学实践、教学行为、教学设计、教学评价等寻找合理科学的心理学解释，提升小学数学教师的专业化水平。

对于职前师范生的培养来说，职后培训专题的开设可能更具有可行性，较少受到师资、时间等限制，同时又能把实践与理论有机结合。从小学数学教师培养的角度来说，全程性地开展小学生数学学习心理的教育或培训，也是提高其专业化水平的一条必要的、有效的路径。

（三）指向学科教学认知提升小学数学学习理论的育人价值

自1986年舒尔曼提出教师的学科教学知识（PCK）以来，教师需要具备什么样的知识才能教得好？影响教师教学的关键知识是什么？等等问题引起人们的广泛关注。近年来，随着对教师素养要求的提高及未来人才的培养需要，教师教育也面临新的挑战，学科教学知识（PCK）转向学科教学认知（PCKg）是其中的一个重要取向。（魏宏聚等，2020）一般来说，学科教学认知指学科知识在具体教学中的转化形式，是专家型教师知识范畴中最有效的教学知识。专家型教师的学科教学认知主要包含所教的学科知识、学科教学论知识、学习者个体特征知识和教育情境知识四个要素，且这四个要素是相互联系的一个有机整体。所教科目的学科知识居于基础地位，学科教学论相关知识是顺利开展教学的关键，学习者的个体特征知识和教育情境知识是学科教学认知系统的有机组成部分（王后雄等，2011），据此需要对我国教师的知识基础及其生成路径进行新的思考。

对小学数学教师来说，学科教学认知的转向不仅要具备一定的数学学习心理学知识，而且还要与其他三类知识有机地融合才能形成有效的、高效的数学教学，专业成长才能由合格、一般走向卓越。这要求在小学数学教师的培养与专业成长过程中，要把小学数学"教什么""如何教""如何学""学怎样"等有机地结合起来，不仅要有静态的学科教学知识，更要有动态的学科教学认知，形成融合的综合性知识体系，如此综合地考虑是指向卓越教师培养及教师有效教学的基本要求。这要求对小学数学学习的研究不仅要有系统成果，还要与其他相关知识进行有机融合，这对其研究与应用均提出了更高的需求。

第六章　小学数学教师专业发展研究

教师是人类社会最古老的职业，从专门的学校产生后，教师开始真正成为一种职业。随着师范教育的出现，人们开始关注师资培训。1902年清政府在京师大学堂设立师范馆，标志我国师范教育的开端。20世纪上半叶，我国已陆续成立多所师范学校并制定颁布师范教育法规，师范教育开始进入制度化发展阶段。20世纪后期，教师专业化成为众多国家和地区相继推行的教育政策，开始关注教师作为职业的社会地位即其在社会中的声望，而随着教师职业的高度专业化发展，人们对教师专业发展的关注开始聚焦在教育学视角下，即关注教师个体内在专业特征的提升，关注教师个体的专业思想、专业知识、专业技能、专业情意等。教师专业发展实践也从培训转变教师转移到让教师成为主动的学习者，强化教师的反思性学习与发展的能力。（卢乃桂等，2009）

第一节　小学数学教师专业发展研究历程

小学数学教师的专业发展与教师专业发展历程一致，对小学数学教师专业发展的研究也随教师专业地位的逐渐确立而日趋完善。自新中国成立以来，我国小学数学教师专业发展经历了三个阶段，小学数学教师教学经验介绍的研究阶段（1949—1976）、小学数学教师专业发展研究的起步阶段（1977—2000）、小学数学教师专业发展研究的发展阶段（2001—2019）。未来对小学数学教师的专业发展更需以教师作为基本前提，基于小学数学教师个体的视角，强调小学数学教师专业发展的学科性，突出小学数学教师专业发展与学生核心素养发展间有机结合。

一、小学数学教师教学经验介绍研究阶段（1949—1976）

新中国成立至"文革"结束，先后经历了五次课程改革，小学数学教师主要承担小学算术教学的任务，这一时期小学数学教师专业发展主要关注一线教师的算术教学经验。

20世纪50年代，为了传播教育信息，提供教学经验和学术交流平台，先后创办了多种教育刊物，如人民教育、江苏教育、江西教育、吉林教育、上海教育、广东教育等。从这些杂志中可以看到，小学数学教师一直在进行算术教学经验的探索。从工友到算术教师的管坤元，记录了其在教三年级算乘加混合题的课堂实例，认为加强教材钻研和备课是提高业务水平和教好功课的唯一途径。（管坤元，1954）小学数学教师在算术教学中要培养和发展儿童的逻辑思维，更关注教师采用什么样的教学方法培养学生的能力。（如皋师范附小算术研究组，1954）使儿童明确学习算术的目的是保卫祖国、建设祖国和处理日常生活中的实际问题即学习各种科学知识的基础，从而激发和培养儿童学习算术的自觉性和积极性。在教学中系统地传授算术知识，并使他们获得运用这些知识的技能。在算术教学中要注意培养和发展儿童的思维，即确定的、循序渐进的、有规律的思维；通过算术的教学，形成儿童辩证唯物主义世界观的基础。（马航荣等，1955）

发挥教材的连贯性、系统性；用分析综合的方法发展儿童思维，让学生多活动；通过实物的直观，以使儿童从感性知识进而提高为理性知识；用图解来讲授例题；根据算术课本习题为主，有时自编熟悉较简单的例题；例题讲解基础上的得出结论；反复练习，增强记忆。（沈忠良，1954）在算术教学中贯彻劳动教育，强调小学算术教学与实际生活、农业生产生活相联系，让儿童自编应用题等等（春鸣，1957），强调教师在算术教学中重视学生的思想政治教育。教师要抓住教材重点、突破教材难点来发展儿童思维；重视算术基本知识的讲解和培养儿童算术语言的完整性来发展儿童思维；通过口算练习来发展儿童思维；正确运用直观教具来发展儿童思维。（凌方，1957）通过具体的课堂教学从学生原有知识基础和生活经验出发，启发学生积极思考，接受新知。（袁瑢，1957）

这一阶段教师的主要任务是教学，重视发展学生的基础知识和基本技能。因此，本阶段小学数学教师专业发展主要聚焦在教师如何钻研教材，怎样才能教好算术，进而培养学生的"双基"。

"文化大革命"时期，国家的课程体系与教材建设遭到前所未有的破坏，原有的基于"双基"的教学被否定，缺乏统一的标准，小学数学教学要求降低，教学质量明显下降。教师作为知识分子受到批判，根本谈不上教师专业发展。一些地区开始尝试"三算结合"教学改革，取得一些实效。

二、小学数学教师专业发展研究起步阶段（1977—2000）

"文革"十年结束后，改革开放之初开始建设我国小学数学课程体系，小学数学教师重新开始回归教学，探讨自身教学水平的提高和教学经验的总结。如使每堂课的教材成为学生"跳起来才能摘到的果子"；向学生传授知识要处理好"牵着走"和"放开手"的关系；用儿化语言表述抽象的数学概念。（徐丙霞等，1979）

随着社会的发展，对基础教育质量的诉求开始不断提高。《小学数学教师》于1978年发行丛刊，1981年由教育部批准正式创刊，是全国第一本面向小学数学教育工作者的专业性、权威性期刊。《小学数学教师》作为面向小学数学教育工作者的第一本期刊，关注小学教师专业发展中的相关问题。

1985年颁布《中共中央关于教育体制改革的决定》，指出把发展基础教育的责任交给地方，有步骤地实行九年制义务教育。喻立森认为教师是传授文化科学知识的艺术家，教师是年轻一代理智资源的开拓者，教师是塑造未来一代灵魂的工程师，教师是社会主义现代化文明建设的生力军。（喻立森，1987）小学数学教师继续承担基础教育教学工作，这一阶段开始关注小学数学教师个人素质系统结构，包含知识结构、能力结构和品德结构三方面。知识结构包含数学知识、教育和心理科学知识，其中数学知识中要精通算术基础理论、掌握初等数学知识、了解高等数学知识特别是现代数学思想，教育和心理学知识具体指精通小学数学教学法；掌握儿童教育心理学，特别是小学数学教学心理学；了解教育学的知识，特别是要了解现代教学论的基本观点。（刘齐平，1989B）掌握哲学和思维科学知识，具体指精通数学逻辑，掌握形式逻辑，了解唯物辩证法的基本观点。此外还要掌握语文知识。（刘齐平，1989A）

瞿葆奎教授主编的教育学文集于1991年出版，其中教师卷以论文汇编的形式对教师的地位、作用、劳动价值、教师的师德等相关问题进行阐述，从教育学的角度突出教师的地位和作用。

1992年《数学教育学报》创刊，其中有数学教师教育专栏，专门发布关于各级教师专业发展与教师教育相关研究成果。1993年10月31日，第八届全国人民代表大会常务委员会第四次会议通过《中华人民共和国教师法》，明确教师是履行教育教学职责的专业人员。至此，教师作为专业人员的地位被以立法的形式确立，教师专业发展这一课题开始正式进入人们的视野。1995年国务院颁布《教师资格条例》，规定了取得教师资格的基本条件，其中包括"有教育教学能力"。

有学者认为教师应具备教学能力和科研能力，就教学能力而言，要求教师首先要有足够的数学知识，要有相当的教育心理学知识，要有很强的语言表达能力，要具备一定的教学机智，教师的思维应具备独立性和创造性。教研能力，强调教师的科研意识和自信心，较强的书面表达能力，敢于实践。（肖鉴铿，1995）关注年轻小学数学教师的教学能力的提高，要有知识结构；参与数学教研活动，丰富理性认识；加强教育实践。（何晗，1998）

1999年《中共中央国务院关于深化教育改革，全面推进素质教育的决定》发布，强调基本普及九年义务教育和基本扫除青壮年文盲（简称"两基"），是全面推进素质教育的基础。地方各级人民政府要继续将"两基"作为教育工作的重中之重，确保2000年"两基"目标的实现和达标后的巩固与提高。基础教育阶段教师仍承担对学生进行基础知识与基本技能培养的任务。小学数学教师专业发展的研究处于起步阶段，即关注教师作为职业的专业性，开始关注教师自身的专业素质结构。

三、小学数学教师专业发展研究发展阶段（2001—2019）

进入21世纪以来，我国开始了新一轮课程改革，强调在关注学生发展的同时要重视教师自身的成长，要求教师转换自身角色，成为研究者、组织者、促进者，做反思型实践者。因此，开始出现基础教育数学名师、数学教育研究者以及数学教育研究生教育等，从学术研究和实践成长角度关注小学数学教师专业发展与专业成长研究。

一线小学数学教师也开始思考教师应具备的知识结构，认为小学数学教师必须具备系统的数学专业知识和广博的综合知识；必须具备从事小学数学教学的基本能力；熟悉教育理论，灵活运用教学方法。（刘福桂，2000）小学数学教师素质结构包括职业理想、知识水平、教育观念、教学监控能力、教学行为与策略。（郁晓霞，2000）

课程改革的深入要求教师具有全新的教育观念；课程中新内容的增设，要求教师具有宽阔的知识面；新课程的多样性、选择性要求小学数学教师具有良好的综合素质；新课程教学目标的变化要求教师提高施教能力。（丁锦华，2000）相关研究开始深入分析课程改革理念、义务教育数学课程标准的内容，强调教师要转变教育观念，转变角色，提升素养。（陈志华，2003年学位论文）

有研究者对小学数学专家教师与非专家教师的数学知识的理解和数学观进行研究，研究结果表明两类教师在数学知识的理解上表现出不同的取向：

非专家教师对数学知识的理解主要停留于"算法"的层面上，而专家教师在概念的理解与知识的组织方面具有更深刻的理解。在对数学学科的认识方面，专家与非专家教师都倾向于将数学看作为一个数学知识彼此互相联系与不断发展变化的学科。（李琼等，2005）

对小学数学教师专业发展的研究开始逐步发展，既关注教师个体的专业成长也关注教师群体的专业成长；既从系统整体角度考虑教师专业发展的素质结构，又细化划分为若干个小的研究方向，如教师的知识结构、教师的教学观、教师的学生观、教师的教学能力、教师的师德养成、教师专业发展的途径，等等。

2012年，教育部印发幼儿园、小学、中学教师专业标准，《小学教师专业标准》坚持师德为先、学生为本、能力为重、终身学习的理念，具体内容中包含专业理念与师德、专业知识、专业能力三个方面。其中，专业理念与师德包括职业理解与认识、对小学生的态度与行为、教育教学的态度与行为、个人修养与行为；专业知识包括小学生发展知识、学科知识、教育教学知识、通识性知识；专业能力包括教育教学设计、组织与实施、激励与评价和沟通与合作。我国关于教师专业发展进入了有标准可依的时代，关于教师专业发展的研究更多地围绕教师专业标准进行。

第二节　小学数学教师专业发展研究主要成就

随着新课程改革的推进，对师资队伍建设的要求不断提高，教师的职业化正进入专业化和自主化阶段。2012年教育部颁布各级教师专业标准，教师专业标准的基本理念是师德为先、学生为本、能力为重、终身学习。其基本内容包含专业理念与师德、专业知识、专业能力三个维度，十三个领域对小学教师的专业素质做出基本要求。本节针对小学数学教师专业发展研究成就的总结，主要依据这三个维度，但与小学数学教师专业发展研究的内容则不限于这三个维度，还包含小学数学教师专业发展的路径研究、小学数学教师专业自主权、小学数学教师专业发展评价等。

一、小学数学教师专业理念与师德研究

2000年，教育部印发《关于加强中小学教师职业道德建设的若干意见》，指出加强中小学教师职业道德建设的基本要求，积极开展多种形式的职业道德教育，加强领导，建立健全中小学教师职业道德建设的保障机制。

随着新时代对教师专业发展研究的推进，逐渐将职业道德纳入教师专业发展内容中，但对师德的关注和研究则从教师职业产生伊始便存在。小学数学教师的师德研究多蕴含在小学教师师德研究中，故本主题不做细致区分。

比较完备的教师职业道德规范，应当涉及教师与教育事业的关系、教师与受教育者（学生）的关系、教师与其他教师及教师集体的关系、教师与家长及其他相关人员的关系等四种关系范畴和师德理想、师德原则、师德规则三个层面。其中，师德理想体现着教育专业至善至美的道德境界，具有激励功能；师德原则是指导教师职业行为的准则和依据，具有指导功能；师德规则是对教师职业行为的最低要求，具有约束功能。具体来说，对待教育事业的道德，对待教育对象（学生）的道德，对待其他教师和教师群体的道德，对待学生家长或其他社会人员的道德。（傅维利等，2003）

2006年，中央教育科学研究所创办半月刊《中国德育》，刊发师德师风建设、学生德育的理论与实践等研究成果。

师德教育应增强教师的道德感，塑造教师健全人格,确保教师始终不变；师德教育在既重视德性伦理教育又重视教师职业伦理教育的基础上,应更加重视德性伦理教育；师德教育相对于倡导教师学习师德榜样做好事而言,提高教师自我修养使其不做坏事更为迫切。（吴全华，2014）

狠抓师德教育。传道、授业、解惑是教师的天职，要切实加强教师的职业理想、职业道德及信仰信念教育，引导教师坚持正确的政治方向，自觉践行社会主义价值体系，忠诚于人民的教育事业。加强师德宣传。一是师德规范的宣传，要坚持师德宣传的制度化、常态化。二是要坚持学习，宣传张丽莉等模范教师、优秀教师的先进事迹和高尚师德，注重发挥先进典型的引领

示范作用，深入研究、阐释时代楷模丰富的精神内涵，不断推出一批教育系统内具有时代意义的先进典型，用身边的人和事引导广大教师坚守高尚师德。强化师德考核。要健全师德考评制度。无论是对学校还是对教师本人的考核都要坚持师德为先的准则。一是把师德建设作为学校工作考核和办学质量评估的重要指标，二是把师德建设作为教师自身发展考核的关键指标。完善师德监督，注重师德惩治。（殷长春，2012）

师德建设可从以下几方面入手：怀师者之爱，用博爱唤醒学生；修师者之德，用人格影响学生；守师者之规，用正气感染学生；强师者之能，用才华启迪学生；品师者之乐，用幸福成就学生。（袁滨渤，2012）

陶行知师德观的主要内涵，"捧着一颗心来，不带半根草去"的奉献精神；"人民第一""爱满天下"的爱心精神；"千教万教教人求真，千学万学学做真人"的求真精神；"敢入未开化的边疆，敢探未发现的新理"的创新精神；"共学，共事，共修养"的和谐精神；"活到老，学到老，教到老，做到老"的好学精神；"学高为师，身正为范"的自律精神。陶行知师德观对新时期师德建设的启示：不断加强思想道德建设，提高师德修养的自觉性；不断提高科学文化知识，练就教书育人的真功夫；不断进行实践体验，在开拓创新中前行；不断加强制度创新，实现从他律到自律的升华；不断提高心理素质，以良好的精神状态迎接未来的挑战；不断树立师德楷模，明确前进的方向。（张伦贤，2011）评价标准必须明确、具体；评价方式和手段必须科学；师德考核激励机制需要健全。（刘淑文，2014）

日新月异的时代发展，对学校师德建设提出了新的挑战。要求教师具备在大数据时代不断更新知识的"进取心"，树立法治观念的"法治心"，尊重生命的"同理心"，传承中华优秀传统文化的"民族心"，服务社会公民的"责任心"。基于这些挑战，需要对师德建设进行系统化建构，以"乐业"作为师德培育工作的核心，以价值引领作为师德培育的导航系统，以任务导向作为师德培育的动力系统，以民主评议作为师德培育的保障机制，以此来提升教师的师德水平。（桂建华等，2017）

教师首先是一位学者，学者要求真与守真，传播真理、发现真理，以理性之光照亮是非、对错与美丑，泾渭分明，这是教师道德最本质的内涵。师德之本，源流有三：第一，知识之源，它与求真和理性有关；第二，实践之源，它与教师的选择与合理的行动有关；第三，审美之源，它与教师强大的智慧与人格魅力有关。（唐松林等，2018）

教师职业道德的实践发源于对教师职业的认同，教师职业道德的实践生成于价值观的传递，教师职业道德的实践表现于对学生需要的关注。（于川，2019）

新中国成立初30年，教师职业道德研究初步形成并在曲折中发展。改革开放40年，教师职业道德的研究领域不断拓展深化。从外部的规范性转向内部主体性道德成长；从普适性的职业道德转向专业化的伦理道德研究；从国外理论经验的学习转向本土化理论体系的建构；从理论成果的呈现转向道德标准的实践运用；从单一的职业道德维度评价转向多维并举的评价模式。新中国成立以来我国教师职业道德研究的反思，历史维度上，要促进师德建设的制度化和标准化研究；社会维度上，应加强教师专业伦理规范研究；对象维度上，应推动对教师群体的职业道德研究；方法维度上，要开展实证归纳与理论思辨相结合的研究；内容维度上，应增强新时代教师职业道德本土化理论研究。（陈鹏等，2019）

2019年12月，教育部等七部门印发《关于加强和改进新时代师德师风建设的意见》的通知，要求大力提升教师职业道德素养。突出课堂育德，在教育教学中提升师德素养；突出典型树德，持续开展优秀教师选树宣传；突出规则立德，强化教师的法治和纪律教育。

一线小学数学教师对自身师德养成或自身应具备的师德师风也有自己的思考，多从热爱教育视野、热爱学生、以身作则等角度阐述言传身教的意蕴。热爱教育，乐于奉献；热爱学生，诲人不倦；严于律己、为人师表。（于辉忠，2018）树立为人师表意识；培养爱岗敬业精神，教师需要坚定自己热爱教育事业的决心，教师还需要热爱学生，对学生的学习生活多加关注；提高个人能力素质，从而加强师德师风建设。（尤正伦，2018）应有教书育人的全局观，扮演好"灵魂塑造者"的角色。应积极参与管理和教育学生，扮演好"管理者"角色；讲究管理方法，扮演好"朋友"角色。（唐洪翠，2014）

小学教师的师德师风建设，学校方面应该定期组织教师进行专业素养培训，积极宣扬马克思列宁主义、毛泽东思想、邓小平理论，学习习近平新时代中国特色社会主义思想，重视教育事业，重视教育过程中的师德师风，对当代的教育事业有深刻的认识和了解，并将对教育事业的认识落到实处，才能树立服务学生、奉献社会的职业精神。（邓镇毅，2018）

二、小学数学教师专业知识研究

关于小学数学教师专业知识的结构一般与小学教师的知识结构相类似，即教师知识是教师专业化的重要基础，是教师成功教学的基本保证。研究者对教师的知识分类标准各异，但大体上都要涵盖本体性知识、条件性知识和实践性知识三个部分。（陈慧君，2007）从知识的功用出发，将教师知识分为学科知识，即教师所具有的特定的学科知识；条件性知识，即教育学和心理学的知识；实践性知识，即关于课堂情境及与之相关的知识。

小学数学教师需要关于数、基本概念、小学数学基本原理等数学知识修养。（王万喜，1981A、1981B）教师实践性知识是教师专业发展的知识基础。（陈向明，2003）教师通过对自己教育教学经验的反思和提炼所形成的对教育教学的认识；教师对其教育教学经历进行自我解释而形成经验，上升到反思层次，形成具有一般性指导作用的价值取向，并实际指导自己的惯例性教育教学行为——这便形成了教师的实践性知识。教师的实践性知识包括教师主体、问题情境、行动中反思、信念四个要素。（陈向明，2009）

而关于具体教育教学实践场域中教师的专业知识情况，则大多采用实证研究。既有对教师知识与教师专业发展阶段关系的研究，也有以教师在某一具体教学内容领域中的知识表现为对象进行的研究，同时也有研究者关注教师在某一方面知识的掌握情况（本体性知识）。研究者还关注不同地域及不同群体的专业知识掌握情况。

有研究者采用自编的小学数学教师职业知识问卷，在北京12所小学中选取106名小学数学教师，有效被试97名，对小学数学教师的知识状况进行了测查，结果发现：不同教龄的教师在条件性知识和实践性知识上表现出显著的差异，教师的条件性知识随着教龄的增加出现下降—上升—下降的发展趋势，而实践性知识随着教龄的增加呈逐步上升的趋势；小学数学教师的知识结构呈"π"字形，最上面的横代表教师的实践性知识，下面的两竖分别代表学科知识与条件性知识，是教师教学实践的两个支柱。（申继亮等，2001）

农村小学数学教师知识结构不完善，教育教学知识的掌握较差，实践性知识水平较低；教师知识的发展过早进入衰退阶段。（卢秀琼等，2007）还有研究以个别知识内容为例，从小学数学分数起始教学为媒介，通过自编的小学数学教师职业知识测验,考察了162名小学数学教师在学科知识（关于分数的知识）、一般教育学知识和教育实践知识等三类知识上的表现，并据此探讨了这三类职业知识间的相互关系。教师的学科知识是教学活动的实体部分，在教学活动中，教师为了能将学科知识有效地进行传递，就需要结合教学对象的特点对学科知识作出符合教育科学和心理科学原则的解释，以便学生能够很好地接受和理解。因此教师的教育学知识在对学科知识的传授过程中起到一个重要的理论支撑作用。但是由于教育情景的变动不拘，如何将自己所掌握的学科知识和教育学知识应用于课堂教学中去则需要教师在教学活动中不断地摸索，形成经验，最终变成教师自身的教育实践知识。当教师的教育实践知识非常丰富时，他在面对课堂教学情境时就能非常迅速地作出反应，这也就是有些研究者所说的教师的"直觉"反应。专家教师的经验作为其直接知识往往可以缩短其对教学活动中出现的问题的推理过程，并对特定情境的处理和疑难问题的解决起到指导作用。一名优秀的教师不能仅仅具备丰富的学科知识，因为教学是一个交互的过程，他还必须以丰富的教育学知识作为课堂问题解决的原则，以教育实践知识作为课堂问题解决的方式方法。教师的教育实践知识与其所掌握的学科知识和教育学知识之间存在显著的关联。

（辛涛，2005）

也有研究者参考《全日制义务教育数学课程标准（实验稿）》，研究选取关于分数领域三个方面的内容来编制学科知识的测量工具。这三方面涉及：理解分数概念（包括分数的意义、单位的概念、概念表征、分数的算理解释）、分数运算以及与分数相关概念之间的关系。一是对数学知识本质的认识，包括教师对数学作为一门学科的看法（例如，数学必然涉及运算，纯粹的观察与估计并不是数学）以及关于数学的思想方法（如，数学的"抽象性""对应"等思想的运用）；二是学生的数学学习，涉及什么是"做数学"（如，论证自己的想法是学生学习数学的一个重要部分）与如何看待答案的合理性。问卷还包含4个情境问题，试图从具体的教学情境中考察教师的数学观。从教师对学生解决方法的反应以及如何鉴别"擅长数学"的特质方面，进一步考察教师如何看待学生的数学学习以及教师对数学思想方法的运用。研究被试来自福州市15所小学的32名小学数学教师，其中专家教师与非专家教师各16名，两类教师的选取在学校中是配对的，在同一所学校中专家教师与非专家教师的数量是对等的。经采用问卷测查法，考察了32名小学数学专家与非专家教师的学科知识。结果表明，两类教师在数学知识与数学学科本质的理解方面表现出明显的差异。与非专家教师相比，专家教师对数学知识具有深刻的理解，包括深层的概念理解与结构化的知识组织。专家教师倾向于用"问题解决"的观点看待数学学科与学生的数学学习，而非专家教师则更倾向于"掌握知识"的观点。（李琼等，2005）

同时，还有研究聚焦在教师某一方面知识的掌握情况。小学数学教师本体性知识的缺失，主要集中在概率统计、图形变换、几何证明与数论初步等方面。分析研究其原因，一方面是由于学历教育数学课程内容以及数学素养培养的局限性，另一方面是由于教师思维的"童化"，即伴随教师重建儿童心智的努力而出现的本体性知识及其思维的退化。数学教师的本体性知识，既包括显性的可言传数学知识，也包括隐性的默会知识即数学能力、素养，是两者的统一体。设计了两种问卷，A卷的内容是小学数学的基本概念、公式及应用题，题目难度控制在至少有20%的小学毕业班学生能答对的水平上；B卷着重考查教师能否应用所拥有的数学知识为小学生释疑解惑，能否较深入地把握小学数学的教学内容，试题都以听课过程中发现的、教师易犯的知识性错误或纰漏为原型加工而成。本体性知识缺失的原因分析，学历教育数学课程内容的局限性、学历教育数学素养培养的局限性、教师思维的"童化"（伴随教师重建儿童心智的努力而出现的本体性知识及其思维的退化）。小学数学教师本体性知识缺失的若干对策，调整、充实职前教育数学课程的内容，改进职前教育数学课程的教学方法，加强职后培训的针对性，弥补教师本体性知识的缺失。（曹培英，2006）

教师个人知识是指教师个人所拥有的经验、体验和信念的整合体，是一种复杂的整合性、场景性和多元表征性的知识。它是教师教育教学活动的直接支撑，是教师专业发展的重要标志。吴卫东以小学数学教师作为案例，研究教师的个人知识，确定教师个人知识的思维表征、言语表征与行为表征，以及影响教师个人知识发展的个人经历、教学形象、职业追求等因素。（吴卫东，2007年学位论文）

还有研究聚焦农村小学数学教师专业知识的发展状况，通过自编调查问卷，调查分析农村小学数学教师知识发展情况。结果表明，农村小学数学教师知识结构不完善，教育教学知识的掌握较差，实践性知识水平较低；教师知识的发展过早进入衰退阶段。可通过树立终身教育的理念，结合农村教师知识发展的特点，在知识发展主体、方式、内容等方面促进教师知识结构平衡发展。（卢秀琼等，2007）通过对处于不同教师专业发展阶段的4名小学教师的17节课堂进行非参与式观察和访谈，分为自主整合型PCK、机械整合型PCK、零散缺失型PCK、低效缺失型PCK。（解书，2013年学位论文）

基于美国学者鲍尔（Ball）对数学教师学科知识的划分，以《基本概念与运算法则——小学数学教学中的核心问题》（史宁中编著）为主要参考，编制了《小学数学教师学科知识测试卷》，对重庆市114名小学数学教师进行了测试，以了解其掌握数学学科知识的状况。研究表明：（1）小学数学教师对学科知识掌握情况并不乐观，整体成绩较低，大多数教师得分没有达到及格水平；（2）小学数学教师在"图形与几何"领域掌握相对较好，其次是"统计与概率"领域，最后是"数与代数"领域；（3）从对数学学科知识的掌握程度看，在"正确性"（Truth Value）维度表现最好，其次是"解释性"（Legitimacy）维度，在"联系性"（Connectedness）维度的表现最低。（王卉蕊，2015年学位论文）

借鉴已有研究成果，建立了以"统领性观念""学科知识结构""教学表征"和"对学生的理解"等四个维度为基础的研究框架。基于四个维度和具体内容，比较分析了三组个案中的专家教师和新手教师的PCK。三组个案均为小学数学课，教学主题分别是《分数的初步认识》《年、月、日》和《圆的周长》，每组个案内包括2节新手教师的课和2节专家教师的课，三组个案一共12节课。研究发现：在统领性观念方面，新手教师关注学生对知识技能的掌握，专家教师关注数学知识的存在价值；在学科知识结构方面，新手教师依赖课程标准和教材的设计，专家教师把握课程知识的横纵联系；在教学表征方面，新手教师与专家教师相比，手段和策略基本一致，只是新手教师的创意新颖，而专家教师使用的策略更富有成效；在理解学生方面，新手教师对学生的认知理解较弱，专家教师对学生学习规律和心理特点的理解更加深刻。基于以上研究结论，结合小学数学教师专业发展的实际情况，本研究提出了三点建议：首先，建议教师积极学习并深刻领会新课程理念，促进教学实践水平的提升；其次，建议教师积极参加教学研讨，重视专业交流与教学反思的作用；再次，建议教师研读教育书刊，丰富教学思想，走近学生，深入了解学生。（吴迪，2017）

少数民族聚居地小学数学教师学科教学知识现状的特征是，适合小学生思维特点的直观性、形象性的表征方式；注重数学知识之间的联系。少数民族聚居地小学数学教师学科教学知识的最重要来源是"自身的教学经验与反思"和"教科书"，第二大重要来源是"与同事的日常交流""教学参考资料"和"课堂听课和教研活动"，而"职前教育""网络资源""作为中小学

生时的经验""专业书刊"和"在职培训"则是最不重要的来源。（肖春梅，2014）

也有研究者以两个"受儒家文化影响的地区"的中国城市——上海及香港为基地，以质的研究为取向，从"数学内容"及"教师专业知识"两个维度出发进行研究。其中，前者涵盖"几何""代数"及"数据处理"三个数学知识领域及一个综合"数"与"几何"的探究问题，后者涵盖学科内容知识及学科教学知识两个类别。三个范畴的六道情境交错地涉及不同的教师专业知识，以数学内容知识的正确性分类及以类属分析的方法，将数据进行分析，得出两地小学数学教师专业知识的共同、差异之处及缺失。研究发现：(1) 有关概念的正确性：香港教师缺失的知识普遍存在于各数学内容，在几何范畴最明显。与香港教师不同，上海教师缺失的知识很少属基本概念。(2) 有关概念间的联系性：香港教师概念间的联系性普遍不强，在几何范畴出现割裂及矛盾情况。上海教师概念间的联系性较强，但在数据处理范畴未能正确地及有意义地应用在具体情境中。(3) 有关基本原则的理解：香港教师分类的原则及探究的策略掌握不及上海教师有系统，但探究动机较上海教师强。(4) 有关表征方法的处理：香港教师用语准确性、简洁度不及上海教师，差异比上海教师大，对学生的表达方法控制较高。(5) 有关回馈的处理：香港教师给予的回馈对积极及正面建立数学概念及概念间联系的作用不强，给予回馈时关注学生能力差异的考虑较多。上海教师给予回馈时关注对学生将来学习的需要较多。（卢锦玲，2008年学位论文）

研究者使用质化研究方法，选取了长春市内一个区两所小学共6名小学数学教师作为研究对象，使用半结构化访谈的方法，与6名教师进行了深入的交流。关于小学数学学科的认识与理解上存在着普遍共识，对教育理论知识比较熟悉，能够在自己的实际教学中有意结合这部分知识，特别是教育理论知识中有关教育心理学部分的知识受到教师普遍重视。主要的差异在于教师对课程目标的理解及对教材的把握，并且表现在对小学数学题的判断与解析中。研究发现，新教师依赖"各类标准"进行判断、专家教师依靠数学知识本身进行判断，经验教师的主要判断依据是教学要求及自身经验。另一个差异在于教师在解析数学题时所表现出的学科性差异，专家教师解析数学题中所表现出的数学素养、数学品质是明显优于新教师与经验教师的。（吴南希，2011年学位论文）

也有研究者通过对普通教师与专家型教师进行对比，来呈现其专业知识差异。我国的小学数学教师在数学史、数学思想等方面的知识较差；小学数学教师的PCK总体水平较低，具体地说，教师缺乏"有关学习者"的知识，大部分小学数学教师缺乏探究的意识和解决开放性问题的能力；专家教师和普通教师在教师专业知识的几个大维度上有显著的差异。基于这个研究结果，研究者提出在小学数学教师培训课程中应该补充数学文化思想史方面的内容，鼓励教师参与学生数学学习方面的研究，提升教师的探究意识和问题解决能力，并形成优势互补、分层设计的教师培训课程模式。（丁锐等，2014）

小学数学学科知识主要由小学数学教学目标的相关知识、小学生的相关知识、小学数学课程的相关知识、学生学习结果的相关知识、数学教学策略的相关知识等要素构成。小学数学教师学科教学知识的层次主要包含有机整合水平、机械整合水平、结构松散水平、低效缺失水平。小学数学教师学科教学知识的发展，应该提高小学数学教师相关学科教学知识整合的水平，加强对学生的理解，提升选取教学策略的技巧。（李星云，2014）

小学数学教师专业发展具有独特性和时间性。小学数学教师专业发展依靠小学数学领域研讨活动和数学教师专业学习社群。小学数学教师专业发展可以倡导MPCK的案例分析，参与小学数学教学研究。（孙兴华等，2014）

三、小学数学教师专业能力研究

对于小学数学教师应具备哪些专业能力，既有从能力结构上系统谈小学数学教师应具备哪些专业能力，同时，也有从教育教学实践角度出发，聚焦某一具体角度，谈小学数学教师应发展具体某一方面能力的。

曾峥等编著《数学教师专业发展理论与探索》一书，认为数学教师专业化中包含专业知识（普通文化知识、数学学科的专业知识、数学教学法知识），专业技能（教学设计技能、应用教学媒体技能、课堂教学技能、组织和指导学生数学课外活动的技能、教学研究技能），专业情意（专业理想、专业自我、专业理念）。此外，数学教师要具有作为教师所必备的数学教育信念、较强的数学科学素质、数学人文素质、数学教育科学的基本理论及相关知识、扎实的教育教学基本功。其中也介绍了数学教师专业发展的相关实践案例与措施。（曾峥，2004）

小学数学教师在数学知识理解、教学设计与实施、评价方式选择，特别是鼓励性评价等方面具有较好的优势；在数学思想方法的挖掘和课程资源的开发、课标与教材的理解、学生学习的基础和影响因素的分析、信息技术的使用、处理教学生成性问题等方面亟待提升。提高小学数学教师教学能力建议：研制多功能的教学诊断工具；探索教师个性化发展的培训机制；开发丰富多样的培训课程资源。（邹权伟，2017）

从备课角度谈小学数学教师专业能力的提升（张大雷，2019），也有关注小学数学教师的学生分析能力的研究。（葛泽华，2007）提高小学年轻数学教师教学能力应更新年轻教师的知识结构，既要参与小学数学教研活动，丰富理性认识，也要加强教育实践。（何晗，1998）进入新世纪小学数学教师要具备信息能力。（杨建良，2005）

一线教师更关注具体实际教学中其自身专业能力的发展与提升，梁培斌针对低等水平的实际性问题、中等水平的理解性问题、高等水平的整合性问题和另类问题的界定，师生知识范畴内的问题和师生知识范畴外的问题的界定，有价值的问题和无价值的问题，给出实践中的具体案例及其处理方法。（梁培斌，2012）

教师应当认真研究教材、多参加教学培训；教师应当关注学生思维情感；教师应当灵活使用适当的教学方法；教师应当做好课外的工作；教师应当积极参与教育科研。（曾春艳，2017）把握教材的编排特点，创新教材的研读方式，探析教材的数学本质。（彭忆梅，2017）教师应当加强专业培训、教师要认真钻研教材、教师应当关注学生思维方式与心理情感、教师应当灵活使用适当的教学方法、教师应当积极参与教育科研、教师要不断总结教学经验。（周国家，2016）

小学数学教师教学设计技能包含分析技能（课程或教材分析、教学任务或问题分析、学习者分析、教学目标分析和确定）、设计技能（教学整体规划、教学策略设计、教学媒体选择和设计、教学评价方式选择和设计）、教学设计成果评价技能（教学设计形成性评价、教学设计总结性评价）、调整或研究技能（教学问题设计研究、教学后补救设计调整）。（刘志平等，2009）

从小学数学教师的教学理念、学生分析能力、教学过程设计能力、教学目标编制能力、教学媒体设计能力、教学策略选择能力、教学设计评价能力等角度考查教师的教学设计能力。（杨新荣，2006）小学数学教师的专业能力除了教学设计能力，还应包含语言表达能力、板书设计能力、指导学生操作的能力、运用现代化教学手段的能力。（赵燕萍，2003）

素质教育和基础教育改革理念下的小学数学教师教学实践能力除了传统所指的小学数学教学基本功，如正确运用数学语言表达能力、数学教学设计能力、熟练掌握数学运算以及培养学生数学思想的能力等外，还应加强课程资源的开发与利用、教材的选择与整合、新型学习方式的展开与变革、研究性学习的组织以及教育教学研究等能力。（刘兴福，2013）研究者以新手教师与专家教师为对比，从教案设计、课堂教学执行、教材处理观等角度讨论小学数学新手教师与专家教师教材处理能力的差异。（白云飞，2013年学位论文）

在国家课程改革背景下，分析、比较中澳两国数学教师的专业行动能力，即教师基于专业知识与素养做出判断与行动的能力。研究发现了以下结论：（1）两国数学教师在"关系性思维"与"统计思想"上的专业行动能力呈现出了非常相似的正态分布，在两个内容上高、中、低的比例大约都是20%、60%、20%。虽然差距并不明显，但两国教师在不同的内容上的表现并不相同，在"关系性思维"上，中国教师在数学知识（维度A）与教学设计（维度D）以及总分上要比澳大利亚教师得分更高；而在"统计思想"上，澳大利亚教师在所有四个维度上都比中国教师稍好。这支持了本论文的研究框架，即需要针对不同的数学内容研究数学教师专业行动能力，不应给出普遍意义上的描述。（2）在"关系性思维"与"统计思想"这两个内容上，数学教师专业行动能力的四个维度之间的关系略有不同，但总体呈现出了相同的结果。教学设计（维度D）与其他三个维度之中的任意一个都表现出了非常显著的统计意义上的相关性。若不考虑教学设计这一维度，其余三个维度之间的相关性并不显著。（3）本研究理论框架中的四个维度都能有效区分数学教师的专业行动能力，但其中教学设计维度表现最为直接明显。（章勤琼，2012年学位论文）

研究者从分析掌握数学课程标准的能力、分析学情的能力、编制教学目标教学重难点的能力、处理数学教学过程的能力、选择与使用教学媒体的能力、选择教学策略的能力、教学设计评价能力几个方面来调查农村小学数学教师教学设计能力。（张敏，2019年学位论文）

四、小学数学教师专业发展路径研究

史宁中教授认为中小学教师应热爱教育事业，树立明确的教育理念，以人为本，遵循儿童发展的规律，要启发学生思考；培养学生的创造力是素质教育的根本。而作为数学教师，还应具备扎实的数学专业基础；全面把握数学学科知识；准确把握教材的新特征，明确其重点、难点与关键；坚持启发式教学原则，注重培养学生的学习兴趣与良好的学习习惯。（史宁中、孔凡哲，2008）

中国数学教师专业成长的主要形式包含教研组活动、备课组活动、听评课、师徒结对等。（曹一鸣等，2018）名师工作室教研活动的有效开展也是促进教师专业能力发展的重要途径。（李志强，2016）"在实践中学习，在群体中成长"是中国小学数学教师专业成长的主要特征；努力做好"理论的实践性解读"与"教学实践的理论性反思"是进一步的努力方向，也即我们应当更好地处理理论与教学实践之间的辩证关系。除去自身工作的总结与反思以外，中国的数学教师也十分重视向同行学习，"在群体中成长"更可被看成中国数学教师专业成长的基本形式。对于"合作"的高度重视也是国际教育界关于教师专业成长的又一共识。无论是"向别人学习"或是"群体中的积极互动",课例研究都可以说是最重要的一个形式。对于"教材研读"与教学工作的高度重视,由教学方法、教学模式到教学能力都是中国教师在实践中学习、在群体中成长的重要表现。(郑毓信,2018A)

不同时期、地区促进小学数学教师专业发展的路径各异。黑龙江省举行小学数学教学设计与反思展示会,将活动内容以"坚持研究品质,突出活动实效"为题发表在《小学数学教育》期刊中,促进教师研究能力的发展。(王勇,2011)各类主题的国培、省培项目也是促进小学数学教师专业发展的主要途径。厦门市曾举办农村小学数学教师教学能力培训班。新疆教育学院实验小学曾对双语教师实习期间的课堂教学能力进行全方位观察,分析双语教师教学设计能力、语言表达能力、教学策略、评价与反思能力,讨论小学数学双语教师教学能力的发展与提高。(陈坚、王君,2014)少数民族地区小学数学教师能力的提高可以从钻研新大纲和教材,掌握有效的教学方法,掌握新的数学知识和教学理论等角度着手。(贡巧东主,2012)

在工作室的宗旨、研修理念、价值追求、专业标准、研修策略等上位理念的引领下,介绍了吴正宪名师工作站的实践策略。(吴正宪等,2019)吴正宪名师工作室聚焦教师教学实践能力发展的价值取向,工作站建立团队研修制度及明细的课程规划。吴正宪小学数学教师专业发展课程规划包含认识数学学科(课程、课标、教材),认识学生及其学习(小学生及其学习需求),教材内容与设计(小学教育与数学),应用教学媒体(教学方法与教学技术),教学过程与绩效评价(小学数学课程教学评价标准和教师专业标准),读书心得,教师专业研究(吴正宪教育教学经验),专题案例研究(自身实践及经验),教师成长故事(同伴的教学实践)。工作站的价值取向是聚焦教师教学实践能力的发展。工作站实施方案首先是探索实践有效的团队研修机制,引导团队成员聚焦数学教学,聚焦认识儿童的需求,聚焦吴正宪老师的教学实践及其专业成长经验,聚焦新课程,聚焦团员自身资源和团队专业工作体验,加强对于实践的研究和理论的学习，致力于建立终身学习的共同愿景。其次，工作站建立了专题资源建设与研究制度。最后，工作站创建了"现场学习+在线学习"混合研修课程。（张铁道，2018）

林碧珍从小学数学教师理解数学观与数学教育理念、处理好教学中各种关系、培养学生良好的学习习惯与学习兴趣、培养学生的数学能力、教师自我学习与教研、自我反思等角度针对小学数学教师提出了50条建议，包含了小学数学中教师教学、学生学习、教师专业发展等。

杨玉东和巩子坤等人在2012年编著的《小学数学教师专业能力必修》一书中，从知识储备和技能修炼角度谈小学数学教师专业能力发展中的注意事项。在知识储备中，要求小学数学教师从小学数学学科知识、儿童学习的知识、数学语言知识3个角度来进行修炼。技能修炼则包括促进数学化的教学设计能力、课堂教学实践能力、促进积极情感体验的学业评价能力、整合媒体到小学数学课堂的能力和数学课堂教与学的研究能力5个方面。（杨玉东等，2012）小学数学教师的专业发展，应该关注学科知识与教育教学过程中相关知识与能力的培养，进而促进小学数学教师的专业化发展。

徐素珍在其著作《小学数学教学的实践与探索》一书中从教学方法优化、学生习惯培养、学生数学思维启迪、学生自主建构、改进作业设计、关注特殊学生等角度阐述其教学实践，同时列举了经典案例进行课堂教学反思。（徐素珍，2017）也有研究者认为教师的专业发展依靠教师的专业自觉，教师的专业自觉是建立在对生命自觉之上的一种价值追求，是建立在对数学思考之上的一种价值追求，是建立在对教学研究之上的一种价值追求。数学教师的专业自觉是一种专业意识、专业追求和专业发展，要靠教师不断地实践、研究与反思，最终实现学生、教师、学校共同发展之目的。（陈亚明，2014）

教师专业标准视角下，小学数学教师素质结构优化可以从几个角度着手，"应需"转换角色，让"关爱"成为永恒的主题；强化责任心，夯实小学数学教师的素质基础；及时更新教育理念，充分认知学科和学生特点；完善数学文化知识。（高艳红等，2013）

陈玉婷提出，农村小学数学教师专业能力发展的策略，包括健全常态机制、成立教师共同体、营造价值氛围和加强自身修养，以提高他们的数学知识理解力、数学教学执行力、数学教育反思力和数学专业发展力，以期为农村小学素质教育改革和农村小学数学教师专业能力发展指明道路。（陈玉婷，2018）

一线小学数学教师认为小学数学教师专业发展可以从完善知识与能力结构，强化专业发展意识，提升教育理论素养，参与学科教育研究，开展教学反思等角度着手。（周娟，2016）一线教师基于自身的教育教学实践反思自身专业发展的理论与实践，鲜活的实践案例与方法为我们了解小学数学教师自身的专业行动研究提供了参考和指南。

教育信息化对小学数学教师专业素养提出的要求，具有面向教育信息化的先进教育理念，具有信息技术与小学数学课程有效整合的能力，具有协作研究的能力，具有设计组织资源的能力，具有终身学习的意识。教育信息化背景下小学数学教师专业素养发展存在的问题：不能正确处理好技术与人之间的关系，信息技术能力低下，不具备信息技术与学科整合的专业知识，教师培训未能达到预期效果。教育信息化背景下小学数学教师专业素养发展的对策研究：正确认识信息技术与小学数学教师主体性之间和谐共生的平衡关系，创造条件提高小学数学教师的信息素养，实现小学数学教师专业知识和专业技能的自我建构，合理利用信息技术，促进小学数学教师自我反思的实现，探索基于问题解决且有利于小学数学教师自主学习及研究的多样实效的专业发展途径。（肖林等，2013）

小学数学教师的专业发展还依托于各类学术委员会及各类专业发展组织，如小学数学教学专业委员会、华人数学教育大会、全国数学研究会等。2012年在中国教育学会小学数学教学专业委员会成立三十周年之际，人民教育出版社出版第十届至第十四届年会的优秀论文集。各类期刊如《小学数学教师》《中小学数学》《小学教学（数学版）》《数学教育学报》等，对小学数学教师专业发展相关理论与实践问题均有关照。随着师范专业认证时代的到来，我国教师专业发展正走向持续改进阶段，小学数学教师的专业发展也将在教师专业标准的要求下，越来越聚焦学生核心素养，关注学生的成长和教师的专业发展。

第三节　小学数学教师专业发展研究反思与展望

我国对教师专业发展的研究起步较晚，但对教师专业培养的探究古已有之。自从师范教育兴起，更加关注对教师的职前培养与职后培训。专门针对学科教师专业发展的研究也是随着学科教育教学、师范生培养等逐步完善起来的，应正视我国关于小学数学教师专业发展中存在的问题及主要成就，并从中汲取经验教训。

一、小学数学教师专业发展研究反思

（一）注重国内研究与国外研究相结合

对小学数学教师的研究起步较早，但由于教师专业发展这一概念来自西方，故国内关于小学数学教师专业发展及小学数学教师专业发展阶段的专门研究起步较晚，但不能掩盖其对小学数学教师群体教研、进修、师徒结对等对小学数学教师专业发展的重要意义。在对小学数学教师专业发展的研究中，关于其主要内容，我国历来比较重视教师的专业理念与师德层面，并制定相应的条例来规范教师的师德；关于教师的知识，对小学数学教师应该具备哪些知识的探讨，也是在关于教师的知识研究后兴起的，但本土研究仍坚持既保持已有研究成果，又适当借鉴国外教师知识模型等研究内容；关于教师专业能力，根本上讲是关于教师专业标准的研究，我国也是借鉴了国外的经验，推动我国关于各级教师专业标准的制定与修订。

（二）小学数学教师的专业发展要兼顾学科性与教育性

小学数学教师专业发展的研究越来越关注作为学科教师的教师专业发展，强调作为数学学科教师的教师，在专业发展中的地位和作用。尤其是近年来学科课程与教学论的兴起，小学数学教师的专业发展面临如何将学科知识与

教学知识融合的问题，即既包括学科知识对教师教学的影响，也包括教师如何将学科知识教给特定心理发展阶段的学生。这就要求小学数学教师既要掌握学科知识，也要掌握学科教学知识，同时要具备关于学生的知识，更重要的是能结合相关知识，调动自己的教育教学能力，促进学生数学核心素养的培育与发展，进而促进小学数学教师自身的专业成长。

（三）名师工作室制度是我国小学数学教师专业发展的特色途径

近年来，随着中国基础教育的发展，中国学生在各类大型国际测评项目中的瞩目表现，研究者越来越注意到中国基础教育的特色，尤其是小学数学教育的优势。由此，我国的名师工作室制度越来越受到国际教育研究领域的关注。我国小学数学教师专业发展得益于师徒结对、名师工作室、各级各类培训项目，此外，课例研修、听评课等制度也极大地促进了我国小学数学教师的专业发展。

二、小学数学教师专业发展研究展望

小学数学教师专业发展取得了诸多成就，具有很多中国特征，同时也存在着诸多问题。

（一）挖掘具有中国特色的小学数学教师专业发展研究模型

关于小学数学教师专业发展研究的理论和模型一般来自国外，在借鉴国外研究成果的同时，如何发挥本土研究范式的优势，也是我们应该思考的问题。后续关于小学数学教师专业发展的研究，可将视野更多聚焦在国内经验的总结，并将我国小学数学教师专业发展的成就与特色介绍到国外。

（二）加强课堂教学与教师专业发展中教师的自主性

教师的自主发展，不仅包括教师在从事教育教学工作时依其专业智能来自由决定、不受他人干扰控制，还包括教师能够独立于外在的压力制订适合自己专业发展的目标、计划，选择自己需要的学习内容，有意愿和能力将制定的目标和计划付诸实施。（郭元婕、鲍传友，2006·12）要实现教师自主发展，应该将管理重心下移，营造一种促进教师自主专业发展的氛围；加强教师身份认同，促进教师自主专业发展；发掘和提升教师自己的实践理论，通过实践联系理论的路径促进教师专业发展。（汪明帅，2011）

小学数学教师专业发展，需要结合具体教育教学情境中教师个人的自主发展，各级各类培训、学校教学安排等，应尽可能减少各类形式性任务对教师时间的侵占，为教师自主发展留足时间和空间。

（三）继续强化小学数学教师专业发展的行动研究

教师专业发展，根本在于教师是否具备专业成长的意识、动力和能力。小学数学教师在实际教学中应结合自身的学习背景、成长经历、教学经验，主动开展旨在提升自身专业能力的行动研究。各基层学校也要结合实践，主动探讨以校为本的小学数学教师专业发展路径，注重小学数学教师专业发展的案例总结与经验推广。

第七章　小学数学教育评价研究

　　"当代教育评价之父"泰勒提出了以教育目标为核心的教育评价原理。1949年，在他出版的《课程与教学的基本原理》一书中，开宗明义地指出，开发任何课程和教学计划都必须回答四个基本问题，这四个问题构成了著名的"泰勒原理"。其中第四个问题"我们怎样才能确定这些目标正在得以实现?"确定目标的实现主要是指如何开展教育评价。2020年6月30日，中央全面深化改革委员会第十四次会议审议通过的《深化新时代教育评价改革总体方案》明确提出，要改进结果评价、强化过程评价，探索增值评价、健全综合评价。

第一节　小学数学教育评价研究历程

　　2001年，随着《全日制义务教育教学课程标准（实验稿）》的颁布实施，新一轮基础教育课程改革不断推进，学者及教师在教学与实践中对课程评价理念的理解也在不断改变。这一阶段，课程评价目标聚焦发展，并以学生的发展、课程本身的发展为核心展开。张华认为，当前课程评价呈现出以下特点：重视发展、淡化甄别与选拔，实现评价功能的转化；重视综合评价，关注个体差异，实现评价指标的多元化；强调质性评价，定性与定量相结合，实现评价方法的多样化；强调参与互动，自评与他评相结合，实现评价主体的多元化；注重过程，终结性评价与形成性评价相结合，实现评价中心的转移。（张华，2003）

新中国成立以来，我国基础教育领域不断开始尝试教育评价改革，具体到小学数学学科的评价，大致可以分为三个阶段，关注学生考试和分数的小学数学教育评价时期（1949—1976），关注学生数学知识和能力的小学数学教育评价时期（1977—2000），关注学生素质培育和核心素养的小学数学教育评价时期（2001—2019）。

一、小学数学教育评价关注考试和分数的阶段（1949—1976）

新中国成立至改革开放之前，我国并未明确引进教育评价的概念和理论，小学数学教育评价的专门研究较少，但是从相关文献中可以发掘出，对小学教育评价的研究其实主要关注点在考试、命题、学生分数等层面。培养和发展儿童的逻辑思维是算术教学的重要任务之一。儿童的逻辑思维形成和发展，主要是依靠教师的教学工作，决定于教师的教学质量。提高儿童的思维能力，讲解应用题特别是讲解符合应用题用从分析到综合的教学方法起着很大的作用。（如皋师范附小算术研究组，1954）

二、小学数学教育评价关注知识和能力的阶段（1977—2000）

改革开放以后，我国基础教育进入恢复阶段，小学数学教育评价开始进入变革时期，开始不断思考小学数学考试制度的缺点及弊端，针对小学数学教育评价中的主要问题进行探讨，出现了关注小学数学考试变革的研究，更多针对考试形式、命题、小学生数学知识与能力评价的研究，强调题型的多样性以及对学生能力考察的重要性。

沿袭已久的小学数学考试方法弊端甚多，极易在小学生中形成死记硬背的倾向，不利于培养出智能型、开拓型、创造型人才，也不符合"三个面向"的要求。（李星云，1985）小学数学试卷的题型组合，应该根据考查的目的和要求，充分考虑各种题型的性能和特点，灵活配置。基于小学数学学科的特点和小学生的认识规律，试卷一般应以传统的命题形式为主，同时配以适当数量的现代题型，二者互为补充，相得益彰，以利于全面考查学生的基础知识和智能发展，提高测验的信度、效度和鉴别力。要在小学各年级期末考试或升学考试中普遍采用现代题型，应当首先在平时教学中进行这种题型的练习。这样不仅能丰富课堂练习的形式，并且可以尽可能地减少由于学生不适应所造成偶然因素的影响和干扰，使考查更能客观地反映学生的真实情况。现代测验的命题形式在小学数学考试及课堂练习中广泛采用，将给整个小学数学教学带来积极的影响，成为促进教学改革的有力一环。（管南雄，1983）

考试对教学客观上起着"指挥棒"的作用。如果试题"超纲离本，就会使得教师产生"只做课本上的习题得不到高分"的思想，于是丢开课本，热衷于收集"新颖"试题，不顾学生的基础，任意加深、拔高，甚至把教材已经删减了的繁难内容又重新捡了回来。要纠正这种不良倾向、对教师来说应当端正教学思想，对负责命题的同志来说就应切实把好命题关。（刘萃铭，1985）

通过考试，检查和评定学生的知识与能力，这是教学工作中不可缺少的组成部分。考试效果的好坏又取决于命题的质量。如何抓好命题一环，组织好考试，是一个值得探讨和研究的重要课题。当前，在这个问题上还存在着两种倾向：一是不遵循大纲和教材，似乎单纯考教材考不出学生水平，因而到处找题，以致超纲、超教材，给教师教学带来压力，使学生负担过重；二是为得到统计数字上的高合格率而降低标准，导致教师教学放松，学生学习放松。这两种倾向的存在，对提高小学数学教学质量是很不利的。为解决这一问题，需要树立明确的指导思想；把着眼点放在加强"双基"与开发学生智能上；立足大多数，调动学生学习积极性。（王海南，1985）

在小学数学考试的命题方面，目前有两种不正常的现象。一种是考试要求偏高、试题偏难，超出了《教学大纲》的基本要求和教材的范围，超越了学生的接受能力。另一种是迁就一些"差生"，或从单纯追求及格率方面去考虑命题，以致降低了教学要求。更有甚者，有人以为要紧扣教材，那就只能"照抄"课本上出现过的题目，否则就是超出了教材的范围。以上这些，实际都是背离教学大纲和教学要求的做法。分析产生这些现象的原因，主要在于三个方面。第一，教学指导思想不端正，考试的目的、重点不明确；第二，对教学大纲和教材的基本要求没有吃透；第三，没有很好地掌握命题的原则和方法。命题必须明确教学大纲要求和教学范围。命题必须掌握好广度、深度和梯度。命题必须符合小学生的特点。命题必须检验试题的可靠性和科学性。（姚日余，1987）标准化考试的含义就是要使考试"公正"，要使考试科学化。使考试做到"公正和科学"是一件不容易的事情，它要涉及教育测量学的大部分内容，从考试的目的到对分数的解释都有严格的要求。具体说，我们要进行数学考试，就必须要有一个明确的目的，是摸底考试还是检查学生学习效果的考试，是选拔尖子的数学竞赛还是升学考试。这就要根据不同的目的、考试范围来制定科学的试题编制计划。然后选择恰当的题型进行命题，制定评分标准，并认真组织考试，评卷登分。最后还要从教育测量学的角度来进行分析，也就是对考出来的分数进行科学的解释。（吕学谨，1986）

小学数学现行的考试题型，以论证题和计算题为主，大都有一套固定的解题模式，不能较好地开发学生的智力，特别是发散性思维能力，致使学生死记硬背数学的基本概念、公式、法则，而不能完整而准确地理解这些知识。这样的考试，只会使学生和老师都围绕"考试"这根指挥棒打转，搞题海战术，把功夫和精力消耗在猜题和押题上。这样，就使学生在解题思路和程式上无意识地渗透着一种僵化的"模式因子"。如果题型稍有变化，学生便一筹莫展，只好"望题兴叹"。（欧阳鹏志，1986）

三、小学数学教育评价关注学生素质和核心素养的阶段(2001—2019)

随着新课程改革的推进，《全日制义务教育数学课程标准（实验稿）》发布，提出了数学课程改革的理念与方法。强调要重新认识评价，评价的主要目的是全面了解学生的数学学习历程，激励学生的学习和改进教师的教学；应建立评价目标多元、评价方法多样的评价体系。对数学学习的评价要关注学生学习的结果，更要关注他们学习的过程；要关注学生数学学习的水平，更要关注他们在数学活动中所表现出来的情感与态度，帮助学生认识自我，建立信心。

2003年，马云鹏教授等出版《小学数学教育评价》一书，系统介绍了小学数学教育评价的意义与功能、内容与方法，回顾了小学数学教育评价的改革与发展，同时分析了小数数学教育评价的含义与功能、内容与《全日制义务教育教学课程标准（实验稿)》中提倡的评价理念与方法，阐述了小学数学教育评价方法的发展趋势。同时介绍了小学数学学习评价、小学数学课堂教学评价、小学数学评价结果的处理与运用等方面，还介绍了来自国家级试验区学生数学评价的探索与实践。

张远增和胡耀华出版了《小学数学测量与评价》一书，基于小学数学教学目标的分析，从教育测量与评价角度介绍了数学教育测量的质量指标，信度、效度、难度的区分与统计，数学测验的编制，考试分数的分析，小学数学教育评估的基本理念，数学学习评价，数学课堂教学评价，数学课外活动评价。（张远增等，2010)

沈晓东、顾晓东主编的《有效学业评价——练习测试命题问题诊断与指导》，基于学业评价角度，聚焦练习测试命题中的问题与指导，详细介绍了小学数学练习与测试命题的基本理论，各类训练、测试题型命题问题诊断与技能指导，训练题总体设计问题诊断与技能指导，试卷编制问题诊断与技能指导。（沈晓东等，2011)

2011年版义务教育数学课程标准进一步明确，评级的主要目的是全面了解学生数学学习的过程和结果，激励学生学习和改进教师教学。评价应以课程目标和课程内容为依据，体现数学课程的基本理念，全面评价学生在知识技能、数学思考、问题解决和情感态度等方面的表现。评价不仅要关注学生的学习结果，更要关注学生在学习过程中的发展和变化，应采用多样化的评价方式，恰当呈现并合理利用评价结果，发挥评价的激励作用，保护学生的自尊心和自信心。通过评价得到的信息，可以了解学生数学学习达到的水平和存在的问题，帮助教师进行总结与反思，调整和改进教学内容和教学过程。

随着2011年版义务教育数学课程标准的发布，关于小学数学教育评价的研究开始逐渐增多，刘加霞等基于小学阶段学生数学学习的主要内容，介绍了如何开展有效学习评价。其中包含对小学生概念学习的评估与分析，小学生运算能力的测评与分析，小学生图形测量能力的有效测评，小学生代数思维初步的表现性评价，小学生数据分析观念现状的表现性评价，小学生问题解决能力的表现性评价。（刘加霞，2015）相关期刊论文也开始不断关注学生的数学能力，落实课程标准的相关要求。开始关注小学生高层次数学能力及其评价（白永潇，2013），开始关注具体理念实践下的测评实践（费岭峰等，2015），关注学生数学知识能力的评价（平国强，2003），等等。

2014年教育部研制印发《关于全面深化课程改革落实立德树人根本任务的意见》，提出"教育部将组织研究提出各学段学生发展核心素养体系，明确学生应具备的适应终身发展和社会发展需要的必备品格和关键能力"。2016年，《中国学生发展核心素养》正式发布，以培养全面发展的人为核心。自此，各阶段各学科开始关注学生学科核心素养的培育与评价。小学数学教育评价开始关注学生数学核心素养的培育与评价，硕博论文中也开始关注学生数学素养的测评。关注不同学段学生数学核心素养评价指标体系的构建（熊丽，2017年学位论文），聚焦基于数学活动的数学素养评价（高雁凌，2018年学位论文）。当然，也有关注学生具体数学能力的培育及评价（米丝蕊等，2018），马云鹏教授等关注学生数学学科素养的评价（马云鹏等，2007）。

第二节　小学数学教育评价研究主要成就

学校评价的核心环节是课程评价。（钟启泉，2010）2001年6月，教育部颁行了《基础教育课程改革纲要（试行）》，课程改革的目标之一是改变课程评价过分强调甄别与选拔的功能，发挥评价促进学生发展、教师提高和改进教学实践的功能。同时对课程评价进行改革，要建立促进学生全面发展、促进教师不断提高、促进课程不断发展的评价体系，继续改革和完善考试制度。随着新课程改革的推进和中国学生发展核心素养的发布，学生核心素养的培育成为当前教育领域的热点话题，学科核心素养的培育也是学科教育的关注点。在基础教育中，如何对学生的学科核心素养进行培育，怎样确认学生的核心素养得到了发展？小学数学教育评价就是全面搜集和处理小学数学课程与教学的设计与实施过程中的真实信息，从而改进教育决策的过程。小学教育评价也具备导向功能、提供信息反馈、促进课程与教学的决策与改进等功能。（马云鹏等，2003）当前对小学数学教育评价的研究主要聚焦在小学数学课程评价、小学数学教材评价、小学数学教学评价、小学数学学习评价、小学数学教师评价5个方面。

一、小学数学课程评价研究

（一）小学数学课程评价的目标研究

20世纪80年代，我国课程评价处于起步阶段，关于课程评价的目标研究主要以引进或学习介绍西方教育家泰勒的课程目标评价模式。就国内而言，陈侠的《课程论》一书中对课程评价做了描述。（陈侠，1989：266-275）20世纪90年代，我国课程评价研究开始增多。

新中国成立以来七十多年来，我国小学数学课程目标在探索与实践中不断前进、在前进中不断完善，形成了具有中国特色的小学数学课程。

小学数学课程评价从纯功利性的行政评价转向发展性的评价；从主体单一的静态评价转向主体多元的动态评价；从重结果转向重过程、质与量结合。（李富安，2003）出现了发展性课程评价，刘志军在论述发展性课程评价的基本理念中，提出发展性课程评价应具备三个理念，即以学生发展为本、促使课程不断改进与提高以及面向多元。以学生发展为本也就是说要将学生发展视为评价的根本目的，并将其一以贯之；促进课程不断改进与提高需要将聚焦过程评价与非预期效果的评价；面向多元的理念则要求评价者与评价主体甚至被评价者进行对话，实现信息的交流与融合，并且要注重反思。（刘志军，2003）

发展性课程评价制度在目的上强调课程系统的整体发展，尤其是课程的目标、内容、结构、管理等方面是否相协调，是否在机制上最大程度促进了所有学生的全面、整体、积极、主动发展。（董建春，2008）这种发展观顺应了《关于积极推进中小学评价与考试制度改革的通知》中关于建立促进学生发展、教师发展以及学校发展的评价体系的表述，是新的评价制度建立的基本理念。钟启泉指出，当前的课程评价将应试背景下"选拔性评价"进行转向，聚焦"发展性评价"，为此，需要寻求评价观念与评价体制的根本转型，走向人性化的课程评价。从"存储式学习观"走向"建构式学习观"，从"育分评价观"走向"育人评价观"，从"功利化课程评价"走向"人性化课程评价"。（钟启泉，2010）数学课程评价具有管理功能、导向功能、调控功能、激发功能、诊断功能。（孙丽，2002）小学数学课程评价的目的在于了解课程的适宜性、有效性，以便调整、改善、选择和推广课程，提高小学数学的教育质量，促进小学生的发展。（朱乃明等，2006）

（二）小学数学课程评价的内容研究

21世纪以来，课程评价从过多强调学生共性的发展和一般趋势，到重视学生个性的发展和个体间的差异性。在学生的评价中，也由过分注重可以量化的内容到对学习态度、实践能力、情感价值观等综合内容的考察。

我国小学数学课程内容经历了多次改革，在相关研究中，学者多从小学数学教学大纲（课程标准）的内容展开研究。丁尔陞将我国新中国成立五十多年来数学课程做了梳理，同时将五十年来小学数学课程发展分为全面学习苏联、教育大革命、调整巩固充实提高、十年"文革"、新时期的数学课程改革五个阶段，同时对21世纪中小学数学课程发展做出了展望。（丁尔陞，2002）刘久成的《小学数学课程60年》（江苏大学出版社，2011）以八次课程改革为基本线索，对1949—2009年我国小学数学各个历史阶段的课程目标、课程内容、教材编写、教学的原则与方法、教学的活动与形式、教学的过程与手段、教学的理论与思想、教学的改革与实验等方面进行回顾与总结，并得出启示。马云鹏对2001—2011年义务教育数学课程改革进行了回顾，将数学课程改革的过程分为试验阶段（2001—2004）、全面推进阶段（2004—2005）、全面实施阶段（2005—2011），并指出这十年间，数学课程评价开始走向多元化，教师开始尝试运用课堂观察、成长记录等方式来评价学生的学习过程，了解学生在数学学习过程中表现出来的创造力、思维能力和情感态度。与此同时，针对传统纸笔测验的改造也在不断进行，传统测验在测试题上注重现实性和问题情境，增加了具有一定开放性的题目。多样化的评价方式也使得评价更加灵活，与课程改革的多元目标相适应。（马云鹏，2011）

小学数学课程评析注重对小学生发展的全方位考察，评价小学生对自然、社会、自我的情感态度、思考批判、知识理解、技能表现等方面；评价过程动态化，注重将终结性评价与形成性评价相结合，质的评价与量的评价相结合。（朱乃明等，2006）

邓薇对受应试教育影响形成的以考试为基础的评价制度进行了分析，指出应试目的在很大程度上取代了数学课程的本来目的，在指出传统评价模式存在不足的同时，结合《全日制义务教育教学课程标准（实验稿）》对学生发展提出的要求，研究建议应在评价内容方面注重改进认知领域的评价，重视情感领域的评价。认知领域包括基础知识和基本技能、数学思想方法、解决问题的三方面评价；情感领域注重对数学学习的情感态度和价值观等非智力因素的评价，推动学生数学素质的全面发展。（邓薇，2003）

（三）小学数学课程评价的方法研究

2001年，随着《全日制义务数学课程标准（实验稿）》的颁布实施，数学课程评价改革成为研究热点。在此背景下，小学数学课程评价改革在理论与实践层面全方位展开。在课程评价方法上，我国基础教育课程改革从注重自然科学的方法论转到注重人文科学的方法论，手段也不再以单一考试为唯一标准，开始出现档案袋评价、课堂及时评价、真实性评价等多种评价形式与方法。

我国数学课程评价方法研究中，传统的以考试为主要评价方法成为讨论的焦点。在新课程改革不断深化下，需要客观、科学地重视考试，利用考试能反映学生对数学知识的掌握程度、完善学生数学知识体系，同时考试后的总结与反思有助于促进学生深层次学习，发展不同模式的考试。同时依托考试开展不同目标导向的评价，以提高学生的素质。（王君，2005）杨晓萍等主张从多元化视角出发，对小学数学课程评价进行改革，包括课程评价主体多元化、评价内容多元化、评价方式多元化。在评价主体上设置档案评价、数学日记、学生的自评和互评三种方法，将评价主体多元化，评价活动民主化；在评价内容多元化方面，关注学生知识技能、情感态度等多方面的发展，通过课堂记录来更好地进行评价；在评价方式多元化方面，避免评价方式过于量化，采用符号评价和语言评价相结合的方式，关注过程与方法评价，最后予以综合评价。（杨晓萍等，2005）

真实性评价在一定程度上适合新课程理念下的数学课程评价。首先，小学数学课堂教学为数学真实性评价提供了好的平台；其次，学生在真实性任务情境下解决数学问题本身是一个数学化的过程；最后，多样化评价有利于学生的全面发展。（吴智敏，2006）

作为一种新型评价模式，真实性评价旨在关注学生表现，协助学生构建"数学化"的学习，有利于学生情感因素的发挥，强调学生具有综合解决问题的能力，并且它提出的"真实性任务"概念与"生活化数学"等小学数学学习理念相适应，是一种有助于学生建立起对数学学习兴趣的评价方式。同时，它所提出的"真实性任务"融合了基础性与发展性的要求，其任务内容来源于现实生活，在任务设计上运用循序渐进的原则，富有意义和挑战性，不仅关注学生学习活动的结果更关注其过程，同时真实性任务的开放性也要求学生运用现代信息技术、与他人合作等手段获取可靠的任务信息，是一种既满足小学数学课程发展，又符合新一轮课程改革目标的学习任务/活动。因此，真实性评价不仅是一种适合当前小学数学课程的新型评价，更是一种培养学生"真实的"数学能力的评价方式。（吴丹霞，2010年学位论文）

在构建数学课程评价体系研究中，陈华安认为当前数学评价存在着单一、单调、单向的倾向，评价重结果而轻过程、重纸笔测试而轻多元评价、重"量"而轻"质"以及重"他评"而忽视学生的主体作用。根据学生发展的多元化、差异性等特点，研究认为数学课程评价体系需围绕新课程标准重新构建。该体系将评价项目分为数学科学语言能力、书面表达能力、阅读与思考能力、数学实践能力，同时设立学生、家长、教师多元互动的评价主体，最后依照以上评价模式给出学期综合得分。（陈华安，2006）

黄静围绕小学数学课程评价的发展性理念，研究建立了新型评价体系，包含了自评——组评——师评——家长评以及"个性+共性"相结合的评价方法；兼顾学习态度、兴趣、情感等能力的即时评价过程；以评语、建议等定义描述为主的评价结果。（黄静，2010）

以游戏、实践活动为中介的评价方式。游戏、实践活动不能与课程目标相脱节，拟订严谨的实施计划并切实加以执行，根据小学生年龄的不同选用合适的活动，教育机构、家庭、小学生之间应加强沟通与合作，循序渐进、累积经验、自我完善。以语言为中介的评价方式：口语表达法，问题解决法，多向度的评价。小学生的自我评价：小学生对数学学习的反思。（朱乃明等，2006）

胡百昌从数学实践角度提出应促进数学课程评价方法多样化。首先，需要重视师生、生生之间的随时评价，在保证教师评价的导向性同时，鼓励学生对老师进行评价；其次，注重通过学生成长档案袋来关注过程评价；最后，实行再次评价，鼓励学生主动发展、进步。（胡百昌，2009）

（四）小学数学课程评价的功能研究

20世纪90年代，在课程评价研究中。施良方编著的《课程理论——课程的基础、原理与问题》中，提出课程评价理论的价值取向有以下三方面：科

学主义取向与人文主义取向；内部评价与结果评价取向；形成性评价与总结性评价取向。（施良方，1996：153–178）

进入21世纪，学者们开始关注小学数学课程评价的多元化功能。孙丽认为数学课程评价是课程评价的子系统，在数学教学实践过程中发挥着管理功能、导向功能、调控功能、激发功能以及诊断功能。（孙丽，2002）王峰同样从发展性课程评价理念出发，认为课程评价主要表现在诊断功能、调节功能、导向功能。（王峰，2006）黄静提出，小学数学课程评价需要在目标上促进发展，在内容上看重综合素质，在主题和方式上强调多元参与、方法多样，使得评价日常化、通俗化。（黄静，2010）

在评价对于学生发展产生的促进作用方面，张缅认为，小学数学课程评价应遵循课程改革的基本理念，建立有助于促进学生发展、有助于教师反思与提高、有助于实现课程改革总体目标的评价模式与方法。研究将课程评价进行分类，分别是教师课堂教学评价、学生数学学习评价两类。在教师课堂教学评价中，进一步关注是否注重培养学生创新意识和创新能力，是否注重激励、尊重学生多样性的思维方式，是否注重加强数学学习和现实生活的联系，是否真正让学生成为学习的主人，是否真正关注学生的情感体验，是否能够体现教学目标的弹性六点。在学生数学学习评价中，将其分为注重对学生数学学习过程的评价，在学生的基础知识和基本技能上做到恰当评价，重点关注学生发现问题、解决问题的能力三点。（张缅，2005）

在相关小学数学课程评价反思研究中，张红基于加德纳多元智力理论，剖析了我国基础课程评价在功能上过分强调甄别与选拔，忽视对评价结果的反馈和认同，评价没有发挥改进、激励、发展功能，认为我国基础教育课程评价需要在功能上侧重发展，在内容上重视全方位的考察，在方法上有效整合定性与定量评价。（张红，2003）朱乃明、杨晓萍也在新一轮基础教育课程改革的精神指引下，对传统小学数学课程评价进行了系统反思，认为传统小学数学课程评价在课程目标上重知识与技能目标，轻情感与态度目标；在评价主体上以教师为中心，轻小学生自主评价；在评价功能上重结果评价，轻过程评价。针对所发现的问题，二位学者对小学数学课程评价提出相应建议，认为评价的目的应以课程的适宜性、有效性为准绳；评价内容需注重对小学生发展的全方位考察；评价方式围绕促进小学生的自主性、独立性和创造性展开，以多种形式为载体。（朱乃明等，2006）王烨晖、边玉芳指出，相比较而言，我国的课程评价起步更晚，以质性方法为主导的评价思想使得课程评价主要停留于经验总结与反思。方法上的局限性使得不同的评价结果之间无法进行交流，更无法与国际层面相关的研究结果进行比较分析。研究通过建构小学数学课程评价模型，进行模型实证，提出了对我国课程评价的启示：构建符合我国实情的课程评价理论模型；课程评价中，量化方法的引进有助于进行不同课程之间的体系比较；采用量化和质性相结合的多指标混合分析方法能够实现对课程系统更精准的分析。（王烨晖等，2015）

在小学数学课程评价的多元评价研究中，杨晓萍等从多元评价角度传统研究分析了小学数学课程评价，认为小学数学课程评价在工具理性的价值取向下，侧重认知目标，忽视情感态度目标的达成；强调以预设目标为尺度，关注结果的终结性评价；评价由专家、教师完全操纵，学生成为评价的旁观者。（杨晓萍等，2005）

叶育枢研究了1978年以来香港地区小学数学课程评价改革历程，并将其分为四个阶段，分别是成绩阶段评价（1978—1990）、学习目标及目标为本评估（TTRA）的阶段（1990—1995）、目标为本（TOC）的评价阶段（1995—2000）、学生基本能力评估阶段（2000至今）。研究总结香港课程评价改革呈现评价目的由单一性质转向双重性质；评价对象由全体学生转向固定年级；评价内容由书本知识转向全面检测；评价结果由直接呈现转向直接呈现与保密相结合的特点。（叶育枢，2019）

二、小学数学教材评价研究

教材评价也叫教科书评价，是评价主体对教科书价值的判断过程，涉及评价的维度、标准、指标体系等方面。（高凌飚，2001）小学数学教材评价也可以叫作教科书评价，在实践中有多种表现形式，主要包含评价的目标、内容、方法、效果等方面。

（一）小学数学教材评价的目标研究

对教材进行评价时要遵循一定的程序，首先是明确评价目的，即是要确定评价教材的哪些方面，这是制订教材评价指标体系的依据。一般来说，评价的目的可以分为两类：以关于教材决策为目的和以改进教材编写工作为目的。不同的目的，评价指标体系也不同。（李慧君，1996）

在课程教材编制过程中也需要对教材进行评价，其目的是通过对各种设计的合理性进行比较，判断哪些设计、设想是更为合理有效的，以便在众多备择设计、备择设想中做出选择；另一方面，找出所提出的设计、设想中的可改进之处。由此可见，设计阶段的课程评价既有"选择"这一总结性评价的任务和功能，也有"改进"这一形成性评价的任务和功能。（任长松，1996）教材评价不仅能提高教材质量，还可以帮助课程教材实施和使用者选择适合本地区本校的优秀教材。教材评价的目标是否真正具有自己的特色？是否真正符合当地的要求？是否符合义务教育阶段的教育目标的要求？是否符合青少年身心发展的特点和要求？教材内容是否符合现代化的要求？（张传燧，1997）丁朝蓬1998年在《教材评价指标体系的建立》中指出教科书评价的具体评价指标，其中教材目标的评价指标包括认知目标和非认知目标；认知目标指知识目标和技能与能力目标，非认知目标指方法目标与态度目标。（丁朝蓬，1998）随后，在2000年又提出教材评价主要包括以下几个步骤：明确评价目标、确定评价参照系、获取价值主体的信息、获取价值客体的信息、做出价值判断。其中明确评价目标包括：检视新教材对于特定的学校、学生是否适用；对正在实施的教材进行改进；在几种可供选择的教材方案中选择一种最优的。

教材评价目的的前提是明确教材最适用的单位，以此来确定他的实际需求。而教材选用视野中的教科书评价的目的，应当是根据一定的标准揭示待选教科书的优点和弱点，并理清这些弱点需要各自补充什么材料或活动，以及判断获得所需补充的便利程度。教科书的使用者只有在获得了这些信息以后，才能做出合理的选择。（方红峰，2003）

菲律宾教育教科书的评价系统，其中首要任务就是测评教科书覆盖课程目标要求的学习能力的情况。当地要求教科书必须至少覆盖能力要求的90%，而剩余没有被覆盖的10%的能力中不能包括重要的概念和技能。（郭宝仙，2005）

孔凡哲等借助小学数学中认识正方体、长方体和圆柱等立体图形这一课，具体说明了教科书的目标应该是什么，首先即是判断教科书所提出的目标与课程计划和课程标准目标是否一致；同时，也要注意习题对所学知识是否有提升，能否运用"最近发展区"理论。（孔凡哲等，2006）

数学教材评价的目标就是一套简易可操作的评价模型，来检验教科书课程内容的适切性和教科书教学设计的实效性。所谓适切性，就是指检验教科书是否在课程内容的广度和深度上涵盖了"基准"中的学习目标；至于实效性，是指教科书的教学内容设计是否为教师开展教学和学生学习知识提供策略性指导。（陆幸意，2015年学位论文）

（二）小学数学教材评价的内容研究

上海市（1995）在进行课程与教材改革的同时，对教材评价提出了一套较为完整的方案，这一方案包括三个方面13条指标。第一是内容方面的指标，包括教材的教育性、科学性、基础性、适切性、先进性、精选性；第二是文字、插图方面的指标，包括文字、插图的规范性、可读性；第三是实施效果方面的指标，包括形成学生基础品德的有效性、形成学生基础学力的有效性、健康发展学生个性的有效性、减轻学生课业负担的有效性、促进课堂教学改革的有效性。

高凌飚于2001年构建了由知识、思想文化内涵、思想品德与文化内涵维度、认知与心理规律维度、编制技巧与工艺水平维度、可行性化及特色与导向六个维度组成的教材评价指标体系，并在一些学科中进行了具体化，从而形成了一些学科的具体评价标准。本文主要介绍了前四个维度。（高凌飚2001）（见表7-1）

表7-1　高凌飚教材评价指标体系

维度	具体标准
知识与科学性维度	教材选择知识内容的原则或指导思想是什么？这些原则或指导思想在教材中如何体现？
	从培养和发展学生的基础文化科学素养的角度出发,教材选用的知识内容是否是必需的、关键的和典型的？
	教材所选用的知识内容能否适度反映相关的知识体系的内容及其基本结构？能否反映相关知识的最新进展和未来发展？
	教材所选用的知识内容是否科学合理、有适度的准确性？是否有利于引导学生获得正确的结论？
	教材的知识体系是否合理？教材组织和表达的方式是否符合相关学科的规律,不违反科学的原则？
	教材所选用的知识内容是否有利于学生进一步学习和发展？
	教材所选用的知识内容是否与学生当前或将来可能面对的生活和环境有密切的联系？是否有助于学生认识并解决生活和工作中的问题？
	教材是否介绍相关知识的发生发展过程和获取知识的方法？
	教材所选用的知识内容是否有利于启发学生的思维和发展学生的能力？是否有利于启发和培养学生的创新精神和创造能力？
	教材是否考虑到不同学科知识之间的关系？是否达到与各学科知识间的协调和平衡？
思想品德与文化内涵维度	教材以什么哲学观点为指导？是辩证唯物主义和历史唯物主义的观点，还是其他的思想观点？
	教材内容体现了什么的价值观、人生观和道德观？
	教材内容是否有利于学生形成良好的个人品格和行为？
	教材是否体现了创造的精神和科学态度?是否鼓励学生进行探索和创造？
	教材是否有利于增进学生对中华民族文化的认同和对人类其他文化的尊重？是否有助于学生形成爱国主义的精神和关心全人类的胸怀？
	教材是否体现了人类共同发展的意识?是否体现了对人类共同享有的自然环境的爱护意识？

续表

认知与心理规律维度	教材是否正确地判断学生未学习前已具有的知识和达到的认知水平，恰当地预期学生通过学习之后所可能达到的水平？
	教材能否启发引导学生进行思维，在学生已知和未知之间搭起认知的桥梁，帮助学生从已知出发去认识未知？
	教材是否给学生留有独立思考和自主探究的空间？这一思考和探究的空间是否切合学生的实际？
	教材对重点知识的发生和发展过程是否有清楚的交代？或通过引导是否能够让学生认识到这一过程？
	教材的抽象程度和认知难度是否适合学生的实际？
	教材在编写和组织上是否做到由浅入深、由表及里、由近及远、由此及彼？
	教材内容是否能够引起学生的兴趣和学习欲望？
	教材是否考虑到配合多样化的课堂教学活动过程的需要？
	教材在编写和组织上体现了哪种教学观念和主张？这种观念是否有利于引导学生学习？是否有利于学生能力的发展？
	教材是否考虑到青少年在认知上的特点，如记忆、模仿、注意等等方面的特点，扬长避短，达到较高的学习效率？
	教材是否考虑到青少年的心理成长，如自尊心、自信心和自我意识等等，是否遵循青少年心理发展规律，帮助青少年健康成长？
编制技巧与工艺水平维度	教材的编写水平如何？文字是否通畅、生动？可读性强不强？是否适合学生的阅读水平？
	教材各章节的标题是否醒目、中肯？各章节的关系是否清楚、协调？
	教材内容是否包括了必要的成分，如正文、插图、注解、练习、活动安排、辅助材料等等？各种成分的作用是否明确？相互间的配合是否协调。
	教材的外观和版面是否美观有吸引力？是否方便学生的使用？
	教材的印刷是否清楚？错漏情况如何？

钟启泉曾在《学科教学论基础》中介绍了日本学者松田义哲参照美国的教科书评分标准，提出的教科书评价要点，其中关于教科书的评价内容包括：（1）是否符合教课与宗旨和该学科的目标？（2）内容是否正确、可靠？（3）是否适应学生的经验和个别差异？（4）教材的选择、排列是否适当？（5）表达力是否适当？（钟启泉，2001：337）

在对菲律宾教育教科书的研究的过程中，发现材料的适宜性也是教育评价体系中的重点。材料的适宜性主要评价教科书课题内容和社会内容的性质。该因素的评价包括6个维度，总分24分，教科书必须至少获得18分才能通过该因素的评价。6个维度指标分别是：内容适合学习者所在年级的水平；词汇和句子的长度适合所针对的学习者；材料考虑到了教科书针对的菲律宾学习者文化、宗教、经济和家庭背景的多样性、教科书课文和插图中不同性别在角色、职业和对社会的贡献等方面是平衡的；鼓励整合积极的价值观，关心学习者的健康和安全；课文、插图、布局和设计有趣，适合教科书所针对的菲律宾学习者。（郭宝仙，2005）

对教科书的评价的第二个维度即内容特性维度，需要考虑所选知识的基础性；注重知识与学生日常生活的联系；在内容的深度和广度上是否符合学生的年龄特征，在情境设置上能否激发儿童的学习动机和儿童思维积极性；课本上"做一做"环节能否让学生充分发挥主体性。（孔凡哲等，2006）

王晓丽、芦咏莉等人讨论了教材的适切性评价，从4个维度对教材内容、选择、表达进行了分析评价，分别是教材与学生一般认知能力适切性的评价指标；教材与学生一般生活经验适切性的评价指标；教材与学生具体学科思维特点适切性的评价指标；教材与学生具体学科先备知识技能的适切性。其中每个维度又详细划分了不同的指标，细致明确地构建了教材适切性评价指标体系。（王晓丽等，2014）

（三）小学数学教材评价的方法研究

要使数学教科书的评价工作有效开展，还需高度关注评价的方法和标准。数学教科书评价信息是否有用可靠主要取决于所采用的评价方法的科学与否。现阶段使用的评价方法有内容分析法、评价指标体系法、问卷法、观察法、访谈法、检测法等。内容分析法也称教科书分析，是一种发展较成熟的重要方法，使用这种方法能够对教科书的内容进行较具体的研究，因此用得比较普遍。

可以运用模糊数学来评价中小学教材。该方法借助课程教学大纲和课程标准制定两级评价指标体系，接着根据专家的建议确定每一级评价指标的权重，再通过对教师的调查统计各项指标的评价人数，通过数学计算得出该教科书的总体水平。（张治本，1994）还可以采用专家集体评价、问卷调查和

模糊综合评价。（张治本，1996）

教材评价的程序：确定评价目标—分解评价目标—确定权重系数—改进评价模型。为决策而评价教材，一般采用总结性评价方式，它首先提出教材要达到的目标，然后评价已编好的教材是否达到了目标的要求。而以改进教材编写工作为目的的评价，一般采用形成性评价。由于评价的目的是进一步提高教材的质量，所以，评价的标准大都是相对的，对权重系数的准确性要求不高，而对于标度，则要求细一些，以便掌握改进教材的详细资料。（李慧君，1996）

钟启泉在基础教育课程改革纲要解读中提出教科书评价方法较为常用的两种是静态资料分析法和动态调查分析法。静态资料分析是指：教科书的审查过程是专家对教科书静态资料的分析和评价过程，主要是对教科书本身收集资料。包括教科书所体现的教学目标，教科书的内容体系，教科书对教学方法的设计和练习活动的设计、编排制作水平等。主要用的分析工具是各种分析记录表。动态使用调查主要是指从教科书与各种影响制约教科书因素的相互作用的过程中去收集反映教科书质量的资料与数据的过程。出版社为了编辑更好的教科书，向使用教科书的教师、学生以及有关的家长、各地教研人员做广泛的调查。如了解学生学习方式的变化情况、学生对教科书的喜爱程度、教师对教科书的看法等。评价方法基本上属于总结性评价。在教科书实验过程中较多地使用定量方法，通过对大量的数据统计分析评价教科书，为教科书的完善提供可靠的根据。各学科教科书可通过问卷调查、听课、与教师、学生座谈等多种方法和手段，收集一些更为具体的、实际的反馈意见，对教科书进行专题分析、定性定量评价。（钟启泉等，2001：338）

事实上，国内教科书评价研究，主要是针对数学教科书。高凌飚在其主编的《基础教育教材评价：理论与工具》一书的工具篇，给出了数学教材评价工具以及教科书评价教师问卷设计、教材实施的课堂观察工具，为数学教科书评价的有效进行提供了平台。通过分析教科书评价指标，发现如今使用较多的评价方式是两级指标的评价方法，及'大维度'和'小指标'的方式，一般就是先把教科书的评价指标分为几个比较大的方面，然后在每个维度上列出更细更多的指标。实际上就是先将教科书的必要性找出来，然后再对教科书的必要性进行定义。（王郓，2006年学位论文）

张廷凯和任长松也同样认识到问卷法、访谈法等方法在教科书评价分析中起到的作用。孔凡哲结合定性和定量的研究方法，既探讨静态研究法又探讨动态研究法，在教科书评价领域做了实质性的贡献。张定强在博士论文中提出评价技术就是数学教科书评价过程中的一个重要支撑点，要获取真实可靠的数据信息，就得依靠科学的技术手段，如设计的各种问题、课堂观察、访谈等，同时还包括处理收集到的数据的技术，特别是利用数学技术、计算机技术就可能更加快捷地得到所需的评价资料。（张定强，2008年学位论文）何卫国、巩子坤将21世纪初期的34篇关于数学教材研究的硕士生论文进行梳理，发现对教科书的研究采用较多的方法是分析法、文献法、问卷调查法、内容分析法、比较研究法、统计分析法、文献研究法和调查研究法。（何卫国等，2012）

（四）小学数学教材评价的效果研究

教材评价的效果即教材在课堂中的使用情况，应该从使用的便利性、学业成就和态度、课程资源这三个方面综合考虑（方红峰，2003）。人民教育出版社从1990年秋在全国各地数十万学生中进行了数学教科书评价的实验，采访了广大一线教师和学生对教科书进行评价。从教材的喜爱程度来说，70%以上的教师表明喜爱教科书，80%左右的学生表示喜欢教科书；在学生负担情况方面，60%的老师和学生都认为学生负担适中；在教材难易程度方面，教师认为难易程度一般的人数占65%—70%，认为稍难的老师在小学不超过10%，65%的学生认为教材难易程度一般。（朱园娇，2014年学位论文）

对国际上几版数学教材进行比较，在学生认知方面，使用小学新教材的学生相比国外学生和使用小学其他教材的学生在所有数学认知水平（懂得数学解题过程，懂得数学概念，能解决日常问题和数学推理）上都高。在学生学习态度方面，虽然两种教材的学生的数学学习态度都趋于正面，但使用小学新教材的学生的数学学习态度趋于正面的幅度比使用小学其他教材的学生要大。数学成就上，使用小学新教材的学生在数和运算、代数、测量、几何，和概率统计均明显高于国外（地区）学生，并高于使用小学其他教材的学生。数学内容上，虽然使用小学新教材和使用其他教材的学生在所有认知水平上都高于国外（地区）的学生。但在数学推理上，其水平相对较低。（吴仲和2008）

教材评价的职能分为外在职能和内在职能；内在职能,即满足教材评价者自身发展需要的固有职能。外在职能则包括：甄别教材的科学性和适用性,分析、判断教材文本在设计和编制方面的价值，为国家或教材选用者服务；总结经验成果，指出不足和问题，推进教材改革和发展；探索教材知识结构体系、内容整合方式与学生素质提升的关系，使教材的属性与学生需要的价值关系以观念的形式呈现在人们的面前；它引导和调控着教材编写，促使教材编写人员不断地改进教材，更好地实现教育目标。（邝丽湛，2002）

认为教科书评价要关注学生的需要和使用效果，来体现以学生为主体的价值取向。实际上教科书评价必须兼顾内在效度和外在效度，而不能仅仅停留在静态的、内在效度评价。（王郓，2006年学位论文）

三、小学数学教学评价研究

小学数学教学评价是小学阶段数学课程与教学的重要组成部分，是完整的教学过程中必不可少的一个重要环节。新中国成立以来，小学数学教学评价始终发挥着促进教与学改进，提高教学质量的积极作用。通过教学评价可以引导学生朝着理想目标前进，促进小学生数学学习目标的实现；可以提供充分的反馈信息，了解学生在某阶段的知识基础、能力水平以及情感态度，及时发现和解决该阶段存在的问题并为改进和提高下一阶段的教学内容提供依据；可以帮助教师有效地利用所获得评价信息去找到数学课堂教学和学生数学学习中的薄弱环节，检查教学目标、教学大纲（课程标准）的实现程度等。

第七章 小学数学教育评价研究 | 411

（一）小学数学教学评价的目标研究

在早期小学数学教学评价的相关文献中最能直观感受到"泰勒原理"的理论影响。评价目标是评价的依据，小学数学教学评价的实质是对教学目标到达程度的不断评价；传统教学评价重分数轻能力、重结果轻过程，要通过课堂教学和单元教学、单元复习两个层面建立目标——反馈的形成性评价系统，不断反馈、调整、评价教学过程和数学活动，使学生在认知、情感、动作技能方面朝着预定的教学目标不断前进。（杨秀致，1992）

新课程提倡评价目标多元化、评价内容多维度和评价方法多样化，但如何真正落实这些评价目标呢？要重视综合性的整体评价，重视激励性的形成性评价，重视学生主体参与评价。（季建荣，2009）新课标背景下的小学数学教学评价活动，要实现"有效性"，应遵循"三维性"教学目标要求，体现三个特点：教学评价应接教材"地气"，教师面向学生群体的教学评价手段运用，需要结合教材目标要求、知识要点、能力情感等众多要素，进行有的放矢、深入细致的"评"与"判"。教学评价应激发学习潜能。教学评价应有助于反思释疑。（凌辉，2016）

实际上，一线教师也时刻关注教学过程中的学生评价，评价应更多地关注儿童学习的过程；注重评价学生解决实际问题的能力；注重增加多样化的评价方式；重视笔试评价的优化。（王庆念，2001）

关于"教学评价是成绩考查，对于小学数学教学历来十分必要"的观点，指出其"目的是加强对学生的管理，实施的是相对性评价，造成了对学生的分等——挑选与淘汰"。因此，改革教学评价的七项措施以实现小学数学的目标教学，真正发挥学生学习和评价的主动性，体现目标教学中师生合作的双边性。（陈今晨，1993）这种评价改革依旧是推动学生对知识的掌握，但关注的重点不是成绩的高低。在早期小学数学教学评价就是为了评价目标的达成度，其目的是实现教学目标对教学过程的有效控制。

《义务教育教学课程标准（2011年版）》在第四部分实施建议中包含评价建议，其中明确了评价的主要目的是全面了解学生数学教学学习的过程和结果，激励学生学习和教师改进教学。小学数学教学评价有着促进学生全面发展和教师专业成长的双重功能：通过教学评价得到的反馈信息，可以了解学生在某阶段中知识、技能、能力、情感已经达到的水平和存在的问题，对学生的学力状况做出价值判断，帮助教师进行总结和反思，改进和提高下一阶段的教学内容和教学过程，调节教与学的双边活动。

新课程改革充分体现了"以学生发展为本"的教育理念，越发重视学生在教学过程中的主体地位，强调学生的全面发展，提倡以学论教，以教促学，发挥教学评价促进学生发展的作用。小学数学教学评价要始终贯彻以学生为主体的指导思想，要以提高学生综合素质为评价目标，既重视学生的学习成绩也要重视学生的思想情感；在紧紧抓住学生主体性的这一原则下，尊重学生的个体差异，不能用同一把尺子去衡量、判断具有不同认知特点和接受能力的学生。（成嘎，2010）在"以学生为本"的教学理念下，既要关注学生的全面发展，更要关注每一个学生具有个体性、差异性的发展，因此要注重评价目的的发展性，教学评价不应当只看重评价的结果，其最终目的是促进学生的长远发展。但同时刘轲也指出数学教学评价不能只聚焦在学生或教师某个单方面，而应该关注数学教学过程的各个方面。（刘轲，2011）小学数学教学评价的价值取向是通过评价帮助学生认识学习中的进步与不足，树立信心，帮助教师反思教学、总结经验、获得成长，并实现师生双方的自我改进和共同发展。（李朝辉等，2017）

随着全面深化基础教育课程改革，"核心素养观"成为重要理念之一，已成为我国教育领域研究的焦点与重点。2016年9月，林崇德主持项目研究，形成了学生发展核心素养总框架：中国学生发展核心素养，以"全面发展的人"为核心，分为文化基础、自主发展、社会参与三个方面，综合表现为人文底蕴、科学精神、学会学习、健康生活、责任担当、实践创新六大素养，具体细化为国家认同等十八个基本要点。中国学生发展核心素养，基于素质教育，又是素质教育的提升与超越。（林崇德，2017）核心素养从全面发展的人的角度，深化课程改革向"以人为本"推进，因此基于核心素养的课程改革，能够有助于实现课程从"学科为中心"向"以学生全面发展为中心"的转变。在具体实施上，落实在课程开发与教学之中，落实在学科教学之中。

小学数学教学评价就是为了获取学生真实的数学核心素养发展水平状况，同时利用评价得到的信息，帮助学生找出优势与不足，并基于学生已有的学习水平设计学习规划，促使学生在交流、互动、实践等数学教学活动中增强技能，有效地生成数学核心素养。（李星云，2018）

核心素养的视域下，小学数学教学评价的目标要以"学生发展"为核心，提高学生的综合素养；虽然小学数学学科核心素养尚未明确，但也形成了较为一致的观点。培养良好的思维能力是教学评价的一个重要目标。（王立红，2017）促进学生在独立思考的过程中形成数学的思维方式是具备数学学科核心素养的重要表现，因此小学数学教学评价要尤其注重培养学生数学思维。中国学生发展的数学核心素养既具有典型的、独有的数学学科特征，又能与其他学科核心素养一起，对于学生的全面发展与终身可持续发展共同发挥作用。（孔凡哲等，2017）小学数学教学评价的目标也既要培养学生应具备的能够适应终身发展和社会发展需要的必备品格和关键能力，又要培养学生从数学的视角发现问题、提出问题并加以分析和解决问题的综合素养，用数学的眼光观察现实世界、用数学的思维思考现实世界、用数学的语言表达现实世界的综合素养。

（二）小学数学教学评价的内容研究

新课程提倡评价目标多元化、评价内容多维度和评价方法多样化。在课改中颁布的《全日制义务教育教学课程标准（实验稿）》，其指出"对数学学习的评价要关注学生学习的结果，更要关注他们学习的过程；要关注学生数学学习的水平，更要关注他们在数学学习过程中表现出来的情感、态度，帮助学生认识自我，建立信心。"新课程倡导发展性评价，既重视学生的学习结果又重视学习过程，既关注学生基础知识和基本技能的学习，也关注学生能力、情感态度的发展，建立起有利于学生发展的评价内容。

2005年5月教育部启动《全日制义务教育教学课程标准（实验稿）》修订

工作，于2011年12月正式颁布了《义务教育数学课程标准（2011年版）》，明确指出"评价应以课程目标和课程内容为依据，体现数学课程的基本理念，全面评价学生在知识技能、数学思考、问题解决和情感态度等方面的表现"以及"评价不仅要关注学生的学习结果，更要关注学生在学习过程中的发展与变化"。教学评价继续贯彻数学学习结果与学习过程并重的原则，关注数学课程总目标，越发重视学生的个性化发展。

针对以往教学评价采用统一的评价标准，用同一把尺子衡量不同的学生，忽视学生个体差异的现状，提出采用分层教学，根据学生课堂表现、学习成绩、学习能力的差异，科学分组，为不同层次的学生设计相应的评价内容。（马俊，2019）

小学数学教学评价在重视教学目标、教学内容、教学方式等一般特征的同时，更要关注小学数学本质特征，比如数学的核心概念、数学思想方法的思考与教学。强调体现数学本质的评价维度：数学知识的正确理解与有效呈现、小学数学核心概念的把握、数学思想方法的提炼、数学文化的渗透，并且展示了相应的体现数学本质的课堂教学评价维度表格。（魏悦心等，2015）在教学评价中考查学科核心素养的三条原则：不强调计算速度，重思考深度、轻技巧训练；检测内容要指向学科核心素养，关注学生的思维品质；采用满意原则，考查学生的思维过程。这三条原则本质上是以数学知识技能为载体，引导学生形成数学的思维方式，培养理性思维和科学精神，教学评价的内容重点在于数学抽象、逻辑推理、数学模型的数学思维能力。（史宁中，2017B）基于核心素养的评价要关注思维品质、考察思维过程。（史宁中，2016）

小学数学课堂教学评价要从组成数学课堂教学活动状态空间结构的四个维度（教师、学生、课程与教学手段）出发，遵循教学评价的基本原则与理论基础，从教学目标、知识建构、主体参与、师生互动与学生发展五个方面建立评价内容。（张德勤等，2003）小学数学课堂教学评价体系以教学目标、教材内容、教学过程、教师素质、教学效果为评价内容。虽然学生的主体地位不断强化，但在课堂中教师的教学水平也不容忽视。教师的"硬实力"如课堂语言、教态、板书、作图、新媒体运用等基本功以及"软实力"如课堂组织管理能力、应变能力，不断创设情境、引导学生思考，深入浅出、发展学生思维等能力，师生互动等教学素质都应该是课堂教学评价的重点关注内容。（罗东周，2003）

（三）小学数学教学评价的方法研究

长期以来，在考试升学制度下，纸笔测验成为小学数学教学最为常见、最为熟悉的一种传统评价方法。

小学数学教学评价存在随意性大、负担重、学生不能参评、重视终结性考查、忽视考查后的分析和反馈调节等弊端，提出改革教学评价并建立小学数学教学评价工具体系，形成"教学目标—检测题（卷）库—成绩常模—检测分析表"相配套的既定客观评价工具体系。所谓评价命题也就是检测题（卷），运用以数学知识点与学习水平（知道、理解、掌握、应用）两个维度综合计划的双向细目表为命题设计蓝图。文章还指出要重视检测分析，透过题目看到教学目标，明确学生在各个知识点上达到哪层水平；要强化评价后的补救矫正和再评价，了解学生的不同情况，因人而异，有针对性地进行辅导，争取每位学生都达标。除此之外，文章还强调要通过检测题引导学生自我评价，注重学生的形成性评价。（陈今晨，1993）

小学数学教学评价体系应重视综合性的整体性评价、激励性的形成性评价、学生主体参与评价。其中具体说明成长档案袋应包含收获卡、各类数学检测卷、作业本、数学实践活动报告、家校联系本、本学期数学学习总结等九项具体材料。成长档案袋充分记录了学生在每个学习阶段所获得的进步或存在的问题，便于学生反思与总结；同时又是学生自己整理、自己管理，体现学生的自我评价，尊重学生的主体地位；除此之外，也为教师和家长了解学生的学业状况、检查学生学习过程中的薄弱环节提供了机会。成长档案袋目前已成为小学数学教学评价中常用的方法之一，其在一定程度上弥补了纸笔测验上存在的问题和不足。（俞宏伟，2004）

《义务教育教学课程标准（2011年版)》明确"应采用多样化的评价方

式，恰当呈现并合理利用评价结果，发挥评价的激励作用，保护学生的自尊心和自信心"，提出了体现评价主体的多元化和评价方式的多样化、采用定性和定量相结合的方式呈现评价结果、合理设计与实施书面测验等多条建议。以此为理念，涌现了活动报告、课堂观察、口头测验、访谈、学生评价卡等其他多种评价方法。

数学学习日记主要是让学生收集并整理学习中的错题，由教师定期检查并总结典型的、常见的、易错易混的错题类型，再针对这些错题对学生进行集中、深入的讲解，以此来查漏补缺，提高学生的学习效率。（马俊，2019）口试、笔试、面试相结合的评价方法，口试来"说理"，面试搞"操作"，笔试测"基础"，三者相结合，有利于了解学生的思维过程，培养学生的语言表达能力。（严金萍，2013）

应关注教学评价改革，尽快形成一套与教学相适应的科学、合理的评价体系，使评价能真正促进学生的发展。评价的落脚点——创设民主的学习氛围，允许学生随时"插嘴"，尊重学生的不同需要，让师生成为共同体。评价的突破点——学生创新意识的培养，起点：创设认识矛盾冲突的情境，步骤：引导学生主动探索，动力：实践运用。（周丽娟，2007）评价的方式要多种多样，评价内容要有针对性，评价时间要掌握。（高传帅，2015）评价要更多地关注学生学习的过程，注意方法多元、形式多样的评价方式，注重评价学生解决实际问题的能力。（吕艳花，2008）注重强化课堂评价，给学生自我评价建立导向；实施主体多样化的评价，营造乐学的浓厚氛围；通过各种途径进行积极评价，强化学生的闪光点。（严孙庚，2010）着眼于纵向发展，改革评价模式；发挥学生主动性，鼓励学生互评；追踪成长足迹，注重过程性评价。（邢露，2011）

评价主体的多元化（自评、互评、师评）；评价语言的多样化，鼓励、表扬的评价语言，亲切、真诚的评价语言，机智、巧妙的评价语言。（陈荣鑫，2014）小学数学课堂教学的评价应关注两个方面，其一，关注教师的课堂教学理念，即关注学生创新意识和创新能力的发展，激励并尊重学生多样性的独立思维方式，加强数学学习和现实的练习，让学生成为学习的主人，关注学生的情感体验，教学目标的差别化；其二，关注教师的课堂教学策略，讨论的教学策略，探究的教学策略，引导思考的教学策略。（孔企平，2004）

课堂教学评价必须及时、准确，能对学生的表现做出明确的评判；课堂教学评价必须具有一定的指向性；教师的评价必须具有指导性；让学生参与到课堂教学评价之中；教师的评价语言还应机智、幽默，能够给学生创造一个和谐的学习空间。（陆丽霞，2016）

针对PISA测试背景下的小学数学教学评价，应该在课堂教学中重视对学生学习过程的评价；降低对基础知识与技能的评价标准；设计多元的习题对学生形成综合性的评价。（施运高，2015）

小学数学教学评价的效果主要是指教学评价产生的实际效果，对促进数学教学、数学学习的实际效用，重视课堂教学评价在小学数学课堂中的效果。（姜军，2017）基于不同的评价标准，从不同的角度出发，不同的评价者对同一节课，或一节课的个别教学现象的理解和判断必然会有差异。在这种情况下，评价者与评价者之间，评价者与被评价者之间的沟通就显得非常必要。通过相互交流和理解，可以更全面地认识课堂教学，促进课堂教学质量的提升，促进教师的专业发展。课堂教学评价应该以交流、协商、理解的形式进行。（赵冬臣、马云鹏，2007）

四、小学数学学习评价研究

学习评价就是对学习效果、学业水平（学业成就）做出评定，用一个等式来刻画，即学习评价=测量（量）或非测量（质）+价值判断。（曹培英2015B）全美数学教师理事会在《全美学校数学课程与评价标准》（人民教育出版社，1994）中给出的"数学学习评价"定义为："数学学习评价是指有计划、有目的地收集有关学生在数学知识、使用数学的能力和对数学的情感、态度、价值观等方面的证据，并根据这些证据对学生的数学学习状况或某个课程与教学计划作出结论的过程。"传统的数学学习的评价以量化为特征，越来越难适应"培养全面发展的人"的需要。《义务教育教学课程标准（2011年版）》明确指出：评价的主要目的是了解学生的数学学习历程，激励学生学习和改进教师教学，应建立评价目标多元、评价方法多样的评价体系。对数学学习的评价要关注学生学习的结果，更要关注他们的学习过程；要关注学生数学学习的水平，更要关注他们在数学活动中所表现出来的情感与态度，帮助学生认识自我，建立信心。转变数学学习的评价观念，建立一个完善的评价机制，多鼓励、多引导,培养学生的自信心；定量评价与定性评价相结合，拓宽学生思路；跟踪评价，让学生看到自己的进步。（黄宝俤，2005）

（一）小学数学学习评价的目标研究

小学数学进行发展性评价时要关注评价的激励性、针对性、及时性和真实性。（汪典如，2003）要设计目标多元的数学学习评价的基本构架，建立以评价学生数学素养为重点的评价目标体系，体现《义务教育教学课程标准（2011年版）》的基本要求。《义务教育教学课程标准（2011年版）》明确了义务教育阶段数学课程的总目标，并从知识与技能、数学思考、解决问题、情感与态度四个方面作出了具体阐述。把具体内容分成数与代数、空间与图形、统计与概率、实践与综合应用四个方面，并与四个目标领域有机地整合起来进行阐述。这样设计目标，目的是在数学课程中切实落实促进学生的全面、持续、和谐发展的要求。（孔企平，2016）

学习评价分为达标性评价、选拔性评价、表现性评价。达标性评价是基于标准的评价，反映了学生达成课程标准规定要求的程度和状态；选拔性评价的目的是甄别、遴选；表现性评价通常采用美国教育评定技术处的界定"通过学生自己给出的问题答案和展示的作品来判断所获得的知识和技能"。评价的本质，即对事物的价值判断。判断的目的是促进学习的发展，为了教育教学的"增值"。（曹培英，2015B）数学学习评价的主要目的是全面了解学生的数学学习状况，激励学生的学习热情，促进学生的全面发展，同时帮助教师及时调整和改善教学过程，不断提高教学效率。（曹培英2015B）小学数学学习的评价目标应包含两个方面，即一般性发展目标和数学学科的学习目标。前者主要描述学生全面发展的基本素质（包括道德品质、学习能力、交流与合作、个性与情感）；后者根据课程标准建立促进学生发展的评价体系。（刘久成，2004A）

《义务教育教学课程标准（2011年版）》中指出评价的主要目的是全面了解学生数学学习的过程和结果，激励学生学习和改进教师教学。评价应以课程目标和课程内容为依据，体现数学课程的基本理念，全面评价学生在知识技能、数学思考、问题解决和情感态度等方面的表现。2017年司晓鸽在《小学数学学习评价多元化的实践与研究》一文中提出，小学数学学习评价必须遵循多元化的原则，紧紧围绕提高素质、发展能力、鼓励创新这一目标，充分发挥评价的真正作用，不仅重视对知识理解是否正确的评价，更注重评出自信，产生激励效应，使学生更积极主动地参与，使评价真正成为推动学生学习数学的强大动力，让多元评价伴随学生快乐成长。

（二）小学数学学习评价的内容研究

评价内容涉及多维。新一轮课改确立了知识与技能、过程与方法、情感态度与价值观三位一体的课程与教学目标体系，那么小学数学的学习评价也应该体现三维目标。评价数学知识、技能的理解、掌握情况，可以用普通的纸笔测试；对于如何命题，教师可以先从课本的某些核心知识入手设计问题；评价数学学习的情感、态度与价值观，比较容易操作的是评价数学学科的学习兴趣与学习习惯。学习兴趣的评价可以采用评价量表、日常观察（评价学生参与数学课堂学习活动的表现，课外阅读的表现）；学习习惯的评价可以采用课堂观察、作业检查等手段，主要评价学生课堂上的听说习惯、操作习惯和练习习惯。（曹培英，2015A）

孔企平把评价方案分成两个相互联系的基本部分。第一部分，考察学生在数学教学过程中情感与态度的发展，包括兴趣与动机、行为与态度、合作精神、自信心四个基本的要素。第二部分，考察学生的数学认知领域的学习情况。这部分内容又分成两个方面，其一是考察学生在数学教学过程中对数学知识的掌握与应用；其二是从过程和方法的角度考察学生的学习方式和高层次的思维品质。（孔企平，2016）刘学智以美国的数学学科为例指出，要从知识的种类、知识的深度、知识的广度和知识样本平衡四个方面考察评价与标准在内容上的一致性。（刘学智，2006）

学习评价应从学生的德智体等各个方面去评价，注重学生综合素质的考察，不仅关注学生的学业成绩，而且要关注学生创新精神和实践能力的发展，以及良好的心理素质、健康的体魄、浓厚的学习兴趣、积极的情感体验、较强的审美能力等的发展。从世界范围来看，评价内容综合化已成为各国评价改革的共同趋势。（刘久成，2004A）评价要突出全面性、自主性和激励性。评价内容要全面，要包括情感、态度、认知、能力等各方面的情况，充分反映每个学生的个性和潜能。评价应以鼓励为主，收集每个人在数学学习和人格发展方面的闪光因素，形成激励向上的氛围。评价的重点应放在创新意识和解决问题能力的培养上。（刘品一，2002）

对数学学科核心素养基本内涵的分析发现数学学科核心素养涉及学科知识、思维方式、关键能力和数学品格等多个层面，故数学学习评价不能仅对学科知识的"知"与"不知"作评判，而应注意评价内容的多样性和丰富性。在命题时，教师应把学科知识放在具体的问题情境中，从问题情境、思维推理、交流探究、思想情感等方面对具体的数学学科知识进行拓展和延伸，全面评价学生所表现出的知、行、意、能、思、情。（王宁，2019）通过"成长记录"对学生的数学学习进行过程性评价，评价内容设置包括九个部分：结合探究活动，评价学生独立思考能力及态度；开放式问题；能力展示（侧重展示估计、测量、画图、实验、制作等操作能力）；先行作业（包括预习指南、资料搜集、数据统一、预习中发现的问题）；作品展示（包括学具、实验工具、数学小报等作品）；活动报告；数学日记；学习小结；学分银行。（于亚燕，2017）

（三）小学数学学习评价的方法研究

由于学习内容与学生表现具有多样性，学生学习的发展与特点具有差异性。评价方式的多样化既指评价途径的多样化，如课堂上的观察、平时作业的检查、学生数学日记的点评等，也指测试方式的多样化，如书面测试、口头测试、操作测试以及表现性测试。此外还包括课堂上多种激励方式及其表达方式的应用。（曹培英，2015A）

郑加斌指出，教学实践中的几种评价方法：前提诊断性评价、自读尝试性评价、比较分析性评价、连续强化性评价、明理悟道性评价、练习形成性评价、归纳总结性评价、引深探索性评价。（郑加斌等，1996）

孔企平指出，研究性、开放性问题对评价创新思维等高层次的能力具有重要作用。在数学学习评价中加强整体性、思维性和过程性的评估是必要的，开放性问题涉及学生的高层次的思维。对开放性问题学习的评价应该主要以平时的过程性评价为主，但也要积极研究如何在测验命题中适当体现这类问题以及相应的评分标准。在评价方法上，他提出可以使用观察、谈话等基本方式，关注学生的学习过程，考察学生学习方式的合理性；建立方法多样和定量与定性相结合的数学学习评价体系。（孔企平，2016）

新课程强调评价方法应该多样性，可以采用以下措施：改进纸笔测验，使其有利于多维目标的实现；注重质性评价（其包括课堂观察、表现性评价、成长记录袋、数学日记等）；注重过程评价，新课程强调评价的重心要逐渐转向更多地关注学生的求知过程、探究过程、努力过程，关注学生在各个时期的进步状况。（刘久成，2004A）《义务教育教学课程标准（2011年版）》指出应采用多样化的评价方式，恰当呈现并合理利用评价结果，发挥评价的激励作用，保护学生的自尊心和自信心。在实施评价时，可以对部分学生采取"延迟评价"的方式，提供再次评价的机会。对基础知识和基本技能的评价应以各学段的具体目标和要求为标准，考查学生的理解与掌握程度，以及在学习过程中的表现；对数学思考和问题解决的评价应当采用多种形式和方法，特别要重视在平时教学和具体问题情境中进行评价；对情感态度的评价可以依据课程目标的要求，采用适当的方法，主要有：课堂观察、活动记录、课后访谈等；并要注重对学生数学学习过程的评价。

评价方法要多样化，扩大学生展示学习成功的空间。除书面考试外，可利用学生喜欢的开卷考试、整理知识、讨论问题、师生谈话、检查作业、解决实际问题、开展数学实践活动、交流学习经验等形式，全面了解学生在数学学习过程中，情感、态度、思维等方面发展的情况，以及知识技能掌握的水平。（刘品一，2002）

通过"学期成绩+学习评价表"，用定性与定量结合的方式呈现评价结果。在学期成绩评定上，一方面要完善平时成绩的构成，将"平时作业"和"成长记录"各作为一次平时成绩；另一方面提高自主命题的质量，逐步形成并不断完善"自主检测""专项检测""口算测试""操作能力测试"等资源库，全面考查学生的数学学业成就，及时反馈教学成效，不断提高教学质量。在数学学习评价表上，要通过描述性评价关注情感态度。"学生数学学习评价"主要由"数学学习品质""自我评价""家长寄语"三部分组成；要体现可操作性，"数学学习品质"的评价指标描述具体，学生对照描述用打星的方式进行自评与互评，简单方便。（于亚燕，2017）

倪燕采用发"喜报"的评价方法，在每个月的学习结束后，对在数学某一方面有明显进步或各方面均能保持优秀的学生，在《评价手册》上发一份"喜报"，向家长祝贺。对学生数学学习的评价倡导学生自评、学生互评、家长参评、教师集中评定多元结合，认为这样做既发挥了学生、家长的自主性，又能将教师与家长的关系拉近，使教育教学受到社会的关注与关爱。（倪燕，2008）

贵阳市实验小学进行了一种革新评价方法的尝试：将考试形式"提出和解决数学问题"列为数学毕业考试的一项内容。采用根据情境提出问题的考试方式，对学生的创造性学习进行评价。根据具体情境，明确测试安排、评价原则、评价结果的呈现与分析。创设丰富的数学情境，给学生提供了挖掘自身不同程度数学潜能的机会。在提出问题、解决问题的过程中，充分开发和培育学生的语言、数理、交流等智能，促进学生问题意识和创造性思维的培养。改变了学生被动应试的传统模式，引导学校教育评价真正改进教学实践、促进学生全面发展。（唐文艳等，2003）

（四）小学数学学习评价的效果研究

对学习评价的改革，有学者提出考试评价应改革题型设计，营造创新氛围；应把握时代特征，指导教育教学；注重对学生各项能力的综合评价，培养学生的创新意识，促进教师教学创新。（何训光，2002）

采用等级制和评语相结合的评价方式来评价学生学习数学的成果，不仅能帮助学生自我反思，找到今后努力的方向，而且避免了学生因为某些原因而与自己实力相当的学生拉开差距，改变了传统小学数学评价中分分计较的弊端，淡化了学生对于教师排名的对立情绪，更突出体现了素质教育的主体性，有利于引导学生恰如其分地评价自己，增强信心，激发兴趣。（冯建英，2017）在积极参与课题研究的过程中，确立了以人为本的评价理念。在评价理念上做到了以下几方面的转变：由重横向评价转向重纵向评价；由单一化评价转向多元化评价；由诊断性评价转向激励性评价；由重终结性评价转向重过程性评价。在实践过程中，也得到了两点反思。一方面，人的智力是多元的，人的智力发展水平也是有差异的。所以教师要承认学生之间是有差异的，在对学生进行评价过程中要辩证地看待学生的不足，善于挖掘学生身上的闪光点，使每个学生都看到自己的长处和优点。另一方面，新的评价理念的确立，不但有利于学生增强学习数学的信心，而且有利于学生认识自我，建立自信。（褚红琴、徐立新，2006）

总的来说，随着对于小学数学学习评价的研究越来越深入，大多专家都明确了小学数学学习评价的目标，对于小学数学评价的内容，都倡导采用多元评价，但侧重点各有不同，且大家都越来越关注学生的情感、态度和价值观评价、思维评价，包括对数学的兴趣、信念、意识、好奇心等等。对于不同的评价内容倡导采用合适的评价方法，认识到试题测验绝不是唯一方法，采用多元评价的方式可以促进学生的进步，提高学生学习数学的自信。

在平谷师范附小开展的实验班，采取一系列实验举措，如坚持学用评价理论，更新教育观念；变"目的教学"为"目标教学"，建立反馈控制的形成性评价体系；优化学生情意心理，激发学习动机，培养学习兴趣，调动学生学习积极性；坚持数据积累，系统整理，统计检验，分析评价。最终，实验获得了实验成效，学生学习成绩两极分化的情况得到控制，学生推理能力有了显著提高。小学数学学科评价实验，提高了平谷县教育质量，适合城镇小学，也适合乡村小学，具有普遍推广的价值。（王尔陶，1991）

在小学数学课堂教学中实施激励性学习评价，能唤起学生积极的学习情绪，增强他们学习数学的自信心，密切师生情感，提高全体学生的数学素质。激励学生进行探究式学习是激励性学习评价的重要内容；鼓励求异与创新是激励性学习评价的永恒主题；让学生在各自的认知水平上都有所发展，是激励性学习评价的重要策略；引导学生参与激励性学习评价，努力提高评价效果。（张长力，1999）

为了充分发挥评价的功能，促进学生的发展和全面素质的提高，必须依据现代教育理论和新课程改革的基本理念，探索小学数学学习评价的措施和方法，目标要明确、内容要全面、标准要多维、方法要多样、主体要多元。（刘久成，2004A）

五、小学数学教师专业发展评价研究

2001年教育部颁布的《基础教育课程改革纲要（试行）》中明确规定："建立促进教师不断提高的评价体系。强调教师对自己教学行为的分析与反思，建立以教师自评为主，校长、教师、学生、家长共同参与的评价制度，使教师从多种渠道获得信息，不断提高教学水平。2001年《基础教育课程改革纲要（试行）》提出："建立促进教师不断提高的评价体系。"我国现行的教师评价制度中还存在着方向性偏误和发展性缺失，它是教师苦不堪言的深层原因。如何科学地评价教师，促进教师的专业化发展，提高教育教学质量，是当前教育改革和发展面临的重要课题。而发展性教育评价正是基础教育新课程的一项重要改革目标，它呼唤理论研究的深入，呼唤科学理论的指导和教育教学实践的证明。（苏虹，2005）

教师评价改革是新课程实施中教育评价改革的重点之一。对当前教师评价改革中存在的若干问题进行透视和剖析，具有重要的现实意义。在实践中，要处理好奖惩性评价与发展性评价的关系；要构建符合新课程要求、不以学生分数为唯一依据、体现教师个体差异的评价标准；要逐步建立以教师自我评价为主的评价制度。（赵德成，2004）

教师评价是师资队伍建设的核心问题。国内传统教师评价体系存在着评价内容简单化、评价目标功利化、评价标准统一化、评价动力单向化等问题。我国发展性教师评价体系应构建发展性和奖惩性教师评价有机结合的评价系统，并实施全方位反馈评价和全过程的教师表现管理和考核。（郭文刚等，2007）

教师评价研究作为教师管理制度建设的首要环节，其发展经历了一个长期的过程。目前，这一领域的研究表现出的主要问题有：不同功能类型的评价常常被混用；教学效能评价仍然占主导地位；评价内容结构不明确；评价内容的理论依据不足；过度注重学生学习结果等。教师评价研究的发展过程可以概括为三个阶段，其发展表现出一个基本趋势：更加重视教师在教育教学过程中的行为，并且更关注教师的教学反思过程和工作中的主动性等方面。（蔡永红等，2003）

我国小学数学教师专业发展的评价，一般情况下并不与教师评价完全割裂开来，只是在具有数学学科性的学科教学知识评价、学科教学能力评价等方面进行区分，其他层面的评价与教师专业发展评价差别不是很大，本部分不分别做陈述。

小学数学教师专业发展评价的目标主要是学校层面和评价方确立的，一般是要结合教师专业发展目标，来衡量其达成情况的。故而小学数学教师专业发展评价的目标与教师专业发展的理念、目标是分不开的。

教师发展目标主要从教师素质指标（思想道德素质、文化理论素质、身体心理素质），教师职责指标（育人管理职责、教学科研职责、协同工作职责），教师绩效指标（育人管理成效、教学科研成效、协同工作成效）进行。又分为教师个体发展的目标和集体发展的目标。具体的教师专业发展目标主要包括能撰写问题调查研究报告，能进行文献研究综述，能总结提升教育教学工作或班主任工作的经验，能设计课题研究方案，有案例研究成果，有课题研究综合成果。（李顺松等，2004）

小学数学教师专业发展评价的内容主要针对小学数学教师专业发展的具体维度开展的，一般包含小学数学教师的思想品德评价、知识评价、能力评价，且主要围绕具体的教学进行。教师学科知识评价是教师评价的重要组成部分，以课堂观察、任务访谈和标准化测量为代表的评价方法存在着评价知识碎片化、内在结构体现不良等问题。赵国庆等选取来自三所学校的57名小学数学教师为研究对象，通过三种概念构图任务（填充概念图、基于核心概念构图和基于焦点问题构图）对教师学科知识进行评价。研究发现：（1）概念图能够成为小学数学教师学科知识评价工具，评价结果显示小学数学教师存在着学科本体知识不足、知识碎片化严重以及知识结构不甚合理等问题；（2）与"填充概念图"和"基于核心概念构图"相比，"基于焦点问题构图"能更准确、更灵敏地评价教师学科知识。（赵国庆等，2018）

提升小学数学教师课堂即时性评价水平，可以遵循教师专业发展的层次性逐步开展；可以从评价语言的把握、评价内容的丰富、评价功能的发挥、评价技巧使用、评价信息传输形式等专项开展、定向发展；变革评价思想观念、提升教师的反思意识和反思能力，将评价能力的发展与教师反思能力的发展同步进行；相关教育部门应注重"数学评价技能专项培训"、教师自身强化对《义务教育教学课程标准（2011年版）》的科学解读。（刘晓芸，2018年学位论文）

强调全面地对教师教学活动过程的评价，可以极大地激发教师教学、科研的积极性。实施教学过程性评价可以促进教师教研能力提高。教学过程性评价可以推动教师教学能力的提高。研究构建教学过程性评价机制，对教学过程各环节进行系统评价，对各项教学活动进行观察分析，引导专业教师针对自身学科特点和教学过程的细节进行研究与创新，根据各个反馈对象对教学过程的评价及时调整，同时会针对不同类型学生探求不同的教学方式，必然可以促进教师教学水平、教学革新能力的持续提高。（刘燕，2015）教师评价应以促进教师的专业发展为宗旨，教师是教师评价的主体，在教师评价中要尊重教师的个体差异，评价主体多元化。（焦春玲，2004）

第三节　小学数学教育评价研究反思与展望

我国专门的教育评价研究起步较晚，但是小学数学教育评价的研究一直蕴含在教育教学中，尤其是小学数学学科的考试、命题等，都属于教育评价的重要组成部分。我国小学数学教育评价的发展，逐步经历了从关注考试和分数、知识和能力，到关注素质与核心素养评价的过程，特别是新课程改革以后，基础教育阶段的教育评价得到了普遍重视，在小学数学课程评价、小学数学教学评价、小学数学教材评价、小学数学学习评价、小学数学教师评价等方面均取得了一定成就，但仍需作出进一步探讨。

一、小学数学教育评价研究反思

（一）小学数学课程与教材评价研究，应更多关注一线师生视角的评价

现行小学数学课程评价和小学数学教材评价的研究者，大都是高校课程与教学论专业、数学教育专业相关师生，这些研究者中大部分并不直接从事小学数学教学工作。一线教师较少参加小学数学课程与教材评价的相关研究，从学生的视角进行课程与教材评价的研究更是少之又少。

因此，对小学数学课程与教材的评价并不能直接、深入、深刻地反应一线师生的观点与看法。后续关于小学数学课程与教材评价研究，应更多关注师生视角，调动师生积极参与到评价活动和评价研究中，以期获得更多来自一线实践的观点。

（二）小学数学教学与学习的评价一致性有待提高

小学数学教学与学习的评价，主要是聚焦在对教师教、学生学的角度，对教师教的评价基本围绕教学的基本流程和程序，对学生学习的评价，主要聚焦在学生数学知识、数学技能、数学思想方法、数学情感态度的评价，因

此对小学数学教学与学习的评价的一致性欠缺，即对小学数学教学的评价与对学生数学学习的评价遵循的不是同一框架。实际上，小学数学教学中，教师的教和学生的学是同时发生的，很多时候对教师教的评价也是对学生学的评价，对学生学的评价也是对教师教的一种评价。因此，在对具体学科教学与学习进行评价的时候，一定要考量其一致性。

（三）小学数学教师评价的体制机制应更完善和人性化

对小学数学教师的评价一般集中在对小学数学教师的师德、教学知识、教学能力、教学业绩等层面，过去更多评价的焦点聚集在教师的教学表现，对小学数学教师专业发展的历史时性评价较少，常常是外部评价较多，即缺少对教师专业发展过程中其他教师关心的问题的评价，教师只能是被动接受外部评价，较少参与评价的设计。未来小学数学教师的评价应强调小学数学教师的参与，强化小学体制机制的健全和完善，要制定针对性、个性化的小学数学教师评价方法。

二、小学数学教育评价研究展望

小学数学教育评价取得的成就与存在的问题并存，值得注意的是，2021年发布了各类关于评价的政策文件和通知，指明了未来一段时间教育评价改革的基本方向和趋势。2021年3月，教育部等六部门印发《义务教育质量评价指南》，指出义务教育质量评价包括县域、学校、学生三个层面，其中学生发展评价主要包括学生品德发展、学业发展、身心发展、审美素养、劳动与社会实践等五个方面重点内容，旨在促进学生德智体美劳全面发展，培养适应终身发展和社会发展需要的正确价值观、必备品格和关键能力。其中学业发展包括学习习惯、创新精神和学业水平。同时，对义务教育质量评价的方式、实施、结果的使用等做出了说明。

2021年7月24日，中共中央办公厅 国务院办公厅印发《关于进一步减轻义务教育阶段学生作业负担和校外培训负担的意见》指出，要全面压减作业总量和时长，减轻学生过重作业负担。提高作业设计质量。发挥作业诊断、巩固、学情分析等功能，将作业设计纳入教研体系，系统设计符合年龄特点和学习规律、体现素质教育导向的基础性作业。鼓励布置分层、弹性和个性化作业，坚决克服机械、无效作业，杜绝重复性、惩罚性作业。同时，要求教师加强作业完成指导，指导小学生在校内基本完成书面作业，初中生在校内完成大部分书面作业。教师要认真批改作业，及时做好反馈，加强面批讲解，认真分析学情，做好答疑辅导。不得要求学生自批自改作业。

为深入贯彻落实中央关于教育评价改革和"双减"工作部署要求，严格规范学校教育教学行为，切实降低学生考试压力，促进学生全面发展健康成长，2021年8月30日，教育部办公厅下发《关于加强义务教育学校考试管理的通知》，对义务教育阶段学校的考试功能、考试次数、考试命题、考试结果、学习过程评价、学业质量监测、管理监督机制等做出要求。

如何总结经验，克服弊端，适应新时代教育评价改革的发展趋势，切实有效地开展不同层次、不同类型的小学数学教育评价，是未来努力的方向。

参考文献

一、图书著作

[1] 《数学教育学导论》编写组. 数学教育学导论 [M]. 北京：高等教育出版社，1992.

[2] 白月桥. 课程变革概论 [M]. 石家庄：河北教育出版社，1996.

[3] 鲍建生，徐斌艳. 数学教育研究导引（二） [M]. 南京：江苏教育出版社，2013.

[4] 鲍建生，周超. 数学学习的心理基础与过程 [M]. 上海：上海教育出版社，2009.

[5] 蔡道法. 数学教育心理学 [M]. 上海：上海科技教育出版社，1993.

[6] 曹才翰. 中学数学教学概论 [M]. 北京：北京师范大学出版社，1990.

[7] 曹才翰，蔡金法. 数学教育学概论 [M]. 南京：江苏教育出版社，1989.

[8] 曹才翰，章建跃. 数学教育心理学 [M]. 北京：北京师范大学出版社，1999.

[9] 曹一鸣. 中国数学课堂教学模式及其发展研究 [M]. 北京：北京师范大学出版社，2007.

[10] 曹一鸣，黄秦安，马波. 数学教学论 [M]. 北京：高等教育出版社，2008.

[11] 曹一鸣，梁贯成. 21 世纪的中国数学教育 [M]. 北京：人民教育出版社，2018.

[12] 曹一鸣，刘咏梅，朱凯等. 小学数学课程与教学论 [M]. 北京：教育科学出版社，2014.

[13] 曾天山. 教材论 [M]. 南昌：江西教育出版社，1997.

[14] 曾小平. 小学数学课程与教学论 [M]. 北京：人民教育出版社，2015.

[15] 陈侠. 课程论 [M]. 北京：人民教育出版社，1989.

[16] 陈月茹. 中小学教科书改革研究 [M]. 北京：教育科学出版社，2009.

[17] 陈在瑞，路碧澄. 数学教育心理学 [M]. 北京：中国人民大学出版社，1996.

[18] 丁尔升，唐复苏.中学数学课程导论［M］.上海：上海教育出版社，1994.

[19] 丁尔陞.中学数学教材教法总论［M］.北京：高等教育出版社，1990.

[20] 董远骞，施毓英.俞子夷教育论著选［M］.北京：人民教育出版社，1991.

[21] 范良火，黄毅英，蔡金法等.华人如何学习数学（中文版）［M］.南京：江苏教育出版社，2005.

[22] 范锜.教育哲学［M］.上海：世界书局，1973.

[23] 冯克诚.实用课堂教学模式与方法改革全书［M］.北京：中央编译出版社，1976.

[24] 葛军.数学教学论与数学教学改革［M］.长春：东北师范大学出版社，1999.

[25] 顾明远.教育大辞典（增订合编本）［M］.上海：上海教育出版社1998.

[26] 广东省教育研究院，中小学数学课程教材改革与发展研究课题组.中小学数学课程教材改革与发展研究［M］.广州：广东高等教育出版社，2016.

[27] 郭玉峰，刘春艳，程国红.数学学习论［M］.北京：北京师范大学出版社，2015.

[28] 郭兆明.小学数学学习心理学［M］.镇江：江苏大学出版社，2018.

[29] 胡炯涛.数学教学论［M］.南宁：广西教育出版社，1996.

[30] 黄甫全.课程与教学论［M］.北京：高等教育出版社，2003.

[31] 黄显华，霍秉坤.寻找课程论和教科书设计的理论基础［M］.北京：人民教育出版社，2002.

[32] 黄毅英.通向大众数学的数学教育［M］.台北：九章出版社，1997.

[33] 江苏省小学教师自学考试小学教育专业教材编写组.小学数学教学研究［M］.南京：江苏人民出版社，1995.

[34] 教育部基础教育教材审定工作办公室.义务教育课程标准实验教科书概览［M］.北京：人民教育出版社，2006.

[35] 金成梁.小学数学课程与教学论［M］.南京：南京大学出版社，2005.

[36] 金成梁，刘久成.小学数学课程与教学［M］.南京：南京大学出版社，2013.

[37] 金一鸣.中国社会主义教育轨迹［M］.上海:华东师范大学出版社，2000.

[38] 课程教材研究所.课程教材改革之路［M］.北京：人民教育出版社，2000.

[39] 课程教材研究所.20世纪中国中小学课程标准教学大纲汇编·课程（教学） 计划卷［M］.北京：人民教育出版社，2001.

[40] 课程教材研究所.教材制度沿革篇（上册）［M］.北京：人民教育出版社，2004.

[41] 课程教材研究所.新中国中小学教材建设史（1949—2000）研究丛书·数学卷［M］.北京：人民教育出版社，2010.

[42] 孔凡哲.教科书质量研究方法的探索——以义务教育数学课程标准实验教科书为

例［M］.北京:人民教育出版社,2008.

[43] 孔凡哲,曾峥.数学学习心理学［M］.北京：北京大学出版社,2012.

[44] 孔企平.小学数学课程与教学论［M］.杭州：浙江教育出版社,2003.

[45] 孔企平.小学数学教学的理论与方法［M］.上海：华东师范大学出版社,2005.

[46] 孔企平.构建以学习为中心的数学课堂——基于小学数学学习过程的教学研究［M］.北京：北京师范大学出版社,2006.

[47] 李秉德.教学论［M］.北京：人民教育出版社,1991.

[48] 李秉德.教学论［M］.北京：人民教育出版社,2001.

[49] 李定仁,徐继存.教学论研究二十年［M］.北京：人民教育出版社,2001.

[50] 李光树.小学数学教学论［M］.北京：人民教育出版社,2003.

[51] 李光树.小学数学学习论［M］.北京：人民教育出版社,2014.

[52] 李嘉瑶.教材学概要［M］.西安：西北工业大学出版社,1989.

[53] 李求来,昌国良.中学数学教学论［M］.长沙：湖南师范大学出版社,2006.

[54] 李润泉,陈宏伯,蔡上鹤等.中小学数学教材五十年（1950—2000）［M］.北京：人民教育出版社,2008.

[55] 李士锜.PME：数学教育心理［M］.上海：华东师范大学出版社,2001.

[56] 李文林.数学史概论［M］.北京：高等教育出版社,2011.

[57] 李玉琪.数学学习论［M］.海口：海南出版社,1992.

[58] 廖伯琴等.中小学理科教材难度国际比较研究（高中物理卷）［M］.北京:教育科学出版社,2016.

[59] 廖哲勋.课程学［M］.武汉：华中师范大学出版社,1991.

[60] 廖哲勋,田慧生.课程新论［M］.北京：教育科学出版社,2003.

[61] 林碧珍.给小学数学教师的50条建议［M］.福州:福建教育出版社,2018.

[62] 林崇德.小学儿童在运算中思维品质发展的研究［A］.发展心理教育心理论文选［C］.北京：北京师范大学出版社,1985.

[63] 林崇德.智力发展与数学学习［M］.北京：中国轻工业出版社,2011.

[64] 刘电芝.儿童发展与教育心理学［M］.北京：人民教育出版社,2006.

[65] 刘加霞.小学数学有效学习评价［M］.北京:北京师范大学出版社,2015.

[66] 刘兼,黄翔,张丹.数学课程设计［M］.北京：高等教育出版社,2003.

[67] 刘久成.小学数学课程60年［M］.镇江：江苏大学出版社,2011.

[68] 刘克兰.现代教学论［M］.重庆:西南师范大学出版社,1996.

[69] 刘树仁.小学教学论［M］.北京：人民教育出版社,2003.

［70］刘月霞，郭华. 深度学习：走向核心素养（理论普及读本）［M］.北京：教育科学出版社，2018.

［71］卢乃桂，操太圣. 中国教师的专业发展与变迁［M］.北京:教育科学出版社，2009.

［72］鲁正火，张国楚，杨晓林（1998）.数学教育研究概论［M］.北京：教育科学出版社，1998.

［73］陆书环，傅海伦. 数学教学论［M］.北京:科学出版社，2004.

［74］罗增儒，李文铭. 数学教学论［M］.西安：陕西师范大学出版社，2002.

［75］马殿超. 小学数学教学研究（黑龙江省三院五校协编）［Z］. 牡丹江：牡丹江市书刊印刷厂，1991.

［76］马云鹏. 小学数学课程标准与教材研究［M］.北京：高等教育出版社，2016.

［77］马云鹏，吴正宪. 深度学习：走向核心素养（学科教学指南·小学数学）［M］.北京：教育科学出版社，2019.

［78］马云鹏，张春莉，王丽杰.小学数学教育评价［M］.长春:东北师范大学出版社，2003.［79］毛鸿翔，高明，毛鸿翱.数学学习的理论与实践［M］.上海：同济大学出版社，1991.

［80］毛鸿翔，季素月. 数学教学与学习心理学［M］.沈阳：辽宁教育出版社，1988.

［81］毛鸿翔，毛建明，李同好等. 数学学习心理学［M］.桂林：广西师范大学出版社，1992.

［82］南京市小学教师培训中心.小学数学教育心理学概论［M］.南京：南京出版社，1991.

［83］欧用生.课程发展的基本原理［M］.台北：复文图书出版社，1984.

［84］潘洪建，刘华，蔡澄. 课程与教学论基础［M］.镇江：江苏大学出版社，2012.

［85］裴娣娜. 教育研究方法导论［M］.合肥：安徽教育出版社，1995.

［86］齐建华. 现代数学教育［M］.郑州：大象出版社，2001.

［87］綦春霞. 数学课程论与数学课程教材改革［M］.北京：北京师范大学出版社，2001.

［88］邱学华. 中国小学数学四十年［M］.石家庄：河北教育出版社，1989.

［89］邱学华. 邱学华怎样教小学数学［M］.北京：中国林业出版社，2007.

［90］邱学华. 邱学华怎样教小学数学（修订版）［M］.北京：中国林业出版社，2016.

［91］任樟辉. 数学思维论［M］.南宁：广西教育出版社，1990.

［92］上海师范大学教育系，上海市教育局，《解放日报》记者. 从"三算结合"看小学数学教学改革［A］.小学数学教学经验选·三算结合［C］.北京：人民教育出版社，1975.

[93] 沈文选. 走进教育数学 [M].北京：科学出版社，2015.

[94] 沈晓东，顾晓东. 有效学业评价-练习测试命题问题诊断与指导 [M].长春:东北师范大学出版社，2011.

[95] 施良方. 课程理论——课程的基础、原理和问题 [M].北京：教育科学出版社，1996.

[96] 十三所院校协编组（1987）.中学数学教材教法（总论）[M].北京：高等教育出版社，1987.

[97] 史宁中（2012）.义务教育数学课程标准（2011年版）解读 [M].北京：北京师范大学出版社，2012.

[98] 宋秉信. 数学学习论 [M].重庆：重庆大学出版社，1999.

[99] 宋乃庆，张奠宙. 小学数学教育概论 [M].北京：高等教育出版社，2008.

[100] 宋乃庆，张奠宙，孔企平. 小学数学教育概论 [M].北京：高等教育出版社，2008.

[101] 孙昌识，姚平子. 儿童数学认知结构的发展与教育 [M].北京：人民教育出版社，2005.

[102] 孙智昌. 主体相关性：教科书设计的基本原理 [M].北京：教育科学出版社，2011.

[103] 田万海. 数学教育学 [M].杭州：浙江教育出版社，1993.

[104] 涂荣豹. 数学教学认识论 [M].南京：南京师范大学出版社，2004.

[105] 涂荣豹，王光明，宁连华. 新编数学教学论 [M].上海：华东师范大学出版社，2006.

[106] 涂荣豹，杨骞，王光明. 中国数学教学研究30年 [M].北京：科学出版社，2011.

[107] 汪德营，李铭心. 数学教学论 [M].海口：海南出版社，1990.

[108] 汪晓勤. 数学史与数学教育 [M].北京:科学出版社，2017.

[109] 王策三. 教学论稿 [M].北京：人民教育出版社，1985.

[110] 王承绪，赵祥麟. 西方现代教育论著选 [M].北京:人民教育出版社，2001.

[111] 王建磐. 中国数学教育：传统与现实 [M].南京：江苏教育出版社，2009.

[112] 王鉴. 课程与教学基本原理 [M].北京:人民教育出版社，2014.

[113] 王林全. 当代中小学数学课程发展 [M].广州:广东教育出版社，2006.

[114] 王林全. 现代数学教育研究概论 [M].广州：广东高等教育出版社，2012.

[115] 王权. 中国小学数学教学史 [M].济南：山东教育出版社，1996.

[116] 王延文，王光明. 数学教学理论与实践 [M].天津：天津科学技术出版社，2004.

[117] 王子兴. 数学教育学导论 [M].桂林：广西师范大学出版社，1996.

[118] 吴杰. 教学论——教学理论的历史发展 [M].长春：吉林教育出版社，1986.

［119］吴文俊.中国大百科全书·数学［M］.北京：中国大百科全书出版社，1998.

［120］吴正宪，张铁道.引领教师追求专业发展——吴正宪小学数学教师工作站的十年探索［M］.北京:北京师范大学出版社，2019.

［121］吴正宪，周卫红，陈凤伟.吴正宪课堂教学策略［M］.上海：华东师范大学出版社，2013.

［122］徐利治.徐利治论数学方法学［M］.济南：山东教育出版社，2000.

［123］徐素珍.小学数学教学的实践与探索［M］.上海:上海交通大学出版社，2017.

［124］徐速.小学数学学习心理研究［M］.杭州：浙江大学出版社，2006.

［125］徐文彬.小学数学教学方法.［M］.北京：教育科学出版社，2017.

［126］严士健.面向21世纪的中国数学教育［M］.南京：江苏教育出版社.1994.

［127］杨吉和.数学学习学［M］.青岛：青岛海洋大学出版社，1998.

［128］杨庆余.小学数学课程与教学［M］.上海：上海科技教育出版社，2003.

［129］杨庆余.小学数学课程与教学［M］.北京：中国人民大学出版社，2010.

［130］杨玉东，巩子坤.小学数学教师专业能力必修［M］.重庆:西南师范大学出版社，2012.

［131］叶立群.课程教材改革探索［M］.北京:人民教育出版社，1997.

［132］喻平.数学教学心理学［M］.北京：北京师范大学出版社，2010.

［133］喻平，连四清，武锡环.中国数学教育心理研究30年［M］.北京：科学出版社，2011.

［134］袁振国.中小学理科教材难度国际比较研究丛书［M］.北京：教育科学出版社，2016.

［135］张楚廷.数学教育心理学［M］.北京：警官教育出版社，1998.

［136］张楚廷，李求来，刘振修.数学教学原则概论［M］.桂林：广西师范大学出版社，1994.

［137］张丹.小学数学教学策略［M］.北京：北京师范大学出版社，2010.

［138］张奠宙.数学教育研究导引［M］.南京：江苏教育出版社，1998.

［139］张奠宙.中国数学双基教学［M］.上海:上海教育出版社，2006.

［140］张奠宙，李士锜，李俊.数学教育学导论［M］.北京:高等教育出版社，2003.

［141］张奠宙，宋乃庆.数学教育概论［M］.北京：高等教育出版社，2004.

［142］张国杰.数学学习论导引［M］.重庆：西南师范大学出版，1995.

［143］张华.经验课程论［M］.上海：上海教育出版社，2000.

［144］张辉蓉.小学数学教学论［M］.重庆：西南师范大学出版社，2018.

[145] 张景斌. 中学数学教学教程 [M]. 北京：科学出版社，2000.

[146] 张景中. 从数学教育到教育数学 [M]. 北京：中国少年儿童出版社，2005.

[147] 张念宏. 教育学辞典 [M]. 重庆：西南师范大学出版社，1988.

[148] 张永春. 数学课程论 [M]. 南宁：广西教育出版社，1996.

[149] 张远增，胡耀华. 小学数学测量与评价 [M]. 上海：华东师范大学出版社，2010.

[150] 章士藻. 中学数学教育学 [M]. 南京：江苏教育出版社，1991.

[151] 郑君文，张恩华. 数学学习论 [M]. 南宁：广西教育出版社，1996.

[152] 郑毓信. 数学深度教学的理论与实践 [M]. 南京：江苏凤凰教育出版社，2020.

[153] 钟启泉. 现代课程论 [M]. 上海：上海教育出版社，1980.

[154] 钟启泉，崔允漷，张华（2001）. 为了中华民族的复兴，为了每位学生的发展——《基础教育课程改革纲要（试行）解读》 [M]. 上海：华东师范大学出版社，2001.

[155] 钟善基，丁尔陞，曹才翰. 中学数学教学法（总论） [M]. 北京：北京师范大学出版社，1982.

[156] 周春荔，张景斌. 数学学科教育学 [M]. 北京：首都师范大学出版社，2001.

[157] 周淑红. 小学数学课程与教学论 [M]. 北京：教育科学出版社，2013.

[158] 周学海. 数学教育学概论 [M]. 长春：东北师范大学出版社，1996.

[159] 朱水银，王延文. 中学数学教学导论 [M]. 北京：群众出版社，1998.

[160] 朱水银，王延文. 中学数学教学导论 [M]. 北京：教育科学出版社，2001.

[161] 朱永新. 中国教育改革大系 [M]. 武汉：长江出版传媒，湖北教育出版社，2016.

[162] 朱智贤. 儿童心理学 [M]. 北京：人民教育出版社，1979.

[163] 朱智贤，林崇德. 思维发展心理学 [M]. 北京：北京师范大学出版社，1986.

二、期刊论文

[1] 白改平，杨光伟. 美国数学课程改革的特点及其启示 [J]. 外国中小学教育，2008（7）.

[2] 白永潇. 小学生高层次数学能力及其评价的研究——基于 SAAE 小学数学评价项目的分析 [J]. 基础教育课程，2013（Z2）.

[3] 鲍建生. 中英两国初中数学期望课程综合难度的比较 [J]. 全球教育展望，2002（9）.

[4] 北京师范大学数学系中小学数学教学改革研究小组. 对中小学数学教材内容现代化的建议 [J]. 数学通报，1960（4）.

[5] 蔡金法，徐斌艳. 也论数学核心素养及其构建 [J]. 全球教育展望，2016（11）.

[6] 蔡庆有，邝孔秀，宋乃庆. 小学数学教材难度模型研究 [J]. 教育学报，2013（5）.

［7］蔡晓春，陆克毅.关于数学教材分析方法的探讨［J］.数学教育学报，1996（2）.

［8］蔡永红，黄天元.教师评价研究的缘起、问题及发展趋势［J］.北京师范大学学报（社会科学版），2003（1）.

［9］曹飞羽.英国中小学数学教育的改革［J］.课程·教材·教法，1987（3）.

［10］曹飞羽，杨维等.我们在参加起草小学数学教学大纲中的几点体会［J］.小学教师，1953（3）.

［11］曹培英.谈小学数学学习中的问题解决［J］.课程·教材·教法，1999（9）.

［12］曹培英.中日小学数学教材的比较研究［J］.课程·教材·教法，2000（6）.

［13］曹培英.新课程背景下小学数学教师本体性知识的缺失及其对策研究［J］.课程·教材·教法，2006（6）.

［14］曹培英.小学数学学习评价研究（二）［J］.小学数学教育，2015（19）.

［15］曹培英.小学数学学习评价研究（一）［J］.小学数学教育，2015（17）.

［16］曹培英.小学数学学科核心素养及其培育的基本路径［J］.课程·教材·教法，2017（2）.

［17］曹侠.改革小学数学教学，大面积提高教学质量——学习《九年制义务教育全日制小学数学大纲》的体会［J］.教育月刊，1988（7）.

［18］曹侠，李润泉.九年制义务教育全日制小学数学教学大纲（初审稿）同我国现行大纲、台湾省课程标准、日本国学习指导要领的比较［J］.学科教育，1992（6）.

［19］曹子方.7—12岁儿童数概念发展的实验研究［J］.东北师大学报，1981（2）.

［20］曾盼盼，俞国良.小学生视觉—空间表征类型和数学问题解决的研究［J］.心理科学，2003（2）.

［21］曾天山.国外关于教科书功能争论的述评［J］.西南师范大学学报（哲学社会科学版），1998（2）.

［22］曾天山.国外关于教科书插图研究的述评［J］.外国教育研究，1999（3）.

［23］常州市代数研究小组.重视知识发生过程，改进数学教学［J］.中学数学，1988（12）.

［24］陈才华.对数学教学过程的解读［J］.四川职业技术学院学报，2005（03）.

［25］陈朝东，穆琳.数学史在我国小学数学教材中的渗透［J］.现代中小学教育，2013（3）.

［26］陈昊，王建磐.21世纪国际数学教育在关注什么——基于ICME中TSG主题的分析［J］.数学教育学报，2020（2）.

［27］陈红艳，刘儒德.小学生数学观调查研究［A］.第九届全国心理学学术会议文摘

选集［C］，2001.

［28］陈宏伯.新编六年制小学数学课本简介［J］.课程·教材·教法，1984（4）.

［29］陈华安.新课程理念下重构数学课程评价体系，促进学生差异发展［J］.数学教学通讯，2006（2）.

［30］陈坚，王君.小学数学双语教师课堂教学能力培养的研究［J］.新疆教育学院学报，2014（1）.

［31］陈建功.20世纪的数学教育［J］.中国数学杂志，1952（2）.

［32］陈今晨.改革教学评价，加强目标教学的双边性［J］.江苏教育，1993（22）.

［33］陈丽敏，景敏，Verschaffel Lieven等.五年级小学生数学问题提出能力和观念的调查研究［J］.数学教育学报，2013（2）.

［34］陈丽霜，赵继源，魏思晴.小学生数学计算能力的调查研究——以心算、口算能力为例［J］.教育与教学研究，2015（6）.

［35］陈敏.聚集数学核心素养［J］.人民教育，2015（23）.

［36］陈敏，杨玉东.小学生解决真实情境问题的调查研究——基于PISA数学素养的视角［J］.上海教育科研，2016（9）.

［37］陈鹏，蔡辰梅.新中国70年我国教师职业道德研究的进展与反思［J］.中国德育，2019（18）.

［38］陈荣鑫.怎样在小学数学课堂教学中体现教学评价［J］.小学科学（教师版），2014（12）.

［39］陈士文.我的"智慧数学"［J］.小学数学教师，2014（3）.

［40］陈侠.课程论的学科位置和它同教学论的关系［J］.课程·教材·教法，1987（3）.

［41］陈侠.对义务教育课程规划的几点建议［J］.课程·教材·教法，1988（1）.

［42］陈向明.对教师实践性知识构成要素的探讨［J］.教育研究，2009（10）.

［43］陈晓东.教科书编写策略研究——以小学数学教科书为例［J］.当代教育科学，2009（10）.

［44］陈晓荆.非智力因素结构及其与智力因素的关系［J］.福州大学学报，2002（1）.

［45］陈亚明.小学数学教师的专业自觉［J］.小学数学教师，2014（6）.

［46］陈英和，耿柳娜.数学焦虑研究的认知取向［J］.心理科学，2002（6）.

［47］陈英和，耿柳娜.儿童数学认知策略研究新进展［J］.北京师范大学学报（社会科学版），2003（1）.

［48］陈英和，耿柳娜.小学一~三年级儿童加减法策略选择的发展特点研究［J］.心理发展与教育，2005（2）.

[49] 陈英和，赖颖慧，尹称心. 数学学科领域内儿童比例推理策略的发展特点及影响因素 [A]. 第十五届全国心理学学术会议论文摘要集 [C]，2012.

[50] 陈英和，王明怡. 儿童执行功能与算术认知策略的关系 [J]. 心理科学，2009（1）.

[51] 陈英和，赵宏. 小学四年级儿童概念性知识水平和工作记忆广度对其多位数乘法认知策略的影响 [A]. 第十一届全国心理学学术会议论文摘要集 [C]，2007.

[52] 陈英和，仲宁宁，田国胜等. 小学 2~4 年级儿童数学应用题表征策略差异的研究 [J]. 心理发展与教育，2004（4）.

[53] 陈英和，仲宁宁，赵宏等. 小学 2-4 年级儿童数学应用题表征策略对其解决不规则问题影响的研究 [J]. 心理科学，2005（6）.

[54] 褚红琴，徐立新. 新课程理念下小学生数学学习评价的实践与思考 [A]. 江苏省教育学会 2006 年年会论文集（理科专辑）[C]，2006.

[55] 春鸣. 算术教学必须联系实际——学习"小学算术教学大纲（修订草案）"的体会 [J]. 江苏教育，1957（13）.

[56] 丛立新. 非智力因素对学生学业成就的普遍影响 [J]. 教育研究，1985（4）.

[57] 崔敦约. 在数学教学方面怎样指导学生掌握正确的学习方法 [J]. 数学通报，1961（8）.

[58] 崔国范. 关于数学教学过程本质的探究 [J]. 绥化学院学报，2007（4）.

[59] 崔吉芳，李嫩晓，陈英和. 数学焦虑影响儿童数学任务表现的作用机制探析 [J]. 心理发展与教育，2011（2）.

[60] 戴伯韬. 论研究学校课程的重要性 [J]. 课程·教材·教法，1981（1）.

[61] 戴荣明，沈蕙，李海等. 746 名小学生数学基本能力与生活质量的关系 [J]. 中国校医，2004（6）.

[62] 邓冰，黄列玉，冯承芸等. 贵州省小学生数学基本能力现状研究 [J]. 中国学校卫生，2007（4）.

[63] 邓薇. 构建以学生发展为核心的数学教学评价体系 [J]. 当代教育科学，2003（18）.

[64] 邓友祥. 怎样深入分析小学数学教材 [J]. 小学教学研究，1997（7）.

[65] 邓友祥. 对小学数学教学过程的认识与教学建议 [J]. 现代中小学教育，2004（7）.

[66] 邓镇毅. 加强小学教师师德师风建设的途径分析 [J]. 教育现代化，2018（51）.

[67] 翟渝成. 小学生解决数学问题的心理障碍分析及排除策略 [J]. 福建教育（小学版），2007（6）.

[68] 丁尔陞. 数学教育心理学十年研究成果综述（续）[J]. 数学通报，1987（10）.

[69] 丁尔陞. 数学教育心理学十年研究成果综述 [J]. 数学通报，1987（9）.

[70] 丁尔陞. 我国中小学数学课程发展的思考 [J]. 数学通报, 2002 (5).

[71] 丁国忠. 数学应用:对应用题的超越——对小学数学教材中"数学应用"编写的几点思考 [J]. 课程·教材·教法, 2008 (1).

[72] 丁锦华. 小学数学课程改革中教师素质的提高 [J]. 江苏教育, 2000 (20).

[73] 丁锐, 马云鹏. 小学数学专家教师与普通教师的专业知识水平与表现的比较研究 [J]. 教师教育研究, 2014 (6).

[74] 董奇. 元认知与思维品质关系性质的相关、实验研究 [J]. 北京师范大学学报, 1990 (5).

[75] 董妍, 路海东, 俞国良. 小学生应用题表征的类型和特点 [J]. 心理科学, 2004 (6).

[76] 窦学伦. 谈数学教学的几个问题 [J]. 数学教学与研究, 1987 (5).

[77] 杜玲玲, 吕晓丽. 学生核心素养与教育评价改革—中国教育学会基础教育评价专业委员会 2016 年学术年会综述 [J]. 教育测量与评价, 2016 (12).

[78] 杜尚荣, 李森. 中小学教材编写逻辑体系的反思与重构——兼论教材编写的教学逻辑体系 [J]. 课程·教材·教法, 2014 (10).

[79] 杜彦武, 杜彦君. 数学思想方法教学原则初探 [J]. 临沂师范学院学报, 2003 (30).

[80] 段鑫星, 陈会昌. 学生自我效能感与学习动机的发展与关系研究 [A]. 第十届全国心理学学术大会论文摘要集 [C], 2005.

[81] 范良火, 吴立建. 国际数学教材研究和发展趋势述评和分析——从首届国际数学教材研究和发展会议及其大会报告说起 [J]. 数学教育学报, 2015 (3).

[82] 范良火, 熊斌, 李秋节. 现代数学教育中的教材研究: "概念" "问题"和"方法" [J]. 数学教育学报, 2016 (5).

[83] 方红峰. 教材选用视野中的教科书评价 [J]. 课程·教材·教法, 2003 (7).

[84] 费岭峰, 沈强. 评价设计:从结果走向过程——小学数学"能力立意"的测评实践与思考 [J]. 小学教学研究, 2015 (34).

[85] 冯国平, 康世刚, 李光树. 数学教师必须读懂课程结构对学生发展的影响 [J]. 中小学教师培训, 2012 (3).

[86] 冯建英. 学习评价:省思与改革——以我校小学数学学习评价改革为例 [J]. 数学教学通讯, 2017 (1).

[87] 傅维利, 朱宁波. 试论我国教师职业道德规范的基本体系和内容 [J]. 中国教育学刊, 2003 (2).

[88] 富安利, 赵裕春. 小学生性格特征对其数学学习能力发展的影响 [J]. 吉林教育科学, 2000 (2).

[89] 富安利，赵裕春，张锦帆.数学能力发展水平不同的学生的创造性思维的比较研究 [J].心理科学通讯，1988（4）.

[90] 高传帅.灵动的课堂从评价开始——小学数学课堂教学评价有效性探索 [J].吉林教育，2015（34）.

[91] 高凌飚.教材分析评估的模型和层次 [J].课程·教材·教法，2001（3）.

[92] 高凌飚.基础教育教材评价体系的构建问题 [J].华南师范大学学报（社会科学版），2002（6）.

[93] 高圣清.新课程理念下高中数学思维能力的构建与培养 [J].数学通报，2005（6）.

[94] 高向斌.美国小学新几何课程的四个特点 [J].教育科学研究，2008（11）.

[95] 高艳红，杨锐锋.论小学数学教师素质结构优化的策略——基于《教师专业标准（试行）》的视角 [J].继续教育研究，2013（12）.

[96] 高永红.教科书话语呈现的蒙太奇——作为一种整体性策略 [J].教育研究与实验，2003（2）.

[97] 郜舒竹.数学课程中"人为规定"的思想性 [J].课程·教材·教法，2018（9）.

[98] 耿柳娜，陈英和.数学焦虑对儿童加减法认知策略选择和执行的影响 [J].心理发展与教育，2005（4）.

[99] 耿柳娜，陈英和.数学知识类型在儿童认知策略发展中的作用 [J].数学教育学报，2005（4）.

[100] 耿柳娜，陈英和.小学1—3年级儿童对不同算术题型的策略选择和执行特点 [A].第十届全国心理学学术大会论文摘要集 [C]，2005.

[101] 耿柳娜，陈英和.儿童加减法认知策略表现与数学焦虑的关系 [A].第十一届全国心理学学术会议论文摘要集 [C]，2007.

[102] 宫建.对我国小学数学课程知识选择优化的思考 [J].课程·教材·教法，1993（12）.

[103] 顾汝佐，谢鹃，周仲禄等.《小学数学试用教材》简介 [J]，上海教育，1987（12）.

[104] 顾晓东.小学生几何直观能力的培养策略 [J].教学与管理，2017（10）.

[105] 关肇直.数学教材必须现代化 [J].人民教育，1977（3）.

[106] 管坤元.我在算术教学上初步摸到了门径 [J].江苏教育，1954（1）.

[107] 管南雄.浅谈小学数学考试的现代题型 [J].宁夏教育，1983（10）.

[108] 桂建华，杨亮.新时期提升师德水平的有效策略 [J].中国德育，2017（7）.

[109] 郭成，张大均.元认知训练对不同认知方式小学生应用题解题能力的影响 [J].心理科学，2004（2）.

[110] 郭日瑞.数学"四环节"教学法初探 [J].中学数学教学参考，1985（5）.

［111］郭文刚，董志明.国内教师评价体系的探索和研究［J］.教育理论与实践，2007（17）.

［112］郭昀，张伟.建构观下的数学教学原则［J］.曲靖师范学院学报，2004（3）.

［113］过伯祥.数学教育的内容特点与教学原则［J］.福建中学数学，1986（3）.

［114］韩恩荣，周卫，张隽义等.固原地区小学儿童数概念和运算能力发展的调查［J］.固原师专学报（社会科学版），1981（1）.

［115］韩琴，胡卫平.小学生创造性数学问题提出能力的发展研究［J］.心理学探新，2007（4）.

［116］郝永德.关于"非智力因素"几个有争议问题的探讨［J］.华东师范大学学报（教育科学版），1993（1）.

［117］何东昌.在全国中小学教材审定委员会成立大会上的讲话［J］.人民教育（增刊），1987（1）.

［118］何晗.提高小学年轻数学教师教学能力的一点体会［J］.江西教育，1998（12）.

［119］何纪全.关于儿童部分与整体关系认知发展的实验研究——6-7岁儿童用非除法运算解答包含除的实验［J］.心理学报，1982（1）.

［120］何纪全.关于小学生对应用题结构认知发展的初步研究（Ⅰ）［J］.心理学报，1988（1）.

［121］何纪全.关于小学生应用题结构认知发展的初步研究（Ⅱ）［J］.心理学报，1988（2）.

［122］何克抗.e-Learning的本质——信息技术与学科课程的整合［J］.电化教育研究，2002（1）.

［123］何先友.小学生数学自我效能、自我概念与数学成绩关系的研究［J］.心理发展与教育，1998（1）.

［124］何训光.考试评价的改革［J］.小学教学研究，2002（5）.

［125］河北区小学数学中心组.怎样钻研教材［J］.天津教育，1979（9）.

［126］洪伟，刘儒德，甄瑞等.成就目标定向与小学生数学学习投入的关系：学业拖延和数学焦虑的中介作用［J］.心理发展与教育，2018（2）.

［127］胡典顺，蔡金法，聂必凯.数学问题提出与课程演变：两个版本小学数学教材的比较［J］.课程·教材·教法，2015（7）.

［128］胡典顺，徐汉文.数学教学的过程特征和过程价值初探［J］.数学通讯，2007（23）.

［129］胡典顺，薛亚乔，王明巧.中国和美国小学数学教材中问题提出的比较研究［J］.数学教育学报，2016（4）.

[130] 胡定荣. 教材分析：要素、关系和组织原理 [J]. 课程·教材·教法，2013（2）.

[131] 胡明进，王雪. 小学数学教材主题图的设计与功能探析 [J]. 教育导刊，2009（10）.

[132] 胡卫平. 小学儿童分数概念语义理解水平及模式：基于潜在类别分析 [J]. 数学教育学报，2018（3）.

[133] 胡兴强. 浅谈德国小学数学教材的特征 [J]. 外国中小学教育，1993（3）.

[134] 华应龙. 从"融错"到"化错" [J]. 小学教学设计，2017（Z2）.

[135] 黄甫全. 课程难度刍议 [J]. 东北师范大学学报，1994（4）.

[136] 黄甫全. 对中小学课程难度灰色模型 GM（1，1）的探索 [J]. 系统工程理论与实践，1995（10）.

[137] 黄秦安. 我们应该如何认识数学的本质 [J]. 数学教育学报，2003（4）.

[138] 黄祥钗. 研究儿童认识过程，改进算术教学数例 [J]. 福建教育，1964（7）.

[139] 基俊. 国外中小学数学课教学内容的改革 [J]. 吉林教育，1979（9）.

[140] 纪桂萍，焦书兰，何海东. 小学生数学问题解决与心理表征 [J]. 心理发展与教育，1996（1）.

[141] 季建荣. 对小学数学教学评价的几点思考 [J]. 小学教学参考，2009（8）.

[142] 贾旭杰，何伟，孙晓天等. 民族地区理科双语教材建设的问题与建议 [J]. 民族教育研究，2014（5）.

[143] 姜乐仁. 建国三十五年来的小学数学教育 [J]. 湖北教育，1984（10）.

[144] 姜乐仁. 素质教育的最佳方式和途径是实行启发式教学——对深化数学启发式教学实验的思考 [J]. 人民教育，1996（11）.

[145] 蒋舒阳，刘儒德，甄瑞等. 小学生能力观对数学学习投入的影响：学业控制感和期望的中介作用 [J]. 心理与行为研究，2018（4）.

[146] 金成梁. 我国小学数学课程目标的演变 [J]. 江苏教育，2002（3）.

[147] 金之星. 教材编写的几点设想 [J]. 课程·教材·教法，1985（6）.

[148] 靳玉乐，罗生全. 课程论研究三十年：成就、问题与展望 [J]. 课程·教材·教法，2009（1）.

[149] 康玥媛，曹一鸣. 小学、初中数学认知要求的国际比较——基于中、美、英、澳、芬、新六国课程标准的研究 [J]. 教育科学研究，2016（1）.

[150] 课程教材研究所小学数学实验组. 小学数学教材改革实验的初步设想 [J]. 课程·教材·教法，1987（2）.

[151] 孔凡哲，崔英梅. 韩国小学数学教科书的编写特点及启示 [J]. 教育科学研究，2008（7）.

[152] 孔凡哲, 史宁中. 四边形课程难度的定量分析比较 [J]. 数学教育学报, 2006 (2).

[153] 孔凡哲, 史宁中. 中国学生发展的数学核心素养概念界定及养成途径 [J]. 教育科学研究, 2017 (6).

[154] 孔凡哲, 王郢. 我国中小学教科书评价发展的趋势分析 [J]. 教育科学研究, 2006 (6).

[155] 孔企平. 对新加坡小学数学课程特色的分析 [J]. 课程·教材·教法, 2006 (12).

[156] 孔企平. 对促进学生发展的数学学习评价方案的探索 [J]. 湖南教育 (C 版), 2016 (7).

[157] 孔企平. 对新中国成立以来小学数学教材建设的几点思考 [J]. 小学数学教师, 2019 (7、8).

[158] 孔企平, 许自强, 陈志辉等. 近十年来国际数学教育研究趋势 [J]. 全球教育展望, 2015 (12).

[159] 寇冬泉, 刘电芝, 曾欣然. 培养小学生数学自我效能感的实验研究 [J]. 西南师范大学学报 (人文社会科学版), 2002 (5).

[160] 邝孔秀, 宋乃庆. 发达国家小学数学教科书编写改革趋势及其启示 [J]. 比较教育研究, 2016 (5).

[161] 邝孔秀, 朱亚丽, 刘芳. 中国、法国小学数学教科书的习题比较及其启示 [J]. 湖州师范学院学报, 2015 (12).

[162] 邝丽湛. 教材评价的本质及其价值分析 [J]. 教育研究, 2002 (7).

[163] 赖昌贵. 小学生对算术应用题的分析方法的研究 [J]. 心理学报, 1962 (2).

[164] 赖颖慧, 邓小婉, 黄大庆等. 儿童早期数学情绪体验及其与数学成绩关系初探 [J]. 数学教育学报, 2016 (5).

[165] 赖颖慧, 尹称心, 陈英和. 不同任务类型条件下 4~6 年级儿童比例推理策略的表现 [J]. 心理发展与教育, 2016 (4).

[166] 李昌官. 试论数学教学的结构性原则 [J]. 课程?教材?教法, 2002 (5).

[167] 李聪睿. 试论数学教学的形象化原则 [J]. 广西师院学报 (自然科学版), 2001 (3).

[168] 李光树. 简论小学数学教学过程 [J]. 课程·教材·教法, 1997 (6).

[169] 李光树. 试论小学应遵循的基本原则 [J]. 课程·教材·教法, 2001 (12).

[170] 李光树. 小学数学课程内容的开发和重组 [J]. 小学数学教育, 2015 (7、8).

[171] 李海, 徐勇, 沈蕙等. 小学生数学基本能力测试结果分析 [J]. 中国校医, 2004 (5).

[172] 李海, 张晋宇, 王建磐. 承办 ICME-14 是中国数学教育崛起的良好契机——王建磐教授访谈 [J]. 数学教育学报, 2018 (6).

[173] 李君，胡小荣. 建构主义学习理论下的数学教学原则与策略 [J]. 数学理论与应用，2005（4）.

[174] 李丽，吴汉荣. 中国小学生基本数学能力发展水平现状抽样研究 [J]. 公共卫生与预防医学，2006（4）.

[175] 李凌艳，董奇，辛涛. 3~6 年级小学生数学能力水平及发展：一个矩阵设计研究的实例 [J]. 教育研究与实验，2008（5）.

[176] 李倩，陈晓波. 我国基础教育教材研究现状及发展趋势 [J]. 课程·教材·教法，2019（8）.

[177] 李庆奎，杨骞. 试论数学建构教学策略 [J]. 辽宁师范大学学报，2000（7）.

[178] 李琼. 小学生数学学习观：结构与特点的研究 [J]. 心理发展与教育，2006（1）.

[179] 李琼，倪玉菁，萧宁波. 小学数学教师的学科知识:专家与非专家教师的对比分析 [J]. 教育学报，2005（6）.

[180] 李润泉，夏有霖，曹飞羽. 新编全日制十年制学校小学数学教材介绍 [J]. 小学教学研究，1980（2）.

[181] 李善良. 论中小学数学教材编写的基本原则 [J]. 数学教育学报，2007（1）.

[182] 李淑文. 日本新编小学数学教材的特点 [J]. 外国教育研究，2004（3）.

[183] 李淑文，史宁中，张悦. 日本新订小学数学学习指导要领述评 [J]. 课程·教材·教法，2018（9）.

[184] 李铁安，徐兆洋. 30 年中小学数学教学实验回溯与思考 [J]. 基础教育课程，2009（Z1）.

[185] 李新，石鸥. 教学性作为教科书的根本属性及实践路径 [J]. 课程·教材·教法，2016（8）.

[186] 李星云. 对小学数学考试改革的几点看法 [J]. 江苏教育，1985（24）.

[187] 李星云. 引教导学：对小学数学教材建设的思考 [J]. 课程·教材·教法，2006（12）.

[188] 李星云. 论小学数学教师学科教学知识及其发展 [J]. 内蒙古师范大学学报（教育科学版），2014（8）.

[189] 李忠如. 中澳小学数学教材难易度表现的比较研究——以四年级教材为例 [J]. 数学教学通讯，2018（2）.

[190] 李卓. 小学数学教材螺旋上升排编方式探析——以统计与概率为例 [J]. 内蒙古师范大学学报（教育科学版），2012（4）.

[191] 梁贯成等. 数学课程标准国际比较研究对我国新世纪数学课程发展的启示. 国家数学课程标准研制工作研讨会会议资料，1990.

[192] 梁培斌. 浅议小学数学教师"理问"能力的培养 [J]. 小学教学研究, 2012 (34).

[193] 梁宇, 黄寒英, 施妮娜. 小学四、五年级学生数学学习策略水平的调查研究 [J]. 基础教育研究, 2007 (2).

[194] 林崇德. 初入学儿童掌握数学概念的调查 [A]. 中国心理学会第二届年会——发展心理教育心理论文选集 [C], 1978.

[195] 林崇德. 小学儿童数概念与运算能力发展的研究 [J]. 心理学报, 1981 (3).

[196] 林崇德. 小学儿童运算思维灵活性发展的研究 [J]. 心理学报, 1983 (4).

[197] 林崇德. 智力活动中的非智力因素 [J]. 华东师范大学学报 (教育科学版), 1992 (4).

[198] 林崇德. 基础教育改革心理学研究 30 年 [J]. 教育研究, 2009 (4).

[199] 林嘉绥. 儿童对部分与整体关系认识发展的实验研究——Ⅱ: 4-7 岁儿童数的组成和分解 [J]. 心理学报, 1981 (2).

[200] 林俊. 小学生计算失误的认知要素分析及教学启示——以一道乘法竖式计算题为例 [J]. 教学与管理, 2011 (14).

[201] 林俊. "教"指向"学"的内在需求——"两位数加两位数 (进位加)"教学分析 [J]. 小学教学 (数学版), 2014 (11).

[202] 林夏水. 论数学的本质 [J]. 哲学研究, 2000 (9).

[203] 林泳海, 陆冰花, 刘登强. 民族地区小学生数学学习态度调查研究 [J]. 民族教育研究, 2008 (5).

[204] 临安县文教局, 杭州大学教育系. 教育革命开新花——小学"三算结合"教学实践三年 [J]. 浙江教育, 1976 (10、11).

[205] 凌方. 我在算术课上发展儿童思维的几点体会 [J]. 江苏教育, 1957 (19).

[206] 凌辉. 对小学数学教学评价"有效性"的认识与思考 [J]. 吉林教育, 2016 (17).

[207] 刘超, 张茜, 陆书环. 基于民族数学的少数民族数学教育探析 [J]. 数学教育学报, 2012 (5).

[208] 刘朝晖. 关于小学数学教材编排的几点思考及构想 [J]. 课程·教材·教法, 2000 (1).

[209] 刘春晖, 辛自强. 五—八年级学生分数概念的发展 [J]. 数学教育学报, 2010 (5).

[210] 刘萃铭. 浅谈小学数学考试命题的几个问题 [J]. 江西教育, 1985 (11).

[211] 刘电芝. 解题思维策略训练提高小学生解题能力的实验研究 [J]. 心理科学通讯, 1989 (5).

[212] 刘电芝. 学习策略研究的兴起与发展 [J]. 学科教育, 1997 (1).

[213] 刘范. 中国现时的发展心理学——兼谈中国 3—12 岁儿童数概念和运算能力的发展 [J]. 心理学报, 1981 (2).

[214] 刘范, 吕静, 沈家鲜等. 国内十个地区 7—12 岁儿童数学概念和运算能力发展的初步研究 [J]. 心理学报, 1981 (2).

[215] 刘福桂. 未来小学数学教师文化素质构成 [J]. 甘肃教育, 2000 (4).

[216] 刘福林, 曹一鸣. 探索中国特色小学数学教科书建设的典范 ——1963 年十二年制学校小学算术课本述评 [J]. 课程·教材·教法, 2018 (8).

[217] 刘广珠. 儿童解决算术应用题认知加工过程及比较图式形成的实验研究 [J]. 心理发展与教育, 1996 (2).

[218] 刘广珠. 小学生解决分数应用题认知加工过程的实验研究 [J]. 心理发展与教育, 1997 (3).

[219] 刘兼. 面向 21 世纪的中小学数学课程改革——使大众数学成为现实 [J]. 教育研究, 1997 (8).

[220] 刘静和, 王宪钿, 范存仁等. 四至九岁儿童类概念的发展的实验——Ⅰ. 分类与分类命名的实验研究 [J]. 心理学报, 1963 (4).

[221] 刘静和, 王宪钿, 张梅玲等. 儿童在数及数学上对部分与整体关系认识的发展 [J]. 心理学报, 1982 (3).

[222] 刘久成. 对掌握学习理论的实践与思考 [J]. 天津师范大学学报, 1995 (1).

[223] 刘久成. 促进学生全面发展的小学数学学习评价 [J]. 教育探索, 2004 (12).

[224] 刘久成. 探究性学习的教学策略 [J]. 现代中小学教育, 2004 (1).

[225] 刘久成. 60 年我国小学数学课程目标的比较与分析 [J]. 中小学教师培训, 2011 (4).

[226] 刘久成. 小学统计教学六十年发展研究 [J]. 数学教育学报, 2011 (5).

[227] 刘久成. 五国小学数学课程内容的比较及启示——基于现行中美澳英日小学数学课程标准 [J]. 外国中小学教育, 2016 (10).

[228] 刘久成. 小学数学"简易方程"内容量化分析——基于人教版三套教科书的比较 [J]. 课程·教材·教法, 2019 (8).

[229] 刘久成, 刘久胜. 人教社三种教材中"圆"的课程内容比较 [J]. 数学教育学报, 2015 (2).

[230] 刘兰英. 小学生数学思维能力现状的调查与研究 [J]. 现代中小学教育, 1998 (1).

[231] 刘兰英. 小学生数学推理能力结构的验证性因素分析 [J]. 心理科学, 2000 (2).

[232] 刘良华. "三算结合"教学的经验与问题 [J]. 课程·教材·教法, 2005 (11).

[233] 刘令, 徐文彬. 我国小学数学教科书中数学史料的分析与批判 [J]. 全球教育展望,

2008 (7).

[234] 刘鹏飞，史宁中，孔凡哲. 义务教育数学课程学段划分实证研究 [J].上海教育科研，2014 (2).

[235] 刘品一. 关于小学生数学学习评价的思考 [J].山东教育，2002 (10).

[236] 刘齐平. 小学数学教师的知识结构—教师素质系统结构分析之一（续） [J].湖南教育，1989 (12).

[237] 刘齐平. 小学数学教师的知识结构—教师素质系统结构分析之一 [J].湖南教育，1989 (10).

[238] 刘儒德. CAI 下小学低年级学生的学习控制水平与元认知监控水平的关系 [J].心理学报，1997 (2).

[239] 刘儒德，陈红艳. 小学生数学学习观调查研究 [J].心理科学，2002 (2).

[240] 刘儒德，陈红艳. 小学数学真实性问题解决的调查研究 [J].心理发展与教育，2003 (1).

[241] 刘儒德，陈红艳. 论中小学生的数学观 [J].北京师范大学学报（社会科学版），2004 (5).

[242] 刘儒德，陈琦. 计算机辅助教学（CAI）对小学二年级学生运算能力的作用——CAI 效果分析之三 [J].北京师范大学学报（社会科学版），1994 (1).

[243] 刘淑文. 师德考核"落地"才有效 [J].中国德育，2014 (3).

[244] 刘淑玉. 小学数学教材改革的回顾与探讨 [J].课程·教材·教法，1985 (1).

[245] 刘伟华. 对新课程标准下对数学教学过程的探索 [J].科技信息，2007 (23).

[246] 刘文晔. 中学数学教学策略的研究 [J].中学生数理化（教与学教研版），2006 (1).

[247] 刘兴福. 初任小学数学教师教学实践能力的培养策略 [J].通化师范学院学报，2013 (6).

[248] 刘学智. 论评价与课程标准一致性的建构:美国的经验 [J].全球教育展望，2006 (9).

[249] 刘志军. 论发展性课程评价的基本理念 [J].学科教育，2003 (1).

[250] 刘志平，刘美凤，吕巾娇. 小学数学教师教学设计能力及其构成研究 [J].中国电化教育，2009 (9).

[251] 柳笛. 《美国州共同核心数学标准》的简介——美国数学教育家基尔帕特里克的访谈 [J].数学教学，2010 (9).

[252] 卢江. 面向 21 世纪的小学数学课程改革与发展 [J].课程·教材·教法，1998 (10).

[253] 卢江. 落实新理念，关注学生的数学发展和教师的教学需求 [J].小学数学教师，2014 (7、8).

［254］卢萍，邵光华. 2014 年数学教材研究与发展国际会议综述［J］.课程·教材·教法，2015（4）.

［255］卢秀琼，张光荣，傅之平. 农村小学数学教师知识发展现状与对策研究［J］.课程·教材·教法，2007（9）.

［256］鲁正火. 数学学习理论研究综述［J］.数学通报，1996（7）.

［257］陆书环. 韩国基础数学教育课程改革历程［J］.教育研究，1998（10）.

［258］路海东，陈婷，张慧秀等. 小学生自我调节学习的发展特点与影响因素研究［J］.教育探索，2017（2）.

［259］路海东，董妍，王晓平. 小学生数学应用题解决的认知机制研究［J］.心理科学，2004（4）.

［260］罗明基. 国外若干教学原则述评［J］.课程·教材·教法，1982（1）.

［261］罗儒国，刘佳. 我国教材评价研究的回顾与展望［J］.教师教育学报，2017（4）.

［262］吕达，张廷凯. 试论我国基础教育课程改革的趋势［J］.课程·教材·教法，2000（2）.

［263］吕静，何剑. 儿童相差概念形成过程的实验研究［J］.心理科学通讯，1989（6）.

［264］吕世虎. 关于数学教育学概念的探讨［J］.数学教育学报，1997（4）.

［265］吕世虎. 20 世纪中学数学课程的发展（1950–2000）［J］.数学通报，2007（7）.

［266］吕世虎，彭燕伟. 近二十年中国中小学数学教科书研究综述——基于 CiteSpace 知识图谱分析［J］.数学教育学报，2019（4）.

［267］吕世虎，吴振英. 数学核心素养的内涵及其体系构建［J］. 课程·教材·教法，2017（9）.

［268］吕世虎，张定强. 藏族数学教育改革与发展的思考［J］.民族教育研究，1997（3）.

［269］吕学谨. 小学数学的标准化考试及选择题的设置［J］.江西教育，1986（12）.

［270］吕艳花. 谈新课程背景下的小学数学教学评价［J］.小学教学参考，2008（15）：28.

［271］马航荣，李奎度. 对贯彻小学算术教学目的任务的一点认识［J］.江苏教育，1955（7）.

［272］马立平. 美国小学数学内容结构之批判［J］.数学教育学报，2012（4）.

［273］马芯兰. 改革小学数学教学的探索［J］.北京教育，1984（8、9）.

［274］马云鹏. 人教社编义务教育小学数学教材特点［J］.现代中小学教育，1993（6）.

［275］马云鹏. 义务教育数学课程改革十年回顾与展望［J］.基础教育课程，2011（Z2）.

［276］马云鹏. 关于数学核心素养的几个问题［J］. 课程·教材·教法，2015（9）.

［277］马云鹏. 深度学习的理解与实践模式——以小学数学学科为例［J］.课程·教材·教法，2017（4）.

[278] 马云鹏, 孙艳君. 小学生数学学科素养评价研究 [J]. 东北师大学报 (哲学社会科学版), 2007 (2).

[279] 马云鹏, 殷春阳. 小学数学学科核心素养及其培养策略——《高中课标 2017》的启示 [J]. 小学教学 (数学版), 2018 (7).

[280] 茅于燕, 龚维瑶, 陈沛霖. 复合应用题结构的初步探讨 [J]. 心理学报, 1964 (1).

[281] 茅于燕, 应玉叶, 马佶为. 五、六年级学生掌握代数 "有理数" 部分的心理特点的实验研究 [J]. 心理学报, 1961 (4).

[282] 米丝蕊, 李星云. 小学生数学推理能力的培育及评价——基于核心素养的视角 [J]. 内蒙古师范大学学报 (教育科学版), 2018 (9).

[283] 倪斯杰, 张君达. 小学二年级学生数学能力的分析 [J]. 心理发展与教育, 1998 (1).

[284] 倪燕. 小学数学学习评价的实践与思考 [J]. 小学教学参考, 2008 (6).

[285] 欧阳鹏志. 小学数学考试题型的改革和优化的客观试题的采用 [J]. 小学教学研究, 1986 (11).

[286] 潘超, 吴立宝. 教材分析的四条基本逻辑线 [J]. 中小学教师培训, 2019 (3).

[287] 裴昌根, 宋美臻, 刘乔卉等. 小学生数学学习兴趣发展的 "现状" "问题" 及 "对策" ——基于重庆市的调查研究 [J]. 数学教育学报, 2017 (3).

[288] 裴昌根, 宋乃庆. 我国数学文化研究的文献计量分析 [J]. 全球教育展望, 2017 (2).

[289] 彭国庆, 黎阳. "苏教版" 与 "人教版" 小学数学教科书中 "式与方程" 的比较 [J]. 内蒙古师范大学学报 (教育科学版), 2019 (1).

[290] 齐管社, 杨建文. 非智力因素的成分、结构与培养策略 [J]. 陕西教育学院学报, 2007 (3).

[291] 綦春霞. 阿拉伯国家数学教育的概况 [J]. 外国中小学教育, 1999 (1).

[292] 邱均平, 刘国徽. 从学术会议的视角看学科研究热点 [J]. 情报科学, 2015 (9).

[293] 邱学华. 尝试教学研究 50 年 [J]. 课程·教材·教法, 2013 (4).

[294] 人民教育出版社. 关于新编算术课本的几个问题 [J]. 小学教育通讯, 1953 (7).

[295] 人民教育出版社数学室小学组. 义务教育小学数学教材介绍 [J]. 课程·教材·教法, 1992 (11).

[296] 任丹凤. 新教材设计:突出三重对话功能 [J]. 课程·教材·教法, 2004 (7).

[297] 如皋师范附小算术研究组. 对讲解应用题提高儿童思维能力的初步体会 [J]. 江苏教育, 1954 (12).

[298] 邵光华. 数学思维能力结构的定性分析 [J]. 数学通报, 1994 (10).

[299] 邵瑞珍, 李丹, 武进之. 儿童类比推理的特点 [A]. 中国心理学会第二届年

会——发展心理教育心理论文选集［C］，1978.

［300］申继亮. 论智力活动中的非智力因素［J］. 北京师范大学学报（社会科学版），1990（1）.

［301］申继亮，李琼. 小学数学教师的教学专长:对教师职业知识特点的研究［J］. 教育研究，2001（7）.

［302］沈百英. 三算结合教学的昨、今、明［J］. 华东师范大学学报（教育科学版），1984（2）.

［303］沈丹丹，郭芳莉. 新加坡小学数学教材的发展过程、特色及启示［J］. 课程·教材·教法，2010（7）.

［304］沈德立，李洪玉，阴国恩等. 非智力因素的理论与实践［A］. 第八届全国心理学学术会议文摘选集［C］，1997.

［305］沈方道. 数学教学过程的本质认识浅谈［J］. 天津教育，1995（Z1）.

［306］沈忠良. 我在算术教学中是怎样讲解例题的［J］. 江苏教育，1954（4）.

［307］施运高. PISA测试背景下的小学数学教学评价［J］. 上海教育，2015（Z1）.

［308］石鸥. 最不该忽视的研究——关于教科书研究的几点思考［J］. 湖南师范大学教育科学学报，2007（5）.

［309］石鸥，张文. 改革开放以来中小学教科书建设的成就、问题与应对［A］. 教科书研究高峰论坛论文集［C］，2017.

［310］石鸥，张学鹏. 改革开放40年教科书建设再论［J］. 教育学报，2018（2）.

［311］史宁中. 推进基于学科核心素养的教学改革［J］. 中小学管理，2016（2）.

［312］史宁中. 关于高中数学教育中的数学核心素养［J］. 课程·教材·教法，2017（4）.

［313］史宁中. 学科核心素养的培养与教学——以数学学科核心素养的培养为例［J］. 中小学管理，2017（1）.

［314］史宁中. 人是如何认识和表达空间的［J］. 小学数学（数学版），2019（3）.

［315］史宁中，孔凡哲. "数学教师的素养"对话录［J］. 人民教育，2008（21）.

［316］司继伟，张庆林. 六年级儿童的估算水平与策略［J］. 心理发展与教育，2003（3）.

［317］宋乃庆，宋运明，李欣莲. 我国小学数学新教材编写特色探析——以西师版为例［J］. 西南大学学报（社会科学版），2014（3）.

［318］宋淑持. 我学习小学算术教学大纲的体会［J］. 上海教育，1957（3）.

［319］宋玉连. 数学教学过程的本质［J］. 连云港师范高等专科学校学报，2001（4）.

［320］宋运明，李明振，李鹏，宋乃庆. 小学数学教材例题编写特点研究［J］. 课程·教材·教法，2014（2）.

[321] 苏虹. 现行教师评价制度之反思 [J]. 教育探索, 2005 (5).

[322] 苏鸿. 论中小学教材结构的建构 [J]. 课程·教材·教法, 2003 (2).

[323] 孙彬博, 郭衍, 曹一鸣. 信息技术与数学教学"深度融合": 理想与现实 [J]. 教育研究与实验, 2019 (5).

[324] 孙昌识, 姚平子. 4—9 岁儿童加法结构发展的实验研究 [A]. 第八届全国心理学学术会议文摘选集 [C], 1997.

[325] 孙宏安. 对"数学是什么"的哲学思考 [J]. 大连理工大学学报 (社会科学版), 2001 (9).

[326] 孙丽. 数学课程评价功能浅析 [J]. 辽宁教育学院学报, 2002 (9).

[327] 孙晓天, 贾旭杰. 当前少数民族地区数学教师对数学课程的看法——基于访谈的梳理与分析 [J]. 民族教育研究, 2014 (1)

[328] 孙兴华, 马云鹏. MPCK 视角下的小学数学教师专业发展 [J]. 学术探索, 2014 (9)

[329] 孙旭花, 黄毅英. 影响香港男女生数学成绩的潜变量差异 [J]. 数学教育学报, 2004 (4).

[330] 孙以泽. 数学能力的成分及其结构 [J]. 南京晓庄学院学报, 2003 (2).

[331] 孙智昌. 教科书的本质: 教学活动文本 [J]. 课程·教材·教法, 2013 (10).

[332] 谭少班. 数学建构主义教学观下教学过程的基本特征 [J]. 柳州师专学报, 2002 (2).

[333] 汤服成, 梁宇. 小学四~六年级学生数学元认知监控学习策略培养的研究 [J]. 数学教育学报, 2008 (1).

[334] 汤雪峰. 义务教育阶段数学教育:40 年的变迁与发展 [J]. 福建教育, 2018 (49).

[335] 汤雪峰. 改造与学习: 新中国成立初期的小学数学教育 [J]. 小学数学教师, 2019 (7、8).

[336] 唐恒钧, 严菊仙. 建构主义观下的数学教学过程 [J]. 上海师范大学学报 (哲学社会科学基础教育版), 2004 (2).

[337] 唐洪翠. 谈数学教师的师德意识 [J]. 小学科学 (教师), 2014 (7).

[338] 唐松林, 姚尧, 杨明刚. 学者、慈者与圣者:师德层次及其养成 [J]. 中国德育, 2018 (3).

[339] 唐文艳, 吕传汉. 一种小学数学学习评价方式的尝试 [J]. 贵州师范大学学报 (自然科学版), 2003 (4).

[340] 唐瑜君, 张萍. 中国少数民族数学教育研究热点及发展趋势——基于 2019 年全国少数民族数学教育研讨会 [J]. 数学教育学报, 2019 (6).

[341] 陶云, 申继亮. 高二学生阅读插图课文的即时加工研究 [J]. 心理发展与教育,

2003（2）.

[342] 田慧生. 我国基础教育课程改革：回顾与前瞻 [J]. 中国教育科学，2015（2）.

[343] 脱宝章. 关于高年级小学生数学思维结构的探讨（上）[J]. 辽宁教育，1996（Z2）.

[344] 脱宝章. 关于高年级小学生数学思维结构的探讨（下）[J]. 辽宁教育，1996（9）.

[345] 万志超. 建构主义观的数学教学策略 [J]. 教学与管理，2005（27）.

[346] 汪典如. 浅谈小学数学发展性学习评价的"四性" [J]. 安徽教育，2003（18）.

[347] 王尔陶. 北京市平谷县小学数学学习质量评价实验报告 [J]. 教育科学研究，1991（2）.

[348] 王峰. 浅议数学新课程的发展性评价 [J]. 中国成人教育，2006（2）.

[349] 王工一，何百通，吴国泉. 数学教学原则新探 [J]. 大学数学，2004（6）.

[350] 王海南. 试论小学数学的考试与命题 [J]. 甘肃教育，1985（12）.

[351] 王后雄，王世存. 专家型教师学科教学认知结构探析 [J]. 中国教育学刊，2011（4）.

[352] 王敬庚. 吴文俊的学习方法 [J]. 中学生数学，2006（7）.

[353] 王君. 新数学课程应重视考试 [J]. 数学教学通讯，2005（10）.

[354] 王宽明. 中澳两国小学数学教材难度比较研究——以人教版和 Nelson 小学数学四年级教材为例 [J]. 现代中小学教育，2015（2）.

[355] 王兰卿. 浅析数学教学过程的特点和规律 [J]. 山西财经大学学报，1998（S1）.

[356] 王攀峰. 教科书研究方法的现状、问题与建议 [J]. 课程·教材·教法，2017（1）.

[357] 王庆念. 对改进小学数学教学评价的思考 [J]. 江苏教育，2001（5）.

[358] 王权，汤健康，方栋梁. 小学生数学能力的因素分析 [J]. 心理科学通讯，1986（2）.

[359] 王汝发. 关于"数学是什么"的哲学反思 [J]. 哈尔滨学院学报，2002（9）.

[360] 王婷. 教科书的负面性及对策研究 [J]. 教育科学研究，2000（1）.

[361] 王万喜. 谈小学数学教师的数学知识修养（续）[J]. 云南教育，1981（4）.

[362] 王万喜. 谈小学数学教师的数学知识修养 [J]. 云南教育，1981（3）.

[363] 王维花. 美国加州小学数学教材特色分析及启示 [J]. 小学数学教师，2014（7、8）.

[364] 王宪钿，刘静和，范存仁. 四至九岁儿童类概念的发展的实验——Ⅱ. 儿童分类中的概括特点的实验研究 [J]. 心理学报，1964（4）.

[365] 王秀玲. 小学生数学学习焦虑与数学能力的相关研究 [J]. 浙江师范大学学报（自然科学版），2002（3）.

[366] 王烨晖，边玉芳. 课程评价模型的理论建构与实证分析 [J]. 教育学报，2015（5）.

[367] 王永春. 学生发展核心素养视域下的小学数学核心素养 [J]. 小学数学教育，2016（12）.

[368] 王元. 华罗庚谈学习方法 [J]. 数学通报，1996 (4).

[369] 王正旭. 苏联小学的数学教育改革情况 [J]. 比较教育研究，1987 (4).

[370] 威绍斌. 关于数学教学原则的研究及其思考 [J]. 数学教育学报，1999 (3).

[371] 魏宏聚，任珖姗. 学科教学知识的三个认识转向 [J]. 当代教育科学，2020 (4).

[372] 魏悦心，马云鹏. 基于数学本质的小学数学课堂教学评价指标 [J]. 教育测量与评价 (理论版)，2015 (1).

[373] 魏运华，李俏. 基于静态研究的新课改后各类教材特点的比较 [J]. 教育学报，2011 (9).

[374] 温忠麟. 从课程目的看中小学数学教学内容调整趋势 [J]. 现代教育论丛，1999 (2).

[375] 沃建中，林崇德，陈浩莺等. 小学生图形推理策略个体差异 [J]. 心理发展与教育，2003 (2).

[376] 邬大光. 论非智力因素的八大功能 [J]. 辽宁师范大学学报 (社会科学版)，1988 (04).

[377] 吴汉荣，李丽. 中国小学生基本数学能力测试量表常模的建立 (英文) [J]. 中国临床康复，2006 (30).

[378] 吴立宝，江楠. 小学数学教科书主题图的功能分析 [J]. 内江师范学院学报，2017 (8).

[379] 吴立宝，沈婕，王富英. 数学教科书隐性三维结构分析 [J]. 教育理论与实践，2017 (35).

[380] 吴立宝，王富英. 数学教材习题 "七功能" [J]. 教学与管理，2014 (11).

[381] 吴立宝，王富英，秦华. 数学教科书例题功能的分析 [J]. 数学通报，2013 (3).

[382] 吴立宝，王光明，王富英. 教材分析的几个视角 [J]. 教育理论与实践，2016 (23).

[383] 吴灵丹，刘电芝. 儿童计算的元认知监测及其对策略选择的影响 [J]. 心理科学，2006 (2).

[384] 吴琼，高夯. 美国、新加坡、中国小学数学教材编写的指导思想及其特点——基于教师用书的比较分析 [J]. 外国教育研究，2013 (9)

[385] 吴全华. 加强师德教育的现实路径 [J]. 中国德育，2014 (14).

[386] 吴小鸥. 教科书，本质特性何在？——基于中国百年教科书的几点思考 [J]. 课程·教材·教法，2012 (2).

[387] 吴智敏. 新课程理念下数学教学中真实性评价应用探究 [J]. 河南教育学院学报 (自然科学版)，2006 (4).

[388] 吴仲和. 国际数学成就比较和教材评价 [J]. 数学教育学报，2008 (1).

［389］夏小刚，王宽明. 水族小学五年级学生提出数学问题能力的调查与分析［J］. 民族教育研究，2011（6）.

［390］夏有霖. 介绍小学珠算课本［J］. 人民教育，1984（1）.

［391］肖春梅. 少数民族聚居地小学数学教师学科教学知识的现状调查研究［J］. 内蒙古师范大学学报（教育科学版），2014（8）.

［392］肖鉴铿. 漫话小学数学教师的教学能力与教研能力［J］. 江西教育，1995（10）.

［393］肖林，于波. 教育信息化背景下小学数学教师专业素养发展研究［J］. 继续教育研究，2013（9）.

［394］肖前瑛. 一年级学生理解应用题的思维过程及其特点［J］. 心理学报，1965（1）.

［395］肖前瑛. 小学低年级学生解答应用题思维模式的探索［J］. 心理科学通讯，1982（2）.

［396］肖清清，朱华. 中华人民共和国成立 70 年小学数学教科书编写之演进［J］. 内蒙古师范大学学报（教育科学版），2019（11）.

［397］谢华均，宋乃庆. 新教材编写的教育理念探析［J］. 课程·教材·教法，2003（5）.

［398］辛力. 中小学数学课本的程度［J］. 人民教育，1963（3）.

［399］辛涛. 小学数学教师职业知识的结构与内在关系［J］. 心理发展与教育，2005（2）.

［400］辛自强. 中国儿童对分数概念的理解［A］. 第十七届全国心理学学术会议论文摘要集［C］，2014.

［401］辛自强，韩玉蕾. 小学低年级儿童的等值分数概念发展及干预［J］. 心理学报，2014（6）.

［402］辛自强，李丹. 小学生在非符号材料上的分数表征方式［J］. 心理科学，2013（2）.

［403］辛自强，张晓. 儿童的分数概念理解的结构及其测量［J］. 心理研究，2012（1）.

［404］邢露. 实施教学评价改革，促进小学数学有效教学［J］. 陕西教育（教学版），2011（11）.

［405］徐斌. 数学无痕教育的实践特征［J］. 江苏教育研究，2019（13）.

［406］徐丙霞，杜修岳. "让学生跳起来摘果子"—记小学数学教师田元炯的教学经验［J］. 湖南教育，1979（8）.

［407］徐建星. 数学情感目标教学中存在的问题及其对策［J］. 数学教学通讯，2004（12）.

［408］徐建星. 数学问题设计文化的内涵与构建［J］. 当代教育科学，2007（7）.

［409］徐建星. 实践理性：我国课堂教学改革的现实路向——以"GX 实验"为例［J］. 现代中小学教育，2014（2）.

［410］徐建星. 适合小学生的数学教学——基于学习者的视角［J］. 教育探索，201（11）.

［411］徐建星. 中小学教学改革模式历史（1949–2009）研究［J］. 现代中小学教育，

2016（1）.

[412] 徐敏毅. 儿童解决算术应用题时认知加工过程的实验研究 [J]. 心理发展与教育，1994（2）.

[413] 徐敏毅. 4—8 岁儿童解决算术应用题认知加工过程的实验研究（Ⅱ）[J]. 心理发展与教育，1995（4）.

[414] 徐速. 小学生数学问题解决中视觉空间表征的研究 [J]. 心理发展与教育，2005（3）.

[415] 徐速. 示意图提示条件下小学生数学问题解决的研究 [J]. 数学教育学报，2006（2）.

[416] 徐速. 数学问题解决中视觉空间表征研究的综述 [J]. 数学教育学报，2006（1）.

[417] 徐速. 小学生算术应用题上真实性思考及相关因素的研究 [J]. 心理发展与教育，2006（2）.

[417] 徐速. 中小学生数学知识观的调查研究 [J]. 心理科学，2006（03）.

[419] 徐速. 不同解题条件下小学六年级学生真实性思考的研究 [J]. 心理科学，2007（3）.

[420] 徐亚，隋佳源. 小学数学教科书认知复杂程度的比较研究——以中国、日本、新加坡教材的分数问题为例 [J]. 上海教育科研，2015（15）.

[421] 徐柱柱，綦春霞. 近二十年（1999—2018）来国外数学教育研究进展——基于 WOS 数据库 3061 篇 SSCI 文献的共词分析 [J]. 外国中小学教育，2018（6）.

[422] 许燕，张厚粲. 小学生数学能力的性别差异研究 [A]. 第八届全国心理学学术会议文摘选集 [C]，1997.

[423] 严虹，曹一鸣. 基础教育阶段数学课程内容设置的国际比较研究——基于六国"数与运算"课程内容的研究 [J]. 教育学术月刊，2017（4）.

[424] 严孙庚. 立足课标更新观念——浅谈小学数学教学评价的实践 [J]. 福建基础教育研究，2010（6）.

[425] 燕国材. 关于非智力因素的几个问题 [J]. 上海师范大学学报（哲社版），1988（4）.

[426] 杨波，罗建华. 小学生数学学习自信心调查研究 [J]. 沈阳师范大学学报（自然科学版），2011（3）.

[427] 杨凤鸣. 教给学生学习的方法 [J]. 云南教育，1987（Z1）.

[428] 杨红萍，杨捷. 小学生数学阅读能力结构的因素分析 [J]. 数学教育学报，2019（5）.

[429] 杨启亮. 教材的功能：一种超越知识观的解释 [J]. 课程·教材·教法，2002（12）.

[430] 杨骞. 试论数学学习原则 [J]. 课程·教材·教法，1992（4）.

[431] 杨骞，毕恩材. 略论数学教育的目标体系 [J]. 数学教育学报，1995（3）.

[432] 杨晓萍，李子建，罗浩源. 从多元评价视野看中国大陆小学数学课程评价 [J]. 渝西学院学报（社会科学版），2005（6）.

[433] 杨豫晖，魏佳，宋乃庆.数学史在我国小学数学教材中数学史的内容及呈现方式探析 [J].数学教育学报，2007（4）.

[434] 杨泽恒，付卓如.美国小学数学教材的几个特点 [J].比较教育研究，2001（8）.

[435] 姚飞，张大均.应用题结构分析训练对提高小学生解题能力的实验研究 [J].心理学报，1999（1）.

[436] 姚日余.谈谈小学数学考试的命题 [J].安徽教育，1987（1）.

[437] 叶杰军.谈主题图的使用价值 [J].教学与管理，2005（12）.

[438] 叶育枢.香港小学数学课程评价："理念""方式"与"启示" [J].数学教育学报，2019（5）.

[439] 宜春县宜春镇完小中心算术教研组.口算、笔算、珠算三结合 [J].江西教育（小学版），1959（9）.

[440] 殷世东，龚宝成.我国基础教育课程结构的变革、经验与反思 [J].河北师范大学学报（教育科学版），2020（2）.

[441] 殷长春.建立师德建设的长效机制 [J].中国德育，2012）（16）.

[442] 尹佐兰.小学生数学学习方式的调查研究 [J].教学研究，2018（1）.

[443] 幼儿数概念研究协作小组.国内九个地区 3—7 岁儿童数概念和运算能力发展的初步研究综合报告 [J].心理学报，1979（1）.

[444] 于波.多元文化视角下的民族地区中小学数学课程教材建设——基于对部分民族地区调查的思考 [J].民族教育研究，2011（3）.

[445] 于川.教师职业道德的实践路径探析 [J].中国德育，2019（23）.

[446] 于丰园，胡惠闵.国内核心素养研究现状与趋势的可视化分析 [J].上海教育科研，2018（1）.

[447] 于辉忠.小学数学教师要不断加强师德修养 [J].教育革新，2018（6）.

[448] 于民.介绍小学算术课本 [J].人民教育，1963（3）.

[449] 于萍，左梦兰.三至六年级小学生数学能力及认知结构的发展 [J].心理发展与教育，1996（3）.

[450] 余文森.正确认识教材在教学中的地位和作用 [J].中小学教材教学，2016（2）.

[451] 俞宏伟.小学数学教学评价的重构 [J].宁波大学学报（教育科学版），2004（1）.

[452] 郁晓霞.论小学教师素质结构和培训途径 [J].黑河教育，2000（5）.

[453] 喻立森.教师作用新论 [J].教育评论，1987（2）.

[454] 袁滨渤.提高师德水平 打造高素质教师队伍 [J].中国德育，2012（23）.

[455] 袁瑢.密切联系实际启发儿童思考 [J].上海教育，1957（10）.

[456] 张崇善. 探究式：课堂教学改革之理想选择 [J]. 教育理论与实践，2001 (11).

[457] 张莘中. 学好各科教学大纲（草案），是改进教学、提高教育质量的重要关键 [J]. 人民教育，1953 (2).

[458] 张德勤，刘娟娟. 新课程小学数学课堂教学评价内容结构浅述 [J]. 江苏教育，2003 (20).

[459] 张奠宙. 有关编写数学教材的十项决策 [J]. 中学教研，1990 (1).

[460] 张定强，张怀德. 中学生数学学习中的性别差异研究 [J]. 数学教育学报，2003 (1).

[461] 张红. 多元智能理论观照下的新课程评价观的转变 [J]. 教育探索，2003 (7).

[462] 张华. 对课程评价改革特点的点滴思考——读《基础教育课程改革纲要（试行）解读》有感 [J]. 长春教育学院学报，2003 (3).

[463] 张晥，辛自强. 分数概念的个体建构——起点与机制及影响因素 [J]. 数学教育学报，2013 (1).

[464] 张晥，辛自强，陈英和等. 集合关系特征对小学生分数乘法应用题表征的影响 [J]. 数学教育学报，2016 (1).

[465] 张晥，辛自强，陈英和等. 分数概念语义理解对儿童乘法应用题表征的影响 [J]. 数学教育学报，2017 (04).

[466] 张君达，倪斯杰. 超常儿童数学能力的因素分析 [J]. 心理科学，1998 (6).

[467] 张俊珍. 基于核心素养的小学生数学能力结构要素及其培育策略 [J]. 教育理论与实践，2017 (32).

[468] 张伦贤. 陶行知师德观的内涵及启示 [J]. 中国德育，2011 (8).

[469] 张梅玲. 关于儿童部分与整体关系认知发展的实验研究Ⅰ：4-7 岁儿童类和数的包含 [J]. 心理学报，1980 (1).

[470] 张梅玲. 对知识结构和认知结构的关系的初探《现代小学数学》的部分实验 [J]. 心理学报，1986 (3).

[471] 张梅玲. "现代小学数学" 实验简介 [J]. 湖南教育，1988 (6).

[472] 张梅玲，刘静和，王宪钿. 关于儿童对部份与整体关系认知发展的实验研究——5~10 岁儿童分数认识的发展 [J]. 心理科学通讯，1982 (4).

[473] 张梅玲，刘静和，王宪钿等. 以 "1" 为基础标准揭示数和数学中部分和整体关系的系统性教学实验 [J]. 心理学报，1983 (4).

[474] 张缅. 对小学数学课程评价的几点思考 [J]. 江苏教育，2005 (24).

[475] 张乃达. 第二讲 构成数学思维能力的要素（续）[J]. 江苏教育，1986 (4).

[476] 张乃达. 第二讲 构成数学思维能力的要素 [J]. 江苏教育，1986 (2).

［477］张平，彭亮，徐文彬.大陆与台湾小学数学教材中分数除法的编排比较［J］.数学教育学报，2018（6）.

［478］张倩，黄毅英.教科书研究之方法论建构［J］.课程·教材·教法，2016（8）.

［479］张庆林，管鹏.小学生表征应用题的元认知分析［J］.心理发展与教育，1997（3）.

［480］张受觉，肖鉴铿.现行小学数学教材的若干硫失及其补正［J］.小学教学研究，1987（8）.

［481］张天宝.论育人是课程设计之本［J］.教育研究与实验，1995（2）.

［482］张天孝.数学思维的含义和结构［J］.湖南教育，1995（1）.

［483］张天孝，唐彩斌.美、日、德小学数学教材的共性特征及启示［J］.比较教育研究，2005（1）.

［484］张天孝，朱乐平，唐彩斌."新思维"小学数学的教育信念［J］.小学数学教师，2015（7、8）.

［485］张铁道.支持能力发展的教师研修制度的构建［J］.中国教师，2018（6）.

［486］张廷楚.我国义务教育阶段的课程设计：现状和趋势［J］.课程·教材·教法，2001（1）.

［487］张廷凯.我国课程论研究的历史回顾：1922–1997（上）［J］.课程·教材·教法，1998（1）.

［488］张廷凯.我国课程论研究的历史回顾：1922–1997（下）［J］.课程·教材·教法，1998（2）.

［489］张廷凯.从设计和编写视角看教科书品质的提升［J］.西南大学学报（社会科学版），2010（4）.

［490］张维忠，张定强，吕世虎.藏族地区中小学数学课程的现状与对策［J］.甘肃高师学报，1998（2）.

［491］张文，李彦群.论"教科书学"的构建［J］.当代教育科学，2018（11）.

［492］张文宇，傅海伦.新加坡小学数学教材的特色及启示［J］.数学教育学报，2011（4）.

［493］张文宇，张守波.台湾地区小学数学教科书的特色与启示［J］.数学教育学报，2014（1）.

［494］张文宇，张守波.海峡两岸小学数学教材分数内容例题的比较研究［J］.数学教育学报，2015（3）.

［495］张玺恩.介绍人教版义务教育小学数学教材［J］.湖南教育，1993（6）.

［496］张玺恩.以"三个面向"为指针，深化中学数学课程教材改革［J］.课程·教材·教法，1994（2）.

[497] 张玺恩，蔡上鹤. 当前中小学数学教材改革中需要深入研究的几个问题 [J]. 课程·教材·教法，1981（1）.

[498] 张孝达. 日本中小学数学教材修订前后 [J]. 课程·教材·教法，1981（3）.

[599] 张孝达. 数学教育五十年 [J]. 山西教育，1999（9）.

[500] 张艳霞，龙开奋，张奠宙. 数学教学原则研究 [J]. 数学教育学报，2007（2）.

[501] 张燕平，王玉杰. 河南地区小学生数学学习策略水平的调查研究 [J]. 四川教育学院学报，2008（2）.

[502] 张增杰，刘范，赵淑文等. 5—15岁儿童掌握概率概念的实验研究——儿童认知发展研究（Ⅱ）[J]. 心理科学通讯，1985（6）.

[503] 张长力. 实施激励性学习评价——小学数学教改的着力点 [J]. 四川教育，1999（11）.

[504] 张治本. 评价中小学教材的三种方法 [J]. 学科教育，1996（4）.

[505] 赵德成. 当前教师评价改革中的若干问题 [J]. 中国教育学刊，2004（7）.

[506] 赵冬臣，马云鹏. 小学数学课堂教学评价的质性研究 [J]. 数学教育学报，2007（2）.

[507] 赵国庆，熊雅雯. 应用概念图评价小学数学教师学科知识的实证研究 [J]. 电化教育研究，2018（12）.

[508] 赵宏，陈英和. 小学4年级儿童多位数乘法策略的特点及其与工作记忆的关系 [J]. 心理科学，2010（4）.

[509] 赵京波，曹一鸣. 中外数学教育比较研究述评——基于CSSCI来源期刊（含扩展版）的可视化分析 [J]. 教育理论与实践，2020（2）.

[510] 赵鹏程，杨伊生. 小学生数学学习态度的调查研究 [J]. 内蒙古师范大学学报（教育科学版），2007（2）.

[511] 赵绪昌. 数学概念教学:原则与策略 [J]. 教育研究与评论（中学教育教学），2015（9）.

[512] 赵燕萍. 提高课堂教学能力 掌握课堂教学艺术—提高小学数学教师课堂教学能力的实践与思考 [J]. 宁波大学学报（教育科学版），2003（2）.

[513] 浙江省中小学教材编写组. 改革小学数学教材，努力创建新体系 [J]. 浙江教育，1976（8）.

[514] 浙江省中小学教材编写组小学数学组. 谈谈小学数学第五册的内容和重点 [J]. 浙江教育，1977（8）.

[515] 郑加斌，肖良江. 目标认定与课堂评价 [J]. 数学教师，1996（12）.

[516] 郑毓信. 关于小学数学教材建设的若干想法 [J]. 数学教育学报，2006（7）.

[517] 郑毓信. "数学与思维" 之深思 [J]. 数学教育学报，2015（1）.

[518] 郑毓信. 以 "深度教学" 落实数学核心素养 [J]. 小学数学教师，2017（9）.

[519] 郑毓信. 小学数学教师专业成长的 "中国道路" [J]. 数学教育学报，2018（6）.

[520] 郑毓信. 中国数学教育的 "问题特色" [J]. 数学教育学报，2018（1）.

[521] 郑毓信. "数学深度教学" 的理论与实践 [J]. 数学教育学报，2019（5）.

[522] 郑祖心，李美格. 六、七岁儿童数概念广度的实验研究 [J]. 心理学报，1960（1）.

[523] 中共黑山县委宣传部，黑山县教育局（1960）. 北关小学算术教学改革介绍 [J]. 数学通报，1960（5）.

[524] 钟启泉. 课程编制的逻辑与原则 [J]. 外国教育资料，1989（2）.

[525] 钟启泉. 走向人性化的课程评价 [J]. 全球教育展望，2010（1）.

[526] 钟志华. 丰富性——一种数学教学的重要原则 [J]. 青岛大学师范学院学报，2007（2）.

[527] 仲宁宁. 小学高年级儿童应用题表征水平、工作记忆对问题解决的影响 [J]. 中国特殊教育，2009（4）.

[528] 仲宁宁，陈英和，王晶. 小学 4~6 年级儿童数学应用题表征模型的使用研究 [J]. 心理学探新，2014（03）.

[529] 仲宁宁，陈英和，王明怡等. 小学二年级数学学优生与学困生应用题表征策略差异比较 [J]. 中国特殊教育，2006（3）.

[530] 仲宁宁，陈英和，张晓龙. 儿童数学应用题表征水平的特点研究 [J]. 心理科学，2009（2）.

[531] 仲宁宁，陈英和，赵宏. 小学二年级儿童数学应用题表征策略的研究 [A]. 第十届全国心理学学术大会论文摘要集 [C]，2005.

[532] 周达，冯娉婷，刘浩. 小学生数学问题解决影响因素的调查研究 [J]. 现代中小学教育，2018（8）.

[533] 周东明. 儿童的数学思维呈现怎样的严密性 [J]. 人民教育，2007（9）.

[534] 周娟. 从数学素养谈小学数学教师的专业成长 [J]. 基础教育研究，2016（23）.

[535] 周丽娟. 对小学数学教学评价的思考 [J]. 小学教学参考，2007（36）.

[536] 周仁来，张环，林崇德. 儿童 "零" 概念形成的实验研究 [J]. 心理学探新，2003（1）.

[537] 周士林. 世界教科书概况 [J]. 教材通讯（北京版），1985（6）.

[538] 周双珠，韩璇璇，陈英和. 数学焦虑影响数学学业成就的作用机制——数学元认知的中介作用 [J]. 数学教育学报，（5）.

[539] 周小川，王宁. 我国小学数学数字教材的建设现状、面临的挑战及思考 [J]. 中小学数字化教学，2019 (11).

[540] 周新林，张梅玲. 加减文字题解决研究概述 [J]. 心理科学进展，2003 (6).

[541] 周琰，王学臣. 小学生数学观、数学学习策略与学业成绩的关系研究 [J]. 内蒙古师范大学学报（教育科学版），2007 (6).

[542] 周玉仁. 改革小学数学教学，促进学生数学能力的发展——谈谈《小学数学实验教材》中的几个问题 [J]. 江西教育，1988 (4).

[543] 周玉仁. 21世纪我国小学数学教育改革展望 [J]. 中国教育学刊，1997 (6).

[544] 周玉仁. 从"应用题"到"解决问题" [J]. 小学数学教师，2010 (7、8).

[545] 周玉仁，杨嘉屏. 现行苏联学校一至五年级数学教材评介 [J]. 外国教育动态，1980 (1).

[546] 朱曼殊，白振汉. 小学生解答复合应用题的思维活动 [J]. 心理学报，1964 (4).

[547] 朱曼殊，王默君. 一年级学生理解两步应用题的心理分析 [J]. 心理学报，1962 (2).

[548] 朱曼殊，朱王瑛. 一年级学生理解应用题的心理分析 [J]. 心理学报，1961 (3).

[549] 朱乃明，杨晓萍. 回归生活:现代小学数学课程评价的新取向 [J]. 天津市教科院学报，2006 (1).

[550] 朱文芳. 俄罗斯中小学数学教育的改革 [J]. 数学通报，2006 (1).

[551] 朱文芳. 俄罗斯《国家数学教育标准》的特征及其借鉴价值 [J]. 比较教育研究，2008 (9).

[552] 朱哲，张维忠. 中小学数学课程中数学史的呈现方式 [J]. 浙江师范大学学报（自然科学版），2004 (4).

[553] 朱智贤，陈帼眉，吴凤岗. 儿童左右概念发展的实验研究 [J]. 心理学报，1964 (3).

[554] 宗敏，牛文佳，刘儒德. 小学生分数概念发展的调查研究 [A]. 第十届全国心理学学术大会论文摘要集 [C]，2005.

[555] 邹权伟，康世刚. 小学数学教师教学能力的现状调查研究 [J]. 现代中小学教育，2017 (5).

[556] 左姗姗. 两种版本小学数学教材呈现方式的比较研究——以"圆柱和圆锥"为例 [J]. 小学教学研究，2017 (6).